0 Kilometer
100
0 Meilen
100
N
Fort Kent
Grand Falls
Caribou
Presque Isle
Allagash Wilderness Waterway
NEW BRUNSWICK
Aroostook State Park
Houlton
Fredericton
Baxter State Park
Millinocket
Rockwood
Moosehead Lake
Saint John
Maine
Seiten 306–331
Lincoln
Calais
Campobello Island
Lubec
Machias
Bangor
Skowhegan
Digby
Ellsworth
NOVA SCOTIA
Belfast
Bar Harbor
Augusta
Penobscot Bay
Yarmouth
Lewiston
Brunswick
Portland
Atlantischer Ozean
ennebunk
Provincetown
Cape Cod
Cape Cod Bay
Orleans
Hyannis
almouth
rtha's eyard
Nantucket Island

INSPIRIEREN / PLANEN / ENTDECKEN / ERLEBEN

NEUENGLAND

DK Vis-à-Vis

NEUENGLAND

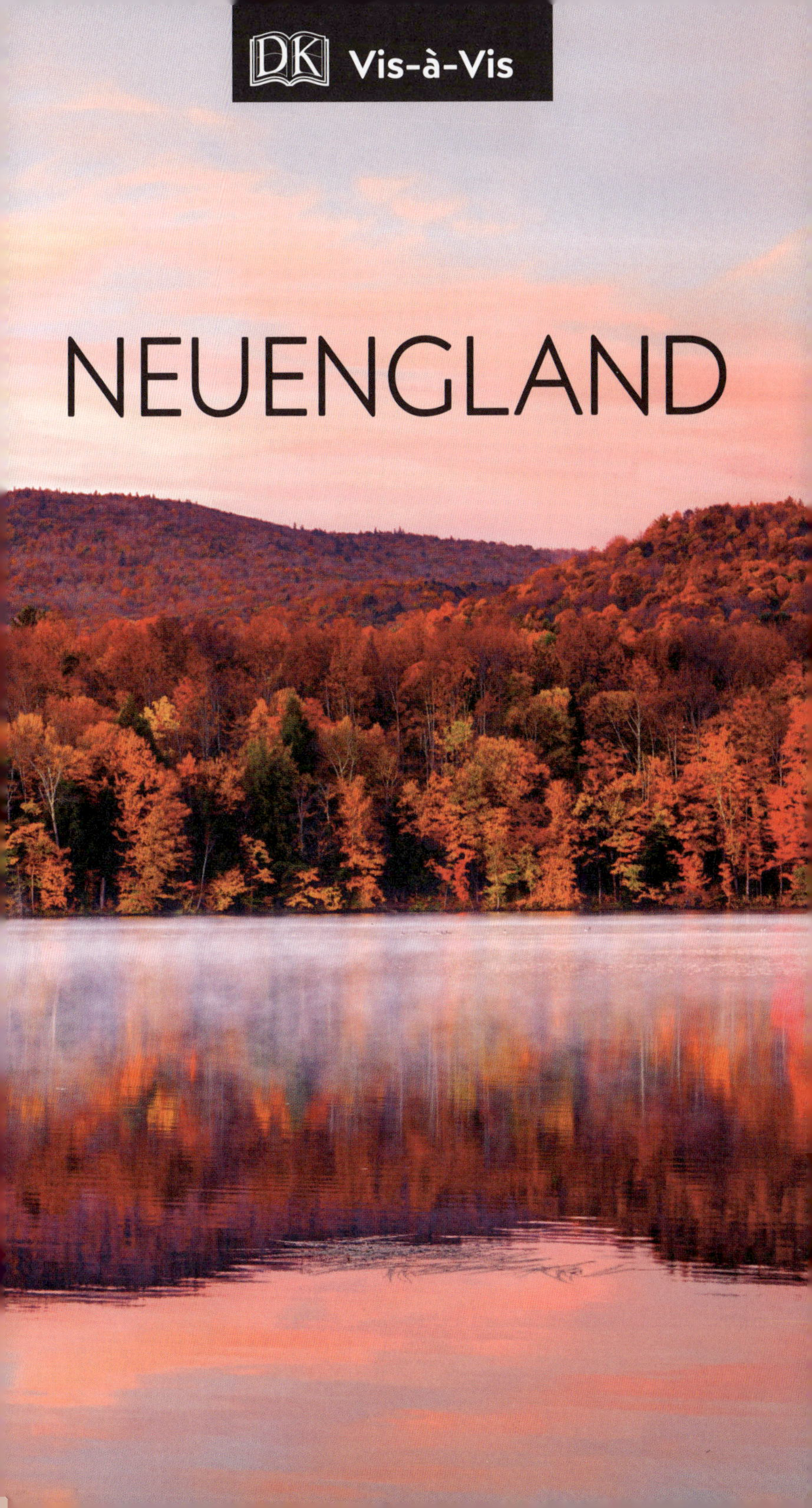

INHALT

NEUENGLAND ENTDECKEN 6

BOSTON ERLEBEN 58

NEUENGLAND ERLEBEN 158

REISE-INFOS 332

Links: *Kürbisse an einem Stand in Rhode Island*
Vorhergehende Doppelseite: *Herbststimmung nahe Killington in Vermont* (siehe S. 274)
Umschlag: *Bass Harbor Head Light – Leuchtturm an der Küste von Maine*

NEUENGLAND
ENTDECKEN

Idyllisches Tal in Vermont

WILLKOMMEN IN NEUENGLAND

Überwältigende Küsten, gepflegte Wanderwege, historische Stätten, Museen von Weltrang, eine Herbstfärbung zum Niederknien und frischestes Seafood. Wer bekommt bei dieser Aufzählung nicht Lust, sofort aufzubrechen! Und egal was Sie dort erleben wollen, unser Vis-à-Vis Neuengland ist ideal, um eine Reise ganz nach Ihrem Geschmack zu planen.

1 *Seilbahn in Stowe*

2 *Abendstimmung am Marshall Point Lighthouse, Maine*

3 *Frische Köstlichkeiten aus dem Meer*

4 *Traumhafte Herbstfarben in Connecticut*

Neuengland ist rund ums Jahr attraktiv. Im Frühling und Sommer strömen Badegäste an die weiten Strände und Dünen von Cape Cod, Wanderer machen sich auf in die Green und White Mountains in Vermont und New Hampshire. Im Herbst verzaubert ein Baldachin aus leuchtenden Farben Straßen und Wege. Und einige der besten Wintersportgebiete der USA machen auch einen Besuch in der kalten Jahreszeit zum Vergnügen.

In Neuenglands Städten wird Geschichte lebendig. Folgen Sie den Spuren der amerikanischen Vorfahren auf Bostons Freedom Trail, bestaunen Sie die historischen Schiffe im Mystic Seaport, Connecticut, oder bewundern Sie herrschaftliche Häuser aus dem Gilded Age in Newport, Rhode Island. Die pulsierenden Städte sind jedoch nicht in der Vergangenheit verhaftet, Sie locken mit großartigen Museen und modernsten Theatern. Berühmte klassische Orchester und Jazzbands begeistern Musikfans, Foodies sind in ihrem Element – innovative Köche zaubern aus heimischen Produkten frischeste Köstlichkeiten.

Angesichts der überwältigenden Vielzahl an Angeboten haben wir Neuengland für Sie in einzelne Regionen mit detaillierten Beschreibungen und informativen Karten unterteilt, sodass Sie perfekt planen können – egal wie viel Zeit Sie dort haben. Viel Spaß mit dem Buch und mit Neuengland!

LIEBENSWERTES NEUENGLAND

Imposante Berge, wilde Felsküsten, spektakuläre Naturphänomene, pulsierende Städte, wunderschöne Dörfer und eine reiche Geschichte – es gibt unzählige Gründe, Neuengland zu lieben. Hier sind einige unserer Favoriten.

1 Historisches Boston

Genießen Sie Vergangenheit und Moderne – vom kolonialzeitlichen Beacon Hill *(siehe S. 92f)* zu modernen Restaurants und Nightlife in Seaport und Waterfront.

Fantastischer Appalachian Trail *2*

Ein Drittel dieses herrlichen Weges führt durch Neuengland – von leichten Tagestouren bis zur anspruchsvollen Hundred Mile Wilderness zum Mount Katahdin.

3 Geschichte der Seefahrt

In Neuengland, geprägt vom Ozean, wird das Erbe der Seefahrer lebendig – bei einem Besuch des letzten amerikanischen Walfängers oder des ältesten Kriegsschiffs, der USS *Constitution (siehe S. 98f)*.

Cape Cod National Seashore 4

Schwimmer genießen das Wasser, Surfer jagen die perfekte Welle, Robben dösen in der Sonne, und Wale ziehen vor der Küste ihre Bahnen *(siehe S. 180f)*.

Idyllische Postkartendörfer 5

Weiße Kirchen mit hohen Türmen stehen auf herrlich grünen Dorfplätzen. Wo einst das Vieh graste, finden heute bunte Jahrmärkte oder Bürgerfeste statt.

Die Stadt der Hexen 6

Grusel und Spaß treffen sich in Salem *(siehe S. 164–167)*, wo Halloween einen ganzen Monat dauert und in den 1690er Jahren Hexen verbrannt wurden. Heute finden dort bunte Paraden statt.

Leuchttürme an felsigen Küsten 7

An der Tausende Kilometer langen Küste lauern viele Gefahren. Die Lichtsignale leiten die Schiffe sicher durch felsige Meerengen in geschützte Häfen.

Ivy-League-Eliteschulen 8

Neuenglands Top-Universitäten brachten Präsidenten, Oscar-Gewinner und Dotcom-Milliardäre hervor. Unis wie Harvard *(siehe S. 150–153)* und Yale *(siehe S. 238f)* verströmen bis heute Kultur und Klasse.

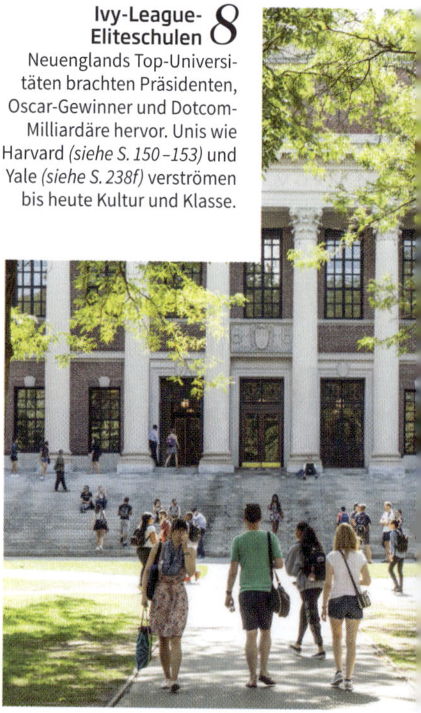

9 Revolutionärer Geist

Die Rebellion gegen die britische Herrschaft prägte Neuengland. Der während der Revolution gewachsene Anspruch auf Innovation ist in Erziehung, Musik und Kultur noch heute spürbar.

10 Weiße und grüne Berghänge

Die Bergwanderungen und Abfahrten (von Hängen für Anfänger bis zu Pisten für Geübte) in New Hampshire und Vermont gehören zu den schönsten der USA.

Sensationelle Krustentiere 11

Typisch Neuengland: frisch gedämpfter Hummer in einer Bude am Strand. Oder Sie lassen sich von einem Bostoner Starkoch mit einer innovativen Variante überraschen.

Spektakuläre Herbstfärbung 12

Wälder und Täler strahlen in leuchtendem Rot, Gelb, Orange und bis hin zu Purpur, wenn in Neuengland der Herbst beginnt – ein wahres Feuerwerk der Farben.

NEUENGLAND
AUF DER KARTE

Für diesen Reiseführer wurde Neuengland in sieben Regionen unterteilt, jede mit einer eigenen Farbe, wie auf der Karte ersichtlich. Auf den folgenden Seiten erhalten Sie spannende Informationen über diese Regionen.

0 Kilometer 100
0 Meilen 100
N
Fort Kent
Grand Falls
Caribou
Presque Isle
Allagash Wilderness Waterway
Aroostook State Park
NEW BRUNSWICK
Houlton
Fredericton
Baxter State Park
Millinocket
Rockwood
Moosehead Lake
Saint John
Maine
Seiten 306–331
Lincoln
Calais
Campobello Island
Lubec
Bangor
Machias
Skowhegan
Digby
Ellsworth
Belfast
Bar Harbor
NOVA SCOTIA
Augusta
Penobscot Bay
Lewiston
Yarmouth
Brunswick
Portland
Atlantischer Ozean
Kennebunk
Provincetown
Cape Cod
Cape Cod Bay
Orleans
Hyannis
Falmouth
Martha's Vineyard
Nantucket Island
Nordamerika
KANADA
Seattle
NEUENGLAND
USA
Chicago
Boston
San Francisco
New York
Washington, DC
Los Angeles
Atlanta
Atlantischer Ozean
Houston
Miami
Golf von Mexiko
Pazifischer Ozean
MEXIKO

DIE REGIONEN NEUENGLANDS

Den Besucher erwartet eine überaus facettenreiche Region: In Neuenglands kosmopolitischen Küstenstädten Boston, Portland und Providence tobt zwar das Leben, doch herrliche Sandstrände, felsige Landzungen und unberührte Naturgebiete sind auch nur einen Katzensprung entfernt.

Seiten 58–157

Boston

Alle Straßen führen nach Boston, das Zentrum für Kultur, gutes Essen und Nightlife – und Standort der Harvard University. In den Straßen ist der Geist der Revolution zu spüren, während Naturgebiete wie Emerald Necklace und Boston Harbor Islands nur wenige Minuten entfernt liegen. Nicht nur wegen des Boston Symphony Orchestra ist die Stadt ganz vorn dabei, was Livemusik betrifft. Auch ihre Foodie-Szene ist erstaunlich: Einige der ältesten Restaurants der USA servieren Baked Beans und Indian Pudding, hippe Köche kreieren aber auch immer neue Speisen.

Entdecken
Geschichte, gutes Essen, Nightlife

Sehenswert
Museum of Fine Arts, Trinity Church, Charlestown Navy Yard

Genießen
Mit einem eleganten Schwanenboot durch die Lagune im Public Garden gleiten

Seiten 160–203

Massachusetts

Der Bay State erstreckt sich vom Cape Cod im Osten bis zum hohen Mount Greylock im Westen. Seine Museen und historischen Gebäude erzählen von Piraten, Schriftstellern, Ureinwohnern und den ersten Siedlern, die mit der *Mayflower* in Plymouth Rock landeten. Der Sommer in den Dörfern der Berkshires an der Grenze zu New York ist bestimmt von klassischer Musik, Theater und modernem Tanz. Durch die Dörfer an der Küste von Cape Ann bis Cape Cod wabert der Duft von gebratenen Muscheln, dem typischen Gericht dieser Gegend.

Entdecken
Historische Stätten, unberührte Strände, Kunst aller Genres

Sehenswert
Salem, Plymouth, die Berkshires

Genießen
Schwimmen im Atlantik am Cape Cod National Seashore

Seiten 204–225

Rhode Island

Rhode Island bezeichnet man nicht umsonst als »Ocean State«. Sein größter Teil erstreckt sich entlang der über 600 Kilometer langen Küste. Badestrände im South County locken mit sanften Wellen. Hoch auf einer Klippe zwischen Surfer-Stränden und Amerikas Top-Yachthafen in Newport sind prächtige Häuser aus dem Goldenen Zeitalter verstreut. Das lebhafte Providence ist politisches Zentrum des Staats, aber auch führend in Sachen Design und schönen Künsten. Auch was die moderne Küche und großartige Köche betrifft, ist Rhode Island ganz vorn dabei.

Entdecken
Häuser aus dem Goldenen Zeitalter, Meerblicke

Sehenswert
Providence, Newport

Genießen
Die zauberhafte Kombination von Musik, Flammen und dem Fluss beim WaterFire Festival in Providence

→

Seiten 226–257

Connecticut

Die Sandstrände und felsigen Landzungen sowie die vogelreichen Marschen haben sich seit mehr als hundert Jahren kaum verändert, als amerikanische Impressionisten sie malten. Heute sieht man weit mehr Kajakfahrer, Schwimmer und Fischer als Maler. Städte wie New London und Mystic erinnern an die enge Verbindung mit dem Meer. Die sanften Litchfield Hills locken New Yorks Reiche und Schöne an, in der Hauptstadt Hartford finden am Ufer des Connecticut River Kunst- und Musikfestivals statt, und New Haven ist bekannt für die Museen und Theater der Yale University.

Entdecken
Entspannte Erkundungen, Kunstmuseen

Sehenswert
Mystic Seaport, Mark Twain House, Yale University

Genießen
Bei einer Fahrt auf dem Connecticut River See- und Fischadler beobachten

Seiten 258–279

Vermont

Andere Staaten Neuenglands schauen aufs Meer, Vermont in den Himmel. Vermont hat keine Küste und erstreckt sich an den spektakulären Green Mountains entlang dem Lake Champlain in östlicher Richtung bis zum Connecticut River. Schwarz-weiße Kühe grasen auf den Weiden, verträumte Dörfer mit hohen weißen Kirchtürmen liegen in geschützten Tälern. Burlington, die größte Stadt, ist ein Hotspot für Foodies und hat eine spannende Musikszene. Seine Lage am Lake Champlain macht es auch attraktiv für Sportler, die dort Boot fahren, schwimmen oder am Seeufer radeln.

Entdecken
Wandern, Wintersport, Herbstfärbung

Sehenswert
Burlington, Shelburne Museum, Green Mountain National Forest

Genießen
Wandern am Mount Mansfield in Stowe, einem Teil des Appalachian Trail

Seiten 280 – 305

New Hampshire

Die Bergpässe oder »notches« über die White Mountains teilen New Hampshire in zwei Hälften. Nördlich der Franconia und Pinkham Notches liegen die steilen Skipisten und zerklüfteten Felsen, an denen Kletterer unterwegs sind. Im Süden dienen große Bergseen als sommerlicher Tummelplatz für Camper und Wasserskifahrer. Die Atlanktikküste ist kurz, bietet aber einige Badestrände und Portsmouth, das mit guten Restaurants und ungewöhnlichen Boutiquen lockt.

Entdecken

Outdoor-Abenteuer, steuerfreies Shopping

Sehenswert

Portsmouth, Franconia Notch State Park, Canterbury Shaker Village

Genießen

Eine Fahrt mit der Zahnradbahn auf den Mount Washington, Neuenglands höchsten Berg

Seiten 306 – 331

Maine

Maines Norden ist bekannt für gute Angelreviere und die Chance, Elche zu sehen. Doch die meisten Urlauber zieht es an die Küste. Historische maritime Dörfer wie Kennebunk und Ogunquit liegen an wunderbaren Sandstränden. Im eleganten Portland in der Casco Bay gibt es eine spannende Restaurant- und Kunstszene, während an Maines sagenhafter Felsküste in winzigen Fischerdörfern tonnenweise Hummer angelandet wird und Segelboote den guten Wind nutzen. Im Sommer ist es ein großer Spaß, von Insel zu Insel zu fahren. Fotografen lieben den Acadia National Park mit dem höchsten Kap der Atlanktikküste.

Entdecken

Wunderbare Leuchttürme, zerklüftete Küsten, Elche, Hummer

Sehenswert

Portland, Penobscot Bay, Acadia National Park

Genießen

Vom Cadillac Mountain aus den frühesten Sonnenaufgang auf US-Boden beobachten

←

1 *Massachusetts State House, Boston*

2 *Plimouth Plantation*

3 *Feine Muscheln im Al Forno*

4 *Sonnenuntergang am Cape Cod Canal*

Neuengland ist geprägt von Kontrasten: von der Stille auf einem Waldwanderweg bis zur quirligen Kunstszene. Ob Sie nun die frische Brise an Deck eines Schoners genießen wollen oder lieber ins pulsierende Stadtleben eintauchen: Lassen Sie sich von unseren Tourenvorschlägen inspirieren.

2 WOCHEN

im südlichen Neuengland

Tag 1

Los geht's auf Bostons Freedom Trail *(siehe S. 74f)*. Im italienisch geprägten North End stärken Sie sich in einer Trattoria. Anschließend fahren Sie mit der U-Bahn zum Isabella Stewart Gardner Museum *(siehe S. 138)*. Abends essen Sie in Chinatown *(siehe S. 89)* Teigtaschen, ehe Sie eine Show im nahen Theater District *(siehe S. 90f)* besuchen.

Tag 2

Eine Stunde südlich von Boston liegt Plymouth *(siehe S. 170–173)*, wo sich 1620 die ersten englischen Pilger niederließen. Hören Sie deren Geschichte im Pilgrim Hall Museum, und besichtigen Sie *Mayflower II*, eine Nachbildung des ursprünglichen Schiffs, das angeblich am nahen Plymouth Rock anlandete. Südlich der Stadt besuchen Sie die Plimoth Plantation *(siehe S. 172f)*, den Nachbau der früheren Pilgersiedlung. Wenn das Wetter passt, gehen Sie am White Horse Beach baden, bevor Sie im geschichtsträchtigen John Carver Inn (www.johncarverinn.com) einchecken.

Tag 3

Weiter geht es nach Süden, auf der Sagamore Bridge über den Cape Cod Canal nach Sandwich *(siehe S. 179)*. Leihen Sie sich im Besucherzentrum ein Rad, und fahren Sie den schattigen Weg nach Bourne und wieder zurück. Im faszinierenden Sandwich Glass Museum sehen Sie einem Glasbläser zu und beobachten bei Ihrem Weg an der langen Promenade zum Town Beach die Vögel im Sumpf. Im Belfry Inn & Bistro (www.belfryinn.com) werden Sie nett empfangen.

Tag 4

Über die Bourne Bridge geht es zurück aufs Festland zum New Bedford Whaling National Historical Park *(siehe S. 189)* und weiter in westlicher Richtung bis Providence, Rhode Island *(siehe S. 208–211)*. Bummeln Sie auf der Benefit Street's Mile of History, und stärken Sie sich dann mit einem Pasta- oder Fleischgericht vom Holzkohlengrill im Restaurant Al Forno (577 S Water St).

Tag 5

Folgen Sie Narragansett Bay Richtung Süden zum Crescent Park. Durch Rhode Island fahren Sie dann nach Bristol *(siehe S. 216f)* und besichtigen die weitläufige Blithewold Mansion and Gardens. Wenn Sie Gärten lieben, sollten Sie unterwegs noch Green Animals Topiary Garden *(siehe S. 218)* in Portsmouth besuchen, ehe Sie im eleganten Newport essen und übernachten *(siehe S. 212–215)*.

→

1

2

3

Tag 6

Schlendern Sie in Newport durch die Boutiquen an den alten Werften – vorbei an Privatyachten und Ausflugsbooten – und nehmen dann den Hop-on-hop-off-Bus für eine Rundfahrt. Bei einer Audiotour durch The Breakers *(siehe S. 214f)* spüren Sie dem Leben im Goldenen Zeitalter nach, danach bummeln Sie am großartigen Cliff Walk.

Tag 7

Von Newport geht es Richtung Westen über zwei Brücken nach North Kingstown. Der Blick auf den Ozean ist fantastisch. Essen Sie bei Mystic Pizza *(siehe S. 245)* und fahren dann nach Mystic Seaport *(siehe S. 244f)*. Für die Übernachtung bietet sich das Steamboat Inn (www.steamboatinnmystic.com) an.

Tag 8

Halten Sie auf der Küstenstraße nach Westen in Noank, und probieren Sie bei Abbott's Lobster in the Rough (117 Pearl St) heiße Lobster Rolls – typisch für Connecticut. Das eine halbe Stunde weiter westlich gelegene Old Lyme *(siehe S. 253)* war einst das Zentrum der amerikanischen Impressionisten. Ein Bummel durch die alten Gassen versetzt Sie zurück in jene Epoche. Besuchen Sie das Connecticut River Museum in Essex *(siehe S. 252)* und machen dann eine Bootstour im nahen Haddam. Beenden Sie den Tag bei einer Aufführung im Goodspeed Opera House in East Haddam.

Tag 9

Hartford *(siehe S. 230–233)*, Connecticuts Hauptstadt, liegt eine Stunde weiter nördlich. Schlendern Sie durch das Wadsworth Atheneum und Bushnell Park mit seinem alten Karussell. Besuchen Sie nun das Mark Twain House. Nach dem Essen in der City Steam Brewery *(siehe S. 232)* kehren Sie im Untergeschoss im Comedy Club ein.

Tag 10

Westlich von Hartford beginnen die ländlichen Litchfield Hills *(siehe S. 240–243)*. Machen Sie ein Picknick im Kent Falls State Park und laufen danach zum Wasserfall.

1 *Mystic Seaport Harbor* ↑
2 *Nostalgisches Karussell, Hartford*
3 *Herbst in den Litchfield Hills*
4 *Kunst von Sol LeWitt im Mass MoCA*
5 *Shaker-Dorf in Hancock*
6 *Winter in Lowell*

Dann geht es für Abenteurer in der Satan's Kingdom Gorge in New Hartford zum Tubing auf dem Farmington River. Bevor Sie in Litchfield essen, bummeln Sie durch Woodburys Antiquitätenläden.

Tag 11

Die Litchfield Hills gehen nahtlos über in die Massachusetts Berkshires *(siehe S. 182–185)*. In einer Stunde erreichen Sie Stockbridge. Das Red Lion Inn *(siehe S. 184)* ist der ideale Ausgangspunkt für einen Tag rund um die Kunst. Besuchen Sie Chesterwood, Wohnhaus und Atelier des Bildhauers Daniel Chester French, und das Norman Rockwell Museum. Kaufen Sie in Lenox für ein Picknick ein, und besuchen Sie am Abend ein Konzert in Tanglewood, wo das Boston Symphony Orchestra im Sommer auftritt.

Tag 12

Fahren Sie den Housatonic River Richtung Norden und besuchen das Hancock Shaker Village *(siehe S. 200)* auf dem Weg nach Williamstown *(siehe S. 199)*, Sitz des Clark Art Institute. Wandern Sie zum Stone Hill und genießen dort den grandiosen Blick über die Green Mountains.

Tag 13

Im nahen North Adams besuchen Sie das Massachusetts Museum of Contemporary Art *(siehe S. 199)* mit seinen riesigen Installationen. Der Mohawk Trail, eine der schönsten Strecken des Landes, bringt Sie nach Osten. Halten Sie in Shelburne Falls, wo Sie über die Eisenbahnbrücke laufen und an der Bridge Street essen. Weiter südlich in Deerfield *(siehe S. 200f)* übernachten Sie im Deerfield Inn *(siehe S. 200)*.

Tag 14

Erkunden Sie Historic Deerfield. Dann geht es zum Lowell National Historical Park *(siehe S. 188f)*, wo Sie Näheres über Amerikas erste große Textilfabrik erfahren. Besuchen Sie das Grab des Beat-Autoren Jack Kerouac auf dem Edson Cemetery. In Merrimack und Middle Street finden Sie zahlreiche Lokale zum Abendessen.

1

2

3

7 TAGE

im nördlichen Neuengland

Tag 1

Die Fahrt beginnt im östlichen Maine am Mount Desert Island, wo der Acadia National Park liegt *(siehe S. 318f)*. Die 44 Kilometer lange Park Loop Road bietet tolle Ausblicke. Laufen Sie auf den Klippen von Thunder Hole, und springen Sie, wenn Sie mutig sind, ins eisige Wasser am Sand Beach. Gönnen Sie sich danach im Garten des Jordan Pond House einen Tee und Popovers – ein typisches Gebäck in Maine. Übernachten Sie in Bar Harbor, dort finden Sie auch viele Läden und Restaurants.

Tag 2

Fahren Sie früh nach Portland *(siehe S. 310–313)*, Maine. Die bekannte Foodie-Stadt erreichen Sie in etwa drei Stunden. Essen Sie im Duckfat (43 Middle St) im East End. Bummeln Sie dann über die Franklin Street zum Old Port, die Boutiquen und Galerien werden Sie begeistern. Maines raue Schönheit inspirierte viele Künstler. Ihre Werke sehen Sie im Portland Museum of Art. Essen Sie im Fore Street (288 Fore St), wo im Holzkohleofen köstliche Speisen zubereitet werden.

Tag 3

Eine Stunde südlich, gleich über dem Piscataqua River in New Hampshire, liegt Portsmouth *(siehe S. 284–287)*. Kunstliebhaber verbringen dort in den historischen Museen einen ganzen Tag. Vielen genügt aber auch ein Besuch von Strawbery Banke *(siehe S. 286f)*, sodass noch Zeit für einen Abstecher zu den Boutiquen in Lagerhäusern aus dem 18. Jahrhundert bleibt. Bei einer Bootstour durch den Hafen sehen Sie das Portsmouth Naval Shipyard und fotogene Leuchttürme und Herrschaftshäuser. Abends essen Sie im Bistro Black Trumpet (29 Ceres St).

Tag 4

Das eine Stunde nordwestlich gelegene Wolfeboro ist das Tor zum Lake Winnipesaukee *(siehe S. 304f)*, dem größten See in New Hampshire. Die hübsche, ruhige Stadt steht in krassem Gegensatz zum Weirs Beach an der Westseite des Sees. Kinder und Junggebliebene lieben Weirs Beach aber wegen der Vergnügungsparks, der Imbissstände am Strand und der angebotenen Bootstouren. Der Sandstrand ist ideal zum

5

4

1 *Stille Wasser: Jordan Pond, Acadia National Park* ↑

2 *Portland Museum of Art*

3 *Strawbery Banke*

4 *Wilde Natur: Flume Gorge am Franconia Notch*

5 *In den White Mountains*

Baden und Sonnen. Den See kann man mit einem historischen Ausflugsboot, aber auch per Jetski erkunden.

Tag 5

Eine der wenigen Ost-West-Verbindungen in den White Mountains ist der Kancamagus Highway *(siehe S. 301)*. Auf der spektakulären Fahrt locken Rastplätze bei den Stromschnellen des Saco River, aber auch schöne Wanderwege. Am Westende bringt Sie ein kurzer Abstecher zum Franconia Notch State Park *(siehe S. 290f)*, wo Sie durch die Flume Gorge laufen. Fahren Sie mit der Seilbahn auf den Cannon Mountain. Der Ausblick von oben über New Hampshire, Maine, Vermont, New York und bis nach Kanada ist schier unbeschreiblich. Übernachten Sie in North Woodstock *(siehe S. 300)* im Woodstock Inn Station and Brewery *(siehe S. 300f)*.

Tag 6

Nach Pancakes mit Ahornsirup in Polly's Pancake Parlor (www.pollyspancakeparlor.com) in Sugar Hill fahren Sie Richtung Westen nach Hanover *(siehe S. 296)*. Die Fahrt von den steilen Hängen der White Mountains ins weite Connecticut River Valley ist wunderschön. Erkunden Sie die Attraktionen auf dem Campus des Dartmouth College. Besuchen Sie dann das Hood Museum of Art und die nahe Baker-Berry Library, deren Lesesaal mit José Clemente Orozcos Werk *Das Epos der amerikanischen Zivilisation* geschmückt ist. Übernachten Sie im eleganten Hanover Inn (2 East Wheelock).

Tag 7

Eine Stunde nördlich liegt Montpelier *(siehe S. 270)*, Vermont, wo Sie das formidable Vermont State House besuchen und im La Brioche Bakery & Café *(siehe S. 271)* eine Tasse Kaffee trinken. Nehmen Sie in Ben & Jerry's Ice Cream Factory *(siehe S. 270)* an einer der beliebten Führungen mit Verkostung teil und fahren dann nach Burlington *(siehe S. 262–265)*. Essen Sie im Farmhouse Tap & Grill *(siehe S. 263)*. Nach einer Fahrt auf dem Lake Champlain essen Sie in Burlingtons Church Street Marketplace.

←

1 *Abendstimmung am Pemaquid Point Light*

2 *Yachten in Camden Harbor*

3 *Frischer Hummer*

4 *Inspirierend: das Meer auf Monehagan Island*

5 TAGE

Hummer und Leuchttürme in Mid Coast Maine

Tag 1

Vormittags Fahren Sie einfach drauflos durch die Halbinseln an Maines Mid Coast von Bath nach Searsport – verwirrend, aber schön. Von Bath führt die Route zum Five Islands Lobster (1447 Five Islands Rd, Georgetown) zum ersten Hummertest.
Nachmittags Weiter geht's nach Wiscasset. Fahren Sie über die Brücke nach Edgecomb, und kaufen Sie Keramik-Souvenirs, ehe Sie Boothbay Harbor *(siehe S. 326f)* ansteuern.
Abends Im Pub Robinson's Wharf (20 Hendricks Hill Rd, Southport) genießen Sie Muscheln zu heimischer Livemusik.

Tag 2

Vormittags Auf einer Bootsfahrt erfahren Sie, wie die Hummer gefangen werden.
Nachmittags In Damariscotta probieren Sie die weltbekannten Austern, dann fahren Sie zum Pemaquid Point Light *(siehe S. 326f)*, wo Sie in Shaw's Fish & Lobster Wharf (129 ME-32, New Harbor) frisch gedämpfte Hummer knacken.
Abends Übernachten Sie in Port Clyde an der Spitze der St.-George-Halbinsel.

Tag 3

Vormittags Nehmen Sie die Fähre nach Monhegan Island *(siehe S. 315)*.
Nachmittags Wandern Sie zum Leuchtturm und dem kleinen Museum oben am Hügel.
Abends Genießen Sie den unglaublichen Sternenhimmel.

Tag 4

Vormittags Nehmen Sie die Fähre nach Port Clyde und fahren zum Marshall Point, wo Sie im Haus der Wärters das kleine Museum besichtigen.
Nachmittags McLoon's Lobster Shack (315 Island Rd, South Thomaston) ist ein Geheimtipp der Einheimischen. Dann fahren Sie zum Owl's Head Light. Und auch das zwei Meilen weiter nördlich liegende Maine Lighthouse Museum in Rockland *(siehe S. 315)* müssen Sie unbedingt gesehen haben.
Abends Sehen Sie eine Show in Rocklands Strand Theater (www.rocklandstrand.com).

Tag 5

Vormittags Nach dem Frühstück in der Atlantic Baking Company (351 Main St) fahren Sie nach Camden *(siehe S. 315)* mit seinen vielen Yachten und Boutiquen. Dann geht es weiter nach Belfast.
Nachmittags In Belfast essen Sie Hummer am Passagassawaukeag River im Young's Lobster Pound (2 Fairview St). Das Penobscot Marine Museum im kleinen Searsport *(siehe S. 316)* erinnert an frühere Zeiten.
Abends Zurück in Belfast gehen Sie nach einem Bummel durch Läden und Galerien in die Ondine Oyster + Wine Bar (108 Main St).

1

2

3

4

←

1 *Herbst bei Killington*

2 *Am Mount Mansfield*

3 *Verlockende Köstlichkeiten*

4 *Besuch bei den Bewohnern der Billings Farm & Museum in Woodstock*

3 TAGE

Indian Summer in Vermont

Tag 1

Vormittags Stärken Sie sich in Brattleboro *(siehe S. 278f)* in einer der vielen Bäckereien oder Coffeeshops und fahren dann auf der Route 9, dem sogenannten Molly Stark Trail, nach Westen. Halten Sie oben am Hogback Mountain, und Sie wissen, weshalb der Punkt auch 100-Meilen-Blick heißt.

Nachmittags Wilmington *(siehe S. 279)* ist Ausgangspunkt der VT Route 100. Halten Sie auf dem Weg nach Norden im eleganten West Dover, besuchen Sie die ungewöhnlichen Galerien in Jamaica, und lassen Sie die schönen Herbstfarben am Flussufer auf sich wirken. Der Spitzahorn leuchtet in Purpur und Orange, der Zuckerahorn in Kardinalrot, Birken, Buchen und Erlen in strahlendem Gelb. In Weston finden Sie im Vermont Country Store (657 Main St) mehr Süßigkeiten, als Sie sich vorstellen können.

Abends Übernachten Sie in einem luxuriösen Zimmer mit Jacuzzi im Inn in Weston (630 Main St).

Tag 2

Vormittags Nach dem Frühstück (probieren Sie mit Apfelholz geräucherten Schinken!) fahren Sie auf der Route 100 nach Norden und machen unterwegs viele Fotos. Dieser Abschnitt der Strecke verläuft durch ein Gletschertal, an den Ufern der kleinen Seen stehen gelb leuchtende Erlen, purpurfarbene Linden und Feuerkirschen.

Nachmittags Suchen Sie nach dem Übergang der Route 100 in die Vermont Route 4 nach Wegweisern zum Killington Ski Resort *(siehe S. 274)*. Nehmen Sie die K-1-Gondelbahn auf den Killington Peak, die Ausblicke sind atemberaubend. Anschließend fahren Sie nach Osten auf der Route 4 durch Woodstock und besichtigen zunächst die Quechee Gorge *(siehe S. 278)*, ehe Sie zurück ins hübsche Woodstock fahren *(siehe S. 279)*, wo Sie Billings Farm & Museum besuchen.

Abends Reservieren Sie in einem der vielen Gasthöfe in Woodstock, sie sind im Herbst immer schnell ausgebucht.

Tag 3

Vormittags Nehmen Sie in Killington *(siehe S. 274)* die Route 100 durch das Mad River Valley *(siehe S. 271)* an den Green Mountains entlang. Folgen Sie dem Beispiel des Literatur-Nobelpreisträgers Robert Frost, und genießen Sie im Rochester Café (55 N Main St, Rochester) ein Icecream Soda.

Nachmittags Nach einer Tour durch die Ben & Jerry's Ice Cream Factory *(siehe S. 270)* fahren Sie ins Bergdorf Stowe *(siehe S. 268)*. Dort unternehmen Sie am Mount Mansfield, dem höchsten Berg in Vermont, eine leichte Wanderung.

Abends Reservieren Sie rechtzeitig in der Stowe's Trapp Family Lodge (700 Trapp Hill Rd) und essen in der Von Trapp Brewing Bierhall.

Pemaquid Point Light an der felsigen Küste des Staates Maine ↑

NEUENGLANDS

WUNDER DER NATUR

Neuengland ist das Werk von Feuer und Eis. Rund 25 000 Jahre lang bearbeiteten Gletscher das tief liegende Vulkangestein. Als sie schmolzen, tauchten Green und White Mountains, der sandige Strand von Cape Cod und die großartigen Schieferplatten an der Nordküste auf.

Imposante Höhen

An klaren Tagen reicht der Blick von den Wanderwegen und Straßen, die die Appalachian Mountains durchziehen, scheinbar bis ins Unendliche. Das Gebirge erstreckt sich von den Litchfield Hills *(siehe S. 240 – 243)* und den Berkshires *(siehe S. 182f)* über Green und White Mountains durch Maine bis zum Cadillac Mountain im Acadia National Park *(siehe S. 318f)*.

←

Durch Eis und Schnee unterwegs zum Gipfel des Mount Washington

Küstenlandschaften

Wer das Ursprüngliche sucht, wird an Maines langer und spektakulärer Küste fündig. Eisblaue Brecher rollen unablässig über die felsigen Klippen. Selbst in den ruhigeren Buchten zwischen den Landzungen liegen große, von den Wellen abgeschliffene Felsblöcke. Auf den höchsten Felsen stehen Leuchttürme, die Seefahrer vor den Riffen und Felsbänken vor der Küste warnen, an denen ein Schiff leicht zerschellen kann.

Entdeckertipp
Blütenpracht

Im Rhododendron State Park (www.nhstateparks.org) in Fitzwilliam, New Hampshire, steht ein Wäldchen baumhoher Rhododendren, die Mitte Juli leuchtend pink blühen.

Grüne, fruchtbare Täler

Der 660 Kilometer lange Connecticut River ist Neuenglands wichtigster Wasserweg. Am Oberlauf säumen ihn Bauernhöfe und Laubwälder, in den fruchtbaren Flussauen vom Sugarloaf Mountain nach Süden wird sehr viel angebaut und im Sommer und Herbst alles angeboten, was die Farmer geerntet haben. An der Mündung des Flusses in den Ozean kreisen Seeadler auf der Suche nach reicher Beute.

→ *Ein flacher Abschnitt des Connecticut River*

Weite Strände und hohe Dünen an der Cape Cod National Seashore ↑

Sandige Küsten

Schlendern Sie im weichen Sand an Connecticuts Long Island Sound, oder gehen Sie zum wilden Nauset Beach am Cape Cod National Seashore *(siehe S. 180f)*, wo bei Flut riesige Wellen ankommen. Deren enormer Lärm hallt von den Dünen zurück. Trotz des Getöses sonnen sich die Robben in aller Ruhe.

Spaß im Wasser
An den Magic Falls auf dem Kennebec River *(siehe S. 331)* geht es sechs Meter nach unten. Und dabei ist das noch Maines »leichter« Fluss im Vergleich zum Penobscot. Einige Abschnitte auf dem Deerfield River im Westen von Massachusetts sind für Familien geeignet, für Geübte gibt es rasantere Strecken.

→

Riesenspaß: Rafting auf dem Deerfield River

NEUENGLAND FÜR OUTDOOR-FANS

Neuenglands Gipfel, die schönen Küsten, schnell fließenden Flüsse und herrlichen Wanderwege in schattigen Wäldern verlocken den Besucher, sich viel im Freien zu bewegen. Wenn die Muskeln zittern, das Herz bis zum Hals schlägt und sich im Gesicht ein zufriedenes Grinsen ausbreitet, dann hat man alles richtig gemacht – Möglichkeiten dazu gibt es mehr als genug.

Auf der Piste
Auf den Abfahrten in Neuengland findet jeder sein Gelände: von schwarzen Pisten am Mount Mansfield *(siehe S. 268)* und am Killington Peak *(siehe S. 274)* in Vermonts Green Mountains bis zu den sanften Hängen und Lichtungen am Sunday River und am Sugarloaf *(siehe S. 329)* in Maine.

←

Wintergenuss pur am Narrow Gauge Trail, Sugarloaf Mountain

Hoch hinaus

In Vermonts Green Mountain National Forest *(siehe S. 274)* warten über 1400 Kilometer Wanderwege, in New Hampshires White Mountain National Forest *(siehe S. 302f)* sind es sogar über 1900 Kilometer! Beide Wälder liegen am Appalachian Trail, der noch weitere 400 Kilometer nach Norden durch Maine bis zum Mount Katahdin verläuft.

→ *An den Greeley Ponds auf dem Kancamagus Highway*

← *Eiskalt, aber herrlich ist der Atlantik am Long Nook Beach, Cape Cod*

Wellenzauber

Bei den Temperaturen braucht ein Surfer in Neuengland definitiv einen Wetsuit, auch im Hochsommer. Gut verpackt geht es dann hinaus zum Warten auf die beste Welle. Vor Rhode Islands South County ist es eher ruhig, wilder geht es vor Newports Easton's Beach zu. Die ultimative Herausforderung sind die Wellen am Cape Cod National Seashore *(siehe S. 180f)* oder in Maines Reid State Park, Georgetown.

TOP 3 Zipline-Strecken

Alpine Adventures
A C3 Lincoln, NH
W alpinezipline.com
Hoch über den Bäumen an bis zu fünf Ziplines.

Berkshire East
A A5 Charlemont, MA W berkshireeast.com
An der Zipline in Berkshire rast man von Gipfel zu Gipfel.

Highflyer Zipline
A C7 Mashantucket, CT W foxwoods highflyer.com
Vom Dach des 33-stöckigen Foxwood Tower in Connecticut.

Auf dem Fahrrad

Keine Autos stören auf dem Minuteman Bikeway von Cambridge nach Bedford, Massachusetts. Oder Sie erkunden das grüne Hinterland von Cape Cod auf dem Cape Cod Rail Trail *(siehe S. 179)*. Auf Rhode Islands East Bay Bike Path von East Providence nach Bristol passieren Sie Weiden und Farmen.

↑ *East Bay Bike Path an der Narragansett Bay in Rhode Island*

Das Handwerk lernen

Bleiben Sie ein paar Tage, eine Woche oder – (wenn Sie Ihren Master machen wollen) – bis zu drei Jahre am Maine Media Workshops + College (www.mainemedia.edu), und verbessern Sie Ihre Fotokünste. Die Schule im kleinen Ort Rockport an der Penobscot Bay *(siehe S. 314–317)* bietet Workshops für Anfänger, Profis und jeden, der seine Kenntnisse in Sachen Fotografie und Digitalisierung aufpolieren will.

Pemaquid Point Light in Maine ↑

Leuchtende Wahrzeichen

Die unzähligen Leuchttürme an Neuenglands Küsten sind ein beliebtes Motiv. Besonders stimmungsvoll werden die Bilder, wenn man den richtigen Blickwinkel wählt. Fotografieren Sie Maines Pemaquid Point oder Cape Cods Race Point Lighthouse von unten über die Felsen.

NEUENGLAND FÜR FOTOFANS

Von den Glastürmen in Bostons Skyline bis zum einsamen Leuchtturm an der felsigen Küste findet ein Fotograf in Neuengland unzählige wunderschöne Motive. Jeder versucht natürlich, den besten Standort zu finden und den Bildern seinen ganz eigenen Stempel aufzudrücken.

Spektakuläre Stadtaufnahmen

Boston hat zwei Skylines. Der klassische Blick vom Hafen an Rowes Wharf kann auch von einem Boot aus fotografiert werden. Oder Sie nehmen die Blue Line nach East Boston und stellen sich an den Piers Park. Back Bay und Beacon Hill bekommt man am besten ins Bild von der Cambridge-Seite des Charles River zwischen der Longfellow und der Harvard Bridge.

Sehr stimmungsvoll illuminiert: Rowes Wharf ↑

Stürmische Stimmungen

Die Segel von Maines Windjammer-Flotte flattern bei den sommerlichen Regatten in Camden, Rockland, Boothbay Harbor oder Brooklin im Wind. Fotografieren Sie sie von den Piers oder Wellenbrechern aus. Auch in Newport, Rhode Island, finden viele Regatten statt. Perfekt erwischt man sie von Fort Adams und Goat Island.

←

Segelboote vor der Küste von Newport, Rhode Island

FOTOMOTIV
Motiv #1

Die rote Fischerhütte am Bradley Wharf im winzigen Rockport, Massachusetts, ist das meistgemalte Motiv in Amerika. Fotografieren Sie am frühen Morgen oder abends von der benachbarten T Wharf.

Ganz großes Kino

Aufregend anders wirken die Herbstaufnahmen, wenn nicht nur Bäume zu sehen sind. Das Vermont State House *(siehe S. 270)* lockert Bilder der Laubbäume im Hintergrund und der Ahornbäume vor dem Haus angenehm auf. Auch gefallene Blätter machen sich gut, etwa in einem alten Friedhof wie Copp's Hill *(siehe S. 101)* in Boston. Oder ein weißer Kirchturm über goldenen Blättern in Guilford, Connecticut.

←

Großartige Farbenspiele am Vermont State House

Schöne alte Brücken

Neuenglands Holzbrücken erinnern an die Zeit, als man noch mit der Pferdekutsche verreiste. In Swanzey, New Hampshire, und Brattleboro, Vermont, sind noch sehr viele zu sehen. Fotografieren Sie sie vom Flussufer aus, oder warten Sie, bis ein Auto unter dem Brückendach heraus ins Licht kommt.

→

Alte Brücke mit Holzdach in Bethel, Maine

Kunst der Ureinwohner

Bewundern Sie Kunst indianischer Völker wie der Penobscot, Passamaquoddy, Mi'kmaq und Maliseet im Abbe Museum *(siehe S. 327)* in Bar Harbor und im Hudson Museum in der University of Maine, Orono. Auch die Sammlung von Volkskunst in Vermonts Shelburne Museum *(siehe S. 266f)* macht großen Spaß.

→ *Exponate im Shelburne Museum*

Weatherbeaten *(1894)*, *Winslow Homer* ↑

Inspiration aus der Natur

Neuenglands Küste faszinierte Maler schon immer. Im Portland Museum of Art *(siehe S. 310)* sehen Sie Landschaften des Malers Winslow Homer aus Maine. Der bildende Künstler Andrew Wyeth verbrachte Jahre im Olson House in Cushing, Maine, dem heutigen Farnsworth Art Museum *(siehe S. 315)*, um zu malen.

NEUENGLAND FÜR KUNSTFREUNDE

Prächtige Landschaftsbilder, monumentale Skulpturen, zeitgenössische Volkskunst und modernste Installationen, dazu Sammlungen von Weltrang und spezielle Museen in den großen Lehrinstituten des Landes - in Neuengland findet jeder »seine« Kunst.

Großartige Meisterwerke

In Neuengland gibt es zwar auch unzählige kleine Museen, aber allein im Museum of Fine Arts in Boston *(siehe S. 132f)* und dem Wadsworth Atheneum *(siehe S. 230)* in Hartford, Connecticut, könnten Sie Tage verbringen. In beiden werden sämtliche Epochen von den alten Ägyptern bis zur amerikanischen Moderne abgedeckt.

→ *Museum of Fine Arts, Boston*

Expertentipp
Lange Nacht

In Provincetown, MA, sind Galerien im Sommer freitags bis spätabends geöffnet. Die Einheimischen bummeln bei Wein und Käse von einer zu anderen.

Moderne Zeitgenossen

Ein Besuch in Neuenglands Museen mit zeitgenössischer Kunst überrascht und begeistert. In North Adams wurden für das Massachusetts Museum of Contemporary Art (Mass MoCA; *siehe S. 199*) alte Fabriken zu Galerien umgestaltet. Vom Institute of Contemporary Art *(siehe S. 122f)* in Boston mit seinen modernen Sammlungen hat man einen schönen Blick auf den Hafen. Im Center for Maine Contemporary Art in Rockland *(siehe S. 315)* sehen Sie Wechselausstellungen heimischer Künstler.

↑ Zoran Orlić Campus Building 7 Wall Drawing 340 *von Sol LeWitt*

TOP 5 Museen der Universitäten

Harvard Art Museums
C5 Cambridge, MA
Drei große Museen unter einem Dach.

Hood Museum of Art
B3 Hanover, NH
Dartmouths Sammlung von Kunst aus aller Welt.

Yale University Art Gallery
B7 New Haven, CT
Kollektionen alter und moderner Kunst.

RISD Museum
C6 Providence, RI
Sowohl bildende Kunst als auch Design.

Colby College
E2 Waterville, ME
Moderne und zeitgenössische Kunst.

Drei Dimensionen

Im DeCordova Sculpture Park and Museum *(siehe S. 191)* in Lincoln sehen Sie mehr als 60 Skulpturen. In Chesterwood *(siehe S. 185)* in Stockbridge stehen im Sommer Installationen zwischen Bäumen. Auf dem Rasen in Aspet, der Sommerresidenz von Augustus Saint-Gaudens in Cornish *(siehe S. 297)*, sehen Sie Abgüsse seiner berühmten Werke.

↑ *Viel Spaß im DeCordova Sculpture Park and Museum in Lincoln*

Der Kampf um die Freiheit

Angeblich gingen die Bestrebungen zur Sklavenbefreiung von Neuengland aus, dennoch brachte die Sklavenarbeit der Region erheblichen Wohlstand. Erfahren Sie mehr über die komplexe Geschichte der Sklaverei auf Bostons Black Heritage Trail *(siehe S. 87)* im African Meeting House.

←

Geführte historische Tour in Boston

NEUENGLAND FÜR GESCHICHTSFANS

Verfolgen Sie die Abenteuer aus der großen Zeit der Seefahrt, oder spüren Sie am eigenen Leib, wie gefährlich das Planen einer Revolution gegen den König war. Erfahren Sie mehr über den Kampf um Gleichberechtigung, und sehen Sie, wie die Nachfahren der Ureinwohner heute noch verehrt werden.

Der Geist der Revolution

Wenn Sie in Bostons Faneuil Hall oder im Old South Meeting House stehen, hören Sie förmlich die feurigen Reden der Revolutionäre. Worte wurden 1775 in der Battle of Lexington and Concord zu Taten, wie im Minute Man National Historical Park *(siehe S. 168)* gezeigt wird. Besteigen Sie das Bennington Battle Monument *(siehe S. 275)* in Vermont, das an den Sieg über die Briten 1777 erinnert.

Nachstellung einstiger Gefechte im Minute Man Historical Park, Concord ↑

Narragansett Powwow

Seit 1676 kommen alljährlich beim Narragansett Indian Tribes August Meeting Powwow, dem ältesten des Landes, Stammesmitglieder und Gäste aus Nah und Fern bei Musik, Tanz und lebhaften Stammeszeremonien zusammen (www.narragansett indiannation.org).

Reich durch das Meer

Neuengland erlangte Reichtum durch das Meer. In Mystic Seaport *(siehe S. 244f)* können Sie ein nachgebautes Dorf aus dem 19. Jahrhundert und das letzte hölzerne Walfangboot sehen. Der Whaling National Historical Park *(siehe S. 189)* in New Bedford erzählt von der gefährlichen Arbeit der Walfänger. Salem Maritime National Historic Site *(siehe S. 166)* in Massachusetts und das Penobscot Marine Museum *(siehe S. 316)* in Maine dokumentieren die damalige Zeit.

→

Die Charles W. Morgan *liegt in Mystic Seaport Harbor vor Anker*

Schon gewusst?

Die *Charles W. Morgan* machte 37 Fahrten, die meisten davon dauerten mehr als drei Jahre.

Die ersten Neuengländer

Mit der Ankunft der Europäer wurde die Zahl der Ureinwohner durch Krankheiten und Kämpfe erheblich dezimiert, doch die Stämme wahrten ihre Identität. Sehen Sie auf der Wampanoag Homesite in der Plimoth Plantation *(siehe S. 172f)*, Massachusetts, wie das Leben früher war. Das Mashantucket Pequot Museum *(siehe S. 251)*, Connecticut, illustriert das Leben der Ureinwohner eindrucksvoll.

←

Stilecht unterwegs in Plimoth Plantation

Führer der Nation

Im Adams National Historical Park *(siehe S. 189)* in Quincy, Massachusetts, sehen Sie, wie das Streben nach Menschenrechten vom zweiten zum sechsten Präsidenten weitergegeben wurde. Das Heim von Calvin »Silent Cal« Coolidge *(siehe S. 278)* in Plymouth Notch, Vermont, erzählt vom 30. Präsidenten. John F. Kennedy Library and Museum *(siehe S. 124)* erinnert an Bostons berühmtesten Sohn.

→

Abigail Adams und ihr Sohn John Quincy Adams, Quincy

Neuenglands Autoren der Gegenwart

Noch heute gilt Neuengland als fruchtbarer Boden für Literaten. Stephen King und Richard Russo (Pulitzer-Preis) haben enge Verbindungen mit Maine. Andre Dubus III schreibt in seiner derzeitigen Heimat an Massachusetts' North Shore. An den Eliteuniversitäten sind Autoren mit globalen Wurzeln zu Hause. Jamaica Kincaid (American Book Award), Junot Diaz (Pulitzer-Preis) und Ha Jin (National Book Award) lehren in Neuengland.

Wandbilder im berühmten Brattle Book Shop in Boston ↑

NEUENGLAND FÜR BÜCHERWÜRMER

Amerikas erster Verleger begann seine Arbeit 1639 in Cambridge, Massachusetts, die Lust an Literatur ist seitdem ungebrochen. Bücherfreunde lieben die Festivals und Events rund um das Buch, die in der Wiege der amerikanischen Literatur sehr zahlreich und gut besucht sind.

Literaturfestivals

Jack Kerouac, Autor der Beat Generation, lockt zum Lowell Celebrates Kerouac Festival (www.lowellcelebrateskerouac.org) Fans aus aller Welt in seine Heimatstadt. Beim Boston Book Festival (www.bostonbookfest.org) lesen bekannte Autoren, bei Vermonts Brattleboro Literary Festival (www.brattleboroliteraryfestival.org) finden an vier Tagen Lesungen und Diskussionen statt. Alle drei Festivals sind im Oktober.

← *Anregend: Diskussionsabend während des Boston Book Festival 2018*

Bücherverrücktes Boston

Wandeln Sie bei einer literarischen Tour (www.bostonbyfoot.org) auf den Spuren von Bostons berühmtesten Autoren, oder bummeln Sie auf eigene Faust durch die vielen Buchläden. Im Harvard Book Store *(siehe S. 155)* findet man die umfangreiche Cambridge-Szene, zu der auch der Grolier Poetry Book Shop und der Comicladen Million Year Picnic gehören. Der Brattle Book Shop *(siehe S. 88)* ist Bostons erste Adresse für Secondhand- und antiquarische Bücher. Das Trident (www.tridentbookscafe.com) ist mit gutem Kaffee und WLAN ein Paradies für Leseratten.

Schon gewusst?

Werke von Anne Bradstreet aus Boston waren 1650 die ersten in den neuen Kolonien publizierten.

Die Wiege der amerikanischen Literatur

Mitte der 1800er Jahre entwickelte sich um Autoren wie Ralph Waldo Emerson eine neue amerikanische Literatur. Sie trafen sich im Emerson House *(siehe S. 169)*. Im nahen Orchard House schrieb Louisa May Alcott *Little Women*. Herman Melvilles Arrowhead *(siehe S. 183)* ist seit *Moby Dick* unverändert, das Mark Twain House *(siehe S. 232)* stellt dessen Karriere vor.

← *Hier schrieb Louisa May Alcott*

Frost-Land

Robert Frost, Neuenglands berühmtester Autor, machte das beschwerliche Landleben in seinen Gedichten unsterblich. Vom Beginn seiner Karriere erzählt die Robert Frost Farm in Derry, New Hampshire. Über die spätere Zeit erfährt man viel im Robert Frost Stone House Museum *(siehe S. 272f)* in Shaftsbury, Vermont.

→ *Gut besucht: Lesung auf der Robert Frost Farm*

Traumstadt für Genießer

Boston gilt in der Foodie-Szene als Pionier, und stets ist die Stadt offen für neue Geschmäcker und Ideen. Am Rose Kennedy Fitzgerald Greenway *(siehe S. 120f)* stehen viele Foodtrucks, die von koreanischem *bulgogi bibimbap* (Reisgericht mit verschiedenen Saucen) bis zu mexikanischen *tortillas* und gegrillten Käsesandwiches einfach alles anbieten. Auch in Chinatown *(siehe S. 89)* bleiben keine Wünsche offen, Teigtaschen gehören dort zum Standard. Essen Sie frischen Fisch und Baked Beans in Bostons ältestem Restaurant, dem 1832 gegründeten Union Oyster House (www.unionoysterhouse.com), oder genießen Sie im modernen und stylishen Sportello (www.sportelloboston.com) am Seaport bei Bostons Superköchin Barbara Lynch feinste Pasta.

→ *Im Union Oyster House schauen Sie den Köchen bei der Arbeit zu*

NEUENGLAND FÜR FOODIES

Jede Jahreszeit hat ihre eigenen Spezialitäten - im Sommer etwa Gerichte aus frisch gefangenem Hummer oder im Herbst aus knackig-aromatischen Äpfeln. Besuchen Sie Farmen oder Fischer, und probieren Sie an Ort und Stelle, wie herrlich vielfältig das Essen in Neuengland sein kann.

Köstliches in Schale

An Neuenglands Küsten finden Sie unzählige Buden, die frischen Hummer, meist mit zerlassener Butter und Maiskolben, anbieten. Oft bekommen Sie einfach einen großen Stein dazu, um ihn zu knacken. Oder Sie nehmen gleich nur einen halben. Bei Abbott's Lobster in the Rough (www.abbotslobster.com) in Noank, Connecticut, serviert man sie gegrillt.

→ *Frischer Hummer mit Butter*

Expertentipp
Schlemmertour

Bei der »Little Italy«-Tour durch den North End Market in Boston, angeboten von Boston Food Tours (www.bostonfoodtours.com), kann man feine Sachen probieren.

Clam Chowder: klar, weiß oder rot?

Diese Frage stellt man Ihnen, wenn Sie diese typische Spezialität Neuenglands bestellen. Alle drei Varianten bestehen aus Zwiebeln, Muscheln und Kartoffeln, traditionell kommt dazu angedickte Milch oder Sahne. Manhattan Clam Chowder (kulinarische Sünde in weiten Teilen Neuenglands) ersetzt die Milch durch Tomaten. »Klar« ist eine Variante aus Rhode Island mit klarer Brühe, Speck statt Butter, vielen gehackten Muscheln und Kartoffeln.

Frisch vom Hof

Da die Nachfrage nach frischen heimischen Zutaten immer mehr steigt, vermarkten Neuenglands Farmer ihre Produkte oft gleich selbst. An den Ständen an den Landstraßen und in kleinen Tennen erwartet Sie ein reichhaltiges Angebot. Auf Bauernmärkten wie in Portland, Maine (www.portlandmainefarmersmarket.org), und in Bennington, Vermont (www.benningtonfarmersmarket.org), kaufen oft auch die Köche der örtlichen In-Restaurants ein.

→

Frisch vom Feld auf den Markt in Massachusetts

Herrlich süß

Im Winter wird der Ahornsaft abgezapft und in Zuckerhäusern zu dickem Sirup eingekocht. Oft bekommt man vor Ort dazu ein herrliches Frühstück mit Pancakes. Die Einheimischen gehen gern zu Maple Sugar and Vermont Spice (www.vtsugarandspice.com) in Mendon, Vermont, und zum Heritage Farm Pancake House (www.heritagefarmpancakehouse.com) in Sanbornton, New Hampshire.

→

Pancakes mit feinem Ahornsirup

Spannende Destillation
Kleine Destillerien in Neuengland experimentieren bei Gins gern mit vielen Kräutern oder beim Whiskey mit Fässern aus heimischer Eiche. Häufig haben Sie Probierstuben und bieten informative Führungen an. Besuchen Sie New England Distilling (www.newenglanddistilling.com) in Portland, Maine, oder Bully Boy Distillers (www.bullyboydistillers.com) in Boston.

←

Fermentationstank einer Destillerie in Portland

NEUENGLAND
CHEERS!

In Neuengland trinkt man schon immer gern einen Schluck Bier, Wein oder Spirituosen, doch die neuerdings stark steigende Zahl an Craft-Beer-Brauern, Winzern und Brennern hat die Getränkelandschaft weiter verändert. Probieren Sie sich einfach durch - und lassen Sie das Auto am besten stehen.

Der Coastal Wine Trail
Der Einfluss des Golfstroms bringt den Küstengebieten von Connecticut, Rhode Island und Massachusetts ein derart mildes Klima, dass dort Burgunder und Bordeaux gedeihen. Planen Sie für einen Besuch der Weingüter am Coastal Wine Trail (www.coastalwinetrail.com) zwei bis drei Tage ein, und nehmen Sie ein Picknick mit. Oft gibt es vor Ort nette Sitzgelegenheiten, wo Sie gleich eine Flasche des soeben verkosteten Weins aufmachen können.

Frisch vom Erzeuger: in einem Weingut in Rhode Island ↑

Schon gewusst?

Weil den Pilgervätern auf der *Mayflower* das Bier ausgegangen war, wollten sie unbedingt an Land gehen.

Craft-Beer-Brauereien in Vermont

In Vermont gibt es 55 Craft-Beer-Brauereien, in denen mehr Bier pro Kopf gebraut wird als in jedem anderen Staat der USA. Legendär sind Idletyme (www.idletymebrewing.com) in Stowe und Long Trail bei Killington (www.longtrail.com). Brauereien siedeln sich gern in der Nähe von Ski- und Wandergebieten an, um den Durst der Sportler schnell löschen zu können.

→ *Idletyme-Bier, frisch gezapft in der berühmten Brauerei in Stowe*

← *Verlockendes Angebot bei Maine Mead Works*

Wie früher: Met-Hallen

Das uralte Getränk aus Wildblumenhonig erlebt in Neuengland eine Renaissance. Maine Mead Works (www.mainemeadworks.com) hat drei Probierstuben – in Portland, Kennebunk oder Rockland –, wo man Met verkosten und glasweise bestellen kann. In Colchesters Met-Halle (www.colchestersmeadhall.com) bei Burlington, Vermont, orientiert man sich an den Wikingern und bietet zum Met gleich noch skandinavische Gerichte an.

↑ *Rundgang durch die Merrimack Brewery*

This Bud's for You

Gegen Budweiser sind die Craft-Beer-Brauereien geradezu Zwerge. In der Fabrik in Merrimack, New Hampshire, wird das gesamte Budweiser und Bud Light für Neuengland gebraut. Genießen Sie einen Schluck im Biergarten, oder machen Sie eine Braumeister-Tour mit (www.budweisertours.com), und schauen Sie sich an, wie Bier im großen Stil gebraut wird.

Schon gewusst?

Die Phase herbstlicher Verfärbung der Blätter wird in den USA als Indian Summer bezeichnet.

Herrliche Highways

Setzen Sie sich ans Steuer und fahren auf Vermonts Route 100 durch ein von Ahornbäumen bestandenes Tal von Arlington nach Norden bis nach Smugglers' Notch. Atemberaubend ist der Abschnitt am Kancamagus Highway *(siehe S. 301)* durch den fantastischen, dichten White Mountain National Forest. Der Ausblick vom Kamm des Mohawk Trail (www.mohawktrail.com) an der Hairpin Turn lässt Ihr Herz bestimmt höherschlagen, ehe es wieder hinunter ins Tal geht.

→ *Herbstfärbung am Kancamagus Highway*

NEUENGLANDS HERBSTFARBEN

Wenn Sie im Herbst nach Neuengland kommen, dürfen Sie keinesfalls Ihre Kamera vergessen. Von Mitte September bis in den Oktober hinein werden Sie in der gesamten Region unglaubliche Farbenspiele erleben - egal ob Sie zu Fuß oder mit dem Auto unterwegs sind.

An der Küste

Auch die sanfteren Farben haben ihren Reiz. An den Küstenstraßen des Rachel Carson National Wildlife Refuge in Maine (www.fws.gov) leuchten die Sümpfe in verschiedensten Gold-, Beige- und Brauntönen. Oder sehen Sie bei einer Wanderung über den Sandy Neck in Barnstable am Cape Cod *(siehe S. 177)*, wie sich sich goldene Gräser und braune Rohrkolben in der Brise biegen. Dazwischen stehen Sträucher in leuchtendem Rot.

← *Goldenes Gras vor dem Edgartown Harbor Light am Cape Cod*

Blick vom Wasser

Eine Fahrt mit einem Ausflugsboot liefert Ihnen eine völlig neue Perspektive auf die herbstliche Färbung. Ab Burlington, Vermont, fährt die *Spirit of Ethan Allen* *(siehe S. 262f)* auf dem Lake Champlain, und Sie sehen die Green Mountains und New Yorks Adirondacks eingehüllt in eine Decke goldener Blätter. In New Hampshire bringt Sie die MS *Mount Washington* (www.cruisenh.com) auf dem Lake Winnipesaukee gemütlich von Hafen zu Hafen. Aufmerksame Beobachter sehen von Bord der *Riverquest* (www.ctriverquest.com) See- und Fischadler über der Mündung des Connecticut River kreisen.

← *Die MS* Mount Washington *auf dem Lake Winnipesaukee*

Mit dem Rad durch Bostons Herbst

Der Herbst ist ideal, um Bostons Fahrradverleih in Anspruch zu nehmen (www.bluebikes.com). Tauchen Sie auf der elf Kilometer langen Strecke durch die Parks des Emerald Necklace *(siehe S. 141)* tief ein in die Farben. Von den Ulmen im Boston Common und den goldenen Weiden im Public Garden radeln Sie vorbei an den leuchtenden Sümpfen der Back Bay Fens und bewundern die Spiegelung der Ahorne im Jamaica Pond. Abschließend genießen Sie vom Bussey Hill im Arnold Arboretum den Blick auf Bostons Skyline und die leuchtende Pracht.

Aus der Vogelperspektive

Ehe die Skigebiete von einer dicken Schneedecke überzogen sind, explodieren die Farben. Daher laufen in einigen Gebieten die Lifte schon früher. Fahren Sie mit der K1 Gondola in Killington *(siehe S. 274)* in Vermont, und bewundern Sie das leuchtende Gelb der Birken am Pico Peak. Aus der Seilbahn am Cannon Mountain in New Hampshire schaut man auf das rot-orangefarbene Blätterdach im Franconia Notch State Park *(siehe S. 290f)*.

↑ *Mit dem Lift in die Farbenpracht am Pico Peak, Killington*

Wein von der Insel

Das winzige und herrlich ländliche South Hero *(siehe S. 271)* an der Nordspitze des Lake Champlain ist über eine zweispurige asphaltierte Straße mit Vermont verbunden. Besucher kommen, um hier zu radeln und Kunsthandwerk zu stöbern. Zwischen Apfelplantagen gedeihen dank des milden Klimas Trauben für Riesling und Pinot Noir. Probieren Sie den Wein bei Snow Farm Vineyard (www.snowfarm.com).

→

Idyllischer Lake Champlain

Schon gewusst?

Zu Neuengland gehören ca. 4000 Inseln, 3166 davon liegen vor der Küste von Maine.

NEUENGLANDS INSELWELT

Jede der zahlreichen Inseln vor der Küste Neuenglands hat ihre Besonderheit. Kleine Felsgruppen, die nur bei Ebbe zu sehen sind, oder bewohnte Inseln mit mehreren Ortschaften. Gehen Sie auf Inselerkundung, lassen Sie das Festland hinter sich, und tauchen Sie ein in diese so andere Welt.

Zentrum des Walfangs

In den Jahren vor der Entdeckung des Petroleums dominierte Nantucket Island *(siehe S. 190)* die Walfangindustrie. Aus Tran wurden Lampen und Kerzen hergestellt. Heute liefert die Insel Erinnerungen an vergangene Zeiten. Sehen Sie im Nantucket Whaling Museum das 14 Meter lange Walskelett und ein acht Meter langes Walfänger-Boot.

←

Skelett eines riesigen Pottwals im Nantucket Whaling Museum

Ein Traum für Radler

Block Island *(siehe S. 224f)* zählt zu den bedeutendsten Naturschutzgebieten in Nordamerika. Die Insel bietet etwa 48 Kilometer Wanderwege. Wegen der geringen Höhenunterschiede (maximal 60 m) ist aber auch Radfahren überaus beliebt. Bevorzugte Ziele sind der Strand und der Leuchtturm an den roten Felsen von Mohegan Bluffs.

→ *Wohlverdiente Pause bei einer Radtour auf Block Island*

Pittoreskes Monhegan

Laufen Sie durch das hübsche Dorf, oder wandern Sie über Felsklippen – Sie treffen mit Sicherheit einen Maler, der konzentriert vor seiner Leinwand sitzt. Nicht einmal 100 Menschen leben das ganze Jahr über auf Monhegan Island *(siehe S. 315)*, weit draußen im Gulf of Maine. Im Sommer, wenn die Maler auf der Suche nach dem perfekten Motiv anrücken, nimmt gleichzeitig die Zahl der professionellen Fischer enorm zu.

← *Viele schöne Motive bietet die Landschaft auf Monhegan*

Kreuzen vor den Thimble Islands

Etwa 365 Inselchen gehören zum Archipel der Thimble Islands *(siehe S. 253)* vor der Küste von Connecticut im Long Island Sound, aber nur 25 davon sind bewohnt. Viele Bauten sind aus dem späten 19. Jahrhundert und sehen aus wie Lebkuchenhäuschen. Bei einer Kreuzfahrt etwa mit Thimble Islands Cruise (www.thimbleislandcruise.com) sehen Sie die hübschesten und erfahren viel über legendäre Besucher früherer Zeiten – etwa den Piraten, der angeblich seinen Schatz dort vergraben hat.

↑ *Barack Obama beim Golfen auf Martha's Vineyard*

Wo sich Präsidenten erholen

Martha's Vineyard *(siehe S. 194f)* ist ein Lieblingsplatz ehemaliger Präsidenten wie Bill Clinton und Barack Obama. Aber Sie müssen nicht Präsident sein, um dort fein zu essen, zu golfen oder zu schwimmen. Franklin Delano Roosevelt liebte eher das felsige, abgelegenere Campobello Island *(siehe S. 320f)*.

DAS JAHR IN NEUENGLAND

Januar

Moby Dick Marathon *(erstes Wochenende).* Lesungen von Herman Melvilles Epos im New Bedford Whaling Museum, Massachusetts.

△ **Winter Carnival** *(Ende Jan).* Bau von Eisskulpturen, Schneegolf-Turnier und andere Aktivitäten im Freien zur Feier des Winters in Stowe, Vermont.

Februar

Dartmouth Winter Carnival *(Anfang Feb).* College-Studenten und Wintersportteams organisieren ein Wochenende mit tollen Outdoor-Events in Hanover, New Hampshire.

△ **US National Toboggan Championships** *(Anfang Feb).* Wettfahrt mit Holzschlitten in Camden, Maine.

Mai

△ **Cape Cod Maritime Days** *(ganzer Monat).* Bootsfahrten, Besichtigung von Leuchttürmen und mehr zur Feier des Meeres.

Abbe Museum Indian Market *(Mitte Mai).* Künstlerisch tätige Nachfahren der Ureinwohner und Darsteller nicht nur aus Neuengland treffen sich in Bar Harbour, Maine.

Juni

△ **International Festival of Arts & Ideas** *(Anfang Juni).* Zweiwöchiges Festival in New Haven, Connecticut, mit 200 Aufführungen und Lesungen, meist bei freiem Eintritt.

Windjammer Days *(letzte Woche).* Flotte Segelbootparade in Boothbay Harbor, Maine.

September

△ **Norwalk Oyster Festival** *(Anfang Sep).* Die Küstenstadt Norwalk feiert Connecticuts Austernindustrie mit Verkostungen, Feuerwerk und einer Bootsausstellung.

The Big »E« *(Mitte–Ende Sep).* Neuenglands größter Markt in West Springfield, Massachusetts, mit gutem Essen und Unterhaltung.

Oktober

△ **Haunted Happenings** *(ganzer Monat).* Das einmonatige Fest in Salem, Massachusetts, erinnert an Hexenjagden und feiert Halloween mit schrillen Kostümen.

Jack-O-Lantern Spectacular *(ganzer Monat).* Über 5000 kunstvoll geschnitzte Kürbisse leuchten im Roger Williams Park and Zoo von Providence, Rhode Island.

März

△ **St. Patrick's Day** *(Mitte März).* In Neuengland wird Green Beer ausgeschenkt, in Boston und Holyoke, Massachusetts, finden bunte Paraden statt.

Vermont Maple Open House Weekend *(Ende März).* Besucher erfahren, wie Ahornsirup gemacht wird, und feiern die erste Ernte.

April

Boston Marathon *(3. Mo).* Amerikas ältester Marathon lockt Teilnehmer und Zuschauer aus aller Welt an.

△ **Patriot's Day** *(3. Mo).* Nachspiel entscheidender Schlachten des Unabhängigkeitskriegs in Lexington und Concord, Massachusetts.

Juli

△ **Independence Day** *(4. Juli).* Paraden, Feuerwerke und Festkonzerte in ganz Neuengland.

Newport Folk Festival *(letztes Wochenende).* Legendäres Volksfest im Fort Adams State Park, Rhode Island.

August

Maine Lobster Festival *(1. Wochenende).* Köstlicher Hummer ist das Highlight des Fests rund um das Meer in Rockland, Maine.

△ **Newport Jazz Festival** *(1. Wochenende).* Renommiertes Festival im Fort Adams State Park, Rhode Island, mit Größen des Jazz.

Annual Craftsmen's Fair *(Anfang – Mitte Aug).* Älteste Handwerksmesse des Landes in Newbury, New Hampshire, mit ca. 300 Ausstellern.

November

Cider Days *(1. Wochenende).* Plantagen und Mostereien feiern in Franklin County, Massachusetts, die heimische Apfelernte und die lange Tradition der Herstellung von Cider.

△ **Thanksgiving** *(4. Woche).* Plymouth in Massachusetts feiert das traditionsreiche Fest mit Paraden und anderen Events in der modernen Stadt und in der Plimoth Plantation.

Dezember

Christmas at the Newport Mansions *(ganzer Monat).* Drei Häuser aus dem Goldenen Zeitalter werden in Newport auf Rhode Island festlich illuminiert.

△ **New Year's Eve** *(31. Dez).* Feuerwerke, Paraden und spektakuläre Aufführungen zur Feier des neuen Jahres.

1

KURZE GESCHICHTE

Neuengland war nicht nur Ort der ersten dauerhaften Ansiedlung der Engländer in Nordamerika, sondern auch Ursprung der Unabhängigkeitsbestrebungen der amerikanischen Kolonien. Auch nach der Expansion der USA beeinflusste Neuengland das politische, wirtschaftliche und intellektuelle Leben.

Erste Begegnungen mit Europäern

Zwischen 9000 v. Chr., als sich die Vorfahren der heutigen Wabanaki in Neuengland ansiedelten, und 1600 gab es kaum Kontakt mit Europäern. Französische und englische Entdecker erforschten von 1497 bis 1603 die Küste, aber erst John Smith benannte die Region auf seiner Landkarte von 1616 »Neuengland«. 1620 ließen sich Glaubensflüchtlinge, die mit der *Mayflower* ankamen, in Plymouth nieder. Die Engländer gründeten dann entlang der Küste viele Siedlungen. Die von den Puritanern beherrschte Massachusetts Bay Colony und ihre Hauptstadt Boston beherrschten bald das politische Geschehen.

Schon gewusst?

Rund 80 000 Menschen lebten in Neuengland, als die ersten europäischen Schiffe die Küste erreichten.

Chronik

9000 v. Chr.
Nach dem Ende der Eiszeit entstehen erste Dörfer der Algonkin

1000 n. Chr.
Wikinger segeln nach Neufundland, Kanada und entlang der Küste

1620
Pilgerväter landen mit der *Mayflower* in Plymouth

1692
Beginn der Hexenprozesse in Salem, die zur Hinrichtung von 20 Unschuldigen führen

1773
Boston Tea Party: Kolonisten kippen aus Protest gegen neue Steuern Tee in den Hafen

Kolonialzeit

Die Kolonisten zogen bald von der Massachusetts Bay ins Hinterland und an der Küste entlang nach Süden. Die Zahl der Ureinwohner Neuenglands ging hingegen aufgrund importierter europäischer Krankheiten und Kämpfe stark zurück. Der brutale Sieg über die Eingeborenen im King Philip's War zementierte 1676 die europäische Herrschaft und machte den Weg frei für die Besiedlung des Landesinneren. Im westlichen Massachusetts und in Vermont dehnten sich die Siedlungen nach dem Ende des Siebenjährigen Krieges 1763 stark aus.

Entstehung einer neuen Nation

Handelsbeschränkungen und Steuern schürten Spannungen, in Neuengland erhob sich Widerstand, Milizen wurden gegründet. Als die Bostoner Garnison der »Rotröcke« im April 1775 nach Concord und Lexington marschierte, befeuerte dies die amerikanische Revolution. Boston wurde von der neuen Kontinentalarmee belagert. Die Kämpfe verlagerten sich weiter nach Süden, Neuengländer schrieben an der Unabhängigkeitserklärung und der Verfassung mit.

1 *Auf der Homann-Karte von 1716 heißt Neuengland noch »Nova Anglia«* ↑

2 *Landung der* Mayflower *in Plymouth Rock 1620*

3 *Im King Philip's War kämpften englische Kolonisten gegen Ureinwohner unter der Führung des Wampanoag-Häuptlings Metacomet*

4 *Patrioten greifen 1775 in der Schlacht von Concord die Rotröcke bei ihrer Rückkehr nach Boston an*

1783
Vertrag von Paris beendet den Unabhängigkeitskrieg

1793
Mit der Slater Mill, der ersten wasserbetriebenen Spinnerei in Amerika, beginnt in Pawtucket, RI, die Industrielle Revolution

1789
George Washington wird erster Präsident der Vereinigten Staaten

1836
Samuel Colt aus Connecticut erfindet den sechsschüssigen Revolver

1839
Bau erster extravaganter Sommersitze der amerikanischen Elite in Kingscote

1

2

3

1 *Der letzte Walfänger, die* Charles W. Morgan ↑

2 *Das Boot Cotton Mills Museum in Lowell, MA*

3 *Die amerikanische Dichterin Emily Dickinson*

4 *Szene aus der Schlacht von Fort Wagner, 1863*

Fischerei und internationaler Handel

Die Revolution hatte einen hohen Preis. Neuenglands Händler waren reich geworden durch den sogenannten Dreieckshandel mit Afrika und der Karibik mit Sklaven, Melasse und Rum. Als ihnen die Häfen des britischen Empire verschlossen wurden, eröffneten Händler in Boston, Salem und anderen Häfen lukrative Handelsrouten mit China und später auch Japan. Im pazifischen Nordwesten kauften sie Pelze ein. Neuenglands Fischer waren schon immer ein wichtiger Wirtschaftsfaktor, ihre Schiffe beherrschten bald auch die Walfangindustrie. Mit Waltran wurden Städte beleuchtet und in den Anfängen der Industriellen Revolution die Maschinen geschmiert. Die Bootsbauer konnten die Nachfrage kaum decken.

Beginn der Industrialisierung

1826 wurde Lowell, Massachusetts, zu einer Spinnereistadt ausgebaut, was die Bandbreite der Textilherstellung enorm erweiterte. Lowell war sehr erfolgreich und bot vielen Immigranten Beschäftigung. Mit der Steigerung der Gewinne aus Fertigung, Fischerei und Walfang wurden in Neuengland auch die

Schon gewusst?

Im Bürgerkrieg fälschte die Union die Währung der Südstaaten, um dort eine Inflation herbeizuführen.

Chronik

1820
Bewohner Nantuckets jagen vor der Küste Neuenglands Pottwale

1854
Thoreaus *Walden* erscheint, Grundlage für die Umweltbewegung

1865
Eisenbahnstrecken quer durchs Land werden gebaut

1863
Das 54. Massachusetts ist das erste Bürgerkriegs-Regiment mit schwarzen Soldaten.

1880
Mit der Eröffnung des Newport Casino in RI beginnt in den USA Rasentennis

1897
Erste U-Bahn des Landes in Boston eröffnet

4

ersten Banken gegründet. Sie finanzierten den Eisenbahnbau, an dem vor allem Iren und Mitteleuropäer beteiligt waren, maßgeblich. Auch auf intellektuellem Gebiet war Neuengland einflussreich. Autoren wie Ralph Waldo Emerson, Nathaniel Hawthorne, Henry David Thoreau und Emily Dickinson entwickelten Mitte des 19. Jahrhunderts eine ganz eigene amerikanische Literatur.

Bürgerkrieg und seine Folgen

Neuenglands Rolle ging über die einer Wirtschaftsmacht hinaus, es wurde im Zuge des geistigen Aufbruchs auch zu einem Zentrum der Abolitionisten. Auch wenn die Fabriken auf die Baumwolle aus dem Süden, wo Sklavenarbeit herrschte, angewiesen waren, erwies sich der Ausbruch des Bürgerkriegs doch als Glücksfall für ihr Geschäft. Die Spinnereien schwenkten um auf Wolle und produzierten Uniformen für die Union, am Connecticut River wurden Waffen hergestellt. Doch der Krieg traf das ländliche Neuengland stark, da viele Farmer als Soldaten kämpften. Viele kehrten nicht zurück, andere zogen mit ihren Familien in fruchtbarere Gegenden.

Die Underground Railroad

Boston war Zentrum einer Bewegung vieler Staaten gegen die Sklaverei, die im Süden noch weitverbreitet war. Die Underground Railroad war ein Netzwerk von Fluchtrouten und sicheren Unterkünften für Sklaven, die aus dem Süden geflohen waren und es in die freien Staaten des Nordens, nach Kanada und Nova Scotia geschafft hatten.

1901
Gründung der Boston Red Sox, Gründungsteam der American League

Frühe 1900er
Amerikanische Impressionisten lassen sich in Old Lyme, CT, nieder

1917
Amerikas Eintritt in den Ersten Weltkrieg entgegen dem Neutralitätsgedanken Wilsons

1918
Gründung des White Mountain National Forest

1919
Streik der Bostoner Polizei für eine Gewerkschaft

1

2

3

Goldenes Zeitalter und Immigranten

Industrialisierung und Landflucht veränderten Neuengland gegen Ende des 19. Jahrhunderts. Der englisch-protestantische Einfluss ging durch den Zustrom neuer Einwanderer aus Irland, Frankreich, Polen und Italien, die meist katholisch waren, zurück. Sie arbeiteten in Fabriken und Bauunternehmen und unterstützten die neu erstarkte Demokratische Partei und die Gewerkschaften. Es bildeten sich reichere Schichten heraus, Arbeitskämpfe trugen dazu bei, dass im nicht gewerkschaftlich organisierten amerikanischen Süden Arbeitsplätze verloren gingen. Die Oberklasse förderte in der Zeit zwischen dem Bürgerkrieg und dem Ersten Weltkrieg kulturelle Einrichtungen wie etwa das Boston Symphony Orchestra und viele große Museen.

Neuengland im Aufbruch

Die Zeit zwischen den Weltkriegen war schwer für Neuengland, da das Wirtschaftswachstum ins Stocken geraten war. Armut und Arbeitslosigkeit herrschten in Fabriken und Städten. Doch es gab auch Lichtblicke. Der New Deal der 1930er Jahre brach-

Amerikas erste Arbeiterinnen

Die Lowell Mill Girls arbeiteten während der Industriellen Revolution in den Spinnereien in Lowell, MA. Eine der ersten war Lucy Larcom. Sie wurde später Dichterin und Lehrerin und hielt ihre Erfahrungen als Textilarbeiterin in ihrem Buch *A New England Childhood* fest. »Ich ließ mich von den Maschinen nicht zur Sklavin machen«, schrieb sie darin unter anderem.

Chronik

1924
Mittelklasse kann über den Massachusetts Investors Trust investieren

1929
Mit dem Börsencrash beginnt die Weltwirtschaftskrise

1930er
Erfindung der Seilbahnen revolutioniert die Skiindustrie

1937
Eröffnung des Appalachian Trail als Fußweg von Georgia nach Maine

1947
John F. Kennedy wird Kongressmitglied für Massachusetts

4

te dem Land viele Straßen und Flughäfen, da große Teile Neuenglands mit der neuen Infrastruktur auf die Tourismusindustrie setzten. Mit Beginn der 1970er Jahre konzentrierten sich Branchen wie Pharmazie, Triebwerkbau und Computertechnologie in der Region. Schulen und Universitäten kooperierten eng mit privaten Investoren. Aufstrebende Hard- und Softwareunternehmen legten bis zum Ende des 20. Jahrhunderts den Grundstein für das rasante Wachstum von Biotechnologie, Robotik und Internetunternehmen.

Neuengland im 21. Jahrhundert

Anfang des 21. Jahrhunderts war in Neuengland der Wandel von der Produktions- zur Dienstleistungsgesellschaft fast vollständig vollzogen. Ein hoher Bildungsstandard ist Kennzeichen der Region und Basis für seine ökonomische Stärke. Viele Universitätsabsolventen gründen internetbasierte Unternehmen in der Biotechnologie- oder Robotikbranche oder Finanzunternehmen, die meist in den großen Städten angesiedelt sind. Die wachsende Nachfrage nach gesunden, heimischen Produkten veränderte auch die Lebensmittelproduktion sehr stark.

1 *Danny Kaye 1957 als Dirigent des Boston Symphony Orchestra* ↑

2 *Arbeiterinnen der Lowell Mill 1913*

3 *Bibliothek von Yale*

4 *Stata Center im MIT, Cambridge, MA*

Schon gewusst?

Der Programmierer Ray Tomlinson erfand in Cambridge, Massachusetts, die E-Mail.

1954
Bau des ersten Atom-U-Boots in Groton, Connecticut

1961
Präsident John F. Kennedy unterzeichnet Vertrag zur Schaffung der Cape Cod National Seashore

2013
Drei Tote und viele Verletzte bei Bombenanschlag auf den Boston Marathon

2013
Massachusetts erlaubt als erster US-Staat gleichgeschlechtliche Ehen

2019
New England Patriots gewinnen zum 6. Mal den Super Bowl

BOSTON
ERLEBEN

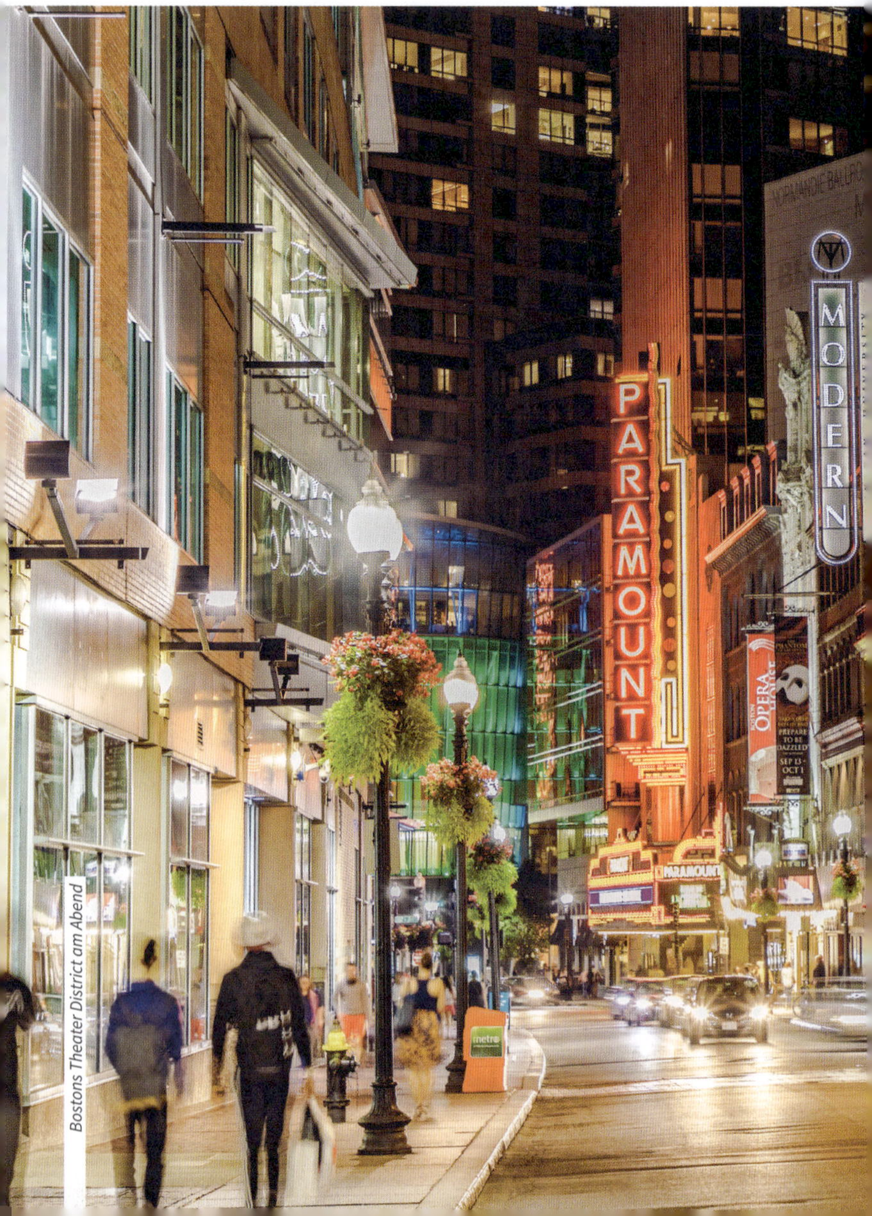

Bostons Theater District am Abend

SUFFOLK
UNIVERSITY
501
VALET
VALET
WEST

BOSTON
AUF DER KARTE

Für diesen Reiseführer wurde Boston in fünf Stadtteile gegliedert, wie auf der Karte ersichtlich. Auf den folgenden Seiten erfahren Sie mehr über die einzelnen Stadtteile.

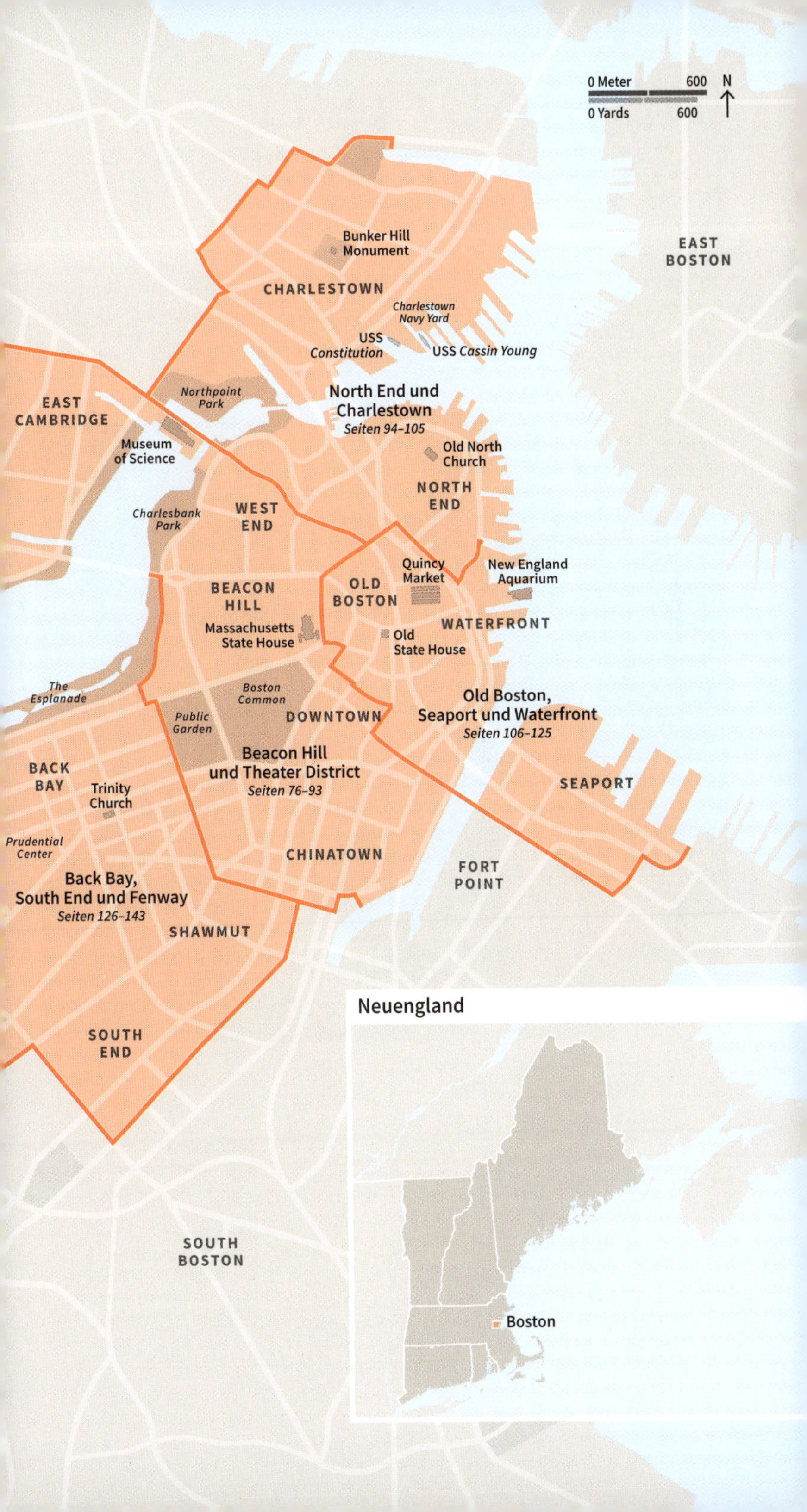
0 Meter 600
0 Yards 600
N
EAST BOSTON
Bunker Hill Monument
CHARLESTOWN
Charlestown Navy Yard
USS Constitution
USS Cassin Young
Northpoint Park
EAST CAMBRIDGE
North End und Charlestown
Seiten 94–105
Museum of Science
Old North Church
NORTH END
Charlesbank Park
WEST END
Quincy Market
New England Aquarium
BEACON HILL
OLD BOSTON
WATERFRONT
Massachusetts State House
Old State House
The Esplanade
Boston Common
Public Garden
DOWNTOWN
Old Boston, Seaport und Waterfront
Seiten 106–125
Beacon Hill und Theater District
Seiten 76–93
BACK BAY
Trinity Church
SEAPORT
Prudential Center
CHINATOWN
FORT POINT
Back Bay, South End und Fenway
Seiten 126–143
SHAWMUT
Neuengland
SOUTH END
SOUTH BOSTON
Boston

DIE STADTTEILE BOSTONS

Als die ersten Siedler ankamen, verteilten sie sich auf North End und South Cove (heute Chinatown). Mittlerweile besteht Boston aus vielen verschiedenen Stadtteilen, die alle ihre Besonderheiten haben. Dies- und jenseits des Charles River und bis ins junge Cambridge gibt es unglaublich viel zu sehen.

Seiten 76–93

Beacon Hill und Theater District

Beim Bummel über die idyllischen Pflasterwege in Beacon Hill erspüren Sie, wie der Geldadel der Stadt – die »Boston Brahmins« – früher lebte. Viele der stattlichen Herren- und Reihenhäuser wurden von Charles Bulfinch erbaut, dem Architekten des Massachusetts State House, das stolz oben auf dem Hügel thront. Von dort hat man einen schönen Blick auf den Boston Common und Public Garden, den nicht nur Einheimische sehr lieben. Am Fuß des historischen Südhangs liegt Bostons dynamischer Theater District, dessen großartige Theater stets sehr gut besucht sind.

Entdecken
Geschichte der Schwarzen, Architektur, Theater

Sehenswert
Boston Common und Public Garden, Massachusetts State House

Genießen
Ein Bummel durch die verwinkelten Straßen und Gassen in Beacon Hill auf dem Black Heritage Trail

Seiten 94–105

North End und Charlestown

North End und Charlestown liegen einander gegenüber an der Mündung des Charles River. Viele wichtige Etappenziele am berühmten und geschichtsträchtigen Freedom Trail liegen dort, etwa die Old North Church und Bunker Hill. Die pulsierenden Wohngebiete lassen heute noch erkennen, woher die damaligen Einwanderer kamen. Vor allem das North End mit seinen *caffès* und Restaurants ist stark italienisch geprägt, Charlestown dagegen einfach cool mit seinen bunten, schindelgedeckten Häusern und den vielen schicken Boutiquen.

Entdecken
Revolutionsgeschichte und Bostons lebhafte maritime Vergangenheit

Sehenswert
Old North Church und Charlestown Navy Yard

Genießen
Der Ausblick über Boston und den Hafen vom Bunker Hill Monument aus

→

Seiten 106–125

Old Boston, Seaport und Waterfront

Das koloniale Boston geht nahtlos über in den von Glas und Stahl geprägten Finanzdistrikt. Beim Bummel von den roten Backsteinhäusern in Alt-Boston hinunter zur Waterfront durchqueren Sie den schönen Rose Kennedy Greenway. Machen Sie danach eine Hafenrundfahrt, besuchen Sie das Aquarium, oder genießen Sie einfach die Meeresluft. Entlang dem Fort Point Channel kommen Sie in das lebhafte neue Viertel Seaport District.

Entdecken

Geschichte der Präsidenten, Hafenrundfahrten und Strände

Sehenswert

New England Aquarium, Old State House, Faneuil Hall Marketplace

Genießen

Mit der Fähre zu den Boston Harbor Islands

Seiten 126–143

Back Bay, South End und Fenway

Beim Weg entlang den Läden an der Newbury Street oder am von Bäumen gesäumten Commonwealth Mall fragen Sie sich angesichts der rechtwinklig angelegten Straßen vielleicht, ob das noch immer Boston ist. In den benachbarten Vierteln Back Bay und South End befinden sich einige Top-Boutiquen und Spitzenrestaurants der Stadt. Weiter westlich in Fenway mit seinen schönen Grünflächen erwarten Sie die bekanntesten Museen der Stadt.

Entdecken

Museen von Weltrang, pulsierende Restaurants, Shopping in Boutiquen

Sehenswert

Trinity Church, Museum of Fine Arts, Isabella Stewart Gardner Museum

Genießen

Ein Spiel der Boston Red Sox im Fenway Park, dem großartigsten Baseball-Stadion in den USA

Seiten 144–157

Cambridge

Die Stadt gehört zwar zum Großraum Boston, ist aber unabhängig und eigenständig. Als Universitätsstadt wird sie von Kultur, Bildung und lebhaften Studenten geprägt. Im Herzen der Stadt liegt der Harvard Square, das Shopping- und Flanierviertel der Gegend. Der flippige Central Square wirkt abends am besten, wenn sich die vielen Restaurants, Clubs und Bars langsam mit Leben füllen. Die beeindruckenden Sammlungen in den vielen Museen der Harvard University locken Studenten, Besucher und *cognoscenti* von nah und fern, während junge Programmierer, Studenten und Beschäftigte in der Biotech-Branche sich gern an den hippen Treffpunkten rund um den Kendall Square nicht weit vom MIT versammeln.

Entdecken
Universitätsmuseen und Nightlife

Sehenswert
Harvard University, Museum of Science, MIT

Genießen
Den vielen Straßenmusikern zuhören, die am Harvard Square spielen

1

2

3

4

←

1 *Imposant: Trinity Church*

2 *Bostons Theater District*

3 *Gemäldesammlung im Museum of Fine Arts*

4 *Zu Gast im traditionsreichen Union Oyster House*

3 TAGE
in Boston

Tag 1

Vormittags Nach einem Dunkin' Coffee, dem Lieblingsgetränk der Bostoner, folgt auf dem Freedom Trail *(siehe S. 74f)* ein Crashkurs in Sachen Geschichte. Los geht's am Massachusetts State House *(siehe S. 82f)* über das Old State House *(siehe S. 112f)* hinunter zur Faneuil Hall *(siehe S. 116)*. Dort machen Sie eine Park Service Ranger Tour mit.
Nachmittags Nach dem Essen im Union Oyster House *(siehe S. 117)* erkunden Sie die Läden am Faneuil Hall Marketplace. Dann wird es mit Paul Revere House *(siehe S. 102f)*, Old North Church und Copp's Hill Burying Ground *(siehe S. 101)* wieder historisch. Noch Kraft? Dann gehen Sie über die Brücke nach Charlestown und besuchen die »Old Ironsides« im Charlestown Navy Yard *(siehe S. 98f)* und steigen auf das Bunker Hill Monument *(siehe S. 104)*.
Abends Schlemmen Sie in der Hanover Street im North End, Bostons italienischem Viertel, im Bricco Ristorante *(siehe S. 103)*.

Tag 2

Vormittags Sie frühstücken im Newsfeed Café der Boston Public Library *(siehe S. 137)*, bewundern deren Architektur, Gemälde und Skulpturen und laufen dann über den Copley Square zur Trinity Church *(siehe S. 130f)*, einem der zehn schönsten Gebäude der USA. Bei BosTix *(siehe S. 90)* kaufen Sie Tickets für eine Aufführung im Theater District.
Nachmittags Wenn Sie nicht zu den Glücklichen gehören, die Tickets für ein Spiel der Red Sox im Fenway Park *(siehe S. 140f)* bekommen haben, besuchen Sie das Museum of Fine Arts *(siehe S. 132f)* und das Isabella Stewart Gardner Museum *(siehe S. 138)*, die beide am grünen Back Bay Fens liegen.
Abends Vor dem Theater essen Sie in Chinatown *(siehe S. 89)*. In der Bristol Lounge im Four Seasons (200 Boylston St) gönnen Sie sich später noch einen Absacker.

Tag 3

Vormittags Genießen Sie das Flair im Seaport District, ehe Sie sich bei der Tour durch Boston Tea Party Ships & Museum *(siehe S. 123)* an den damaligen Aufstand erinnern. Und im nahen Institute of Contemporary Art *(siehe S. 122f)* erwarten Sie stets fantastische Ausstellungen. Essen Sie im Barking Crab (88 Sleeper St), einer klassischen Bude mit frischem Seafood am Wasser.
Nachmittags Nehmen Sie an der South Station die Red Line zum Harvard Square *(siehe S. 154)* in Cambridge. Bei einer von Studenten angebotenen Führung durch die Harvard University bekommen Sie Einblicke in das Leben auf dem Campus *(siehe S. 150–153)*. Nach dem Bummel am Harvard Square gehen Sie in die Noir Bar (1 Bennett St).
Abends Bleiben Sie am Harvard Square und genießen Essen und Livemusik in der Beat Brew Hall (www.beatbrewhall.com).

Umsonst und draußen

Die größte kostenlose Veranstaltung in Boston ist am 4. Juli das Boston Pops Fireworks Spectacular auf der Charles River Esplanade. Das Boston Pops Orchestra spielt wunderbare Musik, gefolgt von einem riesigen Feuerwerk. Wer es ruhiger mag, hört sich am Abend zuvor nur die Generalprobe an. An der Esplanade ist den ganzen Sommer über sehr viel los: Jede Woche spielt das Boston Landmarks Orchestra, freitags werden abends Kinoklassiker gezeigt. Die Commonwealth Shakespeare Company führt jedes Jahr am Boston Common *(siehe S. 80f)* ein anderes Shakespeare-Stück auf, und im Rahmen des Programms Berklee's Summer in the City liegt bei mehr als 400 Konzerten praktisch überall Musik in der Luft.

→

Auftritt des Boston Landmarks Orchestra an der Esplanade

Schon gewusst?

Kein Orchester der USA verkaufte mehr Tonträger wie die 1885 gegründeten Boston Pops.

BOSTON FÜR WENIG GELD

Um in Boston Spaß zu haben, muss man nicht immer tief in die Tasche greifen. Auf kostenlosen historischen Führungen zu den Wahrzeichen der Stadt und durch die grandiosen Gärten und Parkanlagen ist der Besucher gut beschäftigt und erfährt viel über die Geschichte der Stadt. Entlang dem Freedom Trail sind viele Sehenswürdigkeiten kostenlos zu besichtigen. Auch viele Open-Air-Veranstaltungen in Boston sind gratis, ebenso wie manche Museen an bestimmten Tagen oder ab einer bestimmten Uhrzeit keinen Eintritt verlangen.

Es grünt so grün

Boston ist eine grüne Stadt. Am Rose Fitzgerald Kennedy Greenway *(siehe S. 120f)* wechseln sich Springbrunnen und farbenprächtige Parks ab mit Kunstwerken. Pflanzenfreunde lieben die erlesenen Arrangements im Arnold Arboretum und schnuppern an mehr als 1500 Arten im Kelleher Rose Garden der Back Bay Fens *(siehe S. 140)*.

←

Der Rose Fitzgerald Kennedy Greenway, eine Oase mitten in Boston

TOP 5 Kostenlose Touren

Massachusetts State House
Spannender Einblick *(siehe S. 82f)*.

Boston Public Library
Geschichte der Bibliothek *(siehe S. 137)*.

Freedom Trail
Park Rangers mit guten Geschichten *(siehe S. 74f)*.

Black Heritage Trail
Geschichte von Beacon Hill *(siehe S. 87)*.

Harvard Yard
Studenten führen Sie *(siehe S. 150–153)*.

Sternenhimmel

Bei der hellen Stadtbeleuchtung ist es schwer, den Sternenhimmel mit freiem Auge zu beobachten. Glücklicherweise kann man freitagabends (Mitte Apr – Okt) im Museum of Science *(siehe S. 148f)* die »Astronomy After Hours« im Gilliland Observatory besuchen. Mittwochabends ist im Judson B. Coit Observatory an der Boston University (www.bu.edu) der Eintritt frei.

→

Sternenhimmel über dem Boston Harbor

Musik liegt in der Luft

Boston gilt als perfektes »Trainingsgelände« für Musiker. Die meisten der im New England Conservatory oder im Berklee College of Music *(siehe S. 121)* angesetzten Konzerte kosten keinen Eintritt. Vielleicht hören und sehen Sie ja dort einen zukünftigen Star. Aber auch an anderen Orten ist stets etwas los: Freitags spielen Musiker aller Genres in der King's Chapel *(siehe S. 114)* und Organisten in der Trinity Church *(siehe S. 130f)*.

←

Darynn Dean und das NEC Jazz Orchestra

▷ Anfeuern beim Boston Marathon
Läufer aus aller Welt strömen jedes Jahr im April in die Stadt, um am Boston Marathon teilzunehmen, dem ältesten alljährlich veranstalteten Marathon der Welt. Die ganzen 42,2 km – von Hopkinton bis Back Bay – drängen sich die Zuschauer. Besonders gut sieht man die Athleten in Chestnut Hill und ab der letzten Kehre von der Commonwealth Avenue über die Boylston Street bis zum Ziel bei der Boston Public Library.

◁ Mit den Boston Red Sox fiebern
Seit 1912 spielen die legendären Boston Red Sox im Fenway Park *(siehe S. 140f)*, dem ältesten und heiß geliebten Stadion in der Major League Baseball. Feuern Sie sie bei einem Spiel an, oder nehmen Sie an einer Führung teil (www.redsox.com).

BOSTON FÜR SPORTFANS

Boston ist sportverrückt – und das zu Recht. Die Profimannschaften der Stadt können mit den Besten ihrer Sportart mithalten. Fachsimpeln Sie mit anderen in einer Sportsbar, oder tauchen Sie ein in die packende Atmosphäre im Stadion. Die Begeisterung der Fans wird Sie rasch mitreißen.

▷ Action und Spannung
Die berühmten New England Patriots dominieren die NFL und haben an mehr Super Bowls teilgenommen als jeder andere Club. Nehmen Sie die MBTA ins Gillette Stadium in Foxborough, und seien Sie mittendrin.

◁ **Hochmotivierte Celtics beim Slam Dunk**
Die Boston Celtics sind eines der acht Gründungsteams der National Basketball Association und haben mehr NBA-Meistertitel geholt als jedes andere Team. Sie teilen sich die Multifunktionshalle TD Garden mit dem Eishockeyteam der Boston Bruins. Wahrscheinlich wird es Sie nicht lange auf Ihrem Sitz halten, und Sie werden mit den anderen Zuschauern aus vollem Hals mitschreien. Aber das gehört bei einem Basketballmatch hier einfach dazu.

◁ **Heißer Kampf auf kaltem Eis**
Sie werden froh sein, dass eine Plexiglasscheibe die rasend schnell geschossenen Pucks abhält, wenn die Boston Bruins so richtig loslegen. Das älteste Profi-Eishockeyteam der USA (seit 1924) war lange Zeit bekannt dafür, dass seine Spieler mehr Zeit auf der Strafbank als auf dem Eis zubrachten – und stolz darauf. Heute wird dort jedoch wie überall mehr Wert auf Schnelligkeit, platzierte Schüsse und wenig Strafzeiten gelegt.

Expertentipp
Tickets für den Spieltag
Tickets für Bostons große Sportevents bekommen Sie bei Ace Ticket (www.aceticket.com) oder StubHub (www.stubhub.com). Sollten Sie jedoch keine Karte fürs Stadion bekommen, ist das kein Problem. Gehen Sie mit anderen Fans in eine Sportsbar in der Nähe, die Atmosphäre ist auch dort packend.

△ **Head of the Charles Regatta**
Jedes Jahr im Oktober schlagen bei der an zwei Tagen stattfindenden Head of the Charles Regatta die Ruder von etwa 11 000 Athleten gleichmäßig ins Wasser. Die Wiesen am Fluss eignen sich hervorragend für ein Picknick. Wollen Sie näher ran? Dann gehen Sie auf die Weeks Footbridge.

Rock, Rhythm and Blues

Die amerikanische Kette House of Blues (www.houseofblues.com) wurde 1992 in Cambridge, Massachusetts, gegründet und beherrscht nach wie vor das Musikprogramm im bekannten Unterhaltungsviertel rund um die Lansdowne Street. Auch im historischen und plüschigen Orpheum Theatre (www.orpheumtheatreboston.com) am Downtown Crossing treten bekannte Künstler auf. Gehen Sie in Allston mit den Studenten in den Paradise Rock Club (www.paradiserock.club), wo alle Bands ihr Bestes geben.

→ *George Clinton und die Parliament Funkadelic im House of Blues*

BOSTON FÜR MUSIKFREUNDE

Die Sonne geht unter, und in den Clubs in Boston gehen die Lichter an. Von irischer Fiddle-Musik und entspanntem Jazz bis zu schrägem Punk und dröhnendem Rock ist in den zahlreichen Veranstaltungsorten für jeden etwas dabei. Wenn Sie selbst Musiker sind, nehmen Sie vielleicht an einer Jam-Session teil.

Entdeckertipp
The Verb Hotel

Besuchen Sie das The Verb (www.theverbhotel.com), ein von Musik inspiriertes Boutique-Hotel am Kenmore Square: Memorabilien und Sammlerstücke aus mehr als 50 Jahren erzählen von Bostons Rock-'n'-Roll-Geschichte. Hotelgäste haben auch Zugriff auf eine umfangreiche Vinyl-Sammlung.

Legendärer Jazz

Seit Anfang des 20. Jahrhunderts ist Boston ein Mekka für Jazz und seine Fans. Renommierte Musiker treten in der Regattabar (www.regattabarjazz.com) am Harvard Square und in Scullers Jazz Club (www.scullersjazz.com) in Allston auf. Im South End wird im The Beehive (www.beehiveboston.com) jede Nacht Musik gemacht, meist Jazz oder Latin Jazz.

→ *Drummer Lenny White mit Band in der Regattabar*

Zum Mitmachen

In Boston existiert eine große, aktive lateinamerikanische Community. Latin-Bands spielen vor allem im South End, aber der beste Platz, um zu Salsa und *bachata* zu tanzen, ist der Havana Club am Central Square (www.havanaclubsalsa.com). Man fühlt sich dort gleich wohl, ab 20 Uhr werden Tanzkurse angeboten, und mit den neu erworbenen Fähigkeiten können Sie sich dann bis weit nach Mitternacht austoben.

Folk zum Mitwippen

Der Club 47, heute Club Passim, am Harvard Square *(siehe S. 154)* trug entscheidend zum Revival der amerikanischen Folk Music in den 1950er und 1960er Jahren bei. Noch heute lieben Folk-Musiker den Club, und Irish Pubs setzen dort *seisiuns* an, auch im Green Briar Pub (www.greenbriar pub.com) und The Druid (druidpub.com) finden sie regelmäßig statt.

← Seisiun *im Pub The Druid, Cambridge*

Spannende Indie-Szene

Altrocker lieben das Middle East (www.mideastoffers.com) am Central Square – in diesem Club in Cambridge spielten viele Musiker ihre ersten Takte. Nachwuchskünstler hoffen auch heute hier auf ihren Durchbruch. Etwas gesetzter sind die Indie-Musiker in der Lizard Lounge (www.lizardloungeclub.com) an der Massachusetts Avenue gleich beim Harvard Square.

↑ *DJ Sango bei einem Auftritt im Middle East*

Freedom Trail

Länge 4 km **Dauer** 1 Stunde **Route** Meist flach und asphaltiert; die Route ist mit einem roten Streifen auf dem Gehsteig markiert **Rasten** Quincy Market

Boston bietet mehr Sehenswürdigkeiten aus der Zeit des amerikanischen Unabhängigkeitskriegs als jede andere Stadt in den USA. Die wichtigsten Orte und weitere Stätten, an denen sich die Bostoner die Freiheit erkämpften, liegen am »Freedom Trail«, der am Informationszentrum am Boston Common beginnt und bis zum Bunker Hill in Charlestown führt. Der erste Abschnitt durchquert die Innenstadt und Old Boston. Im zweiten Teil nehmen die Entfernungen zu, wenn sich der Weg durch die engen Straßen im North End bis Charlestown windet, wo die ersten Siedler landeten. Detaillierte Informationen finden Sie im Internet (www.thefreedomtrail.org).

Der hohe Granit-Obelisk über der Charlestown Waterfront ist das **Bunker Hill Monument** *(siehe S. 104)*. Es erinnert an die Gefallenen in der Schlacht vom 17. Juni 1775, in der die Briten viele Verluste erlitten.

Eine Stahlbrücke verbindet North End und Charlestown.

Auf der Tremont Street erreichen Sie **King's Chapel and Burying Ground** *(siehe S. 114)*.

↑ *Die glänzend-goldene Kuppel des Massachusetts State House*

In der School Street erinnert ein buntes Mosaik im Gehsteig an den Standort der ersten Public School aus dem Jahr 1635. Am Ende der Straße liegt der **Old Corner Bookstore** *(siehe S. 114)*.

Ein Zentrum gegen die Sklaverei war die **Park Street Church** *(siehe S. 87)*, an deren Stelle früher ein Kornlager stand, das dem gegenüberliegenden **Granary Burying Ground** seinen Namen gab.

Ehe man zum **Massachusetts State House** kommt, passiert man das Denkmal Robert Gould Shaw and the 54th Massachusetts Infantry Regiment, das an die ersten schwarzen Soldaten im amerikanischen Unabhängigkeitskrieg erinnert.

Der Freedom Trail beginnt am **Visitor Information Center** am **Boston Common** *(siehe S. 80f)*. Hier protestierten einst aufgebrachte Kolonisten gegen die britischen Herren. Noch heute werden häufig von Kisten herab politische Reden gehalten.

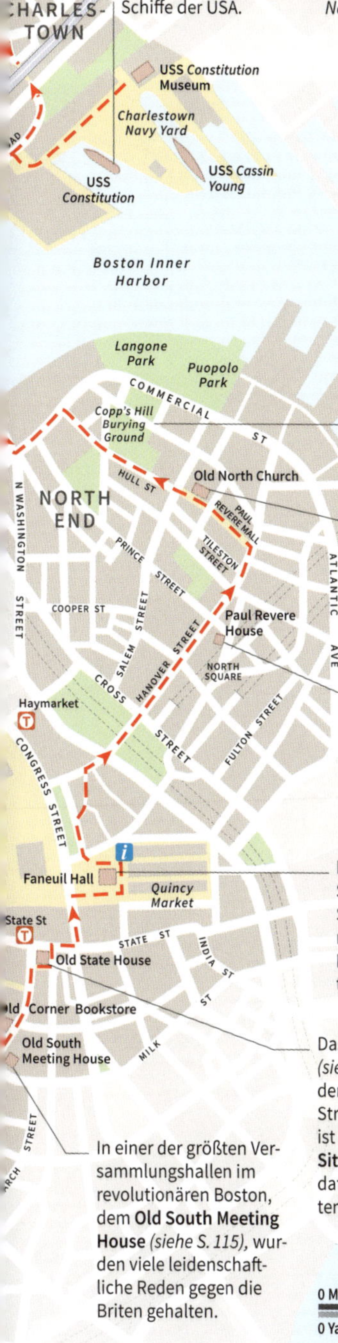

In **Charlestown Navy Yard** *(siehe S. 98f)* liegt die USS *Constitution*, eines der berühmtesten Schiffe der USA.

→ *USS Constitution im Charlestown Navy Yard*

Einen Großteil der Anhöhe bedeckt der **Copp's Hill Burying Ground** *(siehe S. 101)* von 1660. Hier liegen die Gräber vieler Soldaten aus dem Unabhängigkeitskrieg.

Durchqueren Sie die Paul Revere Mall, um die **Old North Church** zu erreichen *(siehe S. 100f)*. Ihr Turm ist über der Schulter der Paul-Revere-Reiterstatue zu sehen.

Im North End lebte im **Paul Revere House** *(siehe S. 102f)*, Bostons ältestem Haus, der berühmteste Freiheitskämpfer der Stadt.

Folgen Sie der State Street bis zur Congress Street und gehen dann nach links zur **Faneuil Hall** *(siehe S. 116)*, Bostons erstem Markt.

Das **Old State House** *(siehe S. 112f)* beherrscht den Beginn der State Street. Der Platz davor ist die **Boston Massacre Site**, wo britische Soldaten 1170 auf eine wütende Menge schossen.

In einer der größten Versammlungshallen im revolutionären Boston, dem **Old South Meeting House** *(siehe S. 115)*, wurden viele leidenschaftliche Reden gegen die Briten gehalten.

Expertentipp
Das North End

Auf dem Trail bekommen Sie sicher Hunger. Machen Sie Pause in einem italienischen Caffè oder einer Bäckerei an der Hauptader des North End, der Hanover Street *(siehe S. 103)*.

Gasse im Zentrum von Beacon Hill

Beacon Hill und Theater District

Das stimmungsvolle Viertel gilt als Schmuckkästchen und erste Adresse von Boston. Maßgeblichen Anteil an der Pracht des Areals hat der aus Boston stammende Architekt Charles Bulfinch (1763–1844), der viele Gebäude gestaltete – u. a. das Massachusetts State House.

Schon gegen Ende des 18. Jahrhunderts galt der Südhang des Beacon Hill mit Blick auf den Boston Common, den zentralen öffentlichen Stadtpark, als bevorzugte Wohngegend der Oberschicht und somit als reiches Machtzentrum der Metropole. Den Nordhang prägte eine große ethnische Vielfalt. Hier ließen sich neben Afroamerikanern auch viele Zuwanderer nieder (u. a. Juden aus Osteuropa).

Ab Ende des 19. Jahrhunderts prägten glamouröse Bühnen den Theater District zwischen Boylston Street und Washington Street. Viele dieser Theater erstrahlen nach umfassender Restaurierung wieder in altem Glanz. Theaterbesucher gehen vor oder nach einer Vorstellung gern in eines der asiatischen Restaurants im angrenzenden Chinatown.

H
J
Museum of Science
Science Park
Cambridge
Seiten 144–157
Charlesbank Park
Massachusetts General Hospital
WEST END
Longfellow Bridge
Harrison Gray Otis House
Charles/MGH
CAMBRIDGE STREET
Boston Center for Jewish Heritage
Museum of African American History (MAAH)
Charles River
BEACON HILL
George Middleton House
Louisburg Square
Nichols House Museum
Massachusetts State House
Mount Vernon Street
Hatch Shell
Parkman House
Hepzibah Swan Houses
Charles Street
Beacon Street
Frog Pond
Boston Common
Swan Boats
Parkman Bandstand
Public Garden
Boylston
Back Bay, South End und Fenway
Seiten 126–143
Arlington
Emerson Colonial Theatre
Shubert Theatre
Wang Theatre
Copley
Eliot Norton Park
Bay Village
Tufts Medical Center
Beacon Hill und Theater District
SOUTH END
Herald Street
6
7
8

Beacon Hill und Theater District

Highlights

1. Boston Common und Public Garden
2. Massachusetts State House

Sehenswürdigkeiten

3. Mount Vernon Street
4. Louisburg Square
5. Charles Street
6. Nichols House Museum
7. Hepzibah Swan Houses
8. Museum of African American History (MAAH)
9. Boston Athenaeum
10. Beacon Street
11. Granary Burying Ground
12. Park Street Church
13. Downtown Crossing
14. Bay Village
15. Chinatown
16. Wang Theatre
17. Shubert Theatre
18. Emerson Colonial Theatre
19. Boston Opera House

Restaurant und Bar

① Alibi Bar & Lounge
② No. 9 Park

Buchladen

③ Brattle Book Shop

1

Boston Common und Public Garden

K7 Park Street, Boylston, Arlington 139 Tremont St +1-617-426-3115
Mo–Fr 8.30–17, Sa, So 9–17 (Winter: kürzere Öffnungzeiten an Wochenenden)
boston.gov/parks/boston-common

Der älteste Park in den USA ist Teil des Emerald Necklace, eines Verbunds an Grünanlagen in Boston. Schwanenboote fahren über den See, vorbei an Trauerweiden. Die Bronzestatue des George Washington, eines der schönsten Denkmäler der Stadt, wacht über das Geschehen.

Der etwa 19 Hektar große Boston Common wurde 1634 von William Blackstone, einem der ersten Siedler, gekauft und diente zwei Jahrhunderte lang als öffentliche Grünfläche, Exerzierplatz und Galgenstätte. Bei der Besetzung 1775/76 lagerten hier britische Truppen. Als Boston im 19. Jahrhundert wuchs, wurde der Boston Common zur wichtigsten Erholungsfläche der Stadt.

Der rund zehn Hektar große Public Garden ist dagegen eher ein Park. Das 1839 eröffnete Areal war der erste botanische Garten in den USA und bezaubert noch heute. **Swan Boats** fahren seit 1877 auf dem See.

Swan Boats (Schwanenboote)
Boston Public Garden Mitte Apr–Mitte Sep: tägl. 10–17 swanboats.com

Schon gewusst?

Der Bostoner Parkverbund Emerald Necklace hat eine Fläche von ca. 4,5 Quadratkilometern.

↑ *Nancy Schöns Skulptur* Make Way for Ducklings *im Public Garden*

↑ *Bootsfahrt auf dem Frog Pond (Froschteich) im Public Garden*

Highlight

Jahreszeiten

Frühling

Das Gelände Boston Common und Public Garden erwacht im April aus dem Winterschlaf – mehr als 20 000 Tulpen stehen in voller Blüte, die Swan Boats sind auf der Public Garden Lagoon unterwegs, Schwäne genießen die Wärme. In der Nähe des Frog Pond wartet das nostalgische Karussell auf Fahrgäste.

Sommer

▷ In den heißen Sommermonaten spenden die zahlreichen Bäume angenehmen Schatten. Auf dem Hügel machen es sich Sonnenanbeter bequem, das Areal wird zum Baseballspielen sowie für kulturelle Veranstaltungen (u. a. Konzerte) genutzt. An dem Parkman Bandstand genannten Pavillon werden gelegentlich Theaterstücke von Shakespeare aufgeführt (www.commshakes.org). Donnerstags kann man am Frog Pond an Yogakursen (gratis) teilnehmen.

Herbst

◁ Die Blätter der Fächerahorne zeigen sich in zauberhaftem Purpur, der nahende Laubfall kündigt sich an. Das Karussell dreht seine letzten Runden, am Frog Pond findet ein Kürbisfest statt.

Winter

▷ Eine dichte Schneedecke verhüllt das Grün. Der Frog Pond wird zur Eislaufbahn, im Dezember werden die Äste der kahlen Bäume mit Lichtern dekoriert, ein riesiger Christbaum wird aufgestellt.

← *Boston Common ist eine grüne Oase vor der Kulisse von Wolkenkratzern*

2

Massachusetts State House

K6 · 24 Beacon St · Park Street · +1-617-727-3676 · Mo–Fr 10–15:30 (Anmeldung empfohlen) · malegislature.gov

Das am höchsten Punkt des Beacon Hill gelegene State House mit der im Sonnenlicht glänzenden Kuppel ist der Regierungssitz des Bundesstaates Massachusetts.

Am 4. Juli 1795 legten Samuel Adams und Paul Revere den Grundstein des Massachusetts State House. Der von Charles Bulfinch entworfene Sitz der Staatsregierung wurde am 11. Januar 1798 vollendet. Er diente als Vorbild für das Kapitol in Washington, DC und viele Parlamentsgebäude anderer Bundesstaaten. Das State House gilt trotz späterer Anbauten als das amerikanische Regierungsgebäude schlechthin. Die Kuppel aus Kupfer und Gold dient als Nullmeile für Massachusetts und ist nach den Worten von Oliver Wendell Holmes »das Zentrum des Universums«.

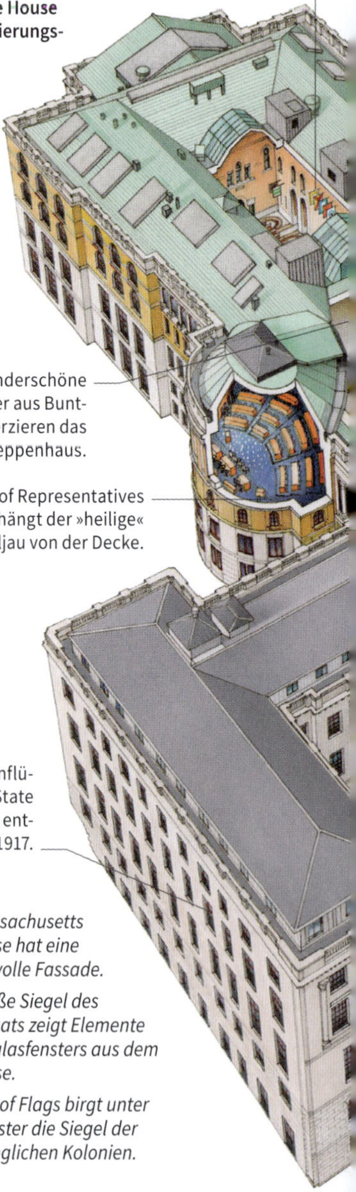

1

2

3

1 *Das Massachusetts State House hat eine eindrucksvolle Fassade.*

2 *Das Große Siegel des Bundesstaats zeigt Elemente eines Bleiglasfensters aus dem State House.*

3 *Die Hall of Flags birgt unter einem Fenster die Siegel der 13 ursprünglichen Kolonien.*

Farben der Kuppel des Massachusetts State House

Nachdem die ursprüngliche Kuppel des Gebäudes undicht geworden war, ließ Paul Revere sie im Jahr 1802 mit Kupfer überziehen. Um goldfarbene Lichtspiegelungen zu erzielen, wurde sie einige Zeit später hellgelb angestrichen und 1872 mit Blattgold veredelt. Ihre endgültige Oberfläche aus 23-karätigem Blattgold erhielt die Kuppel des State House 1997.

↑ *Illustration des weitläufigen Massachusetts State House*

Schon gewusst?

Das State House ist mehrfach im Thriller *The Departed* (»Unter Feinden«; 2006) zu sehen.

SEHENSWÜRDIGKEITEN

3 Mount Vernon Street

J6 Charles/MGH, Park Street

Die meisten Stadtentwickler des Beacon Hill, die sich die Mount Vernon Proprietors nannten, wählten die Straße, um hier ihre Privathäuser errichten zu lassen. Der Architekt Charles Bulfinch (1763–1844) entwarf Beacon Hill als ein Viertel mit großen, frei stehenden Stadtvillen inmitten von Gärten, doch die Baukosten zwangen zu engerer Bebauung. Das letzte erhaltene Beispiel für seine ursprüngliche Idee ist das zweite Harrison Gray Otis House (1800) in der Mount Vernon Street Nr. 85. Die Reihenhäuser im Greek Revival daneben (Nr. 59–83) sind neun Meter von der Straße zurückgesetzt und wurden anstelle der Stadtvilla von Otis' wichtigstem Geschäftspartner, Jonathan Mason, erbaut. Das Originalhaus wurde im Jahr 1836 nach Masons Tod abgerissen. Die drei von Bulfinch entworfenen Häuser (Nr. 55, 57, 59) in der Mount Vernon Street baute Mason für seine Töchter. Haus Nr. 55 ging 1885 schließlich in den Besitz der Familie Nichols über.

TOP 3 Antiquitätenläden

Twentieth Century Limited
J6 73 Charles St
Eine Fundgrube für edlen Schmuck von bekannten Designern.

Eugene Galleries
J6 76 Charles St
Bücher, Landkarten und Drucke.

Good
J6 98 Charles St
Antiquitäten und Einzelstücke lokaler Künstler.

4 Louisburg Square

J6 Charles/MGH, Park Street

Hier wohnen Politiker, Bestsellerautoren und Wirtschaftsbosse: Der Platz ist die beste Adresse in Boston. Er entstand in den 1830er Jahren als Privatpark auf dem Beacon Hill. Die schmalen, mit schönen Bogen verzierten Häuser im Greek-Revival-Stil sind noch teurer als andere Häuser in Beacon Hill.

Die Tradition der Weihnachtssänger und Kerzen in den Fenstern am Weihnachtsabend soll hier begonnen haben. Im Jahr 1850 spendete ein wohlhabender griechischer Kaufmann die Kolumbus-Statue in der Mitte des Platzes.

Schon gewusst?

Auf Betreiben der Puritaner waren 1659–81 Weihnachtsfeiern in Massachusetts verboten.

5 Charles Street

J6 Charles/MGH

Diese Straße verlief früher am Ufer des Charles River. Erst durch Aufschüttungen entstand die heutige Entfernung zum Fluss. Die Charles Street – das Geschäfts- und Restaurantviertel – folgt am

→

Backsteinhäuser am Louisburg Square, der ersten Adresse in Boston

↑ *Charles Street – eine von Bostons gefragtesten Gastro- und Shopping-Meilen*

Fuß von Beacon Hill dem Fluss. Oft sind die oberen Stockwerke mit Wohnungen belegt, in Erdgeschossen und Kellern haben sich Läden eingerichtet. Die Charles Street entwickelte sich im 19. Jahrhundert, doch ihre Verbreiterung in den 1920er Jahren führte dazu, dass einige Häuser auf der Westseite neue Fassaden erhielten: Das im Jahr 1807 von Asher Benjamin entworfene Charles Street Meeting House (heute ein Geschäftshaus) wurde für eine Baptistengemeinde erbaut, die die Taufe im Fluss vornahm. An der Charles Street, einem der Geburtsorte des Antiquitätenhandels in den USA, gibt es bis heute etliche Antiquitätengeschäfte.

6

Nichols House Museum

J6 · 55 Mount Vernon St · Park Street · +1-617-227-6993 · Apr–Okt: Di–Sa 11–16; Nov–März: Do–Sa 11–16 · nicholshousemuseum.org

Das Nichols House Museum wurde 1804 von Charles Bulfinch entworfen und bietet einen Einblick in das traditionelle Leben in Beacon Hill. Das Gebäude wurde 1830 durch den Anbau eines Portikus im Greek-Revival-Stil modernisiert, ist aber dennoch ein gutes Beispiel für Bulfinchs Baustil. Es zeigt auch, wie ein echter Beacon-Hill-Bewohner gelebt hat: Rose Standish Nichols war 1885 im Alter von 13 Jahren in das Haus eingezogen, als ihr Vater es gekauft hatte. 1960 hinterließ sie es als Museum. Die für ihre Zeit moderne Frau war berühmt für ihre Gastfreundschaft. Als Landschaftsarchitektin bereiste sie die ganze Welt und schrieb über Gärten.

7

Hepzibah Swan Houses

J6 · 13, 15 u. 17 Chestnut St · Park Street · für Besucher

Die einzige Frau, die jemals Mitglied der Mount Vernon Proprietors war, ließ diese Häuser von Bulfinch als Hochzeitsgeschenke für ihre Töchter 1806, 1807 und 1814 bauen. Dahinter führen Stallungen zur Mount Vernon Street. In Nr. 13 lebte 1863–65 Dr. Samuel Gridley Howe, ein Abolitionist und Pädagoge, der 1833 Amerikas erste Blindenschule gründete.

Restaurant und Bar

Alibi Bar & Lounge
Die gemütliche Hotelbar ist der ideale Ort für Cocktails und einen Abendsnack.

J5 · 215 Charles St · tägl. 17–2 · alibiboston.com

$$$

No. 9 Park
Wegen der Lage unterhalb des Massachusetts State House wird das Restaurant von vielen Abgeordneten besucht.

K6 · 9 Park St · no9park.com

$$$

8

Museum of African American History (MAAH)

K6 · 46 Joy St · Park Street · +1-617-725-0022 · Mo–Sa 10–16 · Feiertage · maah.org

Das African Meeting House (Herzstück des Museums) entstand 1806 nach Plänen von Asher Benjamin. Als ältester Bau der schwarzen Kirche in Amerika war es auch politisches und religiöses Zentrum der afroamerikanischen Community Bostons. Das schlichte Innere diente einigen der Redner der Anti-Sklaverei-Bewegung im 19. Jahrhundert als Tribüne – Sojourner Truth und Frederick Douglass sprachen hier ebenso wie William Lloyd Garrison, der 1832 die New England Anti-Slavery Society gegründet hatte. Das Gemeindezentrum im Keller war Bostons erste Schule für schwarze Kinder, bis 1831 die Abiel Smith School gegenüber entstand. Mit Abschaffung der Rassentrennung im Jahr 1855 schloss sie jedoch.

Aus dem Gemeindezentrum wurde in den 1890er Jahren eine chassidische Synagoge, als viele Afroamerikaner aus Boston nach Roxbury und Dorchester zogen. 1987 eröffnete man das African Meeting House als wichtigen Ort des Black Heritage Trail *(siehe S. 87)* wieder.

Das Athenaeum diente anfangs auch als Bostons wichtigstes Kunstmuseum, gab aber seine Kunstwerke später großzügig an das Museum of Fine Arts ab.

9

Boston Athenaeum

K6 · 10½ Beacon St · Park Street · +1-617-227-0270 · Di 12–20, Mi–Sa 10–16 · bostonathenaeum.org

Die Sammlung des Boston Athenaeum (1807) entwickelte sich zu einer führenden Privatbibliothek Amerikas. Der Schafzüchter Edward Clarke Cabot gewann 1846 die Ausschreibung für den Bau der Bibliothek mit seinem Entwurf eines grauen Sandsteingebäudes, das auf dem palladianischen Palazzo da Porto Festa in Vicenza basiert. Cabot kannte diesen Bau aus einem Buch, das er im Athenaeum gefunden hatte. Unter den über eine halbe Million Bänden befinden sich seltene Manuskripte, Karten und Zeitungen. Zu den Schätzen gehören die Bibliothek George Washingtons und die religiöse Buchsammlung König Williams III, die er der King's Chapel *(siehe S. 114)* übereignet hatte. Das Athenaeum diente anfangs auch als Bostons wichtigstes Kunstmuseum, gab aber seine Kunstwerke später großzügig an das Museum of Fine Arts ab.

10

Beacon Street

J6 · Park Street

Die Beacon Street säumen Stadthäuser mit Blick auf den Boston Common. In Nr. 55, dem William Hickling Prescott House, das 1808 von Asher Benjamin entworfen wurde, finden von April

← *Randvoll gefüllte Bücherregale im stilvollen Boston Athenaeum*

bis September Führungen statt. Haus Nr. 45 mit Sitz der American Meteorological Society war Harrison Gray Otis' eindrucksvollster Bau. Er verfügt über elf Schlafzimmer und einen ellipsenförmigen Raum hinter dem Empfangszimmer. Der elitäre Somerset Club residiert in Nr. 42/43: In den 1920er bis 1940er Jahren marschierte der irisch-katholische Bürgermeister James Michael Curley in Wahlsiegesparaden zum State House am Somerset vorbei. Das Parkman House (Nr. 33) ist heute ein städtisches Gemeindezentrum. Hier lebte George Parkman, der 1849 vom Harvard-Professor John Webster umgebracht wurde.

11 Granary Burying Ground

K6 · Tremont St · Park St · tägl. 9–17

Der Granary Burying Ground (1660) ist nach dem alten Kornlager benannt, das es einst am Standort der gegenüberliegenden Park Street Church gab. Hier liegen drei Unterzeichner der Unabhängigkeitserklärung begraben: Samuel Adams, John Hancock und Robert Treat Paine, außerdem Paul Revere, die Eltern von Benjamin Franklin und Opfer des Boston-Massakers.

Die geradlinige Anordnung der Grabsteine stammt aus heutiger Zeit. Falls überhaupt, markieren nur wenige Steine exakt das Grab einer Person. John Hancock ist hier vielleicht gar nicht begraben. Manche glauben, dass seine Überreste bei Bauarbeiten im 19. Jahrhundert gänzlich entfernt wurden.

12 Park Street Church

K6 · 1 Park St · Park Street · +1-617-523-3383 · Mitte Juni–Aug: Di–Sa 9:30–15; Sep–Mitte Juni: nach Vereinbarung · parkstreet.org

Der 65 Meter hohe Turm der Park Street Church überragt seit 1810 die Kreuzung von Park und Tremont Street. Die Kirche wurde vom englischen Architekten Peter Banner entworfen, der das Baukonzept des früheren englischen Architekten Christopher Wren übernahm. Sie war ein Auftragsbau der Gemeinde, die im Zentrum von Boston eine Kirche errichten wollte. Bis heute ist sie eine der einflussreichsten Kirchengemeinden Bostons.

Der Spitzname der Straßenkreuzung, »Brimstone Corner«, entstand, als die amerikanische Miliz im Britisch-Amerikanischen Krieg 1812 Schießpulver im Keller der Kirche lagerte, um es vor der britischen Marine zu schützen.

Auf der Kirchenkanzel hielt William Lloyd Garrison, Wortführer der Abolitionisten, 1829 seine erste Rede gegen die Sklaverei. Im Jahr 1849 sprach Senator Charles Sumner vor der amerikanischen Friedensgesellschaft, und 1893 sang Katherine Lee Bates die heute berühmte Hymne *America the Beautiful* erstmals in einem Sonntagsgottesdienst.

Bostons Black Heritage Trail

Der Black Heritage Trail verbindet einige wichtige historische Stätten wie das African Meeting House mit Privathäusern, die Besuchern nicht offenstehen. Der Rundgang führt auch durch die Holmes Alley am Ende des Smith Court, in der sich einst Sklaven vor Sklavenjägern versteckten. Von Juni bis August bietet der National Park Service kostenlose Führungen auf dem Black Heritage Trail an (www.nps.gov/boaf).

↑ *Backsteinfassade und Turm der Park Street Church*

13

Downtown Crossing

K7 Washington, Winter u. Summer St
Downtown Crossing

Das Shopping-Viertel an der Kreuzung von Washington, Winter und Summer Street wurde 1975–78 als Fußgängerzone angelegt. Das einzige Kaufhaus der Gegend ist Macy's. Es gibt hier jedoch auch einige kleinere Buchhandlungen, Fotoläden und Juweliere. Straßenverkäufer und Mittagspausenkonzerte beleben die Szene.

Das Kaufhaus Macy's gehört zu einer in ganz Amerika vertretenen Warenhauskette. Die bekannteste Filiale befindet sich in New York.

Gegenüber der Summer Street steht das noch immer überaus beeindruckende Gebäude, in dem Filene's Department Store untergebracht war. Im Rahmen einer rund zehn Jahre dauernden Renovierung wurde die Originalfassade von 1912 vollständig restauriert, ein Turm wurde ergänzt. Der Komplex umfasst auch Restaurants und Läden sowie ein gemütliches Café. Ganz in der Nähe befindet sich die französische Bäckerei Paul's.

Ein anderer bekannter Laden hier ist der Brattle Book Shop in der West Street (von der Washington Street ab). Diese Fundgrube für Bücherliebhaber wurde im Jahr 1825 gegründet und gehört zu den ältesten Antiquariaten der USA. Mit seinem riesigen Sortiment von über 250 000 antiquarischen Büchern, Magazinen und Postkarten ist er fast einzigartig. Vor dem Geschäft stehen Regale mit Büchern für ein bis fünf Dollar.

Buchladen

Brattle Book Shop
Ein uriger Laden mit Büchern bis unter die Decke: Leseratten kommen hier ebenso auf ihre Kosten wie Sammler von Antiquaria.

K7 9 West St
So brattlebookshop.com

14

Bay Village

J8 Zwischen Tremont, Arlington u. Charles St South
Tufts Medical Center, Boylston

Das Gelände des Bay Village war einst mit Flussschlamm bedeckt und wurde erst nach der Trockenlegung im 19. Jahrhundert sowie dem Bau eines Damms 1825 bewohnbar. Zimmerleute, Möbeltischler, Künstler und Hausmaler, die am Bau der besseren Stadthäuser in Beacon Hill mitgewirkt hatten, errichteten hier ihre eigenen bescheidenen, aber kunstvoll ausgeführten Häuser. Die Stadtviertel ähneln daher einander.

→ *Stefanie Rocknaks Statue von Edgar Allan Poe an der Boylston Street, Bay Village*

Der Bau der Fayette Street fiel 1824 mit dem Besuch des Marquis de Lafayette zusammen – dem französischen General, der George Washington unterstützt hatte. In der Bay Street, die von der Fayette Street abgeht, steht nur ein einziges Haus. Somit gilt die Bay Street allgemein als die kürzeste Straße von Boston. 1809 wurde der Schriftsteller Edgar Allan Poe in einer Pension in der Carver Street geboren, in der seine Eltern während ihrer Tournee als Schauspieler mit einer Theatergruppe wohnten. 2014 würdigte die Stadt Poe mit einer Statue (Ecke Boylston Street/Charles Street South). Das Denkmal zeigt neben dem Literaten auch einen Raben.

Während der Prohibition gaben »Flüsterkneipen« (die trotz des Verbots Alkohol ausschenkten) dem Bay Village sein bis heute wirkendes Künstlerflair. Seit einiger Zeit ist es auch das LGBT-Viertel der Stadt.

15 Chinatown

K7 Zwischen Kingston, Kneeland, Washington u. Essex St Chinatown

Die Chinatown von Boston ist nach San Francisco und New York die drittgrößte in den USA und eine der am dichtesten bevölkerten Gegenden der Stadt. Pagodendächer auf Telefonzellen und ein dreistöckiges Tor, das von vier Marmorlöwen bewacht wird, verleihen dem Viertel asiatisches Flair. Die ersten 200 Chinesen, die sich in Neuengland niederließen, kamen 1870 mit dem Schiff aus San Francisco an. Sie waren angeworben worden, um einen Streik in einer Schuhfabrik zu brechen. In den 1880er Jahren erreichte eine zweite Einwandererwelle aus Kalifornien das aufstrebende Boston, wo Arbeit in der Bauindustrie lockte.

Die Bevölkerung von Chinatown ist durch neue Zuwanderung aus China sowie aus Vietnam, Laos, Korea, Thailand und Kambodscha gewachsen. Neben der Bekleidungs- und Textilindustrie sind Restaurants, Märkte und Läden für chinesische Medizin an der Hauptstraße des Viertels, der Beach Street, sowie der Tyler, Oxford und Harrison Street zu finden.

Entdeckertipp
Köstliche Teigtaschen

Viele Lokale in Chinatown servieren Teigtaschen, zu den besten zählen Dumpling Café (695 Washington St) und Gourmet Dumpling House (52 Beach St).

← *Dreistöckiges Tor am Eingang zu Bostons Chinatown*

Schon gewusst?

Die Bostoner U-Bahn verzeichnet täglich rund 1,3 Millionen Fahrgäste.

16

Wang Theatre

K8 270 Tremont St
Boylston, Tufts Medical Center +1-617-482-9393
Zeiten der Website entnehmen bochcenter.org

Das 1925 als Metropolitan Theatre eröffnete und später in Music Hall umbenannte Haus ist das am reichsten verzierte Varietétheater von Neuengland. Das Gebäude orientierte sich an der Pariser Oper und war als Kino geplant. Der Zuschauerraum des von Clarence Blackall entworfenen Baus war einst der größte der Welt. Das Theater wurde restauriert und 1983 als Wang Center for the Performing Arts wiedereröffnet (heute Wang Theatre).

Die fünf Stockwerke hohe Grand Lobby sowie der siebenstöckige Zuschauersaal sind im Neorenaissance-Stil gehalten, mit goldenen Lüstern, viel Buntglas, Deckenmosaiken und Jaspissäulen. Heute werden hier vor allem Gastinszenierungen vornehmlich vom New Yorker Broadway, aber auch Opern, Konzerte, Ballettstücke und regionale Produktionen aufgeführt.

17

Shubert Theatre

K7 265 Tremont St
Boylston, Tufts Medical Center +1-617-482-9393
Zeiten der Website entnehmen bochcenter.org

Das Shubert Theatre mit seinen 1500 Plätzen ist vor allem dank seiner Tradition von Inszenierungen großer Broadway-Stücke ebenso wichtig wie das Emerson Colonial Theatre *(siehe S. 91)*.

Expertentipp
BosTix

Bei den Verkaufsständen von BosTix an der Faneuil Hall und am Copley Square gibt es ermäßigte Tickets für zahlreiche Theater-, Musik- und Tanzdarbietungen (www.calendar.artsboston.org).

Das Theater wurde von Charles Bond und Thomas James entworfen und hat eine weiße, klassizistische Fassade mit einem Paar ionischer Säulen, die ein gewaltiges, palladianisches Fenster über dem Eingang einrahmen. Das Theater öffnete 1910. Zu seinen Glanzzeiten traten Sarah Bernhardt, W. C. Fields, Cary Grant, Mae West, Humphrey Bogart, Ingrid Bergman, Henry Ford und Rex Harrison auf. Heute werden Theaterstücke, Musicals und Opern gezeigt.

↑ *Eingang und Kassettendecke* (Detail) *des Emerson Colonial Theatre*

18

Emerson Colonial Theatre

K7 · 106 Boylston St · Boylston · +1-617-482-9393 · Zeiten der Website entnehmen · emersoncolonialtheatre.com

Clarence H. Blackall entwarf im Lauf seiner Architektenkarriere in Boston insgesamt 14 Theater, darunter nicht zuletzt das Emerson Colonial Theatre. Dies ist das älteste, ununterbrochen unter demselben Namen bespielte Theater der Stadt. Das Innere ist geradezu opulent gestaltet. Die im Stil des Rokoko gehaltene Lobby verzierte H. B. Pennell mit Lüstern, vergoldeten Verzierungen und Bogendecken. Den Zuschauerraum zieren Figuren, Friese und Fresken.

Das Theater eröffnete am 20. Dezember 1900 mit einer extravaganten Aufführung des Melodramas *Ben Hur* und machte sich auch als Bühne für aufwendige Musicals einen Namen.

← *Prachtvolles Interieur: Grand Lobby des Wang Theatre*

Im Oktober 2015 wurde das Theater wegen Renovierung geschlossen. Seit der Wiedereröffnung erstrahlt es in altem Glanz und präsentiert renommierte Broadway-Musicals.

19

Boston Opera House

K7 · 539 Washington St · Boylston · +1-617-259-3400 · Zeiten der Website entnehmen · bostonoperahouse.com

Die 1928 eröffnete Bühne zählte lange Zeit zu den wichtigsten Varietétheatern der Stadt. Heute stehen u. a. Musicals und Ballettdarbietungen auf dem Programm. Die im Stil des spanischen Barock extravagant gestaltete Fassade gibt einen Vorgeschmack auf die Pracht im Inneren mit vielen Goldarbeiten. Zu den Glanzstücken zählt die Nachbildung des originalen Teppichs, der an eigens dafür angefertigten Webstühlen produziert wurde.

Geschichte des Theaterviertels

Bostons erstes Theater öffnete 1793 in der Federal Street. 50 Jahre später war Boston eine wichtige »Probenbühne« und verfügte über prächtige Theater. Die amerikanische Uraufführung von Händels *Messias* fand hier 1839 statt, 1875 die Erstaufführung von Tschaikowskys *1. Klavierkonzert*. Im 20. Jahrhundert feierten Stücke wie *Endstation Sehnsucht* von Tennessee Williams und *Eines langen Tages Reise in die Nacht* von Eugene O'Neill Premiere. Zu den Musicals zählen Werke von Rodgers und Hammerstein.

Spaziergang am Beacon Hill

Länge 1,5 km **MBTA-Station** Park Street **Dauer** 15 Min.

Zwischen dem späten 18. Jahrhundert und den 1870er Jahren war der Südhang des Beacon Hill die bevorzugte Wohnlage Bostons. Die wohlhabende Elite zog von hier erst fort, als die exklusivere Back Bay *(siehe S. 126–143)* entstand. Charles Bulfinch und seine Schüler errichteten viele der Häuser. Der Südhang wurde ein Musterbeispiel für die Architektur des Federal Style. Lage und Aussicht waren entscheidend, sodass die schönsten Häuser am Boston Common oder auf der Hügelspitze thronen. Zuerst galt eine Vereinbarung, nach der Häuser von der Straße zurückgesetzt wurden, in der Wirtschaftskrise 1807–12 baute man allerdings bis an die Straße heran.

Schon gewusst?

Beacon Hill ist nach dem Leuchtfeuer benannt, das früher auf der Spitze des Hügels stand.

Louisburg Square *(siehe S. 84)* ist die begehrteste Adresse des Stadtteils.

Charles Street Meeting House wurde für eine Baptistengemeinde erbaut (frühes 19. Jh.).

Die **Old Acorn Street** zwischen Cedar und Willow Street erinnert an die Kolonialzeit.

←

Gaslaternen und Schaufensterbeleuchtung in der Charles Street

Zur Orientierung
Siehe Stadtteilkarte S. 78f

↑ *Old Acorn Street: eine der meistfotografierten Straßen in Boston*

Das Nichols House Museum *(siehe S. 85)* dokumentiert das Leben einer Bewohnerin von Beacon Hill, Rose Nichols, die hier von 1885 bis 1960 lebte.

In der Mount Vernon Street *(siehe S. 84)* bauten die Planer des Beacon Hill ihre eigenen Wohnhäuser.

Die von Bulfinch gestalteten Hepzibah Swan Houses *(siehe S. 85)* waren Hochzeitsgeschenke für die Töchter einer Beacon-Hill-Bewohnerin

Die schönsten Häuser in Beacon Hill entstanden stets in der Beacon Street *(siehe S. 86f)*. Elegante Stadthäuser im Federal Style, einige mit Reliefs, überblicken den grünen Boston Common.

Zerstörer USS Cassin Young*, Charlestown Navy Yard* (siehe S. 98f)

North End und Charlestown

Die beiden ältesten Stadtviertel wurden 1629 bzw. 1631 besiedelt und waren somit für die weitere Entwicklung von Boston maßgeblich.

Die zu Beginn des 18. Jahrhunderts errichtete Old North Church steht symbolisch für die Geschichte des Areals. Ein Jahrhundert später war Italienisch die in den Straßen vorherrschende Sprache. North End ist noch heute italienisch geprägt, Restaurants und Cafés, aber auch diverse Festlichkeiten tragen zum unverwechselbaren Charme des Viertels bei.

Charlestown am Nordufer des Charles River ist ebenfalls historisch bedeutend. Hier fand die legendäre Schlacht von Bunker Hill statt, bei der die amerikanischen Revolutionstruppen schwere Verluste erlitten. Wegen seiner strategisch günstigen Lage am Boston Harbor wurde Charlestown Standort einer Werft der US-Marine, die 1797 vom Stapel gelaufene Fregatte USS *Constitution* liegt hier noch immer vor Anker. Das 1843 fertiggestellte Bunker Hill Monument ist ein weiteres historisches Wahrzeichen von Charlestown. Das Viertel dient häufig als Filmkulisse.

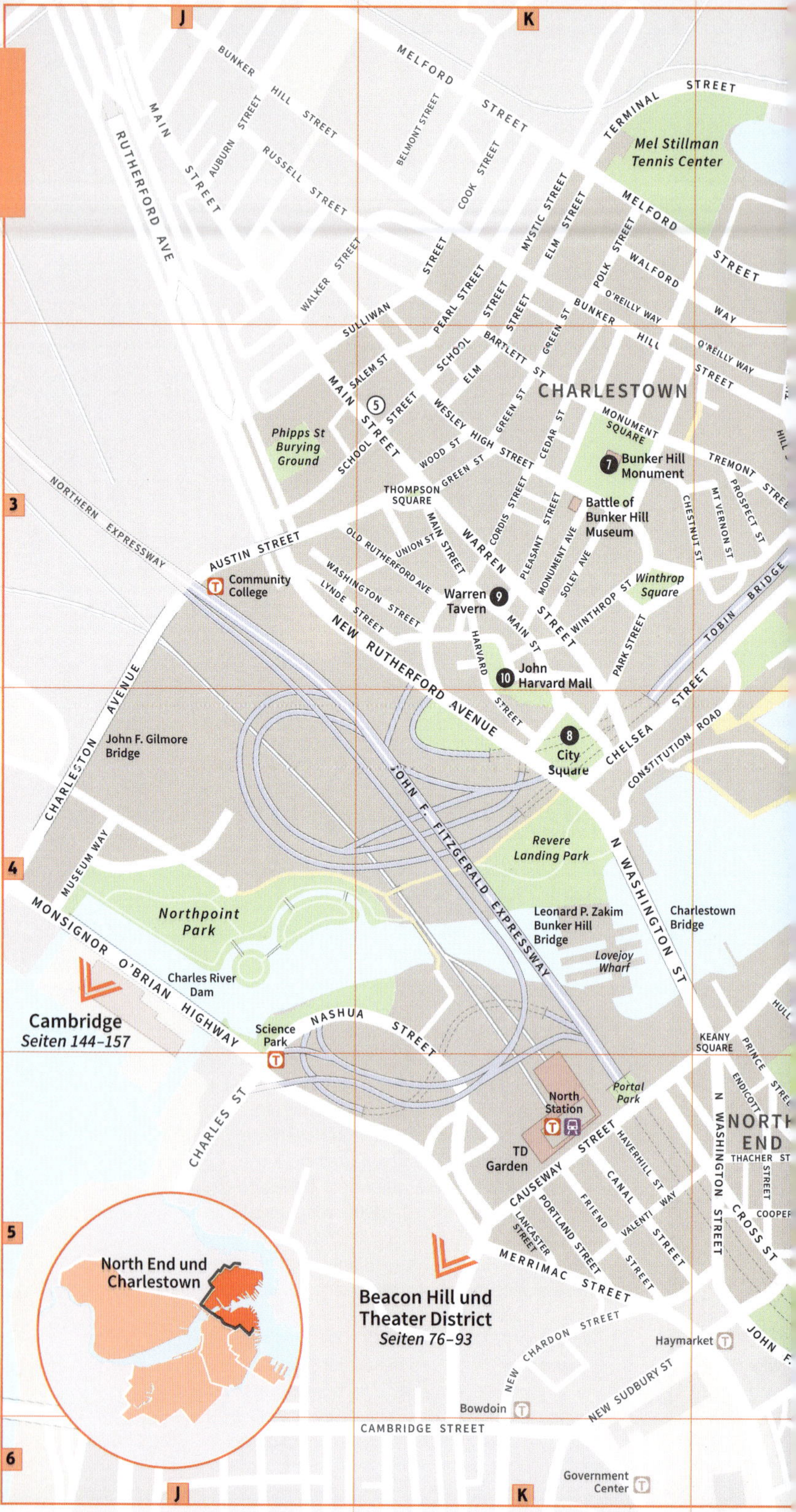

J
K
CHARLESTOWN
Mel Stillman Tennis Center
Phipps St Burying Ground
Bunker Hill Monument
Battle of Bunker Hill Museum
Winthrop Square
Community College
Warren Tavern
John Harvard Mall
City Square
John F. Gilmore Bridge
Revere Landing Park
Northpoint Park
Leonard P. Zakim Bunker Hill Bridge
Charlestown Bridge
Lovejoy Wharf
Charles River Dam
Science Park
North Station
TD Garden
Portal Park
NORTH END
Cambridge
Seiten 144–157
Beacon Hill und Theater District
Seiten 76–93
North End und Charlestown
Haymarket
Bowdoin
Government Center
CAMBRIDGE STREET
JOHN F. FITZGERALD EXPRESSWAY
NEW RUTHERFORD AVENUE
MONSIGNOR O'BRIAN HIGHWAY
NORTHERN EXPRESSWAY
CHARLESTON AVENUE
AUSTIN STREET
N WASHINGTON ST
NASHUA STREET
CHARLES ST
CAUSEWAY STREET
MERRIMAC STREET
NEW CHARDON STREET
NEW SUDBURY ST
MAIN STREET
WARREN STREET
RUTHERFORD AVE
BUNKER HILL STREET
MELFORD STREET
TERMINAL STREET
TOBIN BRIDGE
CHELSEA STREET
CONSTITUTION ROAD
KEANY SQUARE
THOMPSON SQUARE
MONUMENT SQUARE

North End und Charlestown

Highlights

1. Charlestown Navy Yard
2. Old North Church

Sehenswürdigkeiten

3. Copp's Hill Burying Ground
4. Paul Revere Mall
5. Paul Revere House
6. Hanover Street und Salem Street
7. Bunker Hill Monument
8. City Square
9. Warren Tavern
10. John Harvard Mall

Restaurants

① Caffé Vittoria
② Bricco Ristorante & Enoteca
③ Ristorante Lucia
④ Brewer's Fork
⑤ Monument Restaurant & Tavern
⑥ Pier 6

Charlestown Navy Yard

L3 Community College 93 von Long Wharf Building 5 +1-617-242-5601 Jan – Apr: Mi – So 10 –17; Mai – Dez: tägl. 10 –17 (Juli – Sep: bis 18) 1. Jan, Thanksgiving, 25. Dez nps.gov/bost

Einige der geschichtsträchtigsten Schlachtschiffe der US-Marine liefen hier vom Stapel. Der im Jahr 1800 in Betrieb gegangene Charlestown Navy Yard war bis zu seiner Stilllegung 1974 ein Zentrum der Produktion und Instandsetzung zahlreicher Schiffe – von der 1797 fertiggestellten Fregatte USS *Constitution* bis zum Zerstörer USS *Cassin Young* aus dem Zweiten Weltkrieg. Besucher der Werft und der hier vor Anker liegenden Museumsschiffe erhalten einen tiefen Einblick in eine Epoche der Kriegsschifffahrt der Vereinigten Staaten.

Der tiefe Hafen von Boston und die langen Gezeiten empfahlen Charlestown als Standort für eine der ersten Werften der US-Marine. Der Charlestown Navy Yard spielte 174 Jahre lang eine sehr wichtige Rolle für die Atlantikflotte, bis die Marine statt Segelschiffen aus Holz Giganten aus Stahl baute.

Das weltweit älteste schwimmende Kriegsschiff im Dienst, die USS *Constitution*, wurde im North End gebaut und lief hier 1797 vom Stapel. Das Schiff war in 42 Seeschlachten siegreich, brachte 20 andere Schiffe auf und wurde nie geentert. Das **USS Constitution Museum** dokumentiert wichtige Ereignisse. Im Juli 2017 wurde das Schiff nach Generalüberholung wieder zu Wasser gelassen.

USS Constitution Museum
Charlestown Navy Yard +1-617-242-5601 tägl. 10 –17 (Schiff: Mi – So) ussconstitutionmuseum.org

»Old Ironsides«

Ihren Spitznamen »Old Ironsides« (»Eiserne«) verdankt die USS *Constitution* einem Gefecht mit der britischen Fregatte HMS *Guerrière* im Britisch-Amerikanischen Krieg 1812. Bei den Kampfhandlungen prallten feindliche Kanonengeschosse nahezu wirkungslos an den mächtigen Bordwänden ab. Dieser Sieg begründete die überragende Bedeutung des Schiffs für die US-Marine.

Highlight

1 *USS* Cassin Young – *heute ein Museumsschiff*

2 *Modell der USS* Constitution *im USS Constitution Museum*

3 *Kanonen an Deck der USS* Constitution

Schon gewusst?

Die USS *Constitution* ist das älteste noch seetüchtige Kriegsschiff der Welt.

↑ *Oberdeck und Takelage des berühmten Kriegsschiffs USS* Constitution

2

Old North Church

L5 · 193 Salem St · Haymarket, Aquarium, North Station · +1-617-523-6676 · Jan, Feb: tägl. 10–16; März–Mai, Nov, Dez: tägl. 9–17; Juni–Okt: tägl. 9–18 · oldnorth.com

Der spitze Turm des Gotteshauses zählt zu den wichtigsten Orientierungspunkten in Boston. Schlichtheit und Strenge des Innenraums stehen in Kontrast zur herausragenden historischen Bedeutung der Kirche.

Der älteste Kirchenbau Bostons heißt offiziell Christ Episcopal Church, wurde 1723 aus Backsteinen im georgianischen Stil erbaut und ähnelt der von Sir Christopher Wren entworfenen Kirche St. Andrew's-by-the-Wardrobe in Blackfriars, London. Berühmt wurde die Old North Church am 18. April 1775, als Küster Robert Newman Paul Revere *(siehe S. 102)* dabei half, einige Signallaternen in den Glockenturm zu hängen, um die Kolonisten in Charlestown vor dem Abmarsch der Briten und ihrem Angriff zu warnen.

↑ *An der Kirchendecke hängender Kronleuchter*

↑ *Relativ schlicht gestalteter Altar der Old North Church*

← *Illustration von Bostons Old North Church mit dem markanten Turm*

Highlight

↑ *Backsteinfassade und weiß gestrichener Turm der Old North Church*

Die markanten Kronleuchter kamen im Januar 1924 aus England.

Die Kirchenbänke hatten auch Fußwärmer.

Die Marmorbüste von George Washington kam 1815 in die Kirche.

SEHENSWÜRDIGKEITEN

3

Copp's Hill Burying Ground

L4 Eingänge Charter u. Hull St Government Center, North Station tägl. 9–17

Der seit 1659 bestehende Friedhof ist nach dem an der King's Chapel *(siehe S. 114)* der zweitälteste in Boston. Er wird scherzhaft »Corpse Hill« (»Leichenhügel«) genannt – der richtige Name des Hügels geht auf William Copp zurück: Ihm gehörte eine Farm aus dem Jahr 1643 an der Südostseite des Hügels, und er verkaufte einen großen Teil des Gebietes für den Friedhof. Seine Kinder liegen hier begraben. Daneben fanden auch einige berühmte Persönlichkeiten hier ihre letzte Ruhestätte: u. a. Robert Newman, der Küster, der die Signallaternen von Paul Revere *(siehe S. 102)* in den Turm der Old North Church gehängt hatte, und Edmund Hartt, Konstrukteur der USS *Constitution (siehe S. 98f)*. Increase, Cotton und Samuel Mather, drei Generationen einer einflussreichen Familie puritanischer Geistlicher der Kolonialzeit, sind ebenfalls hier begraben. Auch Hunderte von schwarzen Sklaven aus der Kolonialzeit Bostons und freigelassene Sklaven liegen hier, wie etwa Prince Hall, ein freier Schwarzer, der die schwarze Freimaurerloge von Massachusetts gründete.

Während der britischen Besetzung von Boston diente der Hügel als Artilleriestellung: Im Unabhängigkeitskrieg sollten die Briten von hier aus den Beschuss des Hafens und der amerikanischen Stellungen in Charlestown steuern. Angeblich haben die Briten die Grabsteine aus Schieferplatten für Zielübungen benutzt. Auf einigen sieht man Einschüsse. Die Copp's Hill Terrace in der Charter Street bietet eine gute Aussicht auf Charlestown und Bunker Hill. Hier explodierte 1919 ein 8,7 Millionen Liter fassender Tank mit Melasse: Der auslaufende Sirup tötete 21 Menschen.

Schon gewusst?

1775 signalisierten zwei Laternen aus dem Turm der Old North Church das Nahen britischer Schiffe.

← *Grabsteine auf dem Copp's Hill Burying Ground*

4

Paul Revere Mall

L5 Hanover St
Haymarket, Aquarium

Diese mit Ziegelsteinen gestaltete Plaza bietet im dicht bebauten Stadtviertel North End eine Freifläche zwischen Hanover und Unity Street. Die Mall wird von den Anwohnern gern genutzt: Kinder, Jugendliche, junge Mütter und Rentner plaudern und spielen Karten oder »Dame«. Der Platz entstand 1933 und hieß ursprünglich Prado. Eine Reiterstatue von Paul Revere, die Cyrus Dallin 1885 geschaffen hatte, stand auf dem Platz. Allerdings wurde sie erst im Jahr 1940 gegossen und aufgestellt. Eingelassene Bronzetafeln an den Seitenwänden der Mall erinnern an Bewohner des North End, die in der Geschichte Bostons eine Rolle gespielt haben. Bänke, ein Brunnen und eine Doppelreihe Linden geben dem Platz fast europäisches Flair.

Am Nordende des Platzes, in der Unity Street, steht die Old North Church *(siehe S. 100f)*, einer der wichtigsten historischen Orte Bostons. Im Süden verläuft die Hanover Street mit italienischen Restaurants und Cafés.

Besucherschlange am Eingang des aus Holzschindeln erbauten Paul Revere House ↑

5

Paul Revere House

L5 19 North Sq
Haymarket, Aquarium
+1-617-523-2338 Mitte Apr – Okt: tägl. 9:30 – 17:15; Nov – Mitte Apr: tägl. 9:30 – 16:15 Jan – März: Mo
paulreverehouse.org

Im ältesten Holzschindelhaus der Stadt wurde einst Geschichte gemacht, als Paul Revere (1734 – 1818) im Jahr 1775 hier den legendären Pferderitt *(siehe Kasten)* begann, um die Kolonisten in Lexington vor der drohenden Ankunft britischer Truppen zu warnen. Dieses historische Ereignis wurde später in einem offen patriotischen, epischen Gedicht von Henry Wadsworth Longfellow *(siehe S. 155)* verewigt.

Paul Revere stammte von Hugenotten ab und war ein vielseitiger Gold- und Silberschmied, Kupfergraveur sowie Glocken- und Kanonengießer. Er und seine zweite Frau Rachel, Mutter von acht seiner insgesamt 16 Kinder, besaßen das Haus von 1770 bis 1800. Kleine Flügelfenster mit bleigefassten Scheiben, ein überstehendes zweites Stockwerk und eine mit Nägeln beschlagene Eingangstür machen das Haus zu einem besonders schönen Beispiel für die amerikanische Architektur des frühen 18. Jahrhunderts.

Ritt von Paul Revere

Am 18. April 1775 brach der aus Boston stammende Silberschmied und Freiheitskämpfer Paul Revere zu einer mutigen Mission auf: Er ruderte an den britischen Schiffen im Hafen vorbei, erreichte Charlestown, lieh sich dort ein Pferd und ritt nach Lexington. Dort warnte er die Kolonisten, dass die Briten auf dem Weg zur Stadt waren. Damit wurde er zum Nationalhelden der Revolution.

Nach dem Krieg produzierte er Hunderte von Kirchenglocken.

Das Mitte des 19. Jahrhunderts baufällig gewordene Wohnhaus wurde dank der Bemühungen eines Urgroßenkels von Revere vor dem Abriss bewahrt. Diverse Einrichtungsgegenstände aus jener Epoche dokumentieren, wie man in der Kolonialzeit wohnte.

Im Hof befindet sich eine große Bronzeglocke, die Paul Revere im Jahr 1804 für eine Kirche gegossen hatte. Insgesamt hat er fast 200 Kirchenglocken hergestellt.

Direkt neben dem Paul Revere House steht das Pierce-Hichborn House, das älteste Steinhaus Neuenglands. Das Besucherzentrum nebenan präsentiert historische Ausstellungen.

Schon gewusst?

1950 wurden beim Überfall auf eine Geldtransportfirma in Boston 2,7 Millionen Dollar erbeutet.

6

Hanover Street und Salem Street

L5

Die beiden in Nord-Süd-Richtung zwischen Cross Street und Commercial Street verlaufenden Straßen sind das pulsierende Herz von Bostons italienisch geprägtem Stadtviertel North End. Auch wenn die Nachkommen vieler Zuwanderer, die Anfang des 20. Jahrhunderts hierher kamen, mittlerweile in die Randgebiete der Stadt abgewandert sind, herrscht in den zahlreichen Restaurants, Cafés und Bars zu beiden Seiten von Hanover Street und Salem Street zu allen Tageszeiten viel Betrieb.

Die beiden engen Straßen eignen sich nicht gerade für den Autoverkehr, am besten erkundet man sie zu Fuß. Lassen Sie sich Zeit, es gibt viel zu entdecken. Vor allem am Abend wird es sehr lebhaft, wenn Bewohner und Besucher dieses Viertels in die zahlreichen Lokale ausschwärmen.

Restaurants

Caffé Vittoria

Das traditionsreiche, seit 1929 betriebene Café serviert feinste Kaffeespezialitäten und köstliches Gebäck.

L5 290–296 Hanover St

caffevittoria.com

$

Bricco Ristorante & Enoteca

Bostons North End ist ein Paradies für Liebhaber italienischer Küche. Im Bricco werden Liebhaber feinster Pastagerichte glücklich.

L5 241 Hanover St

bricco.com

$$

Ristorante Lucia

Das familiengeführte Restaurant achtet bei seinen italienischen Gerichten auf einen gelungenen Mix aus Klassikern und innovativen Variationen.

L5 415 Hanover St

luciaboston.com

$$

Geistliches Zentrum ist St. Leonard an der Ecke Hanover und Prince Street. Die Kirche wurde von italienischen Immigranten erbaut, der reich ausgestaltete Innenraum dokumentiert große Handwerkskunst.

An den Wochenenden von Ende Juli bis Ende August finden in den Straßen populäre Food Festivals mit vielfältigen kulinarischen Spezialitäten statt.

↑ *Bunker Hill Monument – bei Dunkelheit prachtvoll illuminiert*

Schon gewusst?

Charlestown wurde 1629 besiedelt und war erste Hauptstadt der Massachusetts-Bay-Kolonie.

Restaurants

Brewer's Fork
Heimische Biersorten, Pizza aus dem Holzofen und köstlicher Brunch.
L3 7 Moulton St
brewersfork.com
$$$

Monument Restaurant & Tavern
Typische Pub-Gerichte in einem hohen Raum aus Holz und Ziegeln.
K3 251 Main St
monument charlestown.com
$$$

Pier 6
Zum Seafood genießt man den schönen Blick aufs Wasser.
M3 8th St
pier6boston.com
$$$

7
Bunker Hill Monument

K3 Monument Sq
+1-617-242-5641
Apr–Juni: tägl. 9:30–17; Juli–Sep: tägl. 10–18; Okt–März: tägl. 10–17
1. Jan, Thanksgiving, 25. Dez nps.gov/bost

In der ersten Schlacht des Unabhängigkeitskrieges am 17. Juni 1775 landeten die Briten einen Pyrrhussieg, dachten jedoch nicht daran, sich einen Fluchtweg von der Bostoner Halbinsel zum Festland offenzuhalten. Nach der Schlacht wurden die Kolonisten von amerikanischen Milizen verstärkt. Es gelang, die britischen Truppen festzuhalten, bis die Kolonialarmee unter Befehl von George Washington diese am 17. März 1776 zur Evakuierung auf Schiffen zwingen konnte. Dieser Tag wird in der Gegend um Boston auch heute noch als Evacuation Day gefeiert.

1823 sammelten die Einwohner von Charlestown Spenden für das Bunker Hill Monument, 1825 wurde der Grundstein gelegt. 1843 war der 67 Meter hohe Obelisk fertig. Einen Aufzug gibt es nicht, doch die 294 Stufen führen zu einem herrlichen Ausblick.

Im unteren Teil des Monuments wurde ein Museum eingerichtet. Es widmet sich den Strategien und der Bedeutung der Schlacht. Das Monument wird nachts beleuchtet, wobei die Pyramide, die den Obelisken krönt, besonders betont wird. Dieses Design wiederholt sich bei der nahen Leonard P. Zakim Bunker Hill Bridge.

Im Winter kann das Monument geschlossen sein, wenn Schnee und Eis die Treppe blockieren.

8
City Square

K4

Als John Winthrop mit drei Schiffen voll puritanischer Flüchtlinge 1630 in der Neuen Welt ankam, siedelten sie zuerst am Fuß des Town Hill, dem heutigen City Square. Ein kleiner Park markiert heute die Stelle von Winthrops Rathaus, dem ersten Sitz von Bostons Regierung.

Das Bunker Hill Monument wird nachts beleuchtet, wobei die Pyramide, die den Obelisken krönt, besonders betont wird.

9

Warren Tavern

K3 2 Pleasant St
+1-617-241-8142
tägl. Mittag- und Abendessen, Sa, So Brunch
1. Jan, 25. Dez
warrentavern.com

Die Warren Tavern war 1780 eines der ersten Gebäude, die in Charlestown entstanden, nachdem die Briten die Stadt niedergebrannt hatten. Die Schänke ist nach Joseph Warren benannt, dem Präsidenten des Provinzialkongresses von 1774 und General in der Armee von Massachusetts. Er starb in der Schlacht von Bunker Hill. Die Taverne wurde im Stil des 18. Jahrhunderts restauriert – die Speisekarte ist allerdings modern.

Düstere Vergangenheit

Charlestown war nicht immer ein so sicheres, geradezu unbeschwertes Stadtviertel wie heute – ganz im Gegenteil: In den 1960er Jahren war es Schauplatz von gewalttätigen Auseinandersetzungen zweier rivalisierender Banden: Charlestown Mob aus Boston und Winter Hill Gang aus Somerville. Die düstere Seite des Viertels lassen Filmemacher weiterleben. Sie nutzten die engen Gassen als Kulisse für Thriller wie *Monument Avenue* (1998), *The Departed* (2006; *unten*) und *The Town* (2010).

10

John Harvard Mall

K3

Charlestown wurde 1629 von zehn Familien gegründet – ein Jahr vor der Besiedlung von Boston. Die Familien bauten ihre Wohnhäuser und ein umzäuntes Fort auf dem Town Hill, wo heute die John Harvard Mall liegt. Bronzetafeln im eingezäunten Park erinnern an Ereignisse der frühen Geschichte der Massachusetts Bay Colony *(siehe S. 52)*. Eine Tafel verkündet »diesen kleinen Erdhügel als Denkmal einer mächtigen Nation«. Ein Denkmal ehrt John Harvard, den Geistlichen, der in Charlestown predigte und der seinen Namen, seinen halben Besitz sowie seine Bibliothek bei seinem Tod 1638 dem neuen College in Newtowne schenkte *(siehe S. 150f)*.

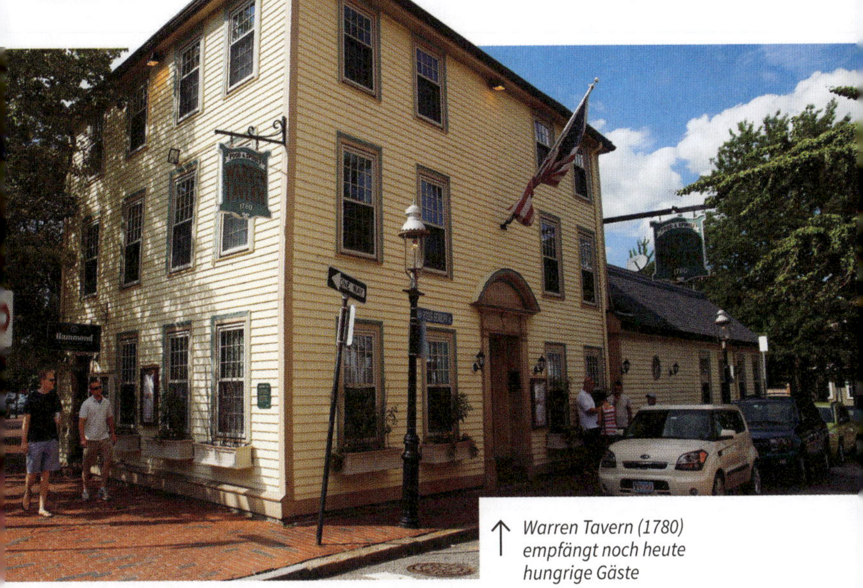

↑ *Warren Tavern (1780) empfängt noch heute hungrige Gäste*

Old State House zwischen Wolkenkratzern (siehe S. 112f)

Old Boston, Seaport und Waterfront

Diese Gegend von Boston vereint die Geschichte mit der Moderne, hier treffen alte und moderne Architektur auf faszinierende Art aufeinander. Einige Sehenswürdigkeiten in Old Boston – u. a. Old State House und Faneuil Hall – stammen aus der Zeit vor dem Unabhängigkeitskrieg.

Mit Eröffnung des New England Aquarium (1969) wurde Bostons Waterfront, die lange Zeit durch die Stadtautobahn vom Rest der Stadt abgeschnitten war, erheblich aufgewertet. Im Rahmen des städtebaulichen Großprojekts Big Dig (1991 – 2007) wurde der Verkehrsweg in den Untergrund verlegt. Auf dem frei gewordenen Gelände entstand die Parkanlage Rose Fitzgerald Kennedy Greenway. Die Waterfront ist in den letzten Jahrzehnten auch durch Finanzwirtschaft und Hightech-Industrie neu erblüht.

Seaport ist ein dynamisches Viertel mit vielen Hotels, Restaurants und dem Institute of Contemporary Art, einem bedeutenden Kunsttempel.

Old Boston, Seaport und Waterfront

Highlights

❶ New England Aquarium

❷ Old State House

Sehenswürdigkeiten

❸ King's Chapel and Burying Ground

❹ Old Corner Bookstore

❺ Omni Parker House

❻ Old City Hall

❼ Old South Meeting House

❽ Custom House

❾ Faneuil Hall

❿ Post Office Square Park

⓫ Quincy Market

⓬ Waterfront Wharves

⓭ Rose Fitzgerald Kennedy Greenway

⓮ Government Center

⓯ Boston Children's Museum

⓰ Fish Pier

⓱ Institute of Contemporary Art

⓲ Boston Tea Party Ships & Museum

⓳ John F. Kennedy Library and Museum

⓴ Edward M. Kennedy Institute for the US Senate

㉑ Castle Island und South Boston Beaches

Restaurants

① Union Oyster House

② Salty Dog Seafood Grille & Bar

③ No Name Restaurant

④ Legal Harborside

Bars

⑤ The Black Rose

⑥ Mr. Dooley's Tavern

⑦ Hennessy's

N
P
South Boston
Maverick
EAST BOSTON
Boston Logan International Airport
OLD BOSTON
BACK BAY
SEAPORT
South Station
Back Bay
Bereich der Hauptkarte
Castle Island
SOUTH END
SOUTH BOSTON
Pleasure Bay
Andrew
Newmarket
South Boston Beaches
Dorchester Bay
JFK/UMass
Uphams Corner
John F. Kennedy Library and Museum
UPHAM'S CORNER
Thompson Island
Savin Hill
Edward M. Kennedy Institute for the US Senate
0 km 1
0 Meilen 1
New England Aquarium
Fan Pier Plaza
Institute of Contemporary Art
COURTHOUSE WAY
FAN PIER BOULEVARD
NORTHERN AVENUE
SEAPORT BOULEVARD
THOMPSON PLACE
BOSTON WHARF ROAD
EAST SERVICE RD
B STREET
CONGRESS STREET
WORLD TRADE CENTER AVE
D STREET
Fish Pier
BOSTON FISH PIER ROAD
HAUL ROAD
SUMMER STREET
TED WILLIAMS TUNNEL
Boston Convention and Exhibition Center
D STREET
Old Boston, Seaport und Waterfront
0 Meter 400
0 Yards 400

1

New England Aquarium

M6 1 Central Wharf Aquarium +1-617-973-5200 Juli, Aug: So – Do 9 – 18, Fr, Sa 9 – 19; Sep – Juni: Mo – Fr 9 – 17, Sa, So 9 – 18 neaq.com

Der Meer beherrscht seit je das Leben in Boston maßgeblich. Somit ist es kein Wunder, dass das New England Aquarium zu den größten Besucherattraktionen der Stadt gehört. Es präsentiert nicht nur die überaus vielfältige Unterwasserwelt auf didaktisch sehr geschickte Art und Weise, sondern kümmert sich auch um Schutz und Erhalt der Lebewesen.

Die Hauptattraktion an der Waterfront nimmt den gesamten Central Wharf ein: Das Aquarium wurde von einer Architektengruppe entworfen und 1969 gebaut. Im Mittelpunkt steht ein vier Stockwerke hohes, offenes Aquarium, in dem zahlreiche Meeresbewohner leben – von tropischen Fischen in leuchtenden Farben über Haie und Muränen bis zu Meeresschildkröten. Ein gewundener Gang führt außen von oben bis unten am Becken entlang und bietet auf verschiedenen Ebenen spannende Einblicke. Im Aquarium leben auch Seelöwen, Robben, Anakondas, Rochen und Seepferdchen. Zum Komplex gehört darüber hinaus ein IMAX®-Kino

Schon gewusst?

Das New England Aquarium verzeichnet jährlich rund 1,3 Millionen Besucher.

← *Fassade des New England Aquarium am Central Wharf*

↑ *Bunte Unterwasserwelt hinter dicken Glasscheiben*

Mission Tierschutz

Vorrangiges Ziel des New England Aquarium, in dem rund 20 000 Tiere leben, ist der Schutz der Meeresfauna. Dazu wurden diverse Programme ins Leben gerufen, die sich u. a. um die Rettung und Pflege gestrandeter Individuen kümmern. Das Spektrum ist nicht nur auf die Küstengewässer vor Boston begrenzt, sondern umfasst z. B. auch Buckelwale im Pazifischen Ozean.

↑ *Pinguine auf einem Felsen, Penguin Exhibit*

2

Old State House

L6 206 Washington St State, Government Centre, Downtown Crossing +1-617-720-713 tägl. 9–17 (Juli, Aug: verlängerte Öffnungszeiten) 1. Woche im Feb bostonhistory.org

Im alten Zentrum von Boston prallen Geschichte und Moderne auf engstem Raum aufeinander. Die architektonisch spannenden Kontraste gipfeln am Old State House, das fast vollständig von schlanken Bürotürmen umrahmt wird.

Das Old State House – heute fast erdrückt von den Wolkenkratzern des Financial District – war einst Sitz der britischen Kolonialregierung (1713–76). Der königliche Löwe und das Einhorn sind noch an der Ecke der Ostfassade zu erkennen. Nach der Unabhängigkeit zog das Parlament von Massachusetts in den Bau, der seitdem auch als Markt, Handelsbörse, Freimaurerloge und Rathaus von Boston gedient hat. Die alten Weinkeller sind heute eine U-Bahn-Station. Das Old State House zeigt Ausstellungsstücke der Bostonian Society und eine Multimediashow über das Boston-Massaker.

Schon gewusst?

Das Old State House ist das älteste noch erhaltene öffentliche Gebäude in Boston.

1

2

3

1 Old State House vor glitzernden Wolkenkratzern

2 Kopie der Statue eines Einhorns auf dem Dach

3 Wendeltreppe mit zwei fein gearbeiteten Handläufen

→

Backsteinfassade und elegantes Interieur des Old State House

Highlight

Boston-Massaker

Ein Kreis aus Pflastersteinen unter dem Balkon an der Ostfassade markiert den Ort des Boston-Massakers. Neben der »Boston Tea Party« war dies eines der dramatischsten Ereignisse auf dem Weg zur Revolution. Am 5. März 1770 provozierte eine aufgebrachte Menge britische Wachsoldaten mit Stein- und Schneeballwürfen. Die Soldaten eröffneten das Feuer und töteten fünf Kolonisten. Einige Ojekte zum Boston-Massaker sind im Old State House zu sehen, darunter eine Muskete, die man in der Nähe fand, und der Bericht des Leichenbeschauers.

SEHENSWÜRDIGKEITEN

3 King's Chapel and Burying Ground

K6 · 58 Tremont St · Park Street, State, Government Center · +1-617-523-1749 · Zeiten der Website entnehmen · kings-chapel.org

Schon 1688 stand hier eine anglikanische Kapelle. Als der Gouverneur von Neuengland entschied, dass eine größere Kirche nötig sei, wurde der heutige Granitbau, mit dessen Errichtung man 1749 begonnen hatte, um die Holzkapelle herumgebaut, diese auseinandergenommen und durch die Fenster der neuen Kirche hinausgeschafft. Nach dem Unabhängigkeitskrieg wechselte die Gemeinde zum unitarischen Glauben über. Hohe Decken und Glasfenster erhöhen den Eindruck von Weitläufigkeit. Die Glocke ist die größte, die Paul Revere *(siehe S. 102)* je schuf.

Der gegenüberliegende Friedhof ist der älteste in Boston und Ruhestätte von John Winthrop und Elizabeth Pain, historisches Vorbild der »Ehebrecherin« Hester Prynne aus Hawthornes Roman *Der scharlachrote Buchstabe*.

4 Old Corner Bookstore

L6 · 1 School St · Park Street, State, Government Center · für Besucher

Der Backsteinbau wird von einem Krüppelwalmdach gekrönt. In dem Gebäude eröffnete 1718 Thomas Crease seine Apotheke. 1829 wurde hier der Old Corner Bookstore eingerichtet. 16 Jahre später zog der Verlag Ticknor & Fields ein und entwickelte sich zu einem Anziehungspunkt für Autoren wie Emerson, Hawthorne, Longfellow, Thoreau, die Autorin Margaret Fuller und die Verfasserin von *Onkel Toms Hütte*, Harriet Beecher Stowe. Die frühesten Ausgaben des *Atlantic Monthly*, bis heute eine der wichtigsten Kulturzeitschriften in den USA, wurden hier gedruckt. Der erste Herausgeber war James Russell Lowell, später folgte ihm William Dean Howells. Im Februar 1862 erschien Julia Ward Howes *The Battle Hymn of the Republic*, das den Bürgerkrieg thematisiert.

5 Omni Parker House

K6 · 60 School St · Park Street, State, Government Center · +1-617-227-8600 · omnihotels.com

Harvey D. Parker war mit einem Bostoner Restaurant so erfolgreich, dass er seinen Traum, das Haus zu einem Luxushotel zu erweitern, verwirklichen konnte. Das Parker House, mit einer Fassade aus weißem Marmor, fünf Stockwerke hoch und mit dem ersten Personenaufzug

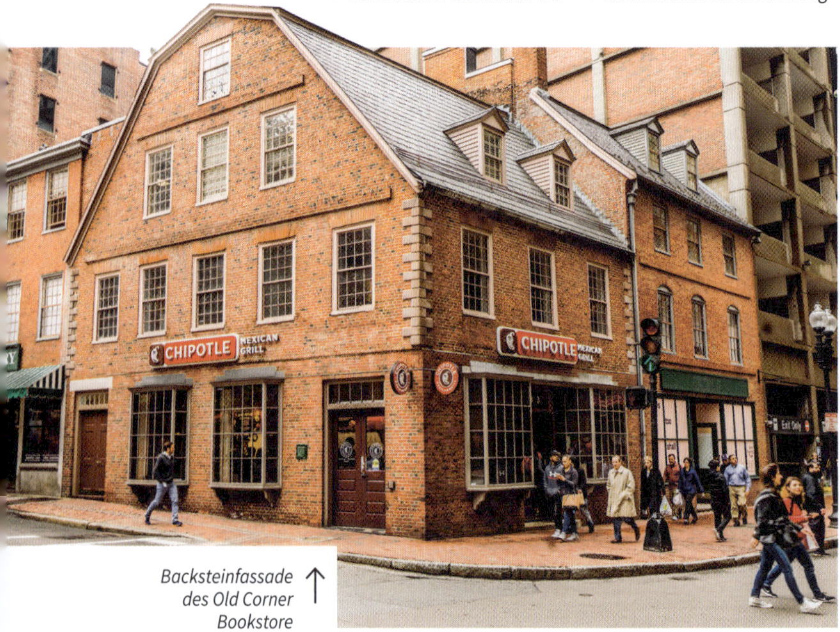

Backsteinfassade des Old Corner Bookstore ↑

in Boston, eröffnete 1855. Seither wurde es mehrfach umgebaut, in den 1860er Jahren fügte man weitere Gebäudeteile hinzu. Ende des 19. Jahrhunderts wurde es um einen zehnstöckigen Anbau im Stil eines französischen Schlosses erweitert. Auch später wurde der Bau noch oft verändert.

Das Parker House erwarb sich seit seiner Eröffnung den Ruf eines luxuriösen Hotels mit herausragenden Restaurants. Berühmt geworden ist das Parker House auch durch den »Boston Cream Pie«, der hier erstmals hergestellt wurde, und das Wort »scrod«, ein nur in Boston gebräuchlicher Ausdruck für frisches Seafood.

6

Old City Hall

K6 45 School St
Park Street, State, Government Center

Der Bau ist ein eindrucksvolles Beispiel für die Protzigkeit des späten französischen Empire-Stils. Von 1865 bis 1969 diente er als Rathaus von Boston. Das renovierte Gebäude aus dem 19. Jahrhundert beherbergt heute ein Steakhouse.

Einst residierten in der Old City Hall Bürgermeister wie John »Honey Fitz« Fitzgerald und James Michael Curley. Statuen erinnern an Josiah Quincy, Bostons zweites Stadtoberhaupt, dem der Quincy Market seinen Namen verdankt, und Benjamin Franklin, der in der nahen Milk Street geboren wurde.

→ *Statue vor der Old City Hall mit einem der Architekten des Gebäudes*

↑ *Ornamental wirkender Eingang des Omni Parker House*

7

Old South Meeting House

L6 310 Washington St
Park Street, Government Center, State +1-617-482-6439 Apr–Okt: tägl. 9:30–17; Nov–März: tägl. 10–16
old southmeetinghouse.org

Der Bau von 1729 wurde für die Gottesdienste der Puritaner errichtet. Als sich 1765 eine Gruppe von Kaufleuten unter dem Namen »Sons of Liberty« (»Söhne der Freiheit«) zusammenschloss, um gegen die britische Besteuerung zu protestieren, drängten immer größere und lautstärkere Menschenmengen in die Kirchenbänke und auf die Emporen.

Während einer Protestveranstaltung am 16. Dezember 1773 gab der Redner Samuel Adams das Signal für die »Boston Tea Party« in Griffin's Wharf im Hafen von Boston einige Stunden später. Die Briten rächten sich und verwandelten das Old South Meeting House in ein Offizierscasino und Ställe eines Dragonerregiments. 1877 wurde es ein Museum. Heute lassen Exponate und die Audiotour *If these Walls Could Speak* (»Könnten diese Wände sprechen«) jene rauen Tage und Ereignisse von damals wieder lebendig werden. Das Meeting House veranstaltet auch kulturelle Events.

Bars

The Black Rose
Hier erlebt man die irischen Wurzeln von Bostons Barkultur: Guinness, Pub-Food, irische Musik.
L6 160 State St
blackroseboston.com

Mr. Dooley's Tavern
Zum Drink genießt man hier an vielen Abenden spontane Livemusik.
L6 77 Broad St
mrdooleys.com

Hennessy's
Markenzeichen der Bar ist ein riesiges Angebot an Whiskeysorten.
L6 11 Marshall St
hennessysboston.com

Schon gewusst?

Auf dem Turm des Custom House nisteten früher Wanderfalken, die schnellsten Tiere der Welt.

8

Custom House

L6 3 McKinley Sq +1-617-310-6300 Aquarium Museum: tägl. 8–21; Turm: Sa–Do 14, 18 Uhr

Bevor Aufschüttungen das Gesicht der Innenstadt veränderten, thronte das alte Zollhaus von Boston am Wasser. Der tempelähnliche Bau im Greek-Revival-Stil (1847) hatte dorische Säulen und eine gläserne Kuppel. Seit 1915 steht er neben einem 150-Meter-Turm. Im 20. Jahrhundert war das Custom House der einzige nichtkommerzielle Wolkenkratzer weltweit.

Im Gebäude sind ein Meeresmuseum und ein Observatorium eingerichtet. Von diesem hat man einen schönen Blick über den Hafen und den Financial District.

9

Faneuil Hall

L6 Dock Sq Government Center, Haymarket, State tägl. 9–17 (außer bei Veranstaltungen) nps.gov/bost

Der Kaufmann Peter Faneuil schenkte 1742 der Stadt Boston die Faneuil Hall. Der georgianische Backsteinbau hat von jeher als öffentlicher Markt und Versammlungsort gedient. Die Wetterfahne schuf der Blechschmiedmeister Shem Drowne nach einem Vorbild auf der Spitze der Königlichen Börse in der City von London. Während der Revolution war der Bau bei Versammlungen oft überfüllt, und schon 1763 schlug Samuel Adams hier vor, dass sich die Kolonien gegen die britische Unterdrückung verbünden und für ihre Unabhängigkeit kämpfen sollten. Deshalb wird das Gebäude auch als Wiege der Freiheit bezeichnet – und daher auch die selbstbewusste Haltung der Statue von Sam Adams vor dem Gebäude.

Ende des 18. Jahrhunderts war die Faneuil Hall für die Mengen, die hier regelmäßig zusammenkamen, zu klein geworden: Charles Bulfinch wurde mit der Erweiterung des Baus (1806) beauftragt. Die Halle blieb bis 1898 unverändert, als sie noch einmal nach Plänen von Bulfinch erweitert wurde. Sie beherbergt nun das Informationszentrum des Boston National Historical Park.

Gegenüber findet man den Stand von BosTix für verbilligte Theatertickets.

← *Schlank aufragender, 150 Meter hoher Turm (1915) des Custom House*

Der grüne Platz bildet das Zentrum des Viertels und ist ein vor allem im Sommer belebter Treffpunkt. Dann finden hier zur Mittagszeit gelegentlich Jazzkonzerte statt.

10

Post Office Square Park

L6 Franklin, Pearl, High u. Congress St State, Aquarium normanbleventhalpark.org

Der schön gestaltete Post Office Square Park – bei Einheimischen auch als Norman B. Leventhal Park bekannt – ist eine kleine grüne Insel inmitten hoch aufragender Wolkenkratzer des Financial District. Kletterpflanzen überwuchern ein 44 Meter langes Spalier an einem Ende des Parks, eine Fontäne aus grünem Glas ziert den Platz an der Pearl Street. Der grüne Platz bildet das Zentrum des Viertels und ist ein vor allem im Sommer belebter Treffpunkt. Dann finden hier zur Mittagszeit gelegentlich Jazzkonzerte statt, die gepflegten Wiesen sind voller Menschen, an einem kleinen Kiosk kann man einen Snack zu sich nehmen.

Der Post Office Square Park wird von einigen bemerkenswerten Gebäuden umrahmt – an der Congress Street u. a. vom ehemaligen Hauptpostamt, nach dem der Platz auch benannt ist. Das Gebäude (1929–31) wird von geometrischen Strukturen und Pflanzenschmuck geprägt und gilt als ein Meis-

↑ *Quincy Market: Essensstände und Fassade* (Detail)

terwerk des Art déco. Mittlerweile ist hier das John-W.-McCormack-Gerichtsgebäude untergebracht. Das 1922 errichtete Hotel Langham Boston ist ein charakteristisches Beispiel für den Stil der Neorenaissance, früher war es der Hauptsitz der Federal Reserve Bank. Zu den eindrucksvollsten noch erhaltenen Elementen gehören die bemalte Kuppel und die Wandgemälde von N. C. Wyeth.

Noch bemerkenswerter ist allerdings das Art-déco-Gebäude aus dem Jahr 1947 an der Südseite der Franklin Street. Der architektonisch markante Bau wurde als Hauptsitz der New England Telephone Company errichtet. Die Bedeutung dieses Stadtviertels für die Entwicklung des Fernsprechwesens unterstreicht auch die Tatsache, dass sich das Labor des Erfinders Alexander Graham Bell gleich um die Ecke in der Court Street befand.

11 Quincy Market

L6 · Zwischen Chatham u. Clinton St · Government Center, State · +1-617-523-1300 · Mo–Sa 10–21, So 11–19 · faneuilhallmarketplace.com

Dieser überaus beliebte Shopping- und Restaurantkomplex zieht jedes Jahr annähernd 20 Millionen Besucher an. Er entstand aus den Gebäuden des alten Quincy Market, der als Bostons Markt für Fleisch, Fisch und Landwirtschaftsprodukte diente.

Die Bauten waren ziemlich verfallen, bevor sie in den 1970er Jahren renoviert wurden. Der 163 Meter lange Markt mit Kolonnaden ist im Greek-Revival-Stil gehalten: Eine beeindruckende zentrale Rotunde wird von Nord- und Südgebäude des Marktes flankiert. Diese einzelnen Lagerhäuser wurden ebenfalls restauriert. Hier laden heute viele Boutiquen, Shops, Restaurants und Kneipen zum Bummeln ein.

2015 eröffnete am Rose Kennedy Greenway der Boston Public Market, auf dem regionale Produkte verkauft werden.

Restaurants

Union Oyster House

Das nur einen Steinwurf vom Quincy Market entfernte Lokal aus den 1820er Jahren serviert Seafood in historischem Ambiente.

L6 · 41 Union St · unionoysterhouse.com

$$$

Salty Dog Seafood Grille & Bar

Seit 1972 lockt dieses beliebte Restaurant mit köstlichen Seafood-Gerichten.

L6 · 206 Faneuil Hall Marketplace · saltydogboston.biz

$$$

Im Shopping- und Restaurantkomplex Quincy Market (siehe S. 117)

WINN. RICKER & CO.
COMMISSION MERCHANTS
Faneuil Hall
Wine & Spirits Shoppe
E.N.WEST CO.,INC.
BARTLETT, VARNEY &
OF BOSTON AS THE

12 Waterfront Wharves

M6 Atlantic Ave
Aquarium

Bostons Waterfront wird noch immer von zahlreichen Piers geprägt: Sie erinnern an die glorreiche Vergangenheit der Stadt als überregional bedeutender Handelshafen. Einer der größten Piers ist der Long Wharf, der 1710 gebaut wurde, um den Boom im frühen Seehandel zu bewältigen.

Er erstreckte sich einst ganze 610 Meter in den Hafen von Boston und war von vielen Läden und Lagern gesäumt. Hier legten die größten Schiffe jener Zeit an. Heute starten hier Besichtigungstouren per Boot.

Wer lieber an Land bleibt, kann hier bummeln. Auch Radfahrer haben viele Möglichkeiten. Der Harborwalk verbindet den Long Wharf mit den gegenüberliegenden Werften. Zu diesen gehört auch Rowes Wharf südlich der Waterfront, ein interessantes Beispiel für die Veränderungen des gesamten Areals. Long Wharf ist auch ein guter Ausgangspunkt für einen Bummel durch den 2008 angelegten Rose Fitzgerald Kennedy Greenway mit Imbissständen, Brunnen, Karussell und dem Informationszentrum von Boston Harbor Islands.

Blick vom Rose Fitzgerald Kennedy Greenway auf Bostons Skyline

13 Rose Fitzgerald Kennedy Greenway

M6 185 Kneeland Street Haymarket, South Station, Aquarium tägl. 7–23 rosekennedygreenway.org

Wie ein grünes Band zieht sich der Rose Fitzgerald Kennedy Greenway über etwa 2,5 Kilometer parallel zur Küste durch mehrere Stadtviertel. Die lang gestreckte Grünanlage wurde 2008 fertiggestellt, nachdem die Stadtautobahn im Zuge des ambitionierten städtebaulichen Großprojekts Big Dig (1991–2007) in den Untergrund verlegt worden war. Das somit zur Verfügung stehende, nun begrünte Freizeitareal genießen Einheimische wie Besucher der Stadt zum Flanieren und Entspannen. Auf den Wiesen kann man faulenzen, Sport treiben oder picknicken. Für das leibliche Wohl ist an den vielen Food-Trucks bestens gesorgt. Sieben unterschied-

Spektakuläre Kulisse von Rowes Wharf bei abendlicher Beleuchtung

lich gestaltete Brunnen sind ebenso schöne Blickfänge wie die Blumenbeete und das Karussell mit handgeschnitzten Tierfiguren.

Neben seiner Erholungsfunktion dient Rose Fitzgerald Kennedy Greenway auch als Kunstareal. Die Wasserinstallation Harbor Fog nahe Rowes Wharf erzeugt spektakuläre Nebeleffekte, begleitet von optischen Effekten und Musik. Die im Parkgelände platzierten Kunstwerke werden regelmäßig ausgetauscht. Häufig vertreten ist die aus Boston stammende Malerin und Bildhauerin Mia Cross, zu deren beeindruckendsten hier präsentierten Werken ein 43 Meter langes Wandgemälde zählt.

Vor allem im Sommer ist das Gelände Bühne für vielfältige Veranstaltungen. Zu den populärsten gehören die Konzerte anlässlich der Berklee Greenway Concert Series. Besucher erhalten hier die Gelegenheit, kostenlose Vorstellungen der besten Musiker des Berklee College of Music zu erleben.

Die interaktive Karte auf der Website des Rose Fitzgerald Kennedy Greenway informiert über sämtliche Attraktionen.

Boston Harbor Islands

Um der Hektik des Stadtlebens zu entfliehen, muss man keine großen Entfernungen zurücklegen. Die abseits des Trubels gelegenen Inseln der Boston Harbor Islands National Recreation Area bieten Erholung und Raum für Aktivitäten wie Wandern und Schwimmen. Acht Inseln des Archipels erreicht man zwischen Mai und Oktober von Long Wharf mit Fähren. Kunsthistorisch interessant ist Fort Warren auf Georges Island. Informationen über die touristischen Angebote finden Sie online (www.bostonharborislands.org).

14

Government Center

L6 Cambridge, Court, New Sudbury u. Congress St Government Center

Das City Center wurde auf dem alten Scollay Square errichtet, den man im Zuge der Stadterneuerung seit den frühen 1960er Jahren abgerissen hatte. Auch die aus Beton und Backstein gebaute, heute umstrittene City Hall, die an der Ostseite des Platzes steht und Regierungsbüros beherbergt, war ein Teil dieses Programms.

Einige Kritiker sahen diese Entwicklung durchaus negativ, andere wiederum waren über den Abriss der unansehnlichen Ansammlung von Kneipen, billigen Theatern, Tätowierläden und schmuddeligen Hotels eher erfreut.

Der Entwurf des Government Center orientierte sich an Lebendigkeit und Weite einer italienischen Piazza. Die Architekten I. M. Pei und Partner erzeugten diesen Eindruck, indem sie das neue Rathaus von Boston mit einer terrassierten Plaza auf 23 Hektar Fläche umgaben. Hier finden Skateboard-Wettbewerbe, sportliche Ereignisse, Konzerte, Paraden und Märkte statt.

Schon gewusst?

Boston Light (1716) auf Little Brewster Island ist der älteste Leuchtturm der Vereinigten Staaten.

↑ *Ausstellungshalle mit bunten Exponaten im Boston Children's Museum*

15

Boston Children's Museum

M7 308 Congress St South Station +1-617-426 6500 tägl. 10–17 (Fr bis 21) bostonchildrens museum.org

Oberhalb des Fort Point Channel befindet sich in zwei aus Backstein erbauten Wollwarenhäusern aus dem 19. Jahrhundert eines der spannendsten amerikanischen Museen für Kinder. Es bietet seinen Besuchern viel Interessantes, die Abteilungen widmen sich u. a. den Themen Wissenschaft, Kultur, Kunst, Umwelt und Gesundheit. Mädchen und Jungen können hier spielen, lernen oder sich im New Balance Center an einer neun Meter hohen Kletterwand versuchen. Im Art Studio steht Material für eigene Kunstprojekte zur Verfügung. Multikulturelle Eindrücke vermittelt das Haus eines Seidenhändlers aus Bostons Partnerstadt Kyoto. Auf der Mini-Baustelle können Bauberufe ausprobiert werden.

Vor dem Museum steht eine gigantische Milchflasche. Hier werden im Sommer Snacks verkauft. Irrgärten und riesige Felsbrocken schmücken den Park.

Schöne Aussicht
Blick vom Wasser

Im Ticketpreis für das Institute of Contemporary Art ist auch eine Bootsfahrt zur Watershed Gallery enthalten, einer von Mai bis August geöffneten Außenstelle.

16

Fish Pier

N8 South Station

Auch wenn sich die Umgebung stark verändert – Fish Pier erinnert noch heute an die Wurzeln der Stadt als Zentrum der Fischerei. Der 1912–14 errichtete Pier war seinerzeit der größte und modernste seiner Art. In den 1920er Jahren wurden hier jährlich mehr als 100 Millionen Kilogramm Fisch angelandet und weitergeleitet, die Fischereiflotte zählte zu den bedeutendsten in den Vereinigten Staaten.

Noch heute spielt der Pier eine zentrale Rolle bei der Versorgung der Stadt und ihrer Umgebung mit frischem Fisch. Händler bieten ihre Ware feil, Lokale servieren Seafood. Im August ist der Pier Bühne für das Boston Seafood Festival.

Restaurants

No Name Restaurant

Boston gilt als Hochburg für feinstes Seafood. Am besten schmeckt es natürlich am Hafen. Dieses rustikale Restaurant serviert einfache, aber köstliche Gerichte aus dem Fang des Tages. Probieren Sie die Fischsuppe.

N8 15½ Fish Pier E noname restaurant.com

$$$

Legal Harborside

Im ersten Stock gibt es bodenständige Gerichte, im zweiten werden Gourmets verwöhnt, im dritten genießt man Sushi und Cocktails.

N8 270 Northern Ave legalseafoods.com

$$$

17

Institute of Contemporary Art

N7 25 Harbor Shore Dr South Station +1-617-478-3100 Di–So 10–17 (Do, Fr bis 21) icaboston.org

→ *Boston Tea Party Ships & Museum, eine populäre Kulturstätte*

↑ *Museum und Blickfang am Wasser: markante Fassade des Institute of Contemporary Arts*

Seit dem Jahr 1936, als das Institute of Contemporary Art den als radikal geltenden deutschen Expressionismus in den USA einführte, hat es sich der Innovation und Avantgarde verschrieben. Mit den Jahren hat das ICA die Definition von Kunst erweitert. Oft werden Werke gezeigt, die die Grenzen der zeitgenössischen Kunstwelt sprengen, einmal z. B. eine ganze Ausstellung über Lötlampen. Das ICA war auch Vorreiter auf dem Gebiet der Videokunst.

Die ersten 70 Jahre war das ICA eine ausstellende, jedoch keine sammelnde Institution. Das änderte sich im Jahr 2006, als es von der Back Bay in ein atemberaubendes neues Gebäude aus Holz, Stahl und Glas über dem Harborwalk am Fan Pier (South Boston Waterfront) zog. Das 6000 Quadratmeter große Museum schufen Diller Scofidio + Renfro. Es umfasst ein Theater mit 325 Sitzen, durch dessen Wände man den Hafen sehen kann – eine einzigartige Kulisse. Darüber hinaus gibt es ein großes Mediencenter sowie ein »Kunst-Labor«, in dem Vorträge und Kurse stattfinden. Die Außenstelle Watershed Space (25 Harbor Shore Drive) eröffnete im Sommer 2018 in East Boston.

18

Boston Tea Party Ships & Museum

M7 306 Congress St South Station +1-617-338-1773 tägl. 10–17 (Winter: bis 16) bostonteapartyship.com

Griffin's Wharf markiert die Stelle, an der am 16. Dezember 1773 die Boston Tea Party stattfand. Sie wurde vor Jahren unter einer Landauffüllung begraben. *Eleanor* und *Beaver*, zwei nachgebaute Schiffe der British East India Company, die einst in die Tea Party verstrickt waren, liegen etwas südlich vom Griffin's Wharf am Fort Point Channel vor Anker. Besucher können die Schiffe besichtigen und (unechte) Teeballen über Bord werfen.

Danach sollte man sich im Meeting House, einem interaktiven Museum, die spannende Ausstellung ansehen. Dort wird die Protestaktion nachgespielt, in der die Spannungen zwischen den Kolonien und dem Mutterland Großbritannien eskalierten.

19

John F. Kennedy Library and Museum

P6 Columbia Point, Dorchester JFK/UMass
+1-617-514-1600
tägl. 9–17 Feiertage
jfklibrary.org

Das hoch aufragende weiße Glas- und Betongebäude der John F. Kennedy Library wacht über dem Columbia Point nahe dem Boston Harbor. Auch das Innere des auffälligen, schwarz-weißen Komplexes von I. M. Pei ist mit einer 15 Meter hohen Glasmauer vor dem Wasser aufwendig gestaltet.

Eine recht ungewöhnlich authentische Ausstellung zeichnet die 1000 Tage der Kennedy-Präsidentschaft nach. Kennedy (1917–1963) war einer der ersten US-Politiker, die die Macht der Medien erkannt hatten: Auch das Museum verwendet zahllose Film- und Videoausschnitte, in denen der Präsident seine Geschichte in Wort und Bild gleichsam selbst erzählt: Seine Kampagne für die Nominierung in der Demokratischen Partei, die legendären Fernsehdebatten mit dem republikanischen Gegenkandidaten Richard M. Nixon und seine Ansprachen an die Nation.

Einige wichtige Räume aus dem Weißen Haus, darunter das berühmte Oval Office, sind nachgebaut. Spannende Filmausschnitte lassen die Angst vor dem Nuklearkrieg während der Kuba-Krise, den aufrüttelnden Optimismus des US-Raumfahrtprogramms und die Gründung des Peace Corps lebendig und spürbar werden. Eine kürzlich erweiterte Ausstellung beleuchtet Robert F. Kennedy als Justizminister, seine umsichtige Behandlung der Rassenfrage und seine Beraterfunktion für seinen Bruder. Das Museum lässt die Euphorie der glanzvollen »Camelot«-Jahre ebenso nachempfinden wie den schweren Schock nach der Ermordung Kennedys im Jahr 1963.

Expertentipp
Sullivan's Snack Bar

Der Hit unter den Drinks in Sullivan's Snack Bar (2080 William J. Day Blvd) auf Castle Island ist der populäre Raspberry-Lime-Rickey. Er wird ab Ende Februar serviert – für viele Einheimische wird so der Frühling eingeläutet.

John F. Kennedy Library and Museum: Fassade und Ausstellungsraum (Detail) ↑

20 Edward M. Kennedy Institute for the US Senate

P6 Columbia Point, Dorchester JFK/UMass +1-617-740-7000 Di–So 10–17 Feiertage emkinstitute.org

Edward M. Kennedy (1932–2009) – bekannt unter dem Kosenamen »Ted«, ein Bruder des Präsidenten John F. Kennedy, war fast ein halbes Jahrhundet lang Senator und eines der einflussreichsten Mitglieder dieser Parlamentskammer. Er war ein über Parteigrenzen hinaus geschätzer Politiker, dem es immer wieder gelang, auch in strittigen Fragen einen Konsens mit politischen Gegnern zu erreichen. Wegen seines großen Einflusses wurde er respektvoll »Lion of the Senate« genannt.

Das im Jahr 2015 eröffnetet Institut neben John F. Kennedy Library and Museum würdigt das Wirken von Edward M. Kennedy. Die Nachbildung seines Büros bietet Einblick in seinen Arbeitsalltag. Interaktive Ausstellungen erläutern den Prozess der Gesetzgebung in den Vereinigten Staaten, Filmdokumente zeigen historisch bedeutende Senatsdebatten.

21 Castle Island und South Boston Beaches

P6 2010 Day Blvd

↑ *Fort Independence – Festung aus dem 19. Jahrhundert auf Castle Island*

Mittlerweile ist Castle Island mit dem Festland verbunden, doch ab 1634 bildete die Insel lange Zeit eine Seite des Eingangstors in den Hafen von Boston. Das 1851 fertiggestellte Fort Independence kann im Sommer besichtigt werden. Der aus Boston stammende Schriftsteller Edgar Allan Poe war während seines Militärdienstes hier für kurze Zeit stationiert, seine 1846 verfasste Kurzgeschichte *The Cask of Amontillado* basiert auf einer Legende, die sich um das Fort rankt.

Am Steel Pier sieht man häufig Angler, die versuchen, Felsenbarsche und Blaubarsche zu fangen. Rund um die Pleasure Bay sind viele Spaziergänger und Jogger unterwegs, die den zeitweise starken Stürmen trotzen.

Westlich von Castle Island erstrecken sich die South Boston Beaches über eine Länge von insgesamt rund fünf Kilometern. Dieser auch »Riviera« genannte Küstenstreifen an der Dorchester Bay ist über den Harborwalk mit Columbia Point verbunden. Die gut ausgestatteten Strände werden von Juni bis August von Lifeguards bewacht.

Harborwalk

Der über einen Zeitraum von mehr als drei Jahrzehnten angelegte Boston Harborwalk (www.bostonharbornow.org) verbindet die Stadt mit der vorgelagerten Küste. Der nahezu vollständig Fußgängern vorbehaltene Weg erstreckt sich zwischen East Boston und Dorchester durch Charlestown, North End, Downtown und South Boston. Entlang der Strecke gibt es mehrere Strandabschnitte, Museen, Läden, Restaurants und Bänke, von denen aus man Boote beobachten kann.

FENWAY PARK
STRONG

Fenway Park, Spielstätte der Boston Red Sox (siehe S. 140f)

Back Bay, South End und Fenway

Bis zum 19. Jahrhundert lag Boston auf einer schmalen Halbinsel inmitten von Salzwassermarschen. Seit den 1850er Jahren wurde die Back Bay im Zuge von Landgewinnungsprojekten mit Schotter und anderem Material aufgefüllt. Das wurde erst durch Neuerungen wie dampfbetriebene Bagger möglich. 1880 war die Back Bay weitgehend zugeschüttet, bald darauf entdeckten sie die Stadtplaner als interessantes Bauland. Heute ist die Back Bay mit ihren eleganten, nach französischem Vorbild angelegten Boulevards eine der exklusivsten Wohnlagen der Stadt. Das South End mit seinen Reihenhäusern liegt südlich von Back Bay und gilt als das Künstler- und LGBT-Viertel Bostons.

Ende des 19. Jahrhunderts entstand das Fenway genannte Areal, das u. a. mit Symphony Hall, Museum of Fine Arts und Isabella Stewart Gardner Museum einige hochrangige Kulturtempel birgt. Im 1912 eröffneten Fenway Park trägt das Baseballteam Boston Red Sox seine Heimspiele aus, am Kenmore Square steht die Boston University.

Back Bay, South End und Fenway

Highlights
❶ Trinity Church
❷ Museum of Fine Arts

Sehenswürdigkeiten
❸ The Esplanade
❹ Gibson House Museum
❺ First Baptist Church
❻ Commonwealth Avenue
❼ Newbury Street
❽ Mary Baker Eddy Library & Mapparium
❾ Boston Center for the Arts
❿ Boston Public Library
⓫ 200 Clarendon Tower
⓬ Copley Square
⓭ Isabella Stewart Gardner Museum
⓮ Berklee Performance Center
⓯ Boylston Street
⓰ Huntington Theatre
⓱ Symphony Hall
⓲ Jordan Hall
⓳ Back Bay Fens
⓴ Fenway Park
㉑ Kenmore Square
㉒ Massachusetts College of Art and Design

Restaurants
① Bar Lyon
② Eataly

Bars
③ Bill's Bar
④ Lansdowne Pub
⑤ House of Blues

Hotels
⑥ The Taj
⑦ Fairmont Copley Plaza

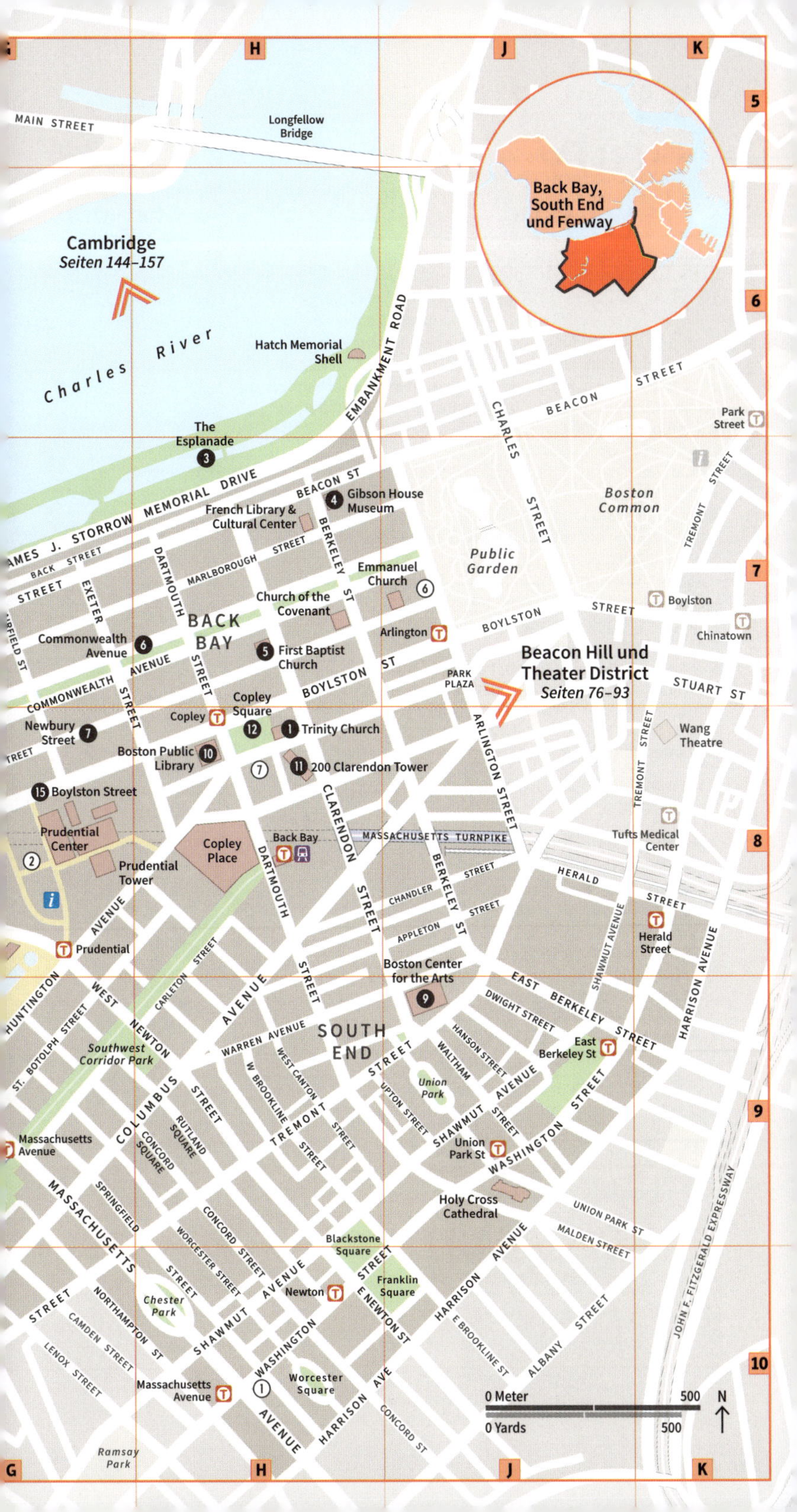

G
H
J
K
5
6
7
8
9
10
MAIN STREET
Longfellow Bridge
Back Bay, South End und Fenway
Cambridge
Seiten 144–157
Charles River
Hatch Memorial Shell
EMBANKMENT ROAD
BEACON STREET
CHARLES STREET
Park Street
The Esplanade
3
JAMES J. STORROW MEMORIAL DRIVE
BEACON ST
4 Gibson House Museum
French Library & Cultural Center
Boston Common
Public Garden
TREMONT STREET
BACK STREET
MARLBOROUGH STREET
BERKELEY ST
Emmanuel Church
6
Boylston
Chinatown
STREET
EXETER
DARTMOUTH
Church of the Covenant
BACK BAY
Arlington
BOYLSTON STREET
Commonwealth Avenue
6
5 First Baptist Church
Beacon Hill und Theater District
Seiten 76–93
COMMONWEALTH AVENUE
STREET
BOYLSTON ST
PARK PLAZA
STUART ST
Copley Square
Copley
Newbury Street
7
12
1 Trinity Church
ARLINGTON STREET
Wang Theatre
Boston Public Library
10
7
11 200 Clarendon Tower
15 Boylston Street
Prudential Center
Copley Place
Back Bay
CLARENDON STREET
MASSACHUSETTS TURNPIKE
Tufts Medical Center
2
Prudential Tower
DARTMOUTH STREET
CHANDLER STREET
BERKELEY ST
HERALD STREET
APPLETON STREET
Herald Street
Prudential
AVENUE
Boston Center for the Arts
9
SHAWMUT AVENUE
HARRISON AVENUE
HUNTINGTON
WEST NEWTON
CARLETON
AVENUE
EAST BERKELEY STREET
DWIGHT STREET
SOUTH END
WARREN AVENUE
HANSON STREET
East Berkeley St
ST. BOTOLPH STREET
Southwest Corridor Park
W BROOKLINE
WEST CANTON
WALTHAM
Union Park
STREET
COLUMBUS
RUTLAND SQUARE
TREMONT STREET
UPTON STREET
SHAWMUT AVENUE
Union Park St
WASHINGTON STREET
Massachusetts Avenue
CONCORD SQUARE
MASSACHUSETTS
SPRINGFIELD
Holy Cross Cathedral
UNION PARK ST
MALDEN STREET
JOHN F. FITZGERALD EXPRESSWAY
CONCORD STREET
WORCESTER STREET
Blackstone Square
Franklin Square
STREET
Newton
E NEWTON ST
HARRISON AVENUE
Chester Park
NORTHAMPTON ST
SHAWMUT
WASHINGTON
E BROOKLINE ST
ALBANY STREET
CAMDEN STREET
LENOX STREET
Massachusetts Avenue
1
Worcester Square
HARRISON AVE
CONCORD ST
0 Meter 500
0 Yards 500
N
Ramsay Park

1

Trinity Church

H8 Copley Sq Copley +1-617-536-0944 Mi–Sa 10–16:30, So 12:15–16:30 trinitychurchboston.org

Boston ist bekannt für markante architektonische Kontraste auf kleinem Raum. Ein bemerkenswertes Beispiel hierfür ist der Copley Square, auf dem sich die aus dem 19. Jahrhundert stammende Trinity Church in den Fenstern des so modernen wie imposanten 200 Clarendon Tower spiegelt.

Das 1877 von Henry Hobson Richardson erbaute Meisterwerk wurde als einzige Kirche in den USA und als einziges Bauwerk in Boston vom American Institute of Architects zu einem der zehn bedeutendsten Bauwerke der Vereinigten Staaten erklärt.

Die Gemeinde entstand 1733 in der Nähe von Downtown Crossing, zog jedoch 1871 an diesen Ort um. Der neoromanische Bau besteht aus Granit und Sandstein und ruht auf Holzpfeilern, die in die Grundfelsen gerammt wurden. Darüber erhebt sich pyramidenförmig Granitstein. John LaFarge entwarf das Innere. Kunsthistorisch bedeutsam sind u. a. die Bleiglasfenster. Einige Fenster gestaltete William Morris nach Entwürfen von Edward Burne-Jones.

Expertentipp
Orgelkonzerte

Die Trinity Church birgt zwei Orgeln – eine im Altarraum, eine in der Galerie. Organisten aus aller Welt spielen bei den wöchentlich veranstalteten Konzerten (Sep–Juni: Fr 12:15).

Philipps Brooks

Brooks wurde 1835 in Boston geboren und in Harvard ausgebildet. Der charismatische, für wortmächtige Predigten bekannte Mann war ab 1869 Rektor der Trinity Church, ab 1891 Bischof von Massachusetts. Ab 1872 gestaltete er gemeinsam mit Henry Hobson Richardson die neue Trinity Church. Mindestens fünf Skulpturen am Kirchenbau tragen seine Züge. Er starb 1893.

→ *Darstellung der Trinity Church mit Glockenturm und Innenraum*

Highlight

← *Altarraum der Trinity Church mit farbenprächtigen Bleiglasfenstern*

→ *Ensemble am Copey Square mit Trinity Church und modernen Gebäuden.*

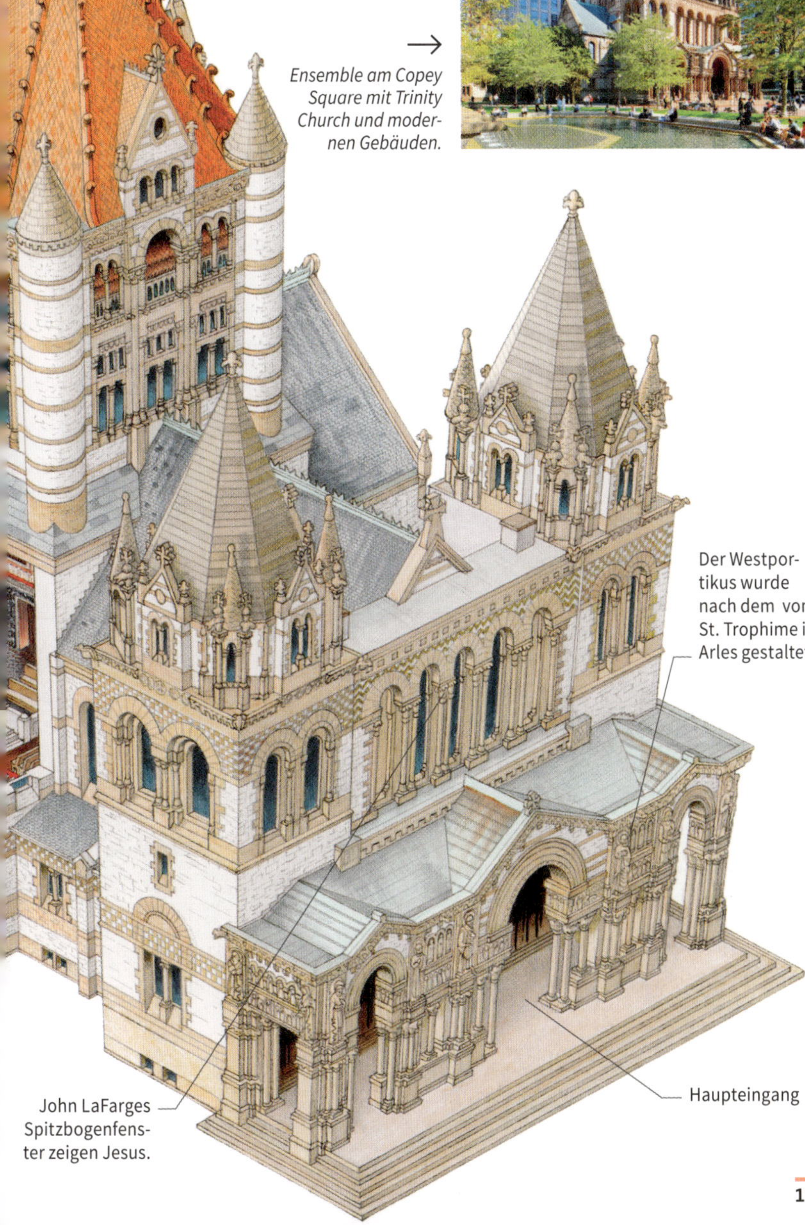

Museum of Fine Arts

EF10 Avenue of the Arts, 465 Huntington Ave MFA +1-617-267-9300
Mo, Di, Sa, So 10–17, Mi–Fr 10–22:30 Feiertage mfa.org

Das 1870 eröffnete Museum of Fine Arts (MFA) ist seit 1909 im heutigen, mehrfach erweiterten Gebäude untergebracht. Seit seinen Anfängen hat es rund eine halbe Million Exponate aus allen Kontinenten und Zivilisationen zusammengetragen.

Das größte Kunstmuseum Neuenglands ist zugleich eines der größten der USA. Die Sammlungen des Museum of Fine Arts umfassen rund 500 000 Objekte – von ägyptischen Artefakten bis zu Gemälden von John Singer Sargent. Das 1909 errichtete Gebäude wurde von Norman Foster im Jahr 2010 um den Flügel zur Amerikanischen Kunst erweitert. Der nach Plänen von I. M. Pei 1981 angelegte Westflügel wurde 2011 in den Linde Family Wing für zeitgenössische Kunst umgestaltet.

Expertentipp
Spaß für Familien

Das Museum of Fine Arts organisiert diverse Programme für die ganze Familie – von Workshops über Spieletreffen bis zu speziellen Besichtigungstouren.

1 *Das MFA zeigt im Saal 252 die größte Sammlung von Monet-Werken außerhalb Frankreichs.*

2 The Blue Boat *(1892) ist eines von vielen ausgestellten Bildern von Winslow Homer.*

3 Endlessly Repeating Twentieth Century Modernism *von Josiah McElheny*

Kurzführer

Der Linde Family Wing auf der Westseite präsentiert zeitgenössische Kunst, in diesem Bereich befinden sich auch ein erstklassiges Restaurant und der Museumsshop. Arbeiten aus Europa und Asien sowie aus Ägypten sind im Originalgebäude zu sehen. Kunst aus Nord-, Mittel- und Südamerika wird im Erweiterungsbau gezeigt, der sich über vier Stockwerke erstreckt. Alle ausgestellten Arbeiten werden nur für eine bestimmte Zeit gezeigt, das Spektrum wechselt ständig.

←

Im Stil des Historismus gestaltete Fassade (1909) des Museum of Fine Arts

SEHENSWÜRDIGKEITEN

3 The Esplanade

H7 Charles/MGH
tägl. 24 Std.

Die Parkflächen, Lagunen und Inseln entlang der Bostoner Seite des Charles River sind allgemein unter dem Namen »Esplanade« bekannt. Der schöne Park ist ein wahres Paradies für Inlineskater, Radfahrer und Spaziergänger, aber auch Hauptanlegestelle für Boote (und Gondeln) sowie Bostons wichtigster Open-Air-Veranstaltungsort für Konzerte.

Im Jahr 1929 wählte Arthur Fiedler, damals der junge Dirigent des Boston Pops Orchestra, die Esplanade für eine Konzertreihe im Sommer. Dies sollte sich zu einer berühmten Tradition entwickeln. Auf der Bühne der Hatch Memorial Shell von 1939 treten im Sommer verschiedene Orchester und andere Gruppen auf. Am Unabhängigkeitstag spielt das Boston Pops. Danach gibt es ein Feuerwerk für bis zu 500 000 Zuschauer. Die Feiern zum Unabhängigkeitstag am 4. Juli zählen zu den bekanntesten in den Vereinigten Staaten.

4 Gibson House Museum

H7 137 Beacon St
Arlington +1-617-267-6338 Führungen Mi–So 13, 14, 15 Uhr
thegibsonhouse.org

Das Gibson House hat sich als eines der ältesten Häuser in der Back Bay bis heute sein ursprüngliches viktorianisches Flair bewahrt. Das sechsstöckige Haus entstand 1860 aus braunem Sand- und rotem Backstein im damals beliebten Stil der italienischen Renaissance für die Witwe Catherine Hammond Gibson. Sie war eine der wenigen Frauen, die in diesem Stadtviertel ein Haus besaßen.

Ihr Enkel Charles Hammond Gibson, Jr., ein bekannter, exzentrischer Dichter, Reiseschriftsteller und Lebemann, sorgte dafür, dass das Haus nach seinem Tod im Jahr 1954 in ein Museum umgewandelt wurde. Bereits in den 1930er Jahren hatte er seine Möbel abgedeckt, sodass seine Gäste auf den Treppenstufen sitzen mussten, wo er ihnen Martinis mit seinem selbst hergestellten Gin anbot.

Das Gibson House war bei seinem Bau eines der modernsten Häuser, mit Gaslicht, Wasserleitungen und mit Kohle betriebener Zentralheizung.

5 First Baptist Church

H7 110 Commonwealth Ave +1-617-267-3148 Arlington, Copley
So zum Gottesdienst (11 Uhr)

Die First Baptist Church war der erste Großauftrag für den Architekten Henry Hobson Richardson – und wurde bei ihrer Fertigstellung 1872 zum Wahrzeichen. Von der Commonwealth Avenue aus betrachtet, ist sie eines der auffallendsten Bauwerke in der Stadtsilhouette.

Für Richardson war der fast frei stehende Glockenturm, den er wie einen italienischen Kampanile gestaltet hatte, der innovativste Teil seines Baus: Der quadratische Turm ist von einem

→

Eine von zahlreichen Bronzestatuen an der Commonwealth Avenue

← *Beliebte Aktivität: Mit dem Kanu durch die Lagunen von The Esplanade*

Schmuckfries und Bogen gekrönt, die von einem überstehenden Dach geschützt werden. Den Fries stellte Bartholdi, jener Bildhauer, der auch die Freiheitsstatue entworfen hatte, in Paris her. Vor Ort setzten ihn italienische Kunsthandwerker um. Die Gesichter im Fries, der die Sakramente darstellt, tragen die Züge prominenter Bürger aus Boston.

Bald nach Erbauung der Kirche löste sich die unitarische Gemeinde auf. Bis 1881 stand das Bauwerk leer, dann übernahm eine Baptistengemeinde aus dem South End die Kirche.

6 Commonwealth Avenue

H7 Arlington, Copley, Hynes Convention Center

Die Back Bay war Bostons erstes komplett geplantes Stadtviertel. Der Architekt Arthur Gilman gestaltete das Zentrum, die Commonwealth Avenue, nach den eleganten Pariser Boulevards. Die Commonwealth Avenue entwickelte sich in der zweiten Hälfte des 19. Jahrhunderts zu einem Dorado für die führenden Hausarchitekten Amerikas. Ein Spaziergang vom Public Garden zur Massachusetts Avenue ist wie das Blättern in einem Buch über Architekturstile. Es sind zwar nur wenige der großartigen Häuser für Besucher zugänglich, doch wenn man die Straße entlanggeht, trifft man auf eine ganze Reihe von Bronzestatuen berühmter Persönlichkeiten. Am Ende der Promenade etwa steht eine Statue von Leif Eriksson – wohl eine Referenz daran, dass der Wikinger möglicherweise in der Gegend um Boston als erster Europäer amerikanischen Boden betrat. Die Statue von William Lloyd Garrison soll die moralische Überlegenheit des Sklavereigegners wiedergeben. Das beliebteste Denkmal an der Commonwealth Avenue zeigt den Seemann und Historiker Samuel Eliot Morison.

7 Newbury Street

G8 Arlington, Copley, Hynes Convention Center

Die Newbury Street ist die stilvollste Straße in ganz Boston. Das Hotel The Taj (das frühere Ritz-Carlton Hotel) Ecke Arlington Street eröffnet den eleganten Reigen aus renommierten und oft versteckt liegenden Galerien, schicken Boutiquen und einigen von Bostons absoluten »In«-Restaurants.

Einige Kirchen zeugen von einer anderen Zeit: Die Church of the Covenant (Nr. 67; www.cotcbos.org) enthält die weltweit größte Sammlung von Louis-Comfort-Tiffany-Fenstern mit Glasmalerei und eine Tiffany-Laterne. In der Emmanuel Church (Ecke Newbury und Berkeley Street) führen ein Chor und ein Orchester sonntags (Sep – Mai) Kirchenmusik auf.

↑ *Frühlingsstimmung an der von bunten Fassaden geprägten Newbury Street*

Hotels

Taj

Das 1927 unter dem Namen Ritz-Carlton eröffnete Hotel verwöhnt seine Gäste mit Luxus pur. Seit Langem zählt es zu den bevorzugten Adressen in Boston, nicht nur wegen des traumhaften Gartens.

E8 15 Arlington St thetajboston.com

$$$

Fairmont Copley Plaza

Das Traditionshaus überzeugt mit edlem Ambiente, das von Marmor und Gold geprägt wird. Zu den Gästen gehörten schon viele Staatsoberhäupter.

J7 138 St. James Ave fairmont.com/copley-plaza-boston

$$$

↑ *Staunen im Inneren des farbig beleuchteten Mappariums*

8 Mary Baker Eddy Library & Mapparium

G8 · 200 Massachusetts Ave · Symphony · +1-617-450-7000 · tägl. 10–17 · marybakereddylibrary.org

Die nach der Gründerin der Christian Science Church benannte Bibliothek ist eine Fundgrube für Recherchen. Darüber hinaus werden Ausstellungen veranstaltet, die das Leben und Wirken von Mary Baker Eddy (1821–1910) sowie die Geschichte der von ihr ins Leben gerufenen Christian Science dokumenieren.

Wichtigste und gleichzeitig ungewöhnlichste Attraktion ist das nur im Rahmen einer Führung zu erlebende Mapparium. Dieser dreistöckige Globus kann von innen über eine gläserne Brücke besichtigt weden. Repräsentiert wird die Welt anno 1935 – zur Bauzeit der Anlage.

Restaurants

Bar Lyon

Der Name lässt es schon ahnen: ein Lokal wie in Frankreich – Wein, Cidre, Snacks, legeres Flair.

G8 · 1750 Washington St · barlyon.com

$$$

Eataly

Für einen schnellen Imbiss ist dies genau die richtige Option. Wählen Sie Antipasti.

H10 · 800 Boylston St · eataly.com

$$$

9 Boston Center for the Arts

J9 · 539 Tremont St · Back Bay/South End · +1-617-426-5000 · Cyclorama: Mo–Fr 9–17; Mills Gallery: Mi, So 12–17, Do–Sa 12–21 · Feiertage · bcaonline.org

Mitten im wiederbelebten South End erhebt sich das Boston Center for the Arts, das aus vier Bühnen, einem Kunstmuseum, Künstlerateliers sowie dem Boston Ballet Building besteht. Letzteres umfasst die Ausbildungsräume, Probensäle und Büros dieser Balletttruppe. Das Tremont Estates Building an der Ecke zur Tremont Street beherbergte in der Zeit nach dem Bürgerkrieg eine Orgelbaufirma, heute sind hier Ateliers, Probenräume und eine Galerie untergebracht. Das runde, mit einer Kuppel gekrönte Cyclorama, das größte B.C.A.-Gebäude, öffnete 1884, um das 15 Meter hohe und 121 Meter lange Gemälde *The Battle of Gettysburg* des französischen Malers Paul Philippoteaux auszustellen. Man entfernte das Kunstwerk fünf Jahre später. Heute wird es im Gettysburg National Historic Park gezeigt, das Cyclorama ist Bühne und Ausstellungshalle. Der Stanford Calderwood Pavilion mit zwei Theatern (360 und 200 Sitze)

eröffnete 2004 als erstes neues Bostoner Theater nach 75 Jahren.

Die Mills Gallery zeigt die Arbeiten junger Künstler, v. a. Multimedia-Installationen mit Themen, die provozieren sollen.

10 Boston Public Library

H8 · Copley Sq · Copley · +1-617-536-5400 · Mo–Do 9–21, Fr, Sa 9–17, So 13–17 · Juni–Sep: So; Feiertage · bpl.org

Die 1848 gegründete Boston Public Library war die erste öffentliche städtische Bibliothek der USA. Rasch wurde sie für das ursprüngliche Gebäude zu groß, sodass man 1887–95 einen Neubau im Stil eines italienischen Palazzo am Copley Square baute. Das Gebäude von Charles McKim besticht durch feine Holz- und Marmorarbeiten. Die Bates Hall ist wegen ihres Tonnengewölbes sehenswert. Daniel Chester French schuf die Bronzetüren. Die Mosaiken von Edward Abbey im Ausleihraum zeigen die Suche nach dem Heiligen Gral. Mosaiken von John Singer Sargent zieren den zweiten Stock. Die Ausleihbestände sind in einem Anbau von Philip Johnson.

11 200 Clarendon Tower

H8 · 200 Clarendon St · Copley · für Besucher

Mit einer Höhe von 241 Metern ist der 200 Clarendon Tower das höchste Gebäude in Neuengland. Der rautenförmige Bau mit einem Parallelogramm als Grundriss ragt am Copley Square in der Höhe, dessen Gebäude sich in der Glasfassade des mächtigen Turms spiegeln. Aus einem bestimmten Winkel wird auch das ursprüngliche Hancock-Gebäude reflektiert. Auf dessen Dach befindet sich ein – je nach Wetterlage – rot oder blau blinkender Leuchtturm.

Hinter dem innovativen Stil des Tower verbirgt sich ein 60-stöckiges Bürohochhaus mit 10 344 Fenstern, das den Platz mit der romanischen Trinity Church und dem im italienischen Neorenaissance-Stil gehaltenen Copley Plaza Hotel teilt. Es wurde 1975 von der Firma des berühmten Architekten I. M. Pei fertiggestellt.

12 Copley Square

H8 · Copley

Der Copley Square trägt den Namen von John Singleton Copley, dem Bostoner Maler, der 1737 in der Nähe geboren wurde. Im Sommer finden ein Wochenmarkt und Konzerte statt.

Seit 1975 beherrscht der 200 Clarendon Tower die Südostseite des Platzes. 1984 wurde auch die südwestliche Ecke gestaltet. Der Copley Square ist heute eine weite Fläche mit Bäumen, viel Grün und Brunnen: Das alles entstand erst in den 1990er Jahren und beendete eine jahrelange Diskussion um die Nutzung des Geländes. Eine große Tafel im Bürgersteig erinnert seit 1996 an den Boston Marathon, der an der Boston Public Library endet. Auf dem Platz ist auch eine Verkaufsstelle für verbilligte Theaterkarten.

Akkurat gestalteter Lesesaal und Fassade (Detail) *der Boston Public Library* ↓

→

Kunst erleben in Bostons Isabella Stewart Gardner Museum

13

Isabella Stewart Gardner Museum

E10 25 Evans Way MFA +1-617-566-1401 Mi–Mo 11–17 (Do bis 21) 1. Jan, Thanksgiving, 25. Dez gardnermuseum.org

Noch überraschender als dieser venezianische Palazzo mitten in Fenway ist die hier präsentierte Kunstsammlung mit mehr als 2500, zum Teil hochkarätigen Werken. Die eigenwillige Besitzerin, Isabella Stewart Gardner, wandte sich unter Beratung des Wissenschaftlers Bernard Berenson im späten 19. Jahrhundert dem Sammeln von Kunst zu und schuf eine sehenswerte Kollektion Alter Meister und italienischer Renaissance-Kunst. Tizians *Raub der Europa* gilt als sein bestes in US-Museen vertretenes Gemälde. Die exzentrische »Mrs Jack« hatte auch ein Auge für zeitgenössische Kunst: Sie kaufte als erste amerikanische Sammlerin einen Matisse und war engagierte Anhängerin von James McNeill Whistler und John Singer Sargent. Die Gemälde, Skulpturen und Tapisserien werden auf drei Etagen rund um einen offenen Innenhof gezeigt. Mrs Gardner bestimmte, dass die Sammlung in ihrer Zusammensetzung erhalten bleiben sollte. Leider ging ihr Wunsch nicht in Erfüllung: 1990 stahlen Kunstdiebe 13 der wertvollen Werke, u. a. eine Seelandschaft von Rembrandt.

Ein nach Plänen des italienischen Architekten Renzo Piano gestalteter Museumsflügel wurde 2012 eröffnet.

14

Berklee Performance Center

F8 136 Massachusetts Ave Hynes Convention Center +1-617-266-7455 Konzerttermine der Website entnehmen berklee.edu/bpc

Das Berklee College of Music ist das größte unabhängige Musikcollege der Welt und hat einige Stars des Jazz, Rock und Pop hervorgebracht, darunter den Produzenten und Arrangeur Quincy Jones, die Dixie-Chicks-Sängerin Natalie Maines sowie die Jazz-Pop-Pianistin und Sängerin Diana Krall.

Sowohl Berklee-Studenten als auch Lehrkräfte benutzen das Berklee Performance Center häufig als Bühne und Veranstaltungsort für Live-Aufnahmen. Die Akustik sowie die Nähe zwischen Künstler und Publikum tragen zum Entstehen des sogenannten Berklee Sound bei, der unter Audiophilen ein Begriff ist.

15

Boylston Street

G8 Boylston, Arlington, Copley, Hynes Convention Center

An der Ecke Boylston und Berkeley Street ist Bostons Architektur am vielfältigsten. Das stattliche, im französischen Stil errichtete Gebäude auf der Westseite wurde für das Museum of Natural History erbaut, ein Vorläufer des Museum of Science

> **Die Akustik sowie die Nähe zwischen Künstler und Publikum tragen zum Entstehen des sogenannten Berklee Sound bei, der unter Audiophilen ein Begriff ist.**

→

Symphony Hall – Spielstätte des Boston Symphony Orchestra

(*siehe S. 148f*). Heute befinden sich hier exklusive Läden und Restaurants. Im Osten stehen ein Turm von Robert A. M. Stern und ein Bürogebäude von Philip Johnson, das an ein Tischradio erinnert, sowie ein Art-déco-Gebäude an der Ecke von Arlington und Boylston, in dem der Edeljuwelier Shreve, Crump & Low residierte, bis er im Jahr 2005 in die Newbury Street umzog.

Die Boylston Street wird von weiteren Bürogebäuden gesäumt: In der Lobby des New-England-Gebäudes (Nr. 501) zeigen riesige historische Wandmalereien und Dioramen die Bodenaufschüttungen der Back Bay. Der zentrale Turm des Prudential Center beherrscht die Skyline der oberen Boylston Street.

Nebenan steht das Hynes Convention Center, das man 1988 für den zunehmenden Kongressbetrieb in der Stadt massiv vergrößerte.

Die italienische **New Old South Church** an der Ecke Dartmouth Street wurde 1874/75 von der Gemeinde gebaut, die zuvor im Old South Meeting House (*siehe S. 115*) zusammenkam.

New Old South Church
645 Boylston St
Mo – Fr 8 –19, Sa 10 – 16, So 8:30 –19
oldsouth.org

16

Huntington Theatre

G9 264 Huntington Ave Symphony +1-617-266-7900 huntingtontheatre.org

Das Huntington, ein Meilenstein an Bostons »Avenue of the Arts«, präsentiert ein breites Spektrum. Es reicht von modernen Interpretationen klassischer Werke bis zu neuen Stücken von etablierten und jungen Regisseuren. Neben dem 900 Plätze umfassenden Theater in der Huntington Avenue bespielt das Ensemble auch zwei kleinere Bühnen im Calderwood Pavilion im Boston Center for the Arts. Dort werden vor allem neuere Stücke aufgeführt.

17

Symphony Hall

G9 301 Massachusetts Ave Symphony +1-617-266-1492 bso.org

Etwa zwei Jahrzehnte nach Gründung des Boston Symphony Orchestra wurde im Jahr 1900 die Symphony Hall eingeweiht. Den neoklassizistischen Bau der Architekten McKim, Mead & White zieren Nachbildungen antiker Statuen. Für die Berechnung der Akustik wurde der in Harvard tätige Physikprofessor Wallace Clement Sabine engagiert, ein Pionier auf dem Gebiet der Raumakustik. Das Ergebnis ist beeindruckend, die Symphony Hall zählt zu den besten Konzerthallen der Welt. Auch die Boston Pops, ein Orchester für leichte Klassik und Populärmusik, treten hier auf.

Schon gewusst?

Die 1990 aus dem Gardner Museum gestohlenen Werke haben einen Gesamtwert von ca. 500 Mio. Dollar.

18

Jordan Hall

G9 30 Gainsborough St Symphony +1-617-585-1100 necmusic.edu/jordan-hall

Die 1903 eröffnete Jordan Hall ist zentrale Spielstätte des 1867 gegründeten New England Conservatory und veranstaltet darüber hinaus Gastspiele von Solokünstlern und Ensembles. Das Repertoire umfasst neben klassischer Musik auch Jazz und experimentelle Musik. Jedes Jahr werden rund 600 Konzerte präsentiert.

Bars

In der Lansdowne Street gibt es eine große Auswahl an Bars. Die meisten sind stark frequentiert – sei es von Studenten der Boston University oder von Baseballfans. Hier sind einige der besten Lokalitäten aufgelistet.

Bill's Bar
E8 5 Lansdowne St tägl. 17–2 billsbarboston.com

Lansdowne Pub
E8 9 Lansdowne St Mo–Fr 16–2, Sa, So 11–2 lansdownepub boston.com

House of Blues
E8 15 Lansdowne St tägl. 16–22 houseofblues boston.com

19

Back Bay Fens

E9 Kenmore

Die Back Bay Fens – von Einheimischen meist nur »The Fens« genannt – sind eine ausgedehnte Parklandschaft, die einen Teil des als Emerald Necklace *(siehe Kasten)* bekannten, von Frederick Law Olmsted angelegten Grüngürtels bildet. Das Areal umfasst auch einige Teiche und Lagunen, Einheimische wie Besucher der Stadt kommen gern zum Entspannen hierher. Manche verbinden den Aufenthalt mit besonderem Kulturgenuss. Am Rand der Grünanlage liegen mit dem Isabella Stewart Gardner Museum *(siehe S. 138)* und dem Boston Museum of Fine Arts *(siehe S. 132f)* mehrere erstklassige Kulturstätten.

Einige Brücken sind nicht nur Blickfänge, sondern bereichern das Wegenetz für Spaziergänger, Radfahrer und Jogger. Der Bereich der Fenway Victory Gardens zählt zu den ältesten Gartenanlagen der USA. Der Kelleher Rose Garden gegenüber vom Museum of Fine Arts ist zur Blütezeit ein beliebter Anziehungspunkt.

Die Fens sind etwas abgelegen und nur spärlich beleuchtet, weshalb sich ein Besuch am Tag empfiehlt.

20

Fenway Park

E8 4 Jersey St Kenmore +1-877-733-7699 Spieltage der Website entnehmen redsox.com

Unabhängig von ihrer Lieblingsmannschaft besuchen Sportenthusiasten aus aller Welt die legendäre Spielstätte der Boston Red Sox. Das im Jahr 1912 eröffnete Stadion ist der älteste *baseball*

Expertentipp
Fenway Tours

Einen Blick hinter die Kulissen des Fenway Park erhält man bei einer Führung. Diese Touren finden täglich von 9 bis 17 Uhr statt, an Spieltagen drei Stunden vor Spielbeginn (www.mlb.com/redsox/ballpark/tours).

park der Major League und gilt seit Langem als nationales Denkmal. Auch Besucher, die sich weniger für Baseball interessieren, sind vom Ambiente begeistert.

Die Baseballsaison dauert von April bis Oktober. Tickets für einzelne Spiele sind nur schwer zu bekommen. Aber auch die täglichen einstündigen Führungen sind von großem Reiz. Engagierte Mitarbeiter führen kenntnisreich durch die weitläufige Anlage, darunter auch zum elf Meter hohen Green Monster. Diese Wand wurde errichtet, um Zuschauern ohne Eintrittskarte die Sicht auf das Spielfeld zu nehmen.

Im Sommer finden in der Arena oft auch Mega-Konzerte von berühmten Rock-Legenden wie etwa Bruce Springsteen oder den Rolling Stones statt.

↑ *Das weithin sichtbare Citgo-Schild ist das Wahrzeichen von Bostons Kenmore Square*

21

Kenmore Square

E8 Kenmore

In den 1960er und 1970er Jahren war der Platz ein Hotspot für Blumenkinder bzw. Punks. Heute geht es am Kenmore ruhiger zu. Einzige Reminiszenz an die früher hier sehr präsente Musikszene ist der etwas weiter westlich an der Commonwealth Avenue *(siehe S. 135)* gelegene Paradise Rock Club.

Heute ist der Platz wichtiger Knotenpunkt für den öffentlichen Nahverkehr, mehrere MBTA-Linien treffen sich hier. Vor und nach Heimspielen der Red Sox ist es hier so voll, dass man schier nicht vorwärtskommt. Der Kenmore Square ist auch Standort der Boston University mit rund 33 000 Studenten. Wie für Studentenviertel üblich gibt es hier viele preisgünstige Lokale und Bars. Leseratten zieht es in die Bostoner Filiale von Barnes & Noble.

Das von Weitem sichtbare, 18 Quadratmeter große Schild mit dem Namen des Mineralölkonzerns Citgo ist ein guter Orientierungspunkt.

← *Die Tribünen des Fenway Park sind bei Spielen der Red Sox gut gefüllt*

22

Massachusetts College of Art and Design

E10 621 Huntington Ave Longwood +1-617-879-7000 Zeiten der Website entnehmen massart.edu

Die öffentliche Hochschule für visuelle und angewandte Kunst wurde 1873 gegründet und zählt damit zu den ältesten Kunstschulen in den Vereinigten Staaten. Mehr als 2000 Studenten sind hier in Ausbildung.

Das dem College of Art and Design angegliederte MassArt Art Museum präsentiert erstklassige Ausstellungen zeitgenössischer Kunst mit Werken von bekannten und aufstrebenden Künstlern.

Bostons Emerald Necklace

Der Bostoner Frederick Law Olmsted ist vor allem für den Entwurf des Central Park in New York bekannt. In Boston legte er Parks an, um grüne Oasen für die Industriestadt des 19. Jahrhunderts zu schaffen. Das Emerald Necklace umfasst die Grünflächen des Boston Common, des Public Garden und der Commonwealth Avenue: Um einen Parkring einzurichten, gestaltete Olmsted auch die Back Bay Fens, den ländlichen Riverway, Jamaica Pond, das Arnold Arboretum und den Franklin Park.

Spaziergang durch Back Bay

Länge 1,5 Meilen (2,5 km) **U-Bahn** Hynes Convention Center **Dauer** 30 Min.

Das schicke Viertel erstreckt sich gitterförmig westlich des Public Garden *(siehe S. 80f)* und hebt sich damit deutlich von den gewundenen Straßen Bostons ab. Die Commonwealth Avenue mit ihren majestätischen Stadthäusern (19. Jh.) und ihrer Parklandschaft sowie die Newbury und Boylston Street sind die Hauptstraßen des Viertels. Die Newbury Street ist ein Muss für alle, die in Boston edel einkaufen gehen wollen, während die eher nüchterne Boylston Street von Büroangestellten wimmelt. Der Copley Square ist das Zentrum. Hier stehen auch die Trinity Church *(siehe S. 130f)* und der 200 Clarendon Tower, mit 60 Stockwerken das höchste Gebäude in Neuengland *(siehe S. 137)*.

Schon gewusst?

Auf dem Copley Square finden regelmäßig Konzerte und ein Bauernmarkt statt.

↑ *Lesesaal der von Charles McKim gestalteten Boston Public Library*

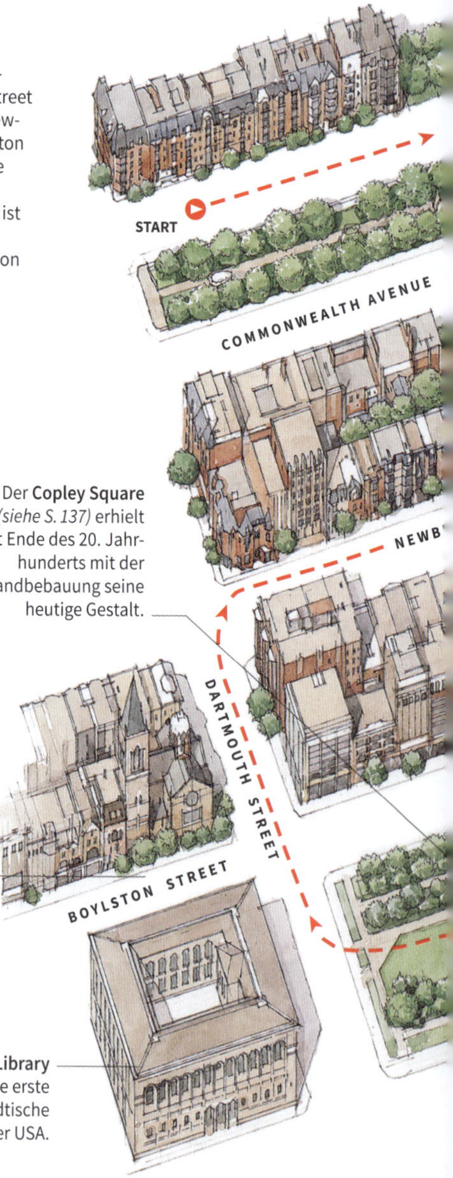

Der **Copley Square** *(siehe S. 137)* erhielt erst Ende des 20. Jahrhunderts mit der Randbebauung seine heutige Gestalt.

An der **Boylston Street** *(siehe S. 138f)* befinden sich u. a. das Prudential Center und die New Old South Church.

Die **Boston Public Library** *(siehe S. 137)* war die erste öffentliche städtische Bibliothek der USA.

Die **First Baptist Church** *(siehs S. 134f)* ist typisch für Henry Hobson Richardsons Baustil.

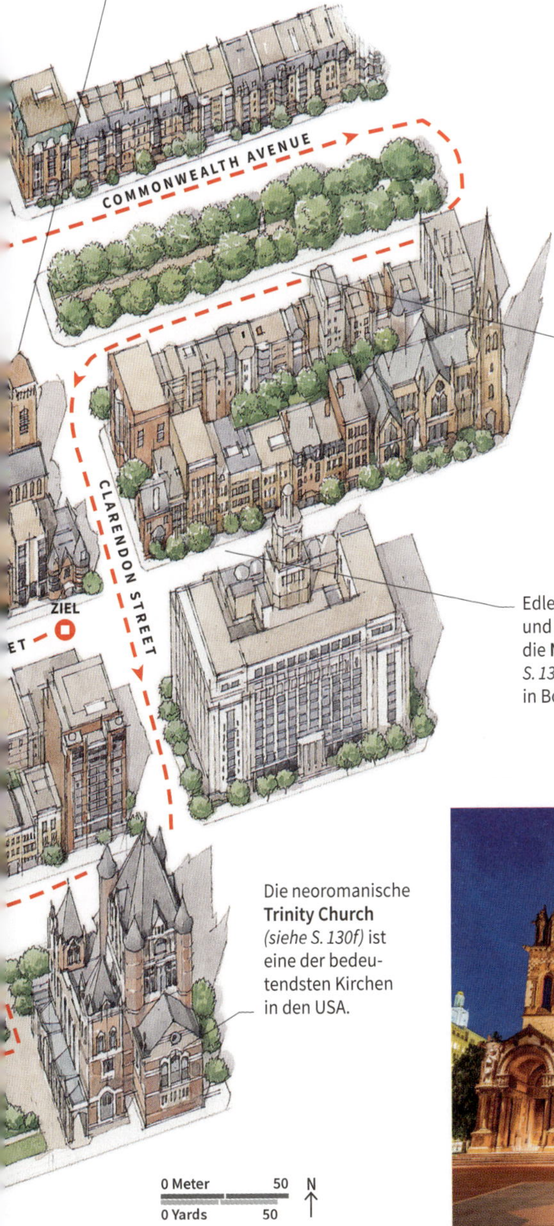

Zur Orientierung
Siehe Stadtteilkarte S. 128f

Die **Commonwealth Avenue** *(siehe S. 135)* sollte die Champs-Élysées von Boston werden. Die Straße flankieren schöne Stadthäuser.

Edle Boutiquen, Galerien und Restaurants säumen die **Newbury Street** *(siehe S. 135)*, die schickste Straße in Boston.

Die neoromanische **Trinity Church** *(siehe S. 130f)* ist eine der bedeutendsten Kirchen in den USA.

↑ *Bei Dunkelheit illuminierte Fassade der neoromanischen Trinity Church*

Bemerkenswerte Architektur: Stata Center, MIT (siehe S. 156f)

Cambridge

Westlich von Boston, am gegenüberliegenden Ufer des Charles River, liegt Cambridge. Die zum Großraum Boston zählende, politisch jedoch eigenständige Stadt ist ein landesweit bedeutender Kulturstandort mit so herausragenden Bildungsstätten wie Harvard University und Massachusetts Institute of Technology (MIT).

Die 1631 gegründete Stadt nahm dank des wenige Jahre später eröffneten Harvard College eine rasante Entwicklung. Mit dem Umzug des Massachusetts Institute of Technology nach Cambridge im Jahr 1916 wurde der Ruf der Stadt als Universitätsstadt weiter verfestigt. Neben seiner Rolle als geistiges Zentrum fasziniert Cambridge auch mit einigen historischen Sehenswürdigkeiten wie Christ Church, Cambridge Common und Longfellow House. Der Harvard Square ist das wichigste Shopping- und Flanierviertel der Stadt, eine lebhafte Musikszene hat sich rund um den Central Square etabliert.

In den vergangenen Jahren haben sich in der Umgebung des Kendall Square viele Unternehmen aus den Bereichen Biotechnologie, Informationstechnik und Robotertechnik niedergelassen.

A
B
C
D
1
2
3
4
5
6
7
8
Longfellow House–Washington's Headquarters National Historic Site
7
Cambridge Common
6
Harvard University
2
Memorial Hall
American Repertory Theater
5
Christ Church
4
Harvard
Harvard Square
3
Harvard Yard
Harvard Art Museums
ARSENAL SQUARE
ELIOT SQUARE
INMAN SQUARE
John F. Kennedy Park
Anderson Bridge
John W. Weeks Footbridge
Murr Center
Harvard Stadium
Charles River
CAMBRIDGE
Edward J. Sennott Park
Central Square
8
Central
ALLSTON
Western Ave Bridge
River St Bridge
Magazine Beach
Boston University Bridge
St Paul St
BU West
BU Central
BU East
Blandford Street
Cambridge
ELM STREET
SUMMER STREET
HIGHLAND
STREET
CENTRAL
SOMERVILLE AVENUE
BEACON STREET
OXFORD STREET
MASSACHUSETTS AVE
AVON STREET
WALKER ST
LINNAEAN STREET
GARDEN STREET
CONCORD AVENUE
SHEPARD STREET
WENDELL ST
CHAUNCY STREET
EVERETT ST
MUSEUM ST
FRANCIS AVENUE
IRVING STREET
SCOTT ST
HOLDEN ST
BEACON STREET
WASHINGTON STREET
BRATTLE ST
GARDEN ST
KIRKLAND STREET
TROWBRIDGE ST
ROBERTS RD
LINE
LEONARD AVENUE
CAMBRIDGE STREET
MT AUBURN STREET
ASH ST
QUINCY ST
MEMORIAL DRIVE
SOLDIERS FIELD ROAD
J. F. KENNEDY ST
DUNSTER ST
MT AUBURN STREET
PLYMPTON ST
MASSACHUSETTS
BROADWAY
ELLSWORTH AVENUE
HIGHLAND AVE
FAYETTE STREET
ANTRIM STREET
INMAN STREET
AMORY STREET
HAMPS
TREMO
HARVARD STREET
ELLERY STREET
DANA STREET
GRANT ST
STREET
AVENUE
GREEN ST
HANCOCK ST
LEE ST
CLINTON ST
BIGELOW ST
INMAN ST
PROSPECT STREET
ESSEX STREET
BISHOP
ALLEN
WASHING
FLAGG ST
BANKS
PUTNAM
MAGEE ST
CALLENDER ST
BAY ST
FRANKLIN STREET
JAY ST
MASSACHUSETTS
NORTH HARVARD STREET
GORDON ROAD
WESTERN AVENUE
MEMORIAL DRIVE
WESTERN AVENUE
PUTNAM AVENUE
COTTAGE STREET
RIVER STREET
KELLY ROAD
FAIRMONT ST
GREEN ST
AUBURN ST
FRANKLIN ST
STREET
DRIVE
COLUMBIA
SIDNEY STREET
PACIFIC ST
LANDSDOWNE
NORTH HARVARD STREET
CAMBRIDGE STREET
PLEASANT STREET
ERIE STREET
PEARL STREET
MAGAZINE
HAMILTON ST
ALLSTON ST
PUTNAM AVE
CHESTNUT ST
BROOKLINE STREET
ALBANY STREET
PEARL ST
GRANITE STREET
HENRY STREET
SIDNEY
WAVERLY STREET
VASSER STREET
Brigg Field
AMHERST STREET
AUDREY STREET
MEMORIAL DRIVE
SOLDIERS FIELD ROAD
MASSACHUSETTS TURNPIKE
JAMES J. STORROW MEMORIAL DRIVE
COMMONWEALTH AVENUE
AMORY ST
ESSEX ST
MOUNTFORT ST

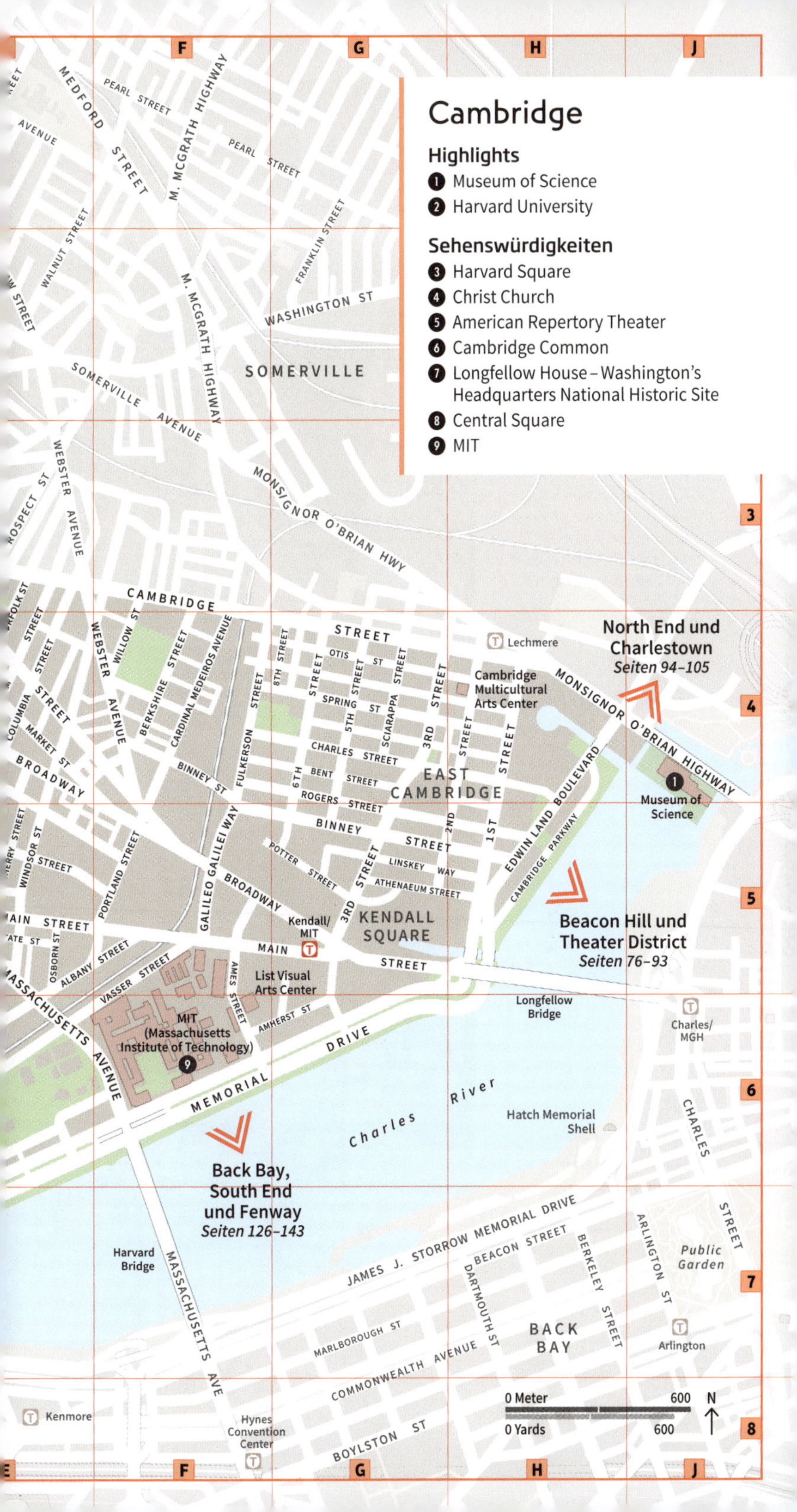
Cambridge
Highlights
1 Museum of Science
2 Harvard University
Sehenswürdigkeiten
3 Harvard Square
4 Christ Church
5 American Repertory Theater
6 Cambridge Common
7 Longfellow House – Washington's Headquarters National Historic Site
8 Central Square
9 MIT
F
G
H
J
3
4
5
6
7
8
SOMERVILLE
EAST CAMBRIDGE
KENDALL SQUARE
BACK BAY
North End und Charlestown
Seiten 94–105
Beacon Hill und Theater District
Seiten 76–93
Back Bay, South End und Fenway
Seiten 126–143
Lechmere
Cambridge Multicultural Arts Center
Museum of Science
Kendall/MIT
List Visual Arts Center
MIT (Massachusetts Institute of Technology)
Longfellow Bridge
Charles/MGH
Charles River
Hatch Memorial Shell
Harvard Bridge
Public Garden
Arlington
Kenmore
Hynes Convention Center
MEDFORD STREET
PEARL STREET
M. MCGRATH HIGHWAY
WALNUT STREET
FRANKLIN STREET
WASHINGTON ST
SOMERVILLE AVENUE
WEBSTER AVENUE
PROSPECT ST
MONSIGNOR O'BRIAN HWY
CAMBRIDGE STREET
WILLOW ST
BERKSHIRE STREET
CARDINAL MEDEIROS AVENUE
FULKERSON STREET
8TH STREET
6TH STREET
5TH STREET
OTIS ST
SPRING ST
SCIARAPPA STREET
CHARLES STREET
BENT STREET
ROGERS STREET
BINNEY STREET
BINNEY ST
3RD STREET
2ND STREET
1ST STREET
EDWIN LAND BOULEVARD
CAMBRIDGE PARKWAY
MONSIGNOR O'BRIAN HIGHWAY
POTTER STREET
LINSKEY WAY
ATHENAEUM STREET
GALILEO GALILEI WAY
BROADWAY
PORTLAND STREET
COLUMBIA STREET
MARKET ST
WINDSOR ST
MAIN STREET
OSBORN ST
ALBANY STREET
VASSER STREET
AMES STREET
AMHERST ST
MASSACHUSETTS AVENUE
MEMORIAL DRIVE
JAMES J. STORROW MEMORIAL DRIVE
BEACON STREET
DARTMOUTH ST
BERKELEY STREET
ARLINGTON ST
CHARLES STREET
MARLBOROUGH ST
COMMONWEALTH AVENUE
BOYLSTON ST
MASSACHUSETTS AVE
0 Meter 600
0 Yards 600
N

Beliebte Ausstellungen

Hall of Human Life
In der neuesten und populärsten Abteilung begeben sich Besucher auf eine virtuelle Reise durch den menschlichen Körper. Spannende Themen wie DNA-Sequenzierung und gentechnische Veränderungen werden hier beleuchtet.

Mugar Omni Theater
Das IMAX®-Großleinwandkino setzt neue Maßstäbe im Bereich 3-D-Kino. In einer 180-Grad-Kuppel wird der gesamte Sichtbereich mit bewegten Bildern ausgefüllt.

Charles Hayden Planetarium
Das Hightech-Planetarium erweckt den strahlenden Nachthimmel zum Leben und zeigt faszinierende Shows über Sterne, Planeten und andere Himmelsphänomene.

To the Moon
Nehmen Sie Platz in einem Pilotensitz einer rekonstruierten Raumkapsel, um die erste Landung auf dem Mond nachzuerleben. Modelle berühmter Raumstationen wie Skylab, Mir und International Space Station (ISS) ziehen Besucher in den Bann.

Thompson Theater of Electricity
Diese spektakuläre Live-Show erforscht die Elektrizität. Höhepunkt ist der weltweit größte Van-de-Graaff-Generator, mit dem Blitze mit einer Spannung von bis zu 1 Million Volt erzeugt werden.

Schon gewusst?
Das im Jahr 1864 eröffnete Museum of Science gehört zu den ältesten Museen der USA.

Archimedean Excogitation, *audiokinetische Skulptur von George Rhoads* ↑

Highlight

❶

Museum of Science

J4 · Science Park · Science Park · +1-617-723-2500
Mo–Do, Sa, So 9–17 (Juli–Anfang Sep: 9–19), Fr 9–21
Thanksgiving, 25. Dez · mos.org

Mit seinen mehr als 700 interaktiven Exponaten – von verblüffend bis spektakulär – fasziniert das Museum of Science Gäste jeden Alters. Kein Wunder, dass es das meistbesuchte Museum der Stadt ist. Zu den beliebtesten Attraktionen gehören das IMAX®-Großleinwandkino, die Hall of Human Life, Lichtinstallationen und Science-Shows.

Das Museum of Science erhebt sich über dem Charles River auf dem Damm an der Flussmündung. Farbenprächtige, effektvolle Ausstellungen widmen sich Themenkomplexen wie Naturgeschichte, Medizin, Astronomie, Naturwissenschaften und Computertechnik und richtet sich vor allem an Familien.

Das Mugar Omni Theater verfügt über eine fünf Stockwerke hohe Leinwand und ein Surround-Soundsystem. Präsentiert werden vor allem naturwissenschaftliche IMAX®-Filme. Das Charles Hayden Planetarium bietet Lasershows und Vorführungen über die Welt der Planeten und Sterne. Das Spektrum reicht von vergangenen Weltraummissionen der NASA bis zu Sternerkundungen mit Big Bird und Elmo, Figuren der Kinderfernsehshow *Sesamstraße*.

← *Hier wird Wissenschaft zur Kunst: Stromerzeugung mit einem Van-de-Graaff-Generator*

→ *Hinter der Fassade des Museum of Science verbirgt sich eine Welt der Wunder*

2

Harvard University

B3 Harvard 30 Dunster St +1-617-495-1573
tägl. Semesterferien (Daten der Website entnehmen)
harvard.edu

Die private Harvard University ist die älteste Hochschuleinrichtung der USA und zählt zu den renommiertesten Universitäten weltweit. Ein Abschluss in Harvard gilt als Sprungbrett in die höchsten Ebenen von Politik und Wirtschaft. Acht US-Präsidenten (u. a. Barack Obama und George W. Bush), mehrere Staatsoberhäupter und Regierungschefs anderer Nationen sowie 49 Nobelpreisträger und 50 Pulitzer-Preisträger zählen zu den Absolventen der Harvard University.

Expertentipp
Free Tours
Kostenlose Führungen durch das Universitätsgelände starten am Harvard Information Center an der Dunster Street. Bei diesen einstündigen Führungen erfährt man viel über die Historie der Uni und das studentische Leben.

①
Harvard Yard

Massachusetts Ave
24 Std.

Schon 1636 gründete Bostons puritanische Elite ein College in Newtowne. Zwei Jahre später, als der Kleriker John Harvard starb, hinterließ er seinen Besitz und all seine Bücher dem neuen College. Die Führer der Kolonie benannten die Universität nach ihm und gaben der umliegenden Gemeinde den Namen Cambridge – nach der englischen Stadt, in der sie selbst studiert hatten. Als älteste US-Universität ist Harvard auch eine der weltweit führenden Hochschulen. Harvard Square ist Zentrum des Campus. Die rund 400 Uni-Gebäude verteilen sich über Cambridge und den Großraum Boston.

↑ *Viele Einrichtungen in Harvard sind in Backsteingebäuden untergebracht*

↑ *Die Distanzen zwischen den einzelnen Gebäuden sind oft groß*

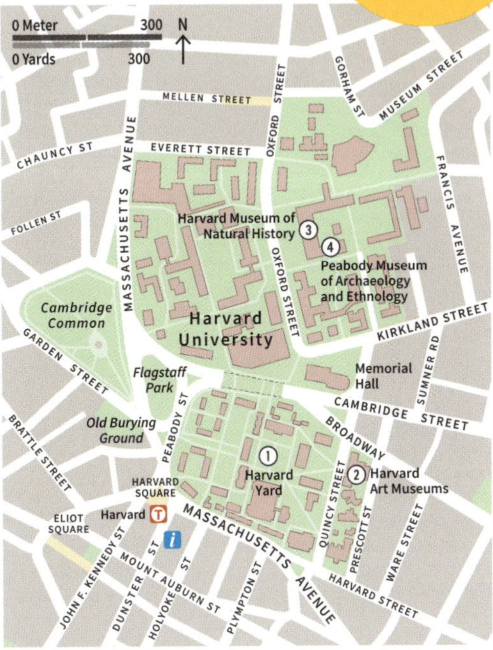

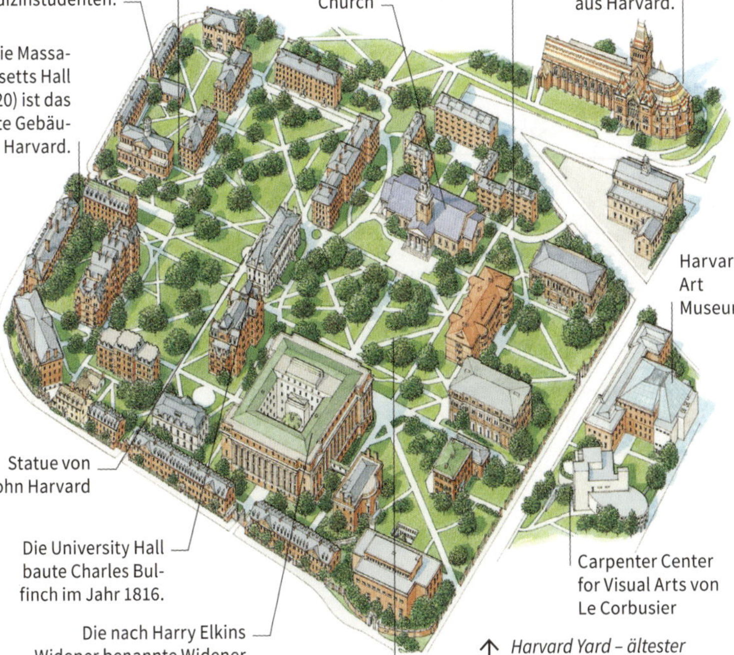

↑ *Harvard Yard – ältester Teil des Campus der Harvard University*

(2)

Harvard Art Museums

32 Quincy St · +1-617-495-4900 · tägl. 10–17 · einige Feiertage · harvardartmuseums.org

Fogg Art Museum, Busch-Reisinger Museum und Arthur M. Sackler Museum präsentieren Kunstwerke von der Antike bis in die Gegenwart. Die drei Kulturstätten sind in einem nach Plänen des italienischen Architekten Renzo Piano errichteten Gebäude unter einem Dach vereint. Mit einem Ticket hat man Zugang zu allen drei Museen.

Ein guter Ausgangspunkt für die Besichtigung ist die im obersten Stockwerk des Komplexes untergebrachte Lightbox Gallery mit vielen interaktiven Stationen. Durch die Glaswände blickt man in die Labors des Straus Center for Conservation and Technical Studies, das sich um die Konservierung von Kunstwerken kümmert.

Das Art Study Center im vierten Stock des Museums bietet die Möglichkeit, einzelne Werke genauer unter die Lupe zu nehmen. Für die Teilnahme ist eine frühzeitige Anmeldung erforderlich. Das ganze Jahr über finden Lesungen, Workshops, Filme, Performances und andere Veranstaltungen statt. Im dritten Stock überraschen drei Galerien mit rotierenden Installationen.

Das Fogg Art Museum wurde 1895 gegründet, als Harvard eine eigene Kunstsammlung aufbaute. Es zeigt Sammlungen von Gemälden, Skulpturen, Kunsthandwerk und grafischer Kunst europäischer und amerikanischer Herkunft. Vertreten sind u. a. Bernini, Renoir, Degas und John Singleton Copley.

Das Busch-Reisinger Museum wurde 1903 als Ausstellungsgebäude für deutsche Kunst eröffnet. Ein Schwerpunkt der reichhaltigen Sammlung liegt auf Werken nach 1880, vor allem auf Expressionismus.

Das nach einem Arzt und Kunstliebhaber benannte Arthur M. Sackler Museum beherbergt die Sammlungen asiatischer, islamischer und spätindischer Kunst der Harvard University. Die Werke verteilen sich auf Erdgeschoss sowie ersten und zweiten Stock. Zu den besonderen Schätzen gehört eine weltweit einzigartige Sammlung chinesischer Jadearbeiten. Hier sind auch bronzene Ritualgefäße und Waffen aus China zu sehen.

Eine von Glaswänden eingefasste Galerie zeigt buddhistische Skulpturen aus China, Indien und Korea. Auch Vasen, Bronzearbeiten und Münzen aus der europäischen Antike, Ägypten und dem Nahen Osten sowie Beispiele byzantinischer Kunst sind im zweiten Stock zu sehen. Islamischer und indischer Kunst ist eine Abteilung im ersten Stock gewidmet. Sie umfasst Gemälde, Zeichnungen und Kalligrafien sowie Keramik vom 8. bis 19. Jahrhundert.

← *Skulptur des Bodhisattva im Sackler Museum – Fund aus den Mogao-Grotten in Dunhuang*

Anerkennung der Vergangenheit

Im Jahr 2017 feierte die Harvard Law School ihr zweihundertjähriges Bestehen mit der Widmung einer Gedenktafel. Sie ehrt die Sklaven, deren Arbeit den Reichtum schuf, auf dem die Universität gegründet wurde. Harvard gehört zu den amerikanischen Universitäten, die mit historischen Bindungen an den Sklavenhandel zu kämpfen haben.

(3)

Harvard Museum of Natural History

26 Oxford St · tägl. 9–17 · 1. Jan, Thanksgiving, 24., 25. Dez · hmnh.harvard.edu

Das Harvard Museum of Natural History besteht aus drei Museen: Dazu gehören die Sammlungen des Mineralogical and Geological Museum, des Museum of Comparative Zoology sowie des Botanical Museum.

Die mineralogische Abteilung umfasst einige der ältesten Sammlungen der Harvard University, die früheste geht auf das Jahr 1783 zurück. Die zoologische Abteilung präsentiert eine Spinnensammlung. Auch die Ausstellungen mit präparierten Vögeln, Säugetieren und Reptilien sind beeindruckend, zudem gibt es Saurierskelette.

Highlight

↑ »Glasblumen« im Harvard Museum of Natural History

Schon gewusst?

Die Studiengebühren in Harvard liegen bei etwa 40 000 Dollar pro Jahr.

Die botanischen Ausstellungen zeigen u. a. die Ware Collection of Blaschka Glass Models of Plants, allgemein unter dem Namen »Glasblumen« bekannt. Von 1887 bis 1936 schufen Leopold und Rudolph Blaschka, Vater und Sohn, 3000 Glasmodelle von 850 Pflanzenarten, teils originalgetreu, teils mit vergrößerten Partien.

↑ *Totempfahl in der Hall of the North American Indian, Peabody Museum*

④

Peabody Museum of Archaeology and Ethnology

11 Divinity Ave **tägl. 9–17** **1. Jan, Thanksgiving, 24., 25. Dez**
peabody.harvard.edu

Das Peabody Museum of Archaeology and Ethnology wurde 1866 als erstes rein anthropologisches Museum in Nord- und Südamerika gegründet. Zu den reichhaltigen Sammlungen gehören einige Millionen Exponate und mehr als 500 000 Fotodokumente aus aller Welt.

Die Hall of the North American Indian im Erdgeschoss zeigt geschnitzte Totempfähle aus dem pazifischen Nordwesten der USA und eine Reihe historischer und aktueller Navajo-Webarbeiten. Der dritte Stock ist der mittelamerikanischen Anthropologie gewidmet. Zu den Werken gehören Modelle einiger ausgegrabener Ruinen aus Copán (Honduras) und Chichén Itzá (Mexiko).

Die Ausstellungen im vierten Stock widmen sich mit Sammlungen von Kultobjekten wie z. B. Masken sowie von Fischereigeräten der Kunst Polynesiens, Mikronesiens und anderer Pazifikinseln.

TOP 5 Studienabbrecher in Harvard

Matt Damon
Der Schauspieler und Drehbuchautor wurde u. a. mit dem Oscar ausgezeichnet.

Bill Gates
Der Mitbegründer von Microsoft zählt zu den reichsten Männern der Welt.

Frank Gehry
Der Pritzker-Preis gehört zu den größten Auszeichnungen des Architekten.

Bonnie Raitt
Die Blues- und Country-Sängerin erhielt mehrere Grammys.

Mark Zuckerberg
Als Gründer von Facebook wurde Zuckerberg weltberühmt.

SEHENSWÜRDIGKEITEN

3 Harvard Square

B3 Harvard
harvardsquare.com

Cambridge – das ist sogar für Menschen aus Boston eigentlich der Harvard Square: Und tatsächlich ist dies die Keimzelle von Cambridge, das 1630 gegründet wurde. Über dem Platz thront die Harvard Cooperative Society (»Coop«), eine lokale Einrichtung, die günstige Bekleidung, Poster und Bücher verkauft. Der Platz ist bekannt für seine traditionell hohe Konzentration Buchläden.

Die zahlreichen Harvard-Studenten sorgen für viel Leben auf dem Platz. Viele Modeläden, günstige Restaurants und Cafés haben sich auf ihre studentische Kundschaft eingestellt. Vor allem am Wochenende treten häufig Straßenkünstler auf. Der Platz hat so manchen Trend in der Popmusik hervorgebracht: Im Club Passim beispielsweise gaben viele erfolgreiche Sänger und Texter ihr Debüt, seit Joan Baez im Jahr 1959 hier erstmals auftrat.

4 Christ Church

B3 Garden St
Harvard +1-617-876-0200 tägl. 8–17 (Sa bis 15) cccambridge.org

Der rechteckige Glockenturm und der graue Schindelbau machen die Christ Church zu einer dezenten anglikanischen Kirche. Entworfen wurde sie 1759 von Peter Harrison, dem Architekten der King's Chapel *(siehe S. 114)* in Boston. Auch die Christ Church musste 1775 als Lager für die Kontinentalarmee herhalten – fast alle Königstreuen waren aus Cambridge geflohen. Die Armee schmolz sogar die Orgelpfeifen zu Kugeln ein. An Silvester 1775 wurde die Christ Church bei einem Gottesdienst, an dem auch George Washington und seine Frau Martha teilnahmen, wieder der Kirche übergeben. Cambridge blieb antianglikanisch, sodass das Gotteshaus erst im 19. Jahrhundert wieder einen Pastor erhielt.

↑ *Mit Schindeln gedeckte Fassade der Christ Church (18. Jh.)*

5 American Repertory Theater

A3 Loeb Drama Center: 64 Brattle St; Oberon: 2 Arrow St Harvard
+1-617-547-8300 Zeiten der Website entnehmen
americanrepertorytheater.org

Das American Repertory Theater (ART) in Cambridge setzt Maßstäbe bei der Prä-

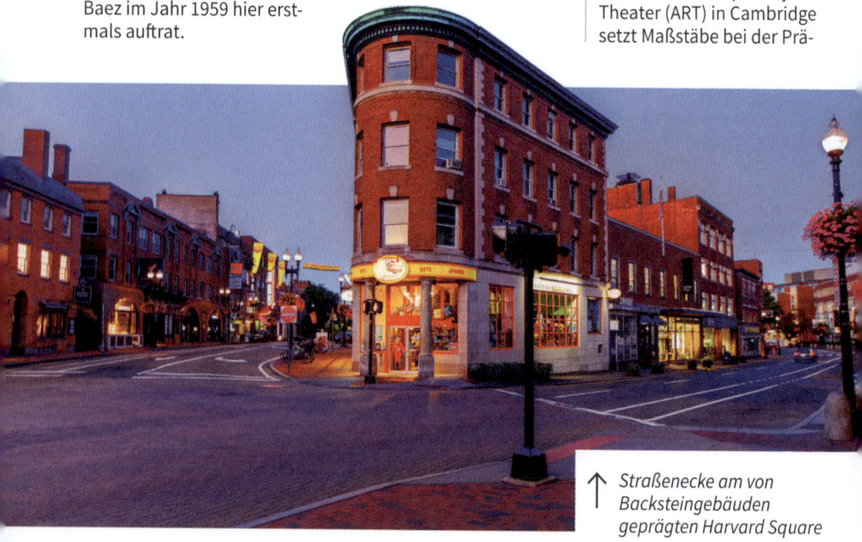

↑ *Straßenecke am von Backsteingebäuden geprägten Harvard Square*

sentation von Stücken im Großraum Boston. Die 1980 gegründete Bühne befindet sich auf dem Gelände der Harvard University und fördert in enger Zusammenarbeit mit der Universität aufstrebende Talente in den Bereichen Schauspiel, Regie und anderen Theaterdisziplinen. Darüber hinaus arbeitet das ART für die Realisierung neuer Produktionen mit innovativen Künstlern aus der ganzen Welt zusammen. Unter der künstlerischen Leitung von Diane Paulus erhielt das Theater mehrere Tony Awards, einen Pulitzer-Preis und weitere Auszeichnungen.

Neben der Hauptbühne im Loeb Drama Center verfügt das ART mit dem Oberon über eine zweite Bühne, deren Atmosphäre an einen Club erinnert. Im Oberon werden Grenzen zu anderen Genres der darstellenden Kunst getestet und teilweise auch überschritten. Bei den Vorstellungen erlebt man gelegentlich auch Stepptanz und Varieté.

6

Cambridge Common

B3 Harvard

Der Cambridge Common wurde 1631 als öffentliche Weide und Exerzierplatz angelegt und blieb seitdem ein Zentrum für Kirche, Gesellschaft und Politik. George Washington erhielt am 3. Juli 1775 unter der »Washington-Ulme« den Befehl über die Kontinentalarmee – ein Stein markiert die Stelle.

Schon gewusst?

Die Harvard Bridge wurde in »Smoots« vermessen – ein Smoot entspricht etwa 1,70 Metern.

↑ *Herbststimmung im Cambridge Common, einem bei Einheimischen beliebten Park*

1775/76 diente der Common als Armeelager. Dawes Island, ein Denkmal am südlichen Ende des Areals, erinnert an William Dawes, der die amerikanischen Milizen vor dem Anrücken britischer Truppen warnte.

Im Jahr 1997 wurde im Cambridge Common das erste Denkmal in den USA für die Opfer der Kartoffel-Hungersnot in Irland enthüllt.

Im nördlichen Bereich des Parks gibt es einen Spielplatz, zu dessen größten Attraktionen ein Wikingerschiff und ein Klettergerüst gehören.

7

Longfellow House-Washington's Headquarters National Historic Site

A3 105 Brattle St Harvard +1-617-876-4491 Juni–Okt: tägl. 9:30–17 nps.gov/long

Das Haus in der Brattle Street wurde wie zahlreiche andere auch in der Kolonialzeit von königstreuen Kaufleuten während des Unabhängigkeitskriegs gebaut. Es wurde von amerikanischen Revolutionären beschlagnahmt und diente George Washington bei seiner Belagerung von Boston als Hauptquartier.

Der Dichter Henry Wadsworth Longfellow wohnte hier 1837, erhielt das Haus 1843 als Hochzeitsgeschenk und lebte darin bis zu seinem Tod 1882. Er schrieb hier berühmte Gedichte, z. B. *Tales of a Wayside Inn* und *The Song of Hiawatha*. Viele Autoren wie Nathaniel Hawthorne und Charles Sumner waren Besucher.

TOP 4 Buchläden am Harvard Square

Grolier Poetry Book Shop
Seit 1927 eine Institution für Bücherwürmer und Leseratten.

Raven Used Books
Schwerpunkte dieser Buchhandlung sind Wissenschaftsliteratur und Belletristik.

The Million Year Picnic
Ein Paradies für Liebhaber von Comics. Hier findet man auch seltene Titel.

Harvard Book Store
Riesiges Sortiment an Neuerscheinungen, Secondhand-Büchern und Restbeständen.

Kunst im öffentlichen Raum – Graffiti Alley am Central Square

8

Central Square

D5 Central

Der Central Square liegt an der Massachusetts Avenue etwa auf halbem Weg zwischen Harvard und dem MIT. Der Platz bietet eine große Auswahl von ethnischen Restaurants und Läden, ein asiatisches Lebensmittelgeschäft mit angegliederter französischer Konditorei, einige Kunstfachgeschäfte und einen saisonalen Bauernmarkt.

Das eindrucksvollste Element am Central Square ist die Graffiti Alley. Diese 24 Meter lange Wand wird von Graffiti-Künstlern ständig mit neuen Bildern versehen und verändert sich mitunter in kurzer Zeit völlig. Tatsächlich verströmt der gesamte Platz eine künstlerisch geprägte Atmosphäre.

Die unkonventionellen Veranstaltungsorte im Entertainmentkomplex Middle East Restaurant und Nightclub sind legendäre Schauplätze für Indie-Rock. Hier treten Talente aus der Region auf, Bands auf Tour geben Gastspiele. Der nahe gelegene Dance Complex bietet Kurse für Freizeit- und professionelle Tänzer sowie Räume für Tanzkompanien und Choreografen. Der Veranstaltungskalender ist bunt.

Expertentipp
Float Tour
Von einem Kajak oder Kanu auf dem Charles River bieten sich völlig neue Stadtansichten. Man kann auch an einer geführten Tour teilnehmen. Besonders schön ist die Skyline bei Sonnenuntergang.

9

MIT

F6 77 Massachusetts Ave Kendall, Central
+1-617-253-1000
mit.edu

Im Massachusetts Institute of Technology (MIT) wurden in den letzten Jahrzehnten einige der bahnbrechendsten Innovationen in den Bereichen Computer (Hardware und Software), Robotertechnik, Biotechnologie und Informationstechnologie entwickelt. Das 1861 gegründete Institut hat sich seitdem zu einer der weltweit führenden Universitäten für Ingenieurwissenschaften und Naturwissenschaften entwickelt und zählt darüber hinaus zu den führenden Institutionen bei der Kommerzialisierung des wissenschaftlichen Fortschritts.

Den 55 Hektar großen Campus am Ufer des Charles

Grünflächen und unkonventionelle Architektur am Campus des MIT

River prägen architektonische Meisterwerke wie Eero Saarinens Kresge Auditorium und die MIT Chapel (1955). Das vom in Toronto geborenen Architekten Frank Gehry konzipierte Stata Center zeichnet sich durch ungewöhnliche Geometrie mit wie zufällig erscheinenden Winkeln aus.

Das Wiesner Building basiert auf einer intensiven Zusammenarbeit zwischen dem Architekten I. M. Pei und mehreren Künstlern, darunter dem amerikanischen abstrakten Maler Kenneth Noland, dessen Relief-Wandbild *Here-There* das Atrium dominiert. In dem Gebäude ist das **List Visual Arts Center** untergebracht, ein Museum für zeitgenössische Kunst. Die ursprünglich Hayden Gallery genannte Sammlung wurde 1950 gegründet und präsentiert meisterhafte Avantgarde-Kunst aus aller Welt, vor allem Kunst mit technologischem Touch. Neben der ständigen Sammlung zeigt die Galerie auch Sonderausstellungen.

MIT Public Art Collection

Auf dem Campus des Massachusetts Institute of Technology stehen etwa 25 Skulpturen. Besucher werden zur Auseinandersetzung mit diesen Kunstwerken, die sich mit Themen wie Wissenschaft und Gesellschaft befassen, ermuntert. Eine interaktive Übersichtskarte ist online verfügbar (www.listart.mit.edu). Auch Informationen für eine selbstgeführte Tour über den Campus kann man downloaden (www.listart.oncell.com).

Die **Hart Nautical Gallery** in der Pratt School widmet sich der Meerestechnik mit Ausstellungen von Schiffsmodellen bis zu Exponaten der neuesten Entwicklungen in der Meeresforschung. Die Sammlung ist eine Abteilung des populären **MIT Museum**, das mit Objekten wie etwa Harold Edgertons Stroboskop und neuesten Werken der Holografie Wissenschaft und Kunst verbindet.

List Visual Arts Center
20 Ames St
Di – So 12 –18 (Do bis 20)
listart.mit.edu

Hart Nautical Gallery
Building 5, 55 Massachusetts Ave +1-617-253-5942 tägl. 10 –17

MIT Museum
256 Massachusetts Ave tägl. 10 –17
mitmuseum.mit.edu

Den 55 Hektar großen Campus prägen architektonische Meisterwerke wie Eero Saarinens Kresge Auditorium und die MIT Chapel (1955).

NEUENGLAND
ERLEBEN

Squam Lake, New Hampshire

Farbige Bojen an einer Fischerhütte in Rockport (siehe S. 203)

Massachusetts

Kein anderer Bundesstaat Neuenglands bietet eine so vielfältige Mischung aus Natur und Geschichte wie Massachusetts. Kilometerlange Sandstrände laden an der Ostküste zur Erholung ein. In den Berkshire Hills im Westen locken grüne Berge und eine reiche Kultur. Die frühe Architektur Amerikas hat sich hier bis heute erhalten.

Massachusetts war in der Geschichte Amerikas Schauplatz wichtiger Ereignisse: 1620 war eine Gruppe von 102 englischen Pilgern von ihrem Kurs zur Kolonie Virginia abgekommen und musste weiter nördlich an Land gehen. Sie gründeten eine Kolonie in Plymouth – die erste dauerhafte Siedlung in Nordamerika. Mehr als 100 Jahre später entzündete sich in Boston der Funke der amerikanischen Revolution, die schließlich zur Gründung der USA führte.

Massachusetts ist seit je industrielles und geistiges Zentrum Neuenglands. Die Industrielle Revolution Amerikas nahm Anfang des 19. Jahrhunderts mit den Baumwollspinnereien in Lowell und anderen Städten ihren Lauf. Später führten Hightechlabors in Cambridge Amerika in das Computerzeitalter. 1944 entwickelten Wissenschaftler in Harvard, der ältesten und angesehensten Universität Amerikas, den ersten elektronischen Computer der Welt. Heute ziehen Campus und Museen der Universität Besucher aus aller Welt an.

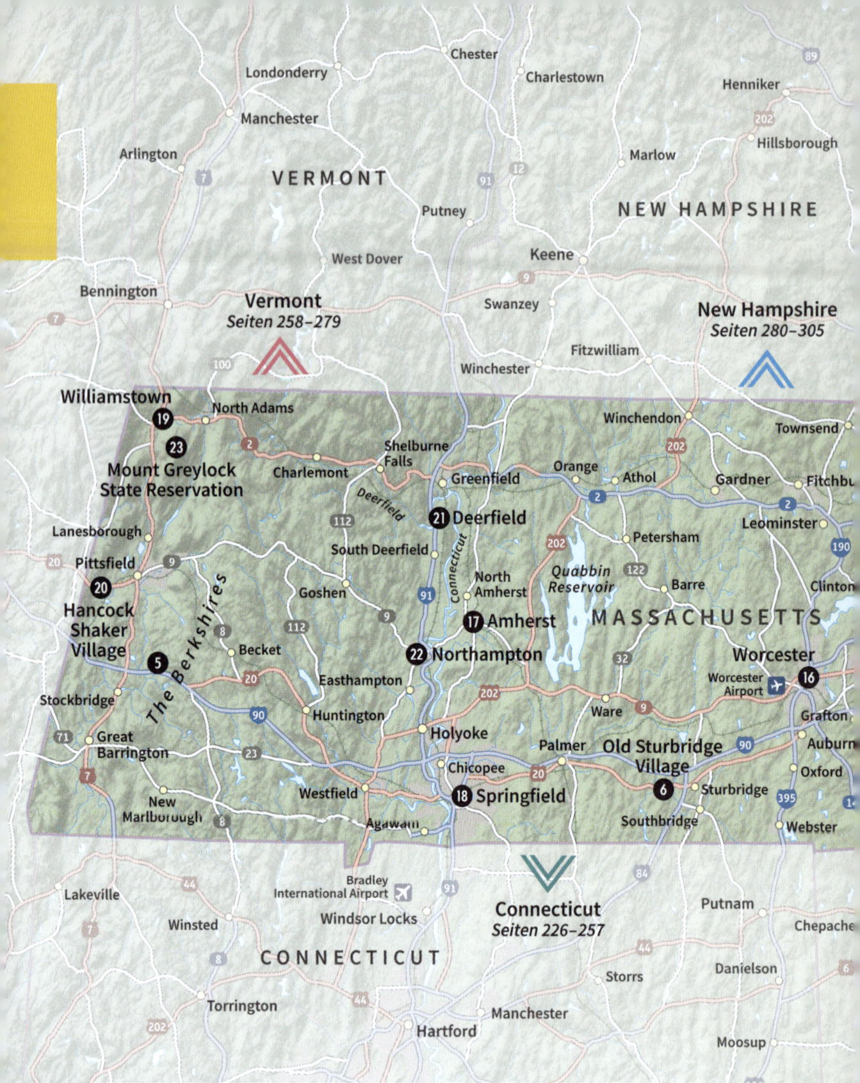

Massachusetts

Highlights

1. Salem
2. Concord
3. Plymouth
4. Cape Cod
5. The Berkshires
6. Old Sturbridge Village

Sehenswürdigkeiten

7. Nashoba Valley
8. Sudbury
9. Lowell
10. Quincy
11. New Bedford
12. Nantucket Island
13. Lincoln
14. Lexington
15. Martha's Vineyard
16. Worcester
17. Amherst
18. Springfield
19. Williamstown
20. Hancock Shaker Village
21. Deerfield
22. Northampton
23. Mount Greylock State Reservation

Massachusetts
Concord
Dover
York Beach
Kittery
Portsmouth
Suncook
Durham
Manchester
Exeter
Hampton
Manchester-Boston Regional Airport
Derry
Amesbury
Newburyport
Haverhill
Plum Island
Nashua
Lawrence
Ipswich
Andover
Rockport
Essex
Lowell
Topsfield
Gloucester
Chelmsford
Manchester-by-the-Sea
Wilmington
Reading
Beverly
Salem
Marblehead
Concord
Woburn
Lexington
Malden
Lincoln
Sudbury
Boston
Logan International Airport
Massachusetts Bay
Brookline
Framingham
Wellesley
Quincy
Dedham
Weymouth
Scituate
Medfield
Randolph
Stoughton
Race Point
Marshfield
Franklin
Brockton
Provincetown
Foxborough
Truro
Kingston
North Attleboro
Bridgewater
Plymouth
Cape Cod National Seashore
Wellfleet
Attleboro
Rhode Island
Seiten 204–225
Taunton
Middleboro
Cape Cod Bay
Eastham
Orleans
Tremont
Providence
Buzzards Bay
Sandwich
Cape Cod
Wareham
Somerset
Bourne
Barnstable
Chatham
T.F. Green Airport
Fall River
Barnstable Municipal Airport
Warwick
Harwich
South Yarmouth
RHODE ISLAND
New Bedford
Marshpee
Hyannis
Buzzards Bay
Monomoy Island
Portsmouth
East Falmouth
Westport
Woods Hole
Falmouth
Nantucket Sound
Newport
Sakonnet
Vineyard Haven
Oak Bluffs
Great Point
Wakefield
Edgartown
Narragansett
Martha's Vineyard
Nantucket Island
Galilee
Nantucket
Island Sound
Nantucket Memorial Airport
Block Island
Atlantischer Ozean
0 Kilometer 20
0 Meilen 20
N

Derby Street: attraktive, von Holzhäusern (18. Jh.) flankierte Straße ↑

❶

Salem

D5 · 38 000 · 14 Meilen (22 km) südl. in Boston · Boston · Long Wharf, Boston · 2 New Liberty St (+1-978-740-1650) · Maritime Festival (Juli); Haunted Halloween (Okt) · salem.org

Salem ist berühmt für die berüchtigten Hexenprozesse von 1692, doch das Hafenstädtchen ist auch aus weniger sensationellen Gründen bekannt: Salem wurde 1626 gegründet und stieg rasch zu einem der geschäftigsten Häfen Neuenglands auf. Das heutige Salem verfügt über ein reiches künstlerisches und architektonisches Erbe, während es sein Image als »Hexenhauptstadt« Amerikas pflegt.

①

Peabody Essex Museum

East India Sq · +1-978-745-9500 · Di – So 10 – 17 · pem.org

Das 2003 eröffnete Museum zeigt über eine Million Ausstellungsstücke, darunter auch einige der weltweit wichtigsten asiatischen Kunstwerke, zudem Schätze aus dem Orient, dem pazifischen Raum und Afrika, die einst Seefahrer nach Salem brachten. Unter den schönsten Objekten sind Schmuckstücke und Porzellanfiguren. Das Museum birgt auch das einzige vollständig eingerichtete Haus aus der Qing-Ära außerhalb Chinas.

Hexenprozesse von Salem

Salem wurde 1692 von einer Welle der Hysterie erfasst, in deren Verlauf etwa 200 Menschen der Hexerei angeklagt wurden. 150 Beschuldigte kamen ins Gefängnis, 20 Frauen hängte man als Hexen. Als allerdings auch die Frau des Gouverneurs in Verdacht geraten war, fanden die Prozesse ein sofortiges Ende.

②

Salem Witch Trials Memorial

Charter St · Sonnenauf- bis -untergang

Die aus Granit errichtete Gedenkstätte in der Nähe des alten Friedhofs von Salem soll an die tragischen

Ereignisse im Ort erinnern, dient aber auch der stillen Einkehr. Sie wurde 1992, am 300. Jahrestag der Prozesse, eingeweiht und ist dem Nobelpreisträger Elie Wiesel gewidmet.

Highlight

③

Salem Witch Museum

19½ Washington Sq N
+1-978-744-1692
tägl. 10–16:30 (Juli, Aug, Okt: verlängerte Öffnungszeiten) 1. Jan, Thanksgiving, 24., 25. Dez
salemwitchmuseum.com

Die meistbesuchte Sehenswürdigkeit in Salem erinnert eindrücklich an das zweifellos dunkelste Kapitel der Stadtgeschichte: Im Jahr 1692 wurden 150 Menschen ins Gefängnis gebracht und 20 gehängt, nachdem man sie der Hexerei beschuldigt hatte.

Angeblich war Nathaniel Hawthorne davon so entsetzt, dass er ein »w« in seinen Nachnamen einführte, um sich von anderen Nachkommen des Richters Hathorne, der den Prozess leitete, abzuheben. Eine sehenswerte Multimediashow lässt die Hexenjagd und die Prozesse lebendig werden und zeigt den Wahnsinn, der Salem einst erfasst hatte.

Alljährlich im Oktober erinnert die Stadt mit einer spektakulären Halloween-Feier an die Ereignisse.

Expertentipp
Sightseeing

Die Hauptsehenswürdigkeiten von Salem stehen rund um den historischen Hafen sowie an Essex Street und New Liberty Street. Man kann das Zentrum gut zu Fuß erkunden.

↑ *Salem Witch Museum – wichtigste Attraktion in Salem*

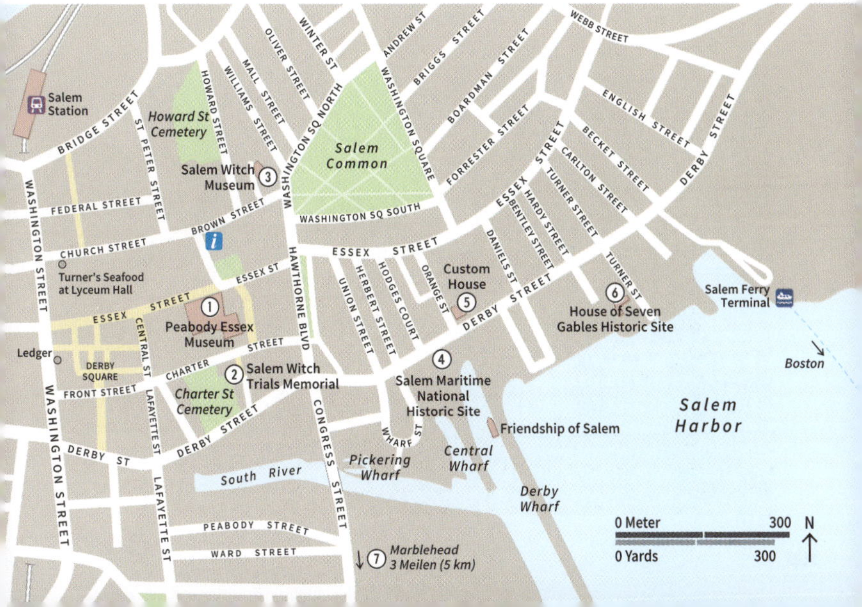

4

Salem Maritime National Historic Site

160 Derby St Mitte Mai–Okt: tägl. 10–17; Nov–Mitte Mai: Mi–So 10–16 1. Jan, Thanksgiving, 25. Dez nps.gov/sama

Salems Blütezeit als Hafen wirkt heute noch nach: Seinerzeit gab es hier insgesamt 50 Piers, drei von ihnen sind erhalten geblieben, darunter auch der 640 Meter lange Derby Wharf. Die *Friendship*, eine Rekonstruktion des East-India-Segelschiffs von 1797, liegt hier vor Anker, wenn sie nicht gerade auf ihrer Sommertour ist.

→ *Das House of the Seven Gables ist zentrales Thema im gleichnamigen Roman von Nathaniel Hawthorne*

5

Custom House

176 Derby St Mitte Mai–Okt: tägl. 10–17; Nov–Mitte Mai: Mi–So 10–16 1. Jan, Thanksgiving, 25. Dez nps.gov/sama

Das Haus im Federal Style wurde 1819 errichtet, um dort die Importzölle zu kassieren. Heute ist das Anwesen Teil der Salem Maritime National Historic Site.

In den 1840er Jahren war im Custom House der aus Salem stammende Schriftsteller Nathaniel Hawthorne (1804–1864) beschäftigt. Den roten Backsteinbau mit seinen hohen Decken und kunstvoll gefertigten Möbeln, in dem noch heute das Büro und der Schreibtisch zu sehen sind, beschrieb Hawthorne in seinem Roman *Der scharlachrote Buchstabe* (1850). Das Haus präsentiert eine Ausstellung rund um das Zollwesen.

6

House of Seven Gables Historic Site

115 Derby St +1-978-744-0991 Mitte Mai–Okt: tägl. 10–17; Nov–Mitte Mai: Mi–So 10–16 erste zwei Wochen im Jan, Thanksgiving, 25. Dez 7gables.org

Fans des Autors Nathaniel Hawthorne sollten dieses 1668 errichtete Haus nicht versäumen. Er liebte das Kolonialgebäude so sehr,

↑ *Saugus Iron Works: ein Bereich in Salem Maritime National Historic Site*

Highlight

dass er seinen Roman *The House of the Seven Gables* (1851) hier ansiedelte. Neben den berühmten sieben Giebeln hat das Haus auch eine Geheimtreppe. Die Stätte zeigt unter anderem auch Hawthornes Geburtshaus.

⑦

Marblehead

3 Meilen (5 km) südl. von Salem

Etwas außerhalb der Stadt liegt der malerischste Fleck der Region – Marblehead. Als Präsident George Washington (1732–1799) das Städtchen besuchte, sagte er, es sehe wie eine Antiquität aus. Das Flair konnte sich Marblehead bis heute bewahren.

Schon gewusst?

Hexenprozesse fanden nicht nur in Salem, sondern auch in Ipswich und Andover statt.

Die Stadt wurde 1629 auf einer felsigen Halbinsel gegründet. Sie pflegt ihr Erbe als Fischerdorf und florierender Hafen. Hügelige Straßen führen durch den historischen Stadtkern, in dem schöne Villen und viele Fischerhütten zu sehen sind. Mit über 200 Häusern aus der Zeit vor 1776 und etwa 800 Bauten aus dem 19. Jahrhundert wirkt dieses Viertel wie ein zum Leben erwecktes Lexikon der amerikanischen Architekturgeschichte.

Zu den Sehenswürdigkeiten gehört auch die **Abbot Hall** von 1876, Sitz des Stadtparlaments, in der das Gemälde *The Spirit of '76* (1875) von Archibald Willard (1836–1918) hängt. Für einen Geschäftsmann entstand 1768 **The 1768 Jeremiah Lee Mansion** mit großzügiger Eingangshalle, Mahagoniarbeiten und handbemalten Tapeten. Eine Fahrt entlang der Küste führt zum Point-O'Neck-Leuchtturm, der seit 1835 Schiffen den Weg weist.

Abbot Hall
Washington Sq
1-781-631-0528
tel. erfragen

1768 Jeremiah Lee Mansion
161 Washington St Juni–Okt: Do–Sa 10–16 marbleheadmuseum.org

Restaurants

Ledger
Typische Gerichte der Region mit modernem Twist und köstliche Cocktails.
125 Washington St
ledgersalem.com
$$$

Turner's Seafood at Lyceum Hall
Bestes Seafood in einem historischen Gebäude mit Ziegelwänden und hohen Decken.
43 Church St
turners-seafood.com
$$$

❷

Concord

C5 · 18 000 · 20 Meilen (32 km) östl. in Boston · 58 Main St (+1-978-369-3120) · Aufführung der Schlacht von Concord (Apr) · concordchamberofcommerce.org

In der Kleinstadt Concord wurde amerikanische Geschichte geschrieben: Hier fand am 19. April 1775 die Schlacht von Lexington und Concord statt, die den Beginn des Unabhängigkeitskrieges markiert. Später, im 19. Jahrhundert, entwickelte sich die Stadt zum Zentrum der amerikanischen Literaturszene. Einige der bedeutendsten Schriftsteller jener Zeit haben hier gelebt. Der Einfluss dieser beiden wichtigen Perioden ist in Concord bis heute zu spüren.

①

Minute Man National Historical Park

nps.gov/mima

Dieser historische Park bewahrt die Geschichte des Sieges der Amerikaner über Concord. Die an der North Bridge stationierten britischen Einheiten wurden von den »Minute Men« in einen Hinterhalt gelockt und zurückgeschlagen. Das **North Bridge Visitor Center** erinnert an das Geschehen, das **Minute Man Visitor Center** präsentiert eine 22 Minuten lange Multimediashow zu diesen Geschehnissen.

North Bridge Visitor Center
174 Liberty St
+1-978-369-6993
Apr – Okt: tägl. 9:30 –17; Nov, Dez: Di – Sa 11 –15

Minute Man Visitor Center
Route 2A, Lincoln
+1-781-674-1920
Apr–Okt: tägl. 9 –17

→

Minute-Man-Statue von Daniel Chester French (1850–1931)

②

Concord Museum

Ecke Lexington Rd / Cambridge Tpk · +1-978-369-9609 · Jan – März: Mo – Sa 11 –16, So 13 –16; Apr – Dez: Mo – Sa 9 –17, So 12 –17 · concordmuseum.org

Zu den vielen Exponaten des Museums gehört auch Kunsthandwerk (17. –19. Jh.). Geschichtsliebhaber werden sich für die Laterne interes-

↑ *North Bridge – Schauplatz einer Schlacht im Unabhängigkeitskrieg*

sieren, die Paul Revere damals in der Old North Church aufhängen ließ, um vor dem Vormarsch der Briten zu warnen *(siehe S. 100)*.

3

The Old Manse

269 Monument St +1-978-369-3909 Mai – Okt: Di – So 10 –17; Nov – Apr: Sa, So 12 –17 thetrustees.org

Das Pfarrhaus an der North Bridge wurde 1770 vom Großvater des Autors Ralph Waldo Emerson (1803 –1882) gebaut, der hier für kurze Zeit lebte. Der Schriftsteller Nathaniel Hawthorne (1804 – 1864) und seine Frau mieteten das Haus in den ersten drei Jahren ihrer Ehe.

4

Emerson House

28 Cambridge Tpk
+1-978-369-2236
Mitte Apr – Okt: Di – Sa 10 –16:30, So 13 –16:30

Ralph Waldo Emerson lebte von 1835 bis zu seinem Tod 1882 in diesem Haus, wo er Essays schrieb und Lesungen hielt. Seine Möbel, Schriften, Bücher und Familienerbstücke sind hier ausgestellt.

5

Walden Pond State Reservation

915 Walden St +1-978-369-3254 tägl. 8 –18:30 mass.gov

Der Essayist Henry David Thoreau (1817 –1862) lebte zwischen Juli 1845 und September 1847 am Walden Pond. In dieser Zeit sammelte er Material für sein Buch *Walden oder Leben in den Wäldern* (1854). Darin forderte er eine Rückkehr zum einfachen Leben in Respekt vor der Natur. Wegen des Einflusses des Buchs auf spätere Umweltschützer wird der Walden Pond in den USA als Wiege der Naturschutzbewegung angesehen. Der Teich ist von fast unberührtem Waldland umgeben.

Highlight

Hotels

Concord's Colonial Inn

Die 56 Zimmer des Hotels im Zentrum verteilen sich auf neue und historische Gebäude.

48 Monument Sq
concords colonialinn.com

$$$

North Bridge Inn

Der traditionell gestaltete Gasthof bietet sechs geräumige Zimmer und liegt nur einen Spaziergang von der North Bridge entfernt.

21 Monument St
northbridge inn.com

$$$

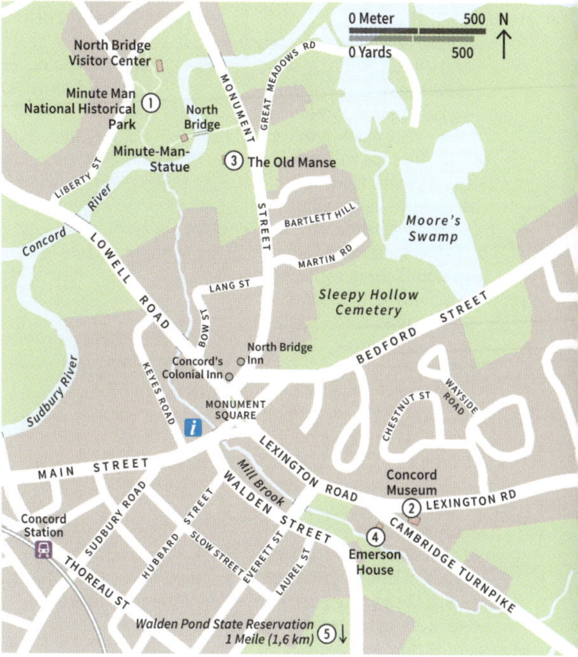

3

Plymouth

D6 56 000 40 Meilen (64 km) nordwestl. in Boston nach Provincetown (saisonal) 130 Water St (+1-508-747-7533) seeplymouth.com

Im Jahr 1620 machten sich 102 Pilger an Bord der *Mayflower* auf den Weg nach Plymouth, wo sie die erste dauerhafte Siedlung in der Neuen Welt ins Leben riefen. Heute drängen sich hier die Besucher auf den Spuren der frühesten amerikanischen Geschichte, so z. B. in der Plimoth Plantation *(siehe S. 172f)* vier Kilometer außerhalb der Stadt. Die Siedlung ist eine Nachbildung des Dorfs der Pilgerväter.

1

Mayflower

State Pier +1-508-746-1622 tel. erfragen

Die *Mayflower II,* ein Nachbau des Segelschiffs aus dem 17. Jahrhundert, das die Pilgerväter von England nach Amerika brachte, liegt in der Nähe des Plymouth Rock vertäut. Das nur 32 Meter lange Schiff wirkt viel zu klein für eine Atlantiküberquerung, vor allem angesichts der rauen Bedingungen, denen es auf hoher See ausgesetzt war. Der Gang über das beengte Deck verschafft Besuchern einen Eindruck.

Nach überstandener Reise starben viele Kolonisten im ersten Winter an Krankheiten und Unterernährung. Ihre sterblichen Reste sind gegenüber auf Coles Hill bestattet. Davor steht eine Statue von Massasoit, dem Häuptling der Wampanoag, der sich mit den Kolonisten verbündet hatte und ihnen zeigte, wie man Mais anpflanzt und erntet. Es waren auch Massasoit und sein Volk, die mit den Pilgervätern das berühmte erste Thanksgiving feierten, das amerikanische Erntedankfest.

Auf dem Burial Hill stand einst das erste Fort. Hier liegen viele der ersten Siedler begraben. Auf einem anderen Hügel thront das 25 Meter hohe »National Monument to the Forefathers«.

Expertentipp
Zu Fuß oder mit dem Bus

Die meisten Sehenswürdigkeiten erreicht man zu Fuß auf dem Pilgrim Path. Informationen zur Geschichte der Stadt bietet eine 40-minütige Bustour (saisonal).

←

Mayflower II, eine Nachbildung des Schiffs, das 1620 nach Amerika segelte

②

Jenney Museum

6 Spring Lane +1-508-747-4544 Mitte März – Nov: tägl 9 –17

Einen lebhaften Eindruck davon, wie schnell sich die Pilgerväter von Gestrandeten zu Siedlern entwickelten, vermittelt das Jenney Museum. Die sehenswerte Kulturstätte wurde 1970 zu jener Mühle aus dem Jahr 1636 nachgebaut, die 1847 abbrannte. Das vier Meter große Wasserrad ist heute noch in Betrieb.

③

Spooner House

27 North St +1-508-746-0012 Juni – Aug: Do, So 14 –18

Der beleibte Ferienort Plymouth hat einige sehr interessante historische Gebäude zu bieten, darunter auch das Spooner House von 1749. Es war bis 1954 im Besitz derselben Familie. Heute gehört es der Plymouth Antiquarian Society und vermittelt mit seinen zahlreichen Artefakten ein anschauliches Bild der damaligen Zeit.

④

Richard Sparrow House

42 Summer St Apr – Dez: tägl. 10 –17
sparrowhouse.com

Im Richard Sparrow House (um 1640), dem ältesten Haus in Plymouth, ist ein Laden für amerikanisches Kunsthandwerk untergebracht.

⑤

Pilgrim Hall Museum

75 Court St +1-508-746-1620 tägl. 9:30 –16:30

Das 1824 eröffnete Museum ist eines der ältesten Nationalmuseen Amerikas und besitzt die größte Sammlung an Objekten aus dieser Ära, etwa das einzige bekannte Porträt eines *Mayflower*-Passagiers. Auch persönliche Gegenstände wie Bibeln und Krippen sind ausgestellt.

⑥

Mayflower Society House

4 Winslow St +1-508-746-3188 tel. erfragen

Das Gebäude stammt aus dem Jahr 1754 und wurde 1898 aufwendig restauriert. In der ehemaligen Küche residiert heute ein Verein direkter Nachfahren der *Mayflower*-Siedler. Seine Bibliothek bietet eine der besten genealogischen Sammlungen Amerikas.

→

Richard Sparrow House (um 1649), das älteste Haus der Stadt

7

Plimoth Plantation

137 Warren Ave +1-508-746-1622 Mitte März–Nov: tägl. 9–17 (weitere Öffnungszeiten der Website entnehmen) plimoth.org

Schon gewusst?

Die vom Kurs abgekommenen Pilgerväter erreichten die Küste in Cape Cod, nicht in Plymouth.

In diesem Freilichtmuseum wird ein bedeutender Abschnitt amerikanischer Geschichte lebendig. Auch das Leben der seinerzeit hier ansässigen Indianer wird beleuchtet.

Die Plimoth Plantation ist ein sorgfältiger Nachbau des Gründerväterdorfs von 1627 – bis hin zu den damaligen Viehrassen. Schauspieler verkörpern die historischen Personen der Kolonie und gehen damaligen Alltagspflichten nach: Sie pökeln Fische, arbeiten im Garten oder trainieren den Umgang mit der Muskete. Im Dorf des Indianerstamms der Wampanoag schildern Nachkommen der hier seit 12 000 Jahren lebenden Menschen die Geschichte ihres Volkes und erzählen von Hobbamock, einem Unterhäuptling von Massasoit aus dem 17. Jahrhundert.

Das Hopkins House ist nach Stephen Hopkins benannt, dessen Ehefrau Elizabeth ihren Sohn Oceanus an Bord der *Mayflower* gebar.

Äußere Palisade

Im Allerton House wohnte Issac Allerton, der für die Finanzen der Kolonie zuständig war.

↑ *Wie vor 400 Jahren: Vorführung einer Nachkommin der Wampanoag*

Highlight

← *Originalgetreu rekonstruiertes Gehöft der Plimouth Plantation*

→ *Nachbildung einer reetgedeckten Hütte der Wampanoag*

← *Lageplan der Plimoth Plantation mit wichtigen Gebäuden*

4

Cape Cod

E6 · 215 000 · Barnstable Municipal Airport · Elm Ave, Hyannis · Ocean St, Hyannis; Railroad Ave, Woods Hole · Ecke Route 132 u. 6, Hyannis (+1-508-362-5225) · Cape Cod Maritime Week (Mai); Annual Bourne Scallop Festival (Sep) · capecodchamber.org

Mit langen Stränden, schöner Natur und Kolonialdörfern hat Cape Cod viel zu bieten. Es erstreckt sich rund 113 Kilometer ins Meer und ist wie ein Arm geformt, dessen »Ellenbogen« zwischen dem Atlantik und der Cape Cod National Seashore liegt. Entlang der Route 28 ist es meist am vollsten. Hier reihen sich die Strände am warmen Wasser des Nantucket Sound und der Buzzard's Bay. Die Städte an der Route 6A, dem alten King's Highway, haben sich mit ihren alten Häusern ihren kolonialen Charme bewahrt.

Wer Cape Cod zum ersten Mal besucht, ist in der Regel verwirrt, wenn er Einheimische nach dem Weg fragt. Cape Cod ist nämlich in drei Bereiche unterteilt, deren Namen wenig Sinn ergeben: Mid Cape und Upper Cape bezeichnen den Südzipfel der Halbinsel (»upper« bedeutet »oben«), jenen Teil, der dem Festland am nächsten liegt. Das Lower Cape (Outer Cape) ist der nördliche Teil. Es beginnt am »Ellenbogen« des Arms, der sich nach Norden krümmt und die Cape Cod Bay formt. Hier liegen die Städte Chatham, Brewster, Orleans, Eastham, Wellfleet, Truro und Provincetown. Das Mid und das Upper Cape Cod erstrecken sich von Bourne und Sandwich im Westen bis nach Yarmouth und Harwich im Osten: Besucher haben hier viele Optionen – von Sonnenbaden an den Stränden des Nantucket Sound bis zu einem Streifzug durch das Nachtleben von Hyannis. Es beginnt, sobald die Sonne über der Cape Cod Bay untergegangen ist.

Expertentipp
Lost Highway

Manchmal lohnt es sich, einen kleinen Umweg zu machen. Der West Falmouth Highway (Route 28A) zweigt in Falmouth von der Route 28 ab und verläuft Richtung Bourne entlang der Westküste durch hübsche Dörfer und idyllische Landschaften.

←

Zum Träumen: Sonnenaufgang an einem Strand nahe Provincetown

①

Provincetown

Die Kleinstadt an der Nordspitze von Cape Cod hat eine bewegte Vergangenheit: 1620 landeten die Gründerväter zuerst hier und blieben fünf Wochen lang, bevor sie bis zum Festland weitersegelten – dieses Ereignis wird im **Pilgrim Monument and Provincetown Museum** dokumentiert.

»P-Town«, wie die Stadt gern genannt wird, entwickelte sich im 18. Jahrhundert zu einem wichtigen Fischereizentrum. Anfang des 20. Jahrhunderts war aus P-Town eine Künstlerkolonie geworden.

Im **Provincetown Art Association and Museum** sind Werke von Künstlern aus der Region ausgestellt. Auch die **Public Library** zeigt Ausstellungen. Am MacMillan Wharf legen die Boote zur Walbeobachtung ab.

Pilgrim Monument and Provincetown Museum
High Pole Hill Rd
Apr–Dez: tägl. 9–17 (Juni–Mitte Sep: bis 19)
pilgrim-monument.org

Provincetown Art Association and Museum
460 Commercial St
Zeiten der Website entnehmen
paam.org

Provincetown Public Library
356 Commercial St
Mo, Fr 10–17, Di–Do 10–20, Sa, So 13–17
provincetownlibrary.org

Künstlerkolonie in Provincetown

Künstler und Schriftsteller haben sich seit je von der Schönheit von Provincetown und seiner Umgebung inspirieren lassen. Die erste Kunstschule der Stadt eröffnete im Jahr 1901. Hier studierten u. a. Hans Hofmann, Jackson Pollock, Mark Rothko und Edward Hopper. Noch heute ist die Stadt für ihre Kunstgalerien berühmt. Schriftsteller wie John Dos Passos, Tennessee Williams, Sinclair Lewis und Eugene O'Neill lebten ebenfalls in Provincetown.

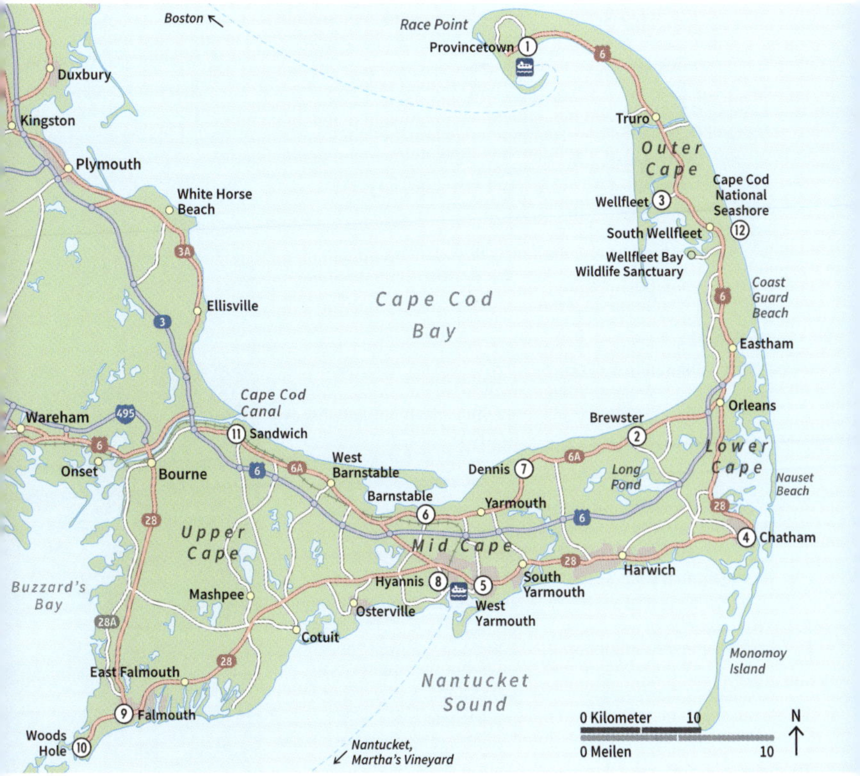

②
Brewster

Die Stadt ist nach Elder William Brewster (1566–1644) benannt, einem Passagier der *Mayflower*. Ihre schönen Häuser aus dem 19. Jahrhundert gehörten vor allem wohlhabenden Kapitänen. Es gibt in Brewster eine hübsche Kirche, die First Parish Brewster Unitarian Universalist Church von 1834. Manche der Kirchenbänke tragen noch die Namensschilder berühmter Kapitäne.

Kinder mögen vor allem die interaktiven Ausstellungen im **Cape Cod Museum of Natural History.** Von einer Plattform mit Blick auf die Salzwassermarschen kann man Vögel beobachten. Das Museum bietet darüber hinaus geführte »Öko-Rundgänge« sowie Bootsfahrten in die nahe Nauset Marsh und nach Monomoy Island an. Die Strände fallen sanft ins Meer ab, bei Ebbe erscheinen eineinhalb Kilometer lange Sandbänke.

Cape Cod Museum of Natural History
869 Route 6A Juni–Sep: tägl. 9:30–16 (weitere Zeiten der Website entnehmen) ccmnh.org

③
Wellfleet

Etwa 27 Kilometer südlich von Provincetown liegt Wellfleet, ein alter Walfangort mit hübschem Zentrum und Häusern mit weißen Fassaden. Heute gibt es in dem auch wegen seiner Austern bekannten Ort die meisten Galerien auf dem Cape. Weiter Richtung Süden trifft man auf Eastham mit dem **Old Schoolhouse Museum**, eine Schule von 1869 mit nur einem Klassenzimmer. Das nahe Orleans ist ein Geschäftszentrum. Von hier aus erreicht man den schönen Nauset Beach mit dem eindrucksvollen Leuchtturm, einem beliebten Fotomotiv.

Expertentipp
Wellfleets Autokino

Im Sommer wartet Wellfleet mit einer besonderen Attraktion auf: Das Autokino mit Großleinwand ist das einzige auf Cape Cod (www.wellfleetcinemas.com).

↑ *Schotterweg entlang der Küste in der Nähe von Chatham*

Old Schoolhouse Museum
Nauset Rd, Eastham Zeiten der Website entnehmen easthamhistoricalsociety.org/schoolhouse-museum

④
Chatham

Chatham liegt direkt auf dem »Ellenbogen«, den das Cape an der Stelle formt, wo sich Nantucket Sound und Atlantik treffen. Die Stadt bietet gute Gasthäuser, eine Main Street mit Läden sowie ein Sommertheater. Das in einem viktorianischen Bahnhof (1887) untergebrachte **Chatham Railroad Museum** zeigt Fotos, Modelle und echte alte Züge.

Chatham eignet sich hervorragend für einen Ausflug in das **Monomoy National Wildlife Refuge.** Dieses ausgedehnte Naturschutzgebiet besteht aus zwei Inseln, auf denen Wandervögel Rast machen. Hier nisten viele gefährdete Vogelarten wie etwa der Regenpfeifer und die rosafarbene Seeschwalbe. Man trifft auf Hirsche und Rehe oder kann die Robben und Seehunde beim Sonnenbad auf den Felsen beobachten.

Chatham Railroad Museum
Depot Rd Mitte Juni–Mitte Sep: Di–Sa 10–16 chathamrailroadmuseum.com

Schon gewusst?

Nirgendwo in den USA ist die Dichte an Leuchttürmen so hoch wie auf der Halbinsel Cape Cod.

Monomoy National Wildlife Refuge
Wikis Way, Morris Island
Juni – Mitte Sep: tägl. 10 –18 fws.gov

⑤
West Yarmouth

Das dünn besiedelte West Yarmouth, das südwestlichste der drei Dörfer von Yarmouth, besteht überwiegend aus Sommerhäusern, von denen sich die meisten in der Nähe der Strände des Nantucket Sound befinden. Autofahrer legen hier gern einen Stopp ein, um ein Eis zu essen oder eine Partie Minigolf zu spielen.

Neueste Attraktion ist das **Whydah Pirate Museum**. Es ist nach dem Schiff benannt, das bei einem Sturm vor Cape Cod kenterte, nachdem Piraten es gekapert hatten. Hier sind u. a. Goldstücke, Waffen, Bekleidung und afrikanischer Goldschmuck ausgestellt.

Whydah Pirate Museum
674 Route 28
Feb – Dez: Di – So 10 –17
discoverpirates.com

⑥
Barnstable

Die Hafenstadt ist Verwaltungszentrum des gleichnamigen Countys. Das in einem Zollhaus von 1856 untergebrachte **Coast Guard Heritage Museum** zeigt Artefakte des Leuchtturms und der Seenotrettung, u. a. einen Film über Rettungsmaßnahmen. Im Hafen legen Boote zur Walbeobachtung ab, zudem kann man in der Gegend schön wandern.

Coast Guard Heritage Museum
Route 6A, 3353 Main St
Mai – Okt: Di – Sa 10 –15
coastguardheritage museum.org

Highlight

Restaurants

Mac's on the Pier
Wählen Sie *oyster po' boys*, und genießen Sie zum Essen die Aussicht.
265 Commercial St, Wellfleet
Ende Mai – Mitte Okt
macsseafood.com
$$$

Chatham Pier Fish Market
In der windumtosten Hütte am Chatham Pier genießt man fangfrisches Seafood.
45 Barcliff Ave, Chatham
Mai – Mitte Okt
$$$

Mews
Gourmetküche und Meerblick sind gute Argumente. Im Bistro oben geht es legerer zu.
429 Commercial St, Provincetown
mews.com
$$$

↑ *Boote in der idyllischen Millway Marina in Barnstable*

↑ *Kitesurfer vor der Küste von Dennis, einem guten Spot für diesen Sport*

⑦
Dennis

Das Dorf hat sich zu einem Kunstzentrum entwickelt und beherbergt mit dem **Cape Playhouse** (1927) das älteste professionelle Sommertheater Amerikas. Auch einige der besten öffentlichen Golfplätze des Cape findet man hier. Die Liste der Bühnenstars, die hier ihre Karriere begannen, ist lang. Darunter sind spätere Oscar-Preisträger wie Humphrey Bogart, Bette Davis und Henry Fonda. Zum Playhouse-Komplex gehört auch das **Cape Cod Museum of Art**, das Arbeiten von Künstlern aus Cape Cod zeigt. Eine kurze Autofahrt nach Osten führt zum Scargo Hill Tower. Besucher können den Turm besteigen und die Aussicht genießen.

Cape Playhouse
820 Route 6A
capeplayhouse.com

Cape Cod Museum of Art
Gelände des Cape Playhouse Zeiten der Website entnehmen
ccmoa.org

⑧
Hyannis

Das größte Dorf der Halbinsel ist das Verkehrszentrum des Cape. Im Hafen liegen Yachten und Ausflugsboote vor Anker. Beliebtestes Transportmittel ist aber die **Cape Cod Central Railroad**, sie bringt Besucher in zwei Stunden zum Cape Cod Canal und zurück.

Das bekannteste Anwesen am Cape Cod gehört den Kennedys, der berühmten Politikerdynastie. Ein Blick auf das abgeschirmte Grundstück lässt sich am besten bei einer Bootstour vom Wasser aus erhaschen.

Das **John F. Kennedy Hyannis Museum** in der Old Town Hall dokumentiert mit Fotos, Ton- und Videoaufnahmen die Zeit ab den 1930er Jahren, in der Kennedy hier Urlaub machte.

Cape Cod Central Railroad
Mai–Okt: Di–So; Abfahrtszeiten und -orte der Website entnehmen
capetrain.com

John F. Kennedy Hyannis Museum
397 Main St Zeiten der Website entnehmen
jfkhyannismuseum.org

⑨
Falmouth

Falmouth wurde 1661 von Quäkern gegründet und im 19. Jahrhundert zu einem Ferienort. Der Dorfplatz und die historische Main Street erinnern an die viktorianische Vergangenheit.

↑ *Backsteinfassade des John F. Kennedy Hyannis Museum, Hyannis*

↑ *Hübsche Läden und Boutiquen säumen die Straßen von Falmouth*

Falmouths Küste eignet sich für Bootsfahrten, Windsurfen und Kajakausflüge. Rund um die Stadt gibt es insgesamt 19 Kilometer an Stränden, Old Silver ist der beliebteste, am Grand Avenue Beach hat man den besten Blick auf den Vineyard Sound. Naturliebhaber genießen Wanderwege: Der fünf Kilometer lange Shining Sea Bike Path lockt mit Aussichten auf Strände, den Hafen und die Wälder auf dem Weg nach Woods Hole.

⑩
Woods Hole

Hier lädt das weltweit größte unabhängige Institut für Meeresforschung zum Besuch ein, die Woods Hole Oceanographic Institution (WHOI): Das **WHOI Exhibit Center** bietet auf zwei Stockwerken überaus interessante Ausstellungen und Videos zur Ökologie der Küste. Dazu gehört der Nachbau vom Inneren der *Alvin*, eines Boots für die Erforschung der Tiefsee.

WHOI Exhibit Center
15 School St
Zeiten der Website entnehmen **whoi.edu**

⑪
Sandwich

Die älteste Stadt auf dem Cape ist ein Juwel: Die First Church of Christ liegt an einem idyllischen Teich. Ihn speist ein Bach, an dem eine Wassermühle aus der Kolonialzeit steht. Die Glocke der Kirche stammt von 1675 und ist wohl die älteste der USA.

Die **Dexter Grist Mill** von 1654 wurde restauriert und mahlt nun wieder: Das hier produzierte Maismehl wird im Laden angeboten.

Das **Sandwich Glass Museum** mit 5000 Objekten widmet sich der Glasherstellung: Zwischen 1825 und 1888 entwickelten örtliche Unternehmer eine Methode, um Glas zu pressen, was ganz besondere Farben hervorbrachte.

Noch ungewöhnlicher sind die **Heritage Museums and Gardens**, ein 30 Hektar großer Garten mit drei Museen, voll von Stücken, die der Sammler Josiah Kirby Lilly, Jr. (1893–1966) zusammentrug. Das American History Museum zeigt Miniaturen und alte Gewehre. In einer Shaker-Scheune sind 37 Oldtimer ausgestellt. Im Art Museum finden sich Volkskunst, Drucke von Currier and Ives und ein Karussell von 1912.

Dexter Grist Mill
Maine u. Water St
+1-508-888-4361
tel. erfragen

Sandwich Glass Museum
129 Main St
Feb, März: Mi–So 9.30–16; Apr–Dez: tägl. 9.30–17 **sandwichglassmuseum.org**

Heritage Museums and Gardens
67 Grove St
+1-508-888-3000
Apr–Mitte Okt: tägl. 10–17 **heritagemuseumsandgardens.org**

Cape Cod Rail Trail

Dem stellenweise sehr dichten Autoverkehr auf Cape Cod kann man sich mit einem Fahrrad gut entziehen. Die 35 Kilometer lange, meist flache Strecke zwischen Dennis und Wellfleet verläuft u. a. durch Wälder und Feuchtgebiete – eine geradezu traumhaft schöne Route (www.mass.gov/locations/cape-cod-rail-trail).

→

Blick über Wood End Light; Surfer am Nauset Beach (Detail)

⑫

Cape Cod National Seashore

Route 6, Cape Cod Salt Pond Visitor Center, Route 6, Eastham +1-508-255-3421 tägl. 9–16:30 (im Sommer länger) nps.gov/caco

Die schmale Cape Cod National Seashore erstreckt sich auf rund 64 Kilometern Länge von Chatham im Süden bis nach Provincetown im Norden. Mit seinen schier endlos scheinenden Stränden und ausgedehnten Dünenlandschaften zählt das Gebiet zu den Schmuckstücken der Natur vor der Küste von Neuengland.

Naturschützer schätzen das Areal schon seit Langem. Die Dünen und Klippen, Salzwiesen voller Vögel sowie Zedern- und Kiefernwälder sind in Nordamerika einzigartig. Mit der Schaffung der National Seashore im Jahr 1961 wurde das Gebiet unter strengen Umweltschutz gestellt, einige Häuser wurden entfernt, alte Straßen mit Sand bedeckt.

Der Park kann von Besuchern aber durchaus genutzt werden. Radwege durchziehen die Landschaft, die Dünen laden zu Wanderungen ein, an den Stränden kann man sich gut erholen, der Wellengang lässt die Herzen von Surfern höherschlagen. Oberhalb mancher Strände stehen interessante Leuchttürme. Spannend sind die geführten Wanderungen mit Lagerfeuer am Strand, auch Kanutouren und Naturprogramme für Kinder werden organisiert.

Camping

Nickerson State Park
Strandleben ist nicht alles. Genießen Sie das entspannte Ambiente dieses Waldgebiets mit vielen gut ausgestatteten Campingplätzen. In der Umgebung gibt es Wander- und Radwege sowie Teiche mit kristallklarem Wasser.

3488 Main St, Brewster
Mai – Mitte Okt
reserveamerica.com

$$$

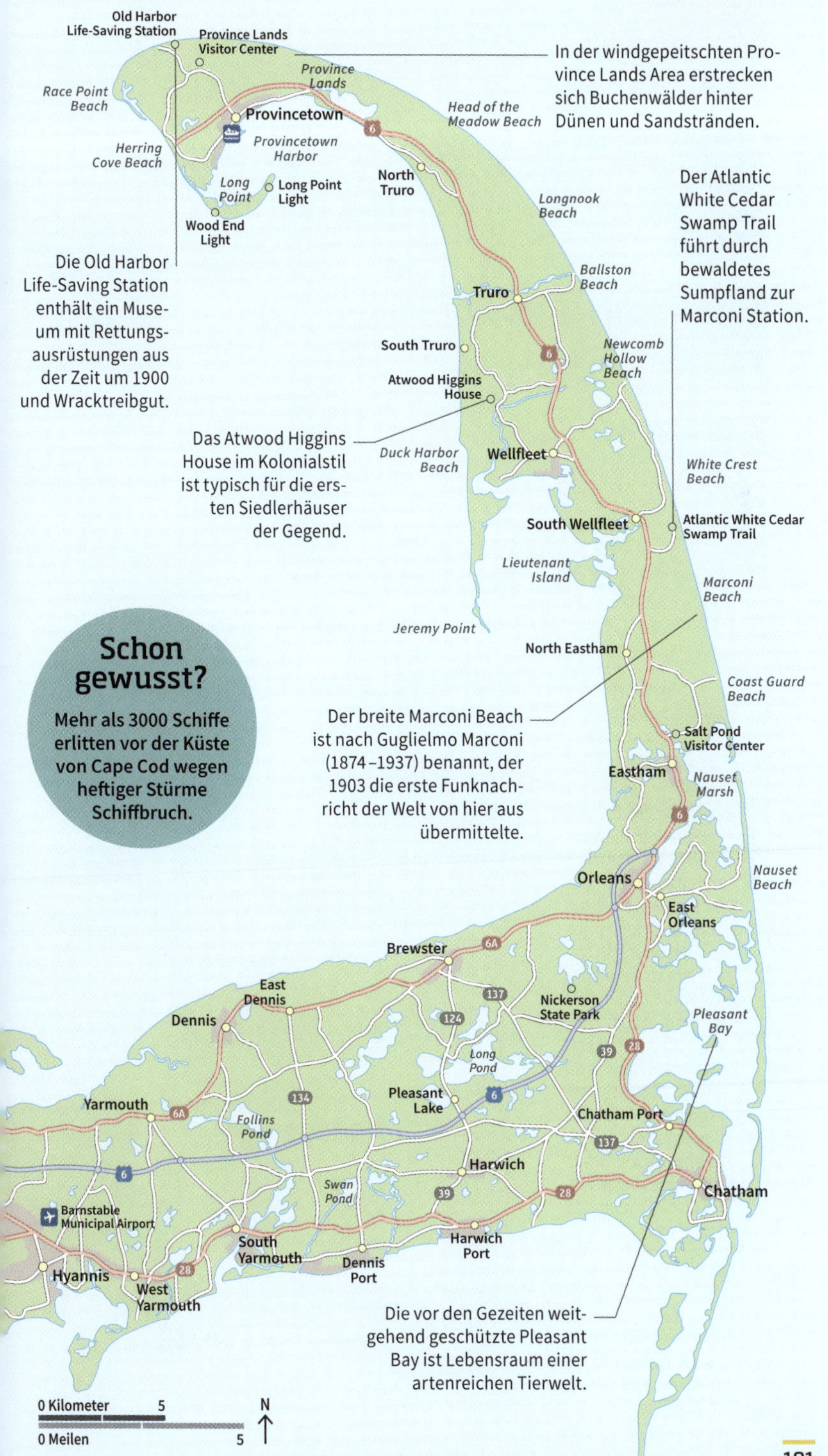

In der windgepeitschten Province Lands Area erstrecken sich Buchenwälder hinter Dünen und Sandstränden.

Der Atlantic White Cedar Swamp Trail führt durch bewaldetes Sumpfland zur Marconi Station.

Die Old Harbor Life-Saving Station enthält ein Museum mit Rettungsausrüstungen aus der Zeit um 1900 und Wracktreibgut.

Das Atwood Higgins House im Kolonialstil ist typisch für die ersten Siedlerhäuser der Gegend.

Schon gewusst?

Mehr als 3000 Schiffe erlitten vor der Küste von Cape Cod wegen heftiger Stürme Schiffbruch.

Der breite Marconi Beach ist nach Guglielmo Marconi (1874–1937) benannt, der 1903 die erste Funknachricht der Welt von hier aus übermittelte.

Die vor den Gezeiten weitgehend geschützte Pleasant Bay ist Lebensraum einer artenreichen Tierwelt.

↑ *Stimmungsbild: Berkshire Hills in den Farben des Herbsts*

5

The Berkshires

A5 60 km südwestl. in Albany, NY Pittsfield 3 Hoover St, Adams (+1-413-743-4500) berkshires.org

Die schier unbeschreibliche natürliche Schönheit der Landschaft fasziniert zu allen Jahreszeiten auf höchst unterschiedliche Weise – ob bei einem gemütlichen Picknick auf einer Frühlingswiese, bei spektakulären Open-Air-Shows während dem Jacob's Pillow Dance Festival im Sommer, bei Spaziergängen in den Wäldern zur herbstlichen Laubfärbung oder im Winter beim Skifahren und Snowboarden.

Seit Langem ziehen die bewaldeten Hügel, saftig grünen Täler, rauschenden Flüsse und Wasserfälle in der westlichen Ecke von Massachusetts Besucher an. Zu den ersten zählten Schriftsteller wie Henry Wadsworth Longfellow (1807–1882), Herman Melville (1819–1891) und Nathaniel Hawthorne (1804–1864). Die Berichte der Autoren über die landschaftliche Schönheit der Gegend lenkten die Aufmerksamkeit vieler wohlhabender Leute der Region auf dieses Fleckchen Erde, das bald zu deren bevorzugtem Sommerdomizil wurde. Heute sind die Berkshires ein ganzjähriges Reiseziel, beliebt wegen des reichen Kulturangebots, aber auch wegen der zahllosen Freizeit- und Sportmöglichkeiten.

Die Region ist übersät von Dörfern und Kleinstädten. Great Barrington im Süden und Pittsfield im Norden sind die wirtschaftlichen Zentren der Berkshires. Dagegen gelten Lenox und Stockbridge als Kulturstädte. Die alten Spinnereien in Housatonic sind mittlerweile als Kunstgalerien wiederbelebt worden. An der Main Street in Sheffield finden sich zahlreiche kleine Antiquitätenläden.

↑ *Bish Bash Falls am Mount Washington – höchster Wasserfall in Massachusetts*

Entdeckertipp
Natural Bridge State Park

Der State Park ist nach der natürlichen Brücke benannt, die ein imposanter Marmorbogen bildet. Auf der Brücke blickt man in die tiefe Schlucht des Hudson Brook (www.mass.gov).

①
Pittsfield

Die Stadt verfügt über eine kulturelle Szene mit der **Barrington Stage Company** und einem literarischen Schrein: **Arrowhead**, ein Haus (18. Jh.) im Schatten des Mount Greylock. Zwischen 1850 und 1863 lebte hier Herman Melville und schrieb sein Meisterwerk *Moby Dick*.

Das **Berkshire Museum** zeigt eine Sammlung über Geschichte, Naturwissenschaften und Kunst. Das Aquarium hat 20 Becken mit lokalen und exotischen Meeresbewohnern. Die Kunstsammlung besticht durch amerikanische Meister des 19. Jahrhunderts wie Edward Moran (1829-1901) und Thomas Hill (1829-1908).

Barrington Stage Company
30 Union St
barringtonstageco.org

Arrowhead
780 Holmes Rd
Ende Mai – Mitte Okt: tägl. 9:30 –17; weitere Termine nach Anmeldung
mobydick.org

Berkshire Museum
39 South St
Mo – Sa 10 –17, So 12 –17
berkshiremuseum.org.

②
Mount Washington State Forest

Route 41 S **+1-413-528-0330** **Sonnenauf- bis -untergang**

Zu den beliebtesten Wanderwegen in den Berkshires zählen Bartholomew's Cobble in Sheffield und die Bash Bish Falls im Mount Washington State Forest. Durch den Wald auf dem Taconic Plateau verlaufen zahlreiche Wege zum Wandern, Reiten und Mountainbiken.

Auch zum Gipfel des Monument Mountain führt ein Pfad und bietet fantastische Ausblicke. Angeblich begegneten sich hier bei einem Aufstieg Herman Melville und Nathaniel Hawthorne zum ersten Mal – der Beginn einer engen Freundschaft.

Restaurants

Eat on North

Moderne amerikanische Küche ist das Markenzeichen des Restaurants im Hotel on North. Die Köche lassen ihrer Kreativität freien Lauf, erwarten Sie Außergewöhnliches. Das Flair ist gleichermaßen leger wie stilvoll.

297 North St, Pittsfield
hotelonnorth.com
$$$

Bistro Zinc

Das stylish eingerichtete Restaurant im Zentrum von Lenox serviert französische Klassiker.

56 Church St, Lenox
bistrozinc.com
$$$

> **Angeblich begegneten sich hier bei einem Aufstieg Herman Melville und Nathaniel Hawthorne zum ersten Mal – der Beginn einer engen Freundschaft.**

Hotels

The Red Lion Inn
Der seit 1773 betriebene Gasthof ist der Inbegriff für Gastlichkeit in The Berkshires. Die beste Aussicht hat man von einem Schaukelstuhl auf der Veranda.

Main St, Stockbridge redlioninn.com

$$$

Tourists
In diesem Rückzugsort inmitten einer waldreichen Umgebung wird großer Wert auf Stil und Design gelegt. Das empfehlenswerte Restaurant ist im angegliederten Bauernhaus (1813) untergebracht.

915 State Rd, N Adams touristswelcome.com

$$$

③

Lenox

Im späten 19. Jahrhundert wurde Lenox wegen der vielen luxuriösen »Sommerhäuschen« prominenter Familien wie der Carnegies oder der Vanderbilts als das »Newport an Land« bekannt. Vor dem Börsencrash des Jahres 1929 gab es mehr als 70 Anwesen in der Gegend. Seitdem sind einige der Reichen fortgezogen, doch viele der Prachtbauten werden heute als Schulen, Kultureinrichtungen, Hotels und Pensionen genutzt. Eine der bekanntesten Villen ist **The Mount**, die 1902 für die Schriftstellerin Edith Wharton (1862–1937) gebaut wurde.

Lenox gewann 1937 an kultureller Bedeutung, als das 200 Hektar große Tanglewood-Anwesen in die sommerliche Konzertstätte des Boston Symphony Orchestra verwandelt wurde. Auch heute noch pilgern Musikliebhaber zur 1200 Besucher fassenden Seiji Ozawa Hall oder zum offenen Music Shed, wo man Konzerten beim Picknick auf der Wiese lauschen kann. Der Name Tanglewood geht auf Nathaniel Hawthorne zurück, der hier einst lebte.

The Mount
2 Plunkett St Mitte Mai–Okt: tägl. 10–17 edithwharton.org

④

Stockbridge

Stockbridge wurde 1734 von Missionaren gegründet, die es sich zur Aufgabe gemacht hatten, den örtlichen Stamm der Mohegan zu unterrichten und zu christianisieren. Das bemerkenswerte **Mission House** (1739) erbaute Reverend John Sergeant für seine Braut. Heute zeigt es eine Ausstellung mit zeitgenössischen Einrichtungsstücken und indianischen Exponaten.

Schon gewusst?
Die Crane Paper Company in Dalton produziert Papier für Dollarscheine.

↑ *The Mount, das Haus der Schriftstellerin Edith Wharton, schmücken Stilmöbel*

Highlight

Norman Rockwell Museum und sein Gemälde Freedom From Want (Detail) ↑

Die Hauptstraße des Orts und das dortige Red Lion Inn (1897) ist in vielen Gemälden von Norman Rockwell (1894–1978) verewigt, einem der beliebtesten Maler Amerikas. Rockwell lebte 25 Jahre lang in Stockbridge. Die landesweit größte Sammlung seiner Werke zeigt das **Norman Rockwell Museum.**

Zu den prominenten Einwohnern von Stockbridge gehörte auch der Bildhauer Daniel Chester French (1850–1931), der jeden Sommer auf seinem Anwesen **Chesterwood** verbrachte. Hier entwarf er die Vorstudien für seine wohl berühmteste Skulptur, den sitzenden Lincoln (1922) im Lincoln Memorial in Washington, DC. Diese Modelle sind heute neben anderen Gipsabgüssen in seinem Atelier ausgestellt.

Naumkeag Museum and Gardens ist ein hübsches Anwesen, das 1885 für Joseph H. Choate, den US-Botschafter in Großbritannien und einen der führenden Anwälte seiner Zeit, errichtet wurde. Die 26 Zimmer des Herrenhauses bergen die Originalmöbel und präsentieren eine Kunstsammlung, die drei Jahrhunderte umspannt.

TOP 5 Darstellende Kunst

Tanglewood Music Festival
Lenox bso.org
Klassische Musik.

Shakespeare & Co.
Lenox
shakespeare.org
Theater mit ganzjähriger Spielzeit.

Jacob's Pillow Dance Festival
Becket
jacobspillow.org
Beliebtes Tanzfestival.

Barrington Stage Co.
Pittsfield barringtonstageco.org
Preisgekröntes Theater.

Williamstown Theatre Festival
wtfestival.org
Sommerfestival.

Mission House
19 Main St
+1-413-298-3239
Memorial Day–Columbus Day (Termine von Führungen tel. erfragen)

Norman Rockwell Museum
Route 183
Mai–Okt: tägl. 10–17; Nov–Apr: Mo–Fr 10–16, Sa, So 10–17 1. Jan, Thanksgiving, 25. Dez
nrm.org

Chesterwood
4 Williamsville Rd Ende Mai–Okt: tägl. 10–17 chesterwood.org

Naumkeag Museum and Gardens
Prospect Hill
+1-413- 298-3239
Memorial Day–Labor Day: tägl. 10–17 (weitere Zeiten tel. erfragen)

6

Old Sturbridge Village

B6 Route 20, Sturbridge +1-508-347-3362
Mai – Okt: tägl. 9.30 –17; Nov – Apr: Di – So 9:30 –16
25. Dez harvard.edu osv.org

Old Sturbridge Village bietet einen anschaulichen Eindruck vom Alltag der Menschen im ländlichen Neuengland im 19. Jahrhundert. Vielfältige Präsentationen alter Handwerkskunst ziehen die Besucher in ihren Bann.

Das Herz dieses Freiluftmuseums bilden rund 40 alte Gebäude, die man aus ganz Neuengland hierhergebracht hat. Old Sturbridge ist wie ein Dorf des frühen 19. Jahrhunderts angelegt und von kostümierten Darstellern bevölkert: Ein Schmied arbeitet am Feuer, Bauern bringen die Ernte ein, und Müller mahlen das Korn. Das Innere der Gebäude ist originalgetreu rekonstruiert und mit Antiquitäten eingerichtet. Hier wird Handwerk wie Spinnen und Weben vorgeführt. Ein Ausstellungsraum und ein Informationszentrum beleuchten das damalige Leben.

↑ Eine Pferdekutsche befördert die Besucher durch das Dorf

Ein Schmied arbeitet am Feuer, Bauern bringen die Ernte ein, und Müller mahlen das Korn.

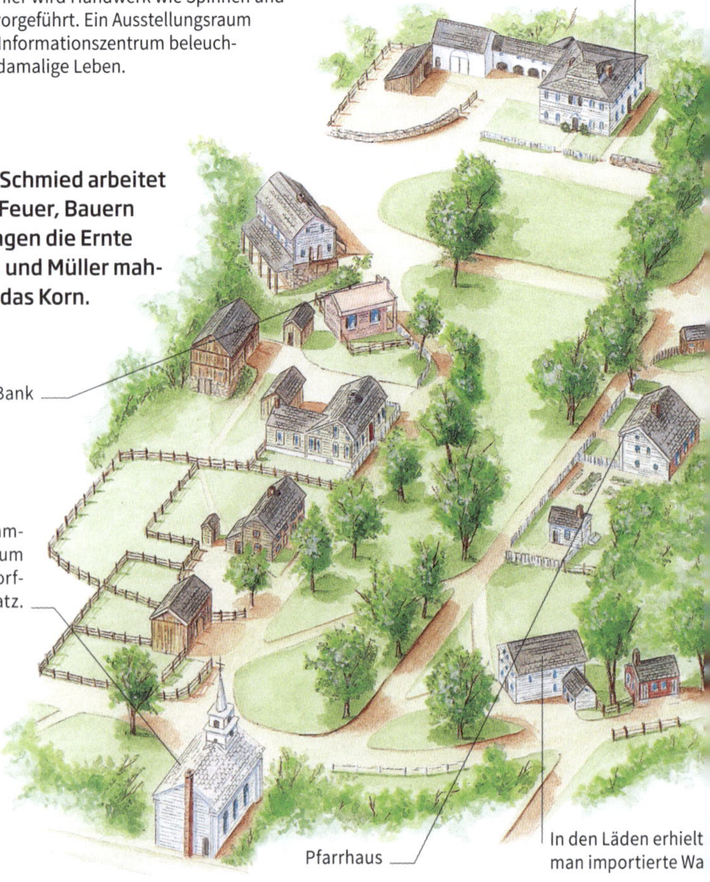

Das Rathaus hatte früher einen Tanzsaal und ist heute mit Stilmöbeln und Porzellan bestückt.

Bank

Das Versammlungszentrum steht am Dorfplatz.

Pfarrhaus

In den Läden erhielt man importierte Wa

Highlight

Hotel

The Old Sturbridge Inn & Reeder Family Lodges
Traditionell oder eher modern? Diese Unterkunft im Old Sturbridge Village bietet beide Optionen. Das Oliver Wight House (1789) hat zehn Zimmer mit historischem Flair (aber zeitgemäßem Komfort), empfängt aber nur Gäste ab zwölf Jahren. Die modernen Wohneinheiten der Reeder Family Lodges verfügen über eigene Eingänge.

C6 371 Main St, Sturbridge osv.org

$$$

SEHENSWÜRDIGKEITEN

7

Nashoba Valley

C5 100 Sherman Ave, Devens (+1-978-772-6976)

Das Nashoba Valley wird vom gleichnamigen Fluss durchzogen und bietet eine reizvolle Landschaft aus Wiesen, Obstgärten und Kolonialstädtchen. Die Gegend ist vor allem im Mai überaus schön, wenn die Apfelbäume blühen, natürlich aber auch im Herbst, wenn die reifen Äpfel gepflückt werden können.

Die **Fruitlands Museums** vereinen vier Museen, zwei Open-Air-Ausstellungen und ein gemütliches Restaurant. Die Gründerin Clara Endicott Sears (1863–1960) war eine Autorin und Umweltschützerin, die hier 1910 ihr Haus baute und geschichtsträchtigen Besitz aufkaufte. Ihr erster Erwerb war Fruitlands, die Farm der Kommune »New Eden«. Die Gruppe, die sich selbst versorgte, wurde von Bronson Alcott (1799–1888) und anderen Transzendentalisten ins Leben gerufen. Alcott war Vater der Autorin Louisa May Alcott (1832–1888). Das restaurierte Farmhaus zeigt Erinnerungsstücke von Alcott und Ralph Waldo Emerson (1803–1882). Fünf Jahre später erwarb Sears ein Haus von 1790 im benachbarten Shaker-Village, das nun eine Sammlung von Shaker-Möbeln zeigt.

Auch die **Nashoba Valley Winery**, ein 22 Hektar großer Obstgarten, lohnt einen Besuch. Inzwischen gibt es hier auch eine Mikrobrauerei, an Wochenenden werden Führungen angeboten.

Schon gewusst?

In der Nashoba Valley Winery gedeihen 82 verschiedene Apfelsorten.

Fruitlands Museums
102 Prospect Hill Rd, Harvard Zeiten der Website entnehmen
fruitlands.org

Nashoba Valley Winery
100 Wattaquadock Hill Rd, Bolton
tägl. 11–17
nashobawinery.com

In der Bullard Tavern werden saisonale hausgemachte Speisen serviert.

← *Lageplan des Old Sturbridge Village*

↑ *Fruitlands Museums im Nashoba Valley – einfache Häuser in malerischer Umgebung*

8
Sudbury

C5 · 18 000 · Boston
322 Concord Rd (+1-978-639-3351) · sudbury.ma.us

Das malerische Städtchen Sudbury bietet eine Reihe historischer Sehenswürdigkeiten wie die First Parish Church (1797) und die Loring Parsonage (1723). Hier befindet sich mit Longfellow's Wayside Inn auch eines der ältesten Gasthäuser Amerikas. Das Gebäude wurde 1707 fertiggestellt und nahm 1716 den Gastbetrieb auf. Berühmt wurde es vor allem durch Longfellows Gedichtband *Tales of a Wayside Inn* (1863).

In den 1920er Jahren kaufte der Industrielle Henry Ford (1863–1947) das baufällige Haus, restaurierte es umfassend und ließ andere alte Gebäuden hierher umsetzen: eine Kornmühle, eine Schule und einen Gemischtwarenladen. Heute ist in dem Gasthaus ein kleines Museum zur amerikanischen Kolonialzeit eingerichtet. Andere Gebäudeteile dienen als kleines Hotel mit gemütlichen Zimmern und einem einfachen Restaurant mit amerikanischer Küche.

Die Western Avenue Studios, die größte amerikanische Künstler-Community an der Ostküste, öffnet einmal im Monat ihre Pforten für Besucher.

9
Lowell

C5 · 106 000 · Boston
61 Market St, Unit 1C (+1-978-459-6150)
merrimackvalley.org

Lowell gilt als erste industrialisierte Stadt Amerikas, womit der Industriellen Revolution der Weg geebnet war. Im frühen 19. Jahrhundert eröffnete der Bostoner Kaufmann Francis Cabot Lowell im benachbarten Waltham eine Textilfabrik und rüstete sie mit seiner neuen Webmaschine aus. Im Vergleich zur bisherigen Handarbeit war die Steigerung der Produktivität so hoch, dass die Fabrik mehr Platz benötigte und nach East Chelmsford umzog, das dann später den Namen Lowell erhielt. Hier standen viel Land und die Energieversorgung durch das Gefälle des Merrimack River zur Verfügung. Bald war das Unternehmen auf zehn riesige Spinnereikomplexe mit 10 000 Arbeitern gewachsen.

Die Stadt blühte auf – auf Kosten der Arbeiter, die von Fabrikanten ausgebeutet wurden. Schließlich organisierten sich die Arbeiter. Es gab zahlreiche Streiks, am erfolgreichsten war der sogenannte »Bread and Roses Strike« 1912, der im nahen Lawrence begonnen hatte und sich nach Lowell ausbreitete. Zwar verbesserte dieser Arbeitskampf die Bedingungen für die Arbeiter, doch nur für kurze Zeit: In den 1920er Jahren wanderten viele Unternehmen wegen der billigeren Arbeitskräfte in den Süden ab. Die Weltwirtschaftskrise im Jahr 1929 machte aus Lowell eine Geisterstadt.

Der **Lowell National Historical Park**, 1978 für die Sanierung und den Erhalt von 100 Gebäuden im Zentrum gegründet, bewahrt die Geschichte von Lowell. Das Market Mills Visitor Center an der Market Street bietet Führungen und Tickets für sommerliche Bootsausflüge auf den Kanälen der Stadt an.

↑ *Ein Ambiente wie im 18. Jahrhundert: Longfellow's Wayside Inn in Sudbury*

↑ *Aus der Frühzeit industrieller Produktion: Historische Webstühle im Boott Cotton Mills Museum*

Zwischen März und November bringen alte Karren die Besucher zum **Boott Cotton Mills Museum**, dem Herzstück des Parks, wo 88 alte Webmaschinen betrieben werden.

Lowell hat jedoch auch nichtindustrielle Sehenswürdigkeiten wie das **New England Quilt Museum** mit Ausstellungen historischer und zeitgenössischer Quiltmacherkunst, das auch über Trends in der Textilkunst informiert.

Der Maler James McNeill Whistler (1834–1903), berühmt für das Porträt seiner Mutter, stammt aus Lowell. Sein Geburtshaus, heute das **Whistler House Museum of Art**, zeigt neben Drucken seiner Werke auch US-Kunst des 19. und frühen 20. Jahrhunderts.

Einige alte Mühlen wurden in den vergangenen Jahrzehnten zu Kunstzentren umgebaut, in denen vereinzelt auch Galerien untergebracht sind. Die **Western Avenue Studios**, die größte amerikanische Künstler-Community an der Ostküste, öffnet einmal im Monat ihre Pforten für Besucher.

Lowell National Historical Park
246 Market St
Zeiten der Website entnehmen
nps.gov/lowe

Boott Cotton Mills Museum
115 John St
+1-978-970-5000
Apr–Nov: tägl. 9:30–17; Dez–März: Zeiten tel. erfragen

New England Quilt Museum
18 Shattuck St
Di–So 10–16
Jan–Apr: So
nequiltmuseum.org

Whistler House Museum of Art
243 Worthen St
Mi–Sa 11–16
whistlerhouse.org

Western Avenue Studios
122 Western Ave
1. Sa im Monat 12–17
westernavenuestudios.com

10 Quincy

D5 94 000 180 Old Colony Ave (+1-617-471-1700) discoverquincy.com

In Quincy lebten vier Generationen der Familie Adams, die den zweiten und sechsten US-Präsidenten stellten. Der **Adams National Historical Park** umfasst zwölf Bauten, darunter das Geburtshaus von John Adams. Sein Sohn John Quincy Adams wurde ganz in der Nähe geboren. In der Kirche sind beide Präsidenten und ihre Ehefrauen begraben.

Adams National Historical Park
1250 Hancock St
Mitte Apr–Mitte Nov: tägl. 9–17
nps.gov/adam

11 New Bedford

D6 18 000 133 William St (+1-508-979-1400) newbedford-ma.gov

Im 19. Jahrhundert war New Bedford durch den seinerzeit höchst profitablen Walfang zu einem wohlhabenden Städtchen geworden. Im Whaling National Historical Park und im New Bedford Whaling Museum wird diese glorreiche Vergangenheit der einstigen Arbeiterstadt dokumentiert.

Jack Kerouac

Jack Kerouac, geboren in Lowell, war der führende Chronist der »Beat Generation«, wie er selbst die Kunstbewegung der 1960er Jahre nannte. Obwohl er die meiste Zeit seines Lebens außerhalb Lowells verbrachte, liegt er dort auf dem Edson Cemetery begraben. Auszüge seines berühmtesten Romans *Unterwegs* (1957) und anderer seiner Werke sind in die Granitsäulen im Kerouac Commemorative Park (Bridge Street) eingemeißelt.

↑ *Skelett eines Pottwals in Nantuckets Whaling Museum*

12

Nantucket Island

E7 10 000 West Tisbury Hyannis; Harwich Port; New Bedford, Oak Bluffs Zero Main St (+1-508-228-1700) nantucket.net

Nantucket Island liegt vor der Südspitze von Cape Cod *(siehe S. 174–181)*. Die 22 Kilometer lange Oase der Ruhe besitzt nur eine einzige »richtige« Stadt. Ansonsten stellt die Insel eine noch ungezähmte Welt aus Teichen, Cranberry-Mooren, üppigen Blaubeersträuchern und wildem Wein dar. Aus der schönen Naturlandschaft ragt nur hier und da ein Leuchtturm heraus.

Die Stadt Nantucket spielte zu Beginn des 18. Jahrhunderts eine bedeutende Rolle im lukrativen Walfanggeschäft und verfügte über eine Flotte aus rund 100 Booten. Herman Melville, Autor von *Moby Dick*, heuerte 1841 in Nantucket auf einem Walfänger an. Diese Vergangenheit zeigt sich auch in der Architektur der Stadt, da entlang der Main Street noch viele der eleganten Villen von Kapitänen und Kaufleuten – reich geworden durch den Walfang – erhalten sind. Die Stadt weist heute landesweit die meisten historischen Wohnhäuser aus der Zeit vor 1850 auf.

Schon gewusst?

Nantucket wurde angeblich zuerst für die Summe von 30 Pfund und zwei Biberhütten verkauft.

Die **Nantucket Historical Association** (NHA) unterhält in der Stadt elf historische Gebäude. Eines der herausragenden ist das Whaling Museum an der Broad Street, das eine restaurierte Walrat-Kerzenfabrik von 1847 und ein seltenes, 14 Meter langes Skelett eines Pottwals zeigt. Historische Exponate, darunter viele Schiffsmodelle, Seekarten, Werkzeug, Manuskripte und andere Dokumente, Walrosszähne sowie mehr als 45 000 Fotos, beleuchten die Zeit, als Nantucket der wichtigste Walfanghafen war. Mittlerweile widmet sich die Stadt in Verbindung mit Organisationen wie Marine Mammal Alliance Nantucket dem Schutz der Meeressäuger.

Im Hawden House erfährt man, wie reiche Walfanghändler gelebt haben. Quaker Meeting House illustriert, dass sich das Quäkertum seit dem ersten Treffen (1701) zur Religion von Nantuckets Elite entwickelte.

Andere Orte von Interesse sind das Jethro Coffin House von 1686, das älteste Haus auf der Insel, und die Old Mill aus dem 18. Jahrhundert. Die Getreidemühle ist noch funktionstüchtig.

Nantucket Historical Association (NHA)

15 Broad St Zeiten der Website entnehmen nha.org

13

Lincoln

C3 8000 16 Lincoln Rd (+1-781-259-2600) lincolntown.org

Auf halbem Weg zwischen Concord und Lexington liegt Lincoln. Der **DeCordova Sculpture Park**, der größte Park seiner Art in Neuengland, zeigt als Teil einer ständig wechselnden Ausstellung rund 60 große Skulpturen zeitgenössischer amerikanischer Künstler unter freiem Himmel. Der Park ist ein Geschenk des Unternehmers Julian DeCordova (1850–1945), der für seine moderne neuenglische Kunstsammlung berühmt ist.

Walter Gropius (1883–1969), Gründer der Bauhaus-Schule und einer der einflussreichsten Architekten des 20. Jahrhunderts, war 1934 aus Deutschland emigriert und wurde Professor in Harvard. 1937 entwarf er das einzigartige **Gropius House** in einem Mix von Stilelementen aus Neuengland (u. a. Schindeln und Feldsteinen) sowie geschwungenen Treppengeländern aus Chrom und Schallwänden.

Kunst und Architektur bestimmen auch das **Codman Estate** (18. Jh.), das der Kaufmann John Codman bauen ließ. Hier lebten fünf Generationen der Familie Codman. Der dreistöckige Bau liegt auf einem 6,5 Hektar großen Anwesen und ist klassizistisch eingerichtet.

Im **Drumlin Farm Wildlife Sanctuary** können Besucher eine Farm in Betrieb erleben und Vogelbeobachtung und Wanderungen durch die Natur genießen.

DeCordova Sculpture Park and Museum
51 Sandy Pond Rd
Sommer: tägl. 10–17; Winter: Zeiten der Website entnehmen
decordova.org

Gropius House
68 Baker Bridge Rd +1-781-259-8098 Mai–Okt: Mi–So 11–16; Nov–Apr: Sa, So 11–16

Codman Estate
34 Codman Rd
+1-617-994-6690
Juni–Mitte Okt: 2. u. 4. Sa im Monat 10–14

Drumlin Farm Wildlife Sanctuary
208 South Great Rd +1-781-259-2200
März–Okt: Di–So 9–17; Nov–Feb: Di–So 9–16

14

Lexington

D5 32 000 1875 Massachusetts Ave (+1-781-862-1450) tourlexington.us

Lexington und das benachbarte Concord waren Schauplätze zweier Gefechte, die zum Unabhängigkeitskrieg führten. Am 19. April 1775 trafen hier bewaffnete Kolonisten, die »Minute Men«, auf britische Truppen, die nach Concord unterwegs waren, um dort ein Waffenlager der Rebellen auszuheben. Die Statue *Minute Man* steht auf dem Common der Stadt, heute als Lexington Battle Green bekannt.

Whale Watching

Zwischen April und Mitte Oktober tummeln sich in den Gewässern vor Nantucket Island und Cape Cod Finn-, Mink- und Buckelwale. Die Meeresriesen schlagen mit ihren Schwanzflossen, spritzen Blasen empor und springen manchmal mit ihrem ganzen Körper aus dem Wasser. Vor allem im Juli und August kann man Wale sichten. Bootstouren werden in einigen Häfen angeboten, etwa in Straight Wharf, Nantucket.

Jedes Jahr Mitte April wird die Schlacht nachgestellt. Die **Historical Society** unterhält drei Gebäude mit Exponaten aus jener Zeit. Die Buckman Tavern diente den Minute Men als Treffpunkt. Paul Revere hatte die Kolonisten vor den Briten gewarnt und soll hier nach seinem Ritt abgestiegen sein *(siehe S. 102)*. Revere hielt auch am Hancock-Clarke House, um Samuel Adams und John Hancock, zwei Unterzeichner der Unabhängigkeitserklärung, zu warnen. Die Munroe Tavern war Hauptquartier der Briten.

Historical Society Houses
Hancock-Clarke House: 36 Hancock St; Buckman Tavern: 1 Bedford St; Munroe Tavern: 1332 Massachusetts Ave
lexingtonhistory.org

← Minute Man, *Statue im Gedenken an die Schlacht von Lexington*

Segelboot vor der Küste von Nantucket Island (siehe S. 190)

15

Martha's Vineyard

D7 15 000 West Tisbury Woods Hole, Hyannis, Falmouth, New Bedford Beach Rd, Vineyard Haven (+1-508-693-0085) mvy.com

Das windgepeitschte Aquinnah am westlichen Zipfel der Insel ist wegen seiner bunt gefärbten, steilen Lehmklippen vor allem bei Fotografen ein beliebtes Ziel.

Die Vineyard, wie die Einheimischen die Insel nennen, ist mit rund 280 Quadratkilometern die größte Ferieninsel Neuenglands. Martha's Vineyard liegt 45 Minuten von der Küste entfernt und ist mit einer ansprechenden Mischung aus landschaftlicher Schönheit und dem dezent eleganten Charme gepflegter Strandorte gesegnet. Fahrradwege führen über die ganze Insel, auf der man auch wandern, angeln und hervorragend segeln kann. Jeder Ort der Insel besitzt seinen ganz eigenen Reiz.

Die meisten Besucher erreichen Martha's Vineyard mit der Fähre, die im Hafenstädtchen Vineyard Haven festmacht. Im 19. Jahrhundert wurde der Ort durch ein Feuer zerstört. Vineyard Haven liegt geschützt zwischen zwei Landspitzen mit Leuchttürmen, die als East und West Chop bekannt sind.

Ein weiteres bemerkenswertes Gebäude ist das **Martha's Vineyard Museum**, das 2019 von seinem vorherigen Standort in Edgartown hierher verlegt wurde. Heute ist es im Vineyard Haven Marine Hospital untergebracht und zeigt Antiquitäten, Schiffsmodelle, feine Schnitzereien und Walfangausrüstungen.

Im frühen 19. Jahrhundert, als Edgartown Zentrum der Walfängerei auf der Insel war, lebten hier vorwiegend wohlhabende Kapitäne und Kaufleute. Ihre Häuser säumen noch heute die Dorfstraßen.

Am östlichen Ende des Küstenstreifens kann man mit der Fähre nach Chappaquiddick Island übersetzen, das für seine Strände und die Möglichkeit zum Wandern, Angeln und zur Vogelbeobachtung bekannt ist. Die Enklave geriet 1969 in die Schlagzeilen, als Senator Edward Kennedy dort mit dem Auto von einer Brücke abkam und seine Beifahrerin dabei ums Leben kam.

Der Fremdenverkehr auf Martha's Vineyard begann 1835, als Methodisten hier Zelte für ihre sommerlichen Erweckungsveranstaltungen aufschlugen. Menschen strömten auf der Suche nach Sonne und Seelenheil auf die Insel. Allmählich verwandelte sich das Zeltdorf in eine bunte Stadt aus reich verzierten Landhäuschen, Pen-

Schon gewusst?

Der Brite Bartholomew Gosnold benannte Martha's Vineyard im Jahr 1602 nach seiner Tochter.

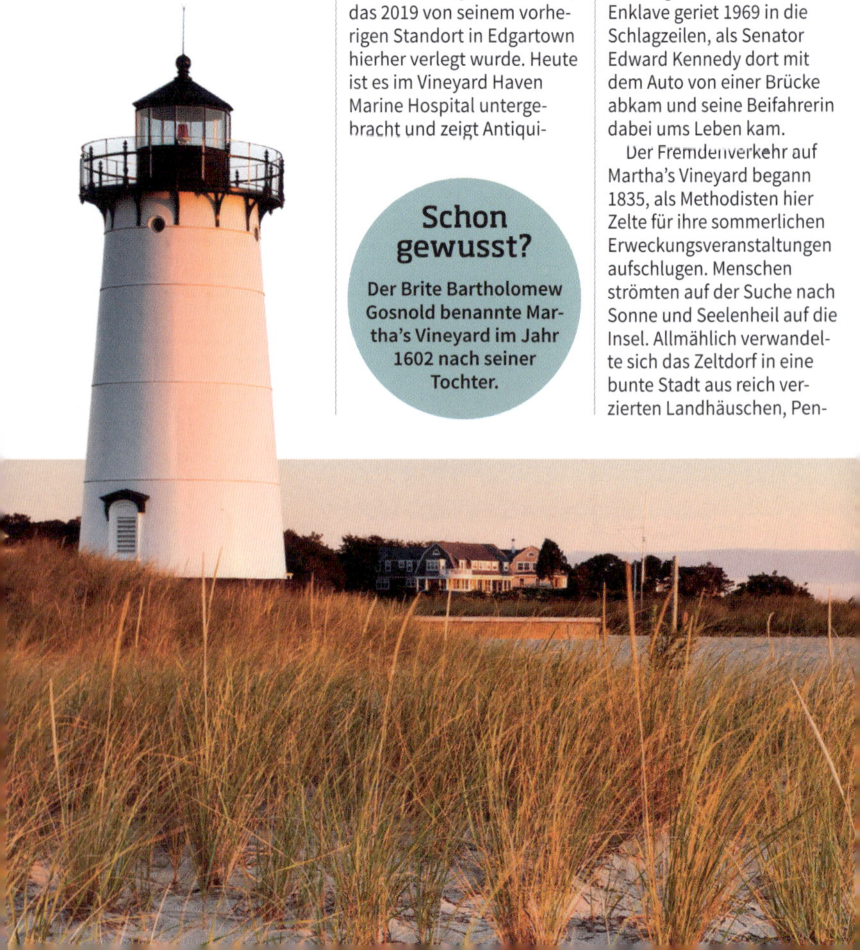

Long Point Wildlife Refuge

Ob zur Vogelbeobachtung oder für diverse sportliche Aktivitäten wie Schwimmen, Kajakfahren, Stand-Up-Paddeln und Wandern – Long Point, ein über 240 Hektar großes Areal an der Südküste von Martha's Vineyard, bietet viele Optionen für Aktive. Zu den besten Bademöglichkeiten gehört der Süßwasserteich Long Pond, in dem man fernab des Einflusses von Ebbe und Flut schwimmen kann. In den Sommermonaten kann man Paddelbretter und Kajaks mieten. Auch für Wanderer ist das Gebiet ein Traum: Ein mehrere Kilometer langes Netz aus Wanderwegen führt durch abwechslungsreiche Landschaften (u. a. Heideflächen und Eichenwälder).

↑ *Boote im hübschen Hafen von Edgartown auf der Insel Martha's Vineyard*

sionen und Läden. Sie erhielt erst den Namen Cottage City und wurde 1907 in Oak Bluffs umbenannt. Hier lädt das **Flying Horses Carousel**, mit 130 Jahren Amerikas ältestes Karussell, zu einer vergnüglichen Fahrt ein.

Die eher ländlich geprägte westliche Küste ist deutlich ruhiger als die südliche. In Kleinstädten wie North und West Tisbury, Menemsha und Aquinnah (bis 1998 Gay Head) finden sich hübsche Wohnhäuser und wundervolle Strände, viele davon sind jedoch privat.

Das winzige West Tisbury ist ein urwüchsiges Dorf mit Palisadenzäunen, einem weißen Kirchturm und einem Krämerladen. In Menemsha liegt eine Fischereiflotte im Hafen. Die alten Fischerhütten, Netze und Hummerfallen wirken noch wie aus dem vorigen Jahrhundert. Das windgepeitschte Aquinnah am westlichen Zipfel der Insel ist wegen seiner bunt gefärbten, steilen Lehmklippen vor allem bei Fotografen ein beliebtes Ziel. In dem Gebiet findet man auch einige der schönsten Sandstrände von Martha's Vineyard.

Martha's Vineyard Museum

151 Logan Pond Rd, Vineyard Haven Juni – Okt: Di – So 10 –17; Nov – Mai: Di – So 10 –16 Feiertage mvmuseum.org

Flying Horses Carousel

Oak Bluffs Ave, Oak Bluffs +1-508-693-9481 Apr – Mitte Okt: tel. erfragen

← *Edgartown Harbor Light – einer der über die Küste der Insel wachenden Leuchttürme*

Boston University Terriers gegen Michigan Wolverines im DCU Center, Worcester ↑

16

Worcester

C5 180 000 Worcester Airport 46 Main St (+1-508-753-1550)

Worcester spielte wiederholt eine Vorreiterrolle: In der Industriellen Revolution entwickelten Ingenieure hier den ersten mechanischen Webstuhl für Teppiche und eine Falzmaschine für Briefumschläge. Der Erfindergeist erreichte seinen Höhepunkt 1926, als der in Worcester geborene Dr. Robert Goddard (1882–1945) die erste Flüssigbrennstoffrakete der Welt startete.

Doch in Worcester denkt man nicht nur an Maschinen: Im Lauf der Zeit hat die auf sieben Hügeln erbaute Stadt zehn Colleges und Universitäten gegründet und zudem ein biologisches Forschungszentrum, in dem in den 1950er Jahren die erste Antibabypille entwickelt wurde.

Das **DCU Center** ist eine überdachte Mehrzweckarena mit Kongresszentrum und gilt als einer der wichtigsten Veranstaltungsorte in Massachusetts. Es liegt in der Innenstadt von Worcester, unweit von Läden, Bars und Restaurants. Neben zahlreichen Sportevents finden hier auch Konzerte von Rock- und Pop-Größen statt. Bis zu 15 000 Besucher finden allein in der Arena bequem Platz.

Das **Worcester Art Museum** ist in einem hübschen Steingebäude aus dem späten 19. Jahrhundert untergebracht und hat sich mit seiner überaus beeindruckenden Sammlung von rund 35 000 Objekten (aus 5000 Jahren) einen Namen gemacht. Darunter befindet sich auch ein Kapitelsaal aus dem 12. Jahrhundert, der im Museum Stein für Stein wieder aufgebaut wurde. Die ost- und westasiatische Kunst sowie japanische Holzdrucke werden von etlichen, teils hochkarätigen Arbeiten westlicher Meister wie etwa Claude Monet (1840–1926), Thomas Gainsborough (1728–1788) und Pablo Picasso (1881–1973) ergänzt.

Nur drei Kilometer außerhalb der Stadt bemüht sich das **Ecotarium** um ein besseres Verständnis der regionalen Umwelt und ihrer Tierwelt. Auf dem Areal (24 ha) befinden sich ein Zentrum für verletzte und gefährdete Tiere, ein Planetarium sowie mit der Wild Cat Station eine Forschungsstation, die sich den Berglöwen Neuenglands widmet.

Umgebung: Das 16 Kilometer südöstlich gelegene North Grafton blickt auf eine lange Geschichte der Uhrmacherei zurück: Im frühen 19. Jahrhundert zählten die Brüder Benjamin, Simon, Ephraim und Aaron Willard zu den besten Handwerkern Neuenglands, die neue Stile für Uhren entwickelten. Die Uhren erhielten so klangvolle Namen wie »Eddystone Lighthouse« (Eddystone-Leuchtturm), »Skeleton« (Skelett) oder »Act of Parliament« (Gesetz). Heute sind im **Willard House and Clock Museum** im ehemaligen Wohnhaus der Willards aus dem 18. Jahrhundert mehr als 70 Willard-Uhren und elegante Standuhren ausgestellt.

DCU Center
50 Foster St aktuelle Veranstaltungen der Website entnehmen
dcucenter.com

Worcester Art Museum
55 Salisbury St · Mi–So 10–17 · worcesterart.org

Ecotarium
222 Harrington Way · +1-508-929-2700 · Do–Sa 10–17, So 12–17 · ecotarium.org

Willard House and Clock Museum
11 Willard St, North Grafton · Mi–Sa 10–16, So 13–16 (Jan–März: nur Fr–So) · willardhouse.org

17

Amherst

B5 · 23 000 · 41 Meilen (66 km) südl. in Windsor Locks, CT · 35 S Pleasant St (+1-413-253-0700)

Das idyllische College-Städtchen ist auf drei akademische Einrichtungen stolz: Sehr beliebt bei Besuchern ist das Amherst College mit seinen Grünflächen und den efeuumrankten Gebäuden. Es wurde 1821 für Jugendliche aus sozial schwachen Familien gegründet und ist heute eines der exklusivsten Colleges in den USA. Das **Mead Art Museum** zeigt den Rotherwas Room, einen reich verzierten englischen Saal aus der Zeit um 1600. Das Beneski Museum of Natural History auf dem Campus zeigt Mineralien.

Zu den berühmtesten Einwohnern Amhersts zählte die Dichterin Emily Dickinson. Mit Anfang zwanzig zog sie sich zurück und verbrachte den Rest ihres Lebens im Haus der Familie, wo sie 1886 starb. Das Schlafzimmer im zweiten Stock des **Emily Dickinson Museum** wurde restauriert und sieht aus wie in den Jahren 1855–86, als sie ihre wichtigsten Gedichte schrieb. Ihr Werk blieb bis zu ihrem Tod unveröffentlicht. Neben Exponaten zu Dickinsons Leben zeigt die **Jones Library** eine Sammlung über den Dichter Robert Frost, der am Amherst College unterrichtete.

Restaurant

Boulevard Diner
Neonlampen prägen das Flair in diesem seit 1936 betriebenen Diner. An der Theke können Sie bei der Zubereitung von Eiergerichten und Burgern zusehen.

C5 · 155 Shrewbury St · 1-508-791-4535 · $$$

Mead Art Museum
Amherst College · +1-413-542-2335 · Di–Do 9–17, Fr 9–20 · Mitte Dez–Jan

Emily Dickinson Museum
280 Main St · +1-413-542-8161 · März–Dez: Mi–So 11–16

Jones Library
43 Amity St · +1-413-259-3090 · Mo, Mi, Fr, Sa 9–17:30, Di, Do 9–20:30, So 13–17 · Juni–Aug: So

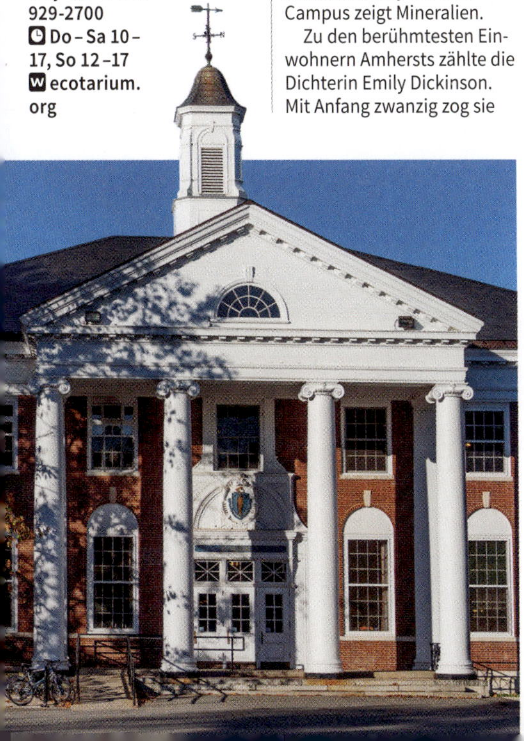

← *Säulengeschmückte Fassade des renommierten Amherst College*

Statue im Garten des Dr. Seuss National Memorial, Springfield

Expertentipp
Mitmachen!
Springfields Museen bieten viele Veranstaltungen wie Lesungen, Performances, Cocktailabende, Workshops für Familien und Kunst zum anfassen (www.springfieldmuseums.org).

18
Springfield

B6 155 000 15 Meilen (24 km) südwestl. in Windsor Locks, CT 1441 Main St (+1-413-787-1548)

Das heutige Banken- und Versicherungszentrum verdankt seinen Aufstieg der Waffenindustrie: Die **Springfield Armory National Historic Site**, die erste Waffenfabrik in den USA, war von George Washington beauftragt, Waffen für die Kolonialarmeen im Unabhängigkeitskrieg herzustellen. Heute wird die historische Fabrik vom National Park Service verwaltet und zeigt eine der größten Waffensammlungen der Welt.

Dr. James Naismith (1861–1939), Lehrer am International YMCA Training Center, dem heutigen Springfield College, erfand 1891 das Basketballspiel. Die **Basketball Hall of Fame** zeichnet die Entwicklung des Spiels nach. Gezeigt werden Basketball-Memorabilien und interaktive Ausstellungen: In virtuellen Spielen können die Besucher gegen Basketballstars antreten oder die eigene Treffsicherheit üben.

Der Court Square an der Main Street stellt das neu belebte Stadtzentrum dar. Ganz in der Nähe liegt **The Quadrangle**, ein Komplex aus fünf Museen für Kunst, Wissenschaft und Geschichte. Während das G. W. V. Smith Art Museum orientalisches Kunsthandwerk und japanische Rüstungen präsentiert, zeigt das Museum of Fine Arts Gemälde aus Europa und Amerika, Skulpturen und dekorative Kunst. Kinder lieben das Springfield Science Museum mit den Exponaten zum Anfassen, einem Planetarium und vor allem der Dinosaurier-Halle mit dem lebensgroßen Modell eines Tyrannosaurus Rex. Das Wood Museum of Springfield History zeigt Autos und Motorräder aus hiesiger Produktion.

Das Dr. Seuss National Memorial erinnert an den von hier stammenden Kinderbuchautor Theodor Geisel (1904–1991), besser bekannt unter dem Pseudonym »Dr. Seuss«. 2017 eröffnete im Quadrangle The Amazing World of Dr. Seuss Museum mit vielen Aktivitäten für Kinder.

»Reflecting pool« im Garten des Clark Art Institute, Williamstown

Umgebung: 18 Kilometer nördlich von Springfield liegt in dem Dorf South Hadley das Mount Holyoke College, 1837 als Amerikas erstes »Female Seminary« gegründet. Die Dichterin Emily Dickinson (1830 – 1886) hat dort studiert.

Der 3,2 Quadratkilometer große Campus umfasst zwei Seen und einige Wanderwege. Hier lohnen insbesondere das Art Museum und das Talcott Greenhouse einen Besuch.

Springfield Armory National Historic Site
One Armory Sq +1-413-734-8551 tägl. 9 – 17 (Nov – Mai: nur Mi – So) 1. Jan, Thanksgiving, 25. Dez

Basketball Hall of Fame
1000 W Columbus Ave tägl. 10 – 16 Dez – Apr: Mo, Di; Thanksgiving, 25. Dez hoophall.com

The Quadrangle
Ecke State u. Chestnut St +1-413-263-6800 Zeiten der Website entnehmen springfieldmuseums.org

19

Williamstown

A5 8000 Albany, NY Kreuzung Route 2 u. 7 (1-413-458-9077)

In das Städtchen Williamstown pilgern viele Kunstliebhaber, um die hervorragende Privatsammlung im **Clark Art Institute** zu bewundern. Schwerpunkte bilden Alte Meister und französische Impressionisten – über 30 Gemälde allein von Renoir.

Das zum Teil bewaldete Gelände um das Museum bietet das ganze Jahr über Wandermöglichkeiten (im Winter für Schneeschuhwanderer). Sehenswert ist auch das **Williams College Museum of Art**, das Kunst von antiken assyrischen Steinreliefs bis zum letzten Selbstporträt Andy Warhols (1927 – 1987) präsentiert.

Die Stadt hat jedoch noch mehr zu bieten: Das im Sommer stattfindende Williamstown Theater Festival ist seit 1954 für hervorragende Produktionen bekannt und lockte schon Broadway- und Hollywood-Stars wie Bradley Cooper, Gwyneth Paltrow und Christopher Walken an.

Schon gewusst?

Die große Karriere der Schauspielerin Gwyneth Paltrow startete beim Williamstown Theater Festival.

Umgebung: Im elf Kilometer südlich gelegenen North Adams zeigt das **Massachusetts Museum of Contemporary Art** (MASS MoCA) in sieben zusammenhängenden Fabrikgebäuden (19. Jh.) moderne Kunst – einige der Exponate sind so groß, dass sie den Rahmen von üblichen Museen sprengen würden. Im Jahr 2017 wurde der Ausstellungsbereich letztmals erheblich erweitert.

Zu den Höhepunkten gehören mehrere Werke des amerikanischen Malers, Grafikers und Bildhauers Frank Stella.

Clark Art Institute
225 South St Di – Do 10 – 17 (Juli, Aug: tägl.) clarkart.edu

Williams College Museum of Art
Main St Do – Di 10 – 17 (Juni – Aug: tägl.) wcma.williams.edu

Massachusetts Museum of Contemporary Art
1040 MASS MoCA Way Mi – Mo 11 – 17 (Juli – Sep: tägl. 10 – 18) massmoca.org

> **Das im Sommer stattfindende Williamstown Theater Festival ist seit 1954 für hervorragende Produktionen bekannt und lockte schon Broadway- und Hollywood-Stars an.**

20

Hancock Shaker Village

C4 Route 20, außerhalb von Pittsfield +1-413-443-0188 Mitte Apr–Juni: tägl. 10–16; Juli–Mitte Okt: tägl. 10–17 hancockshakervillage.org

Die Siedlung wurde 1783 als dritte von 19 Shaker-Siedlungen im Nordosten und Mittleren Westen der USA gegründet. Die Shaker, benannt nach dem Zittern und Beben während ihrer Gebete, glaubten an Enthaltsamkeit und die Gleichheit der Geschlechter, wobei Frauen und Männer getrennt lebten, aber Rechte und Pflichten teilten. In den 1830er Jahren lebten ungefähr 300 Menschen in dem Dorf, heute gibt es hier keine Shaker mehr.

Zwanzig der 100 Originalgebäude wurden restauriert, so auch das dreistöckige runde Stallgebäude aus Stein: Es ist so konstruiert, dass bis zu 52 Rinder auf einmal von der Mitte aus gefüttert werden konnten. Das Brick Dwelling bietet Raum für bis zu 100 Menschen. Im Speisesaal werden an manchen Tagen noch traditionelle Shaker-Speisen aufgetischt.

Vorführungen im Stuhl- und Besenmachen sowie die Herstellung ovaler Kästchen vermitteln einen Eindruck vom Leben der Shaker. Im Discovery Room kann man in Shaker-Kleidung schlüpfen oder das Weben versuchen.

21

Deerfield

B5 5000 Windsor Locks, CT 18 Miner St, Greenfield (+1-413-773-9393)

Deerfield war als einsamer Außenposten im späten 17. Jahrhundert von Indianern nahezu zerstört worden, doch der Ort überlebte und gedieh. Die Farmer bauten Schindelhäuser an der 1,6 Kilometer langen Hauptstraße, »The Street« genannt.

Sechzig dieser Häuser sind noch erhalten und stehen im **Historic Deerfield**, einige zeigen als Museen zeitgenossische Möbel und Kunsthandwerk, darunter Silberschmuck und Textilien. Das Flynt Center of Early New England Life präsentiert Wechselausstellungen über

Hotel

Deerfield Inn

Der historische Gasthof wurde 1884 errichtet, als Deerfield schon nahezu 200 Jahre bestand. Die Zimmer sind angenehm ruhig, sehr schön sitzt man auch auf der Veranda.

B5 Old Main St, Deerfield deerfieldinn.com

$$

Gebäude im Hancock Shaker Village und traditionelles Handwerk (Detail)

↑ *Kunstgenuss: Gemäldesammlung im Smith College Museum of Art in Northampton*

das damalige Leben im Westen von Massachusetts. In South Deerfield bietet sich vom Gipfel der **Mount Sugarloaf State Reservation** eine herrliche Aussicht auf das Connecticut River Valley.

Historic Deerfield
The Street, Old Deerfield Jan – März: Zeiten der Website entnehmen; Apr – Dez: tägl. 9:30 – 16:30 Thanksgiving, 24., 25. Dez historic-deerfield.org

Mount Sugarloaf State Reservation
300 Sugarloaf St, South Deerfield +1-413-665-2928 Mai – Dez: 8 bis Sonnenuntergang

22 Northampton

B5 30 000 Windsor Locks, CT 99 Pleasant St (+1-413-584-1900)

Northampton, ein Kunstzentrum und bekannt für seine guten Restaurants, besitzt eine viktorianische Main Street mit vielen Kunsthandwerksläden. Auch das Smith College (1871), das größte private College für Frauen in den USA, befindet sich hier. Am Rand des Campus sind das Museum of Art und das **Lyman Plant House and Conservatory** untergebracht, das für seine Blumen, Arboreten und Gärten bekannt ist. Im südlichen Holyoke kann man in der **Mount Tom State Reservation** wandern.

In der Nähe liegt der Norwottuck Rail Trail, ein Rad- und Wanderweg, der auf einem alten Gleisbett von Northampton nach Amherst verläuft.

Lyman Plant House and Conservatory
College Lane, Northampton +1-413-585-2740 tägl. 10 – 16 Thanksgiving, 25. Dez – 1. Jan

Mount Tom State Reservation
125 Reservation Rd, Holyoke +1-413-534-1186 tägl. 8 bis Sonnenuntergang (Besucherzentrum: Memorial Day – Mitte Okt; Zeiten tel. erfragen)

23 Mount Greylock State Reservation

A5 An der Route 7, Lanesborough +1-413-499-4262 Zeiten tel. erfragen

Mit 1064 Metern ist Mount Greylock der höchste Berg in Massachusetts. Von oben hat man einen fantastischen Rundblick, der über insgesamt fünf Bundesstaaten reicht.

Über den Gipfel führt auch der Appalachen-Trail *(siehe S. 10)*, der von Georgia bis nach Maine verläuft. Die Straße zum Gipfel ist von Ende Mai bis Oktober geöffnet, die Wanderwege des fünf Quadratkilometer großen Parks sind durchgehend zugänglich. Sie sind besonders während des Indian Summer sehr beliebt. Auf dem Gipfel können Besucher noch den Veterans' Memorial Tower besteigen.

→ *Wanderer genießen die schöne Aussicht vom Mount Greylock*

Tour an der North Shore

Länge 31 Meilen (50 km), inkl. Abstecher zum Wingaersheek Beach **Rasten** Seafood-Restaurants in Rocky Neck, Gloucester, Rockport, Essex und Newburyport.

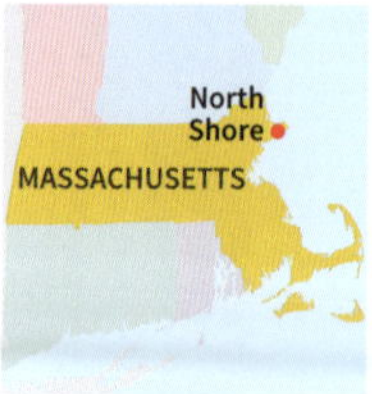

Zur Orientierung
Siehe Karte S. 162f

Die landschaftlich sehr reizvolle Spitze der North Shore ist ein bevorzugtes Refugium für Bostoner und für Urlauber, die wegen der ruhigen Kleinstädte, der sandigen Strände und für Walbeobachtungen herkommen. Ipswich ist auch für seine Sandstrände, Marschen, Dünen und für Meeresfrüchte, vor allem Muscheln, bekannt. Das felsige Cape Ann lockt mit Künstlerkolonien, hübschen Villen und Möglichkeiten zum Schwimmen und Bootfahren.

Die reichhaltige Architektur aus dem 17./18. Jahrhundert (u. a. The Great House auf dem Castle Hill) macht einen Bummel durch **Ipswich** lohnend.

Zu den Attraktionen von **Manchester-by-the-Sea** gehören der Hafen, Luxusvillen und ein weiter Strand.

↑ *The Great House auf dem Castle Hill – Prachtgebäude in Ipswich*

→

Traumhafter Sonnenuntergang über dem Hafen von Gloucester

Vom **Wingaersheek Beach**, einem sehr beliebten Strand, sieht man den Annisquam-Leuchtturm.

Rockport besitzt viele Kunstgalerien und mit der roten Fischerhütte »Motif No. 1« ein oft fotografiertes Objekt.

Die Hafenstadt **Gloucester** ist wegen des Hafens und der Statue *Fisherman's Memorial* bekannt.

In **Rocky Neck**, der ältesten Künstlerkolonie der USA, gibt es viele gute Seafood-Restaurants.

Vom **Eastern Point Lighthouse** reicht der Blick an klaren Tagen bis zu den Wolkenkratzern in Boston.

Schon gewusst?

In vielen Orten der North Shore, vor allem in Ipswich, gibt es Antiquitätenläden.

Providence Athenaeum – berühmte Bibliothek (siehe S. 208)

Rhode Island

Der kleinste US-Bundesstaat ist mit zahlreichen historischen Städtchen, unberührter Natur und einer Küste voller Buchten und ruhiger Häfen ein reizvolles – und überschaubares – Urlaubsziel.

Obwohl seine Küste mit 645 Kilometern Länge im Vergleich zu den Nachbarstaaten relativ kurz ist, trägt Rhode Island den Spitznamen »Ocean State«. Mehr als 100 öffentliche Strände bieten Gelegenheiten zum Schwimmen, Tauchen, Bootfahren, Windsurfen und Angeln. In Newport fand zwischen 1930 und 1985 die Segelregatta America's Cup statt. Bis heute ist es eines der weltweit größten Yachtsportzentren.

»Little Rhody«, wie die Amerikaner sagen, mag klein sein, gründet aber auf großen Idealen: 1636 war der Kleriker Roger Williams (1604–1683) aufgrund seines Eintretens für die Religionsfreiheit aus der Massachusetts-Bay-Kolonie verbannt worden. Er gründete daraufhin am Ufer der Narragansett Bay eine Siedlung mit dem Namen Providence (»Vorsehung«) und machte Meinungsfreiheit und religiöse Toleranz zu Gründungsmaximen. Sein fortschrittlicher Geist machte Rhode Island zum Sitz der ersten Baptistenkirche Amerikas und führte zur Gründung erster amerikanischer Bibliotheken, öffentlicher Schulen und Universitäten. Im Mai 1776 folgte Rhode Island dem Beispiel des Nachbarstaates New Hampshire und erklärte sich formell unabhängig von Großbritannien.

Sturbridge
Southbridge
Webster
Douglas
Uxbridge
Bellingham
Franklin
Woonsocket
North Smithfield
Burrillville
Pascoag
Cumberland
Smithfield
Woodstock
Thompson
Glocester
Chepachet
Lincoln
Putnam
Central Falls
Pawtucket
Foster
Greenville
Providence
Johnston
East Providence
Danielson
Hampton
Brooklyn
Scituate
Cranston
Scituate Reservoir
Barrington
CONNECTICUT
RHODE ISLAND
West Warwick
T.F. Green Airport
Coventry
Canterbury
Apponaug
East Greenwich
Connecticut
Seiten 226–257
West Greenwich
Jewett City
Austin
Exeter
Wickford
Pachaug Pond
North Kingstown
Liberty
Norwich
Saunderstown
Wyoming
Richmond
Canonchet
West Kingston
Kingston
Jamestown
Hopkinton
South Kingstown
Beavertail State Park
Thames
Worden Pond
Wakefield
Narragansett
Burlingame State Park
Westerly
Charlestown
Matunuck
Galilee
Point Judith
Mystic
Westerly State Airport
Charlestown Breachway
Groton
Stonington
Weekapaug
Napatree Point
Misquamicut Beach
Watch Hill
Block Island Sound
Fishers Island
Block Island
New Shoreham
0 Kilometer 10
0 Meilen 10
N

Rhode Island

Highlights

1. Providence
2. Newport

Sehenswürdigkeiten

3. Bristol
4. Pawtucket
5. Woonsocket
6. Tiverton
7. Little Compton
8. Portsmouth
9. Middletown
10. South Kingstown
11. Jamestown
12. Wickford
13. Saunderstown
14. Narragansett
15. Charlestown
16. Watch Hill

Waterplace Park and Riverwalk – ein perfektes Fotomotiv

❶

Providence

C6 180 000 Warwick Providence Station Point St (nach Newport) 1 Sabin St (+1-401-751-1177) Festival of Historic Houses (Juni – Dez); International Film Festival (Aug) goprovidence.com

Providence liegt zwischen Boston und New York und blickt auf eine bemerkenswerte Geschichte zurück. Im 17. Jahrhundert entwickelte es sich zu einer blühenden Hafenstadt, im 19. Jahrhundert wurde Providence ein Zentrum der Textilindustrie, in dem Einwanderer aus Europa Arbeit fanden. Die Innenstadt erfuhr etliche städtebauliche Erneuerungen. Die Restaurierung historischer Gebäude hat Viertel aufgewertet, neue Grünflächen wurden angelegt und Ladenzentren eingerichtet. Der Hafenbezirk und die entstandenen Unterhaltungsviertel haben dem Stadtkern neues Leben beschert.

①

Benefit Street's Mile of History

Benefit St mileofhistory.org

Die Prachtstraße säumen über 100 historische Gebäude unterschiedlicher Stilrichtungen. Das **RISD Museum of Art** birgt Kunstwerke vom alten Ägypten bis zum heutigen Amerika. An der Benefit Street steht auch das **Providence Athenaeum** von 1838. Die Bibliothek dort ist eine der ältesten Amerikas, ihre Sammlung reicht bis 1753 zurück. Ein weiteres Juwel ist die **First Unitarian Church** mit einer Glocke von Paul Revere *(siehe S. 102)*.

RISD Museum of Art

224 Benefit St Di – So 10 –17, 3. Do im Monat bis 21 Feiertage risdmuseum.org

Providence Athenaeum

251 Benefit St Mo – Do 10 –19, Fr, Sa 10 –18, So 13 – 17 Sommer: Sa nachmittags, So providenceathenaeum.org

First Unitarian Church

310 Benefit St +1-401-421-7970 tägl.

②

First Baptist Church in America

75 N Main St +1-401-454-3418 Mo – Fr 11 –14

Die im Jahr 1638 von Roger Williams gegründete Baptistengemeinde erhielt 1774 / 75 ihr erstes Gotteshaus. Es verfügt über ionische Säulen, ein aufwendig geschnitztes Holzinterieur und einen großen Waterford-Kristallleuchter.

Bücher bis zur Decke in der Bibliothek des Providence Athenaeum

Highlight

③

Governor Stephen Hopkins House

15 Hopkins St Mi 11–14, Sa 10–16 (Dez–März: nur Mi)
stephenhopkins.org

Das Gebäude (1707) gehörte einem der aus Rhode Island stammenden Signierer der Unabhängigkeitserklärung.

④

Brown University

45 Prospect St
brown.edu

Die Brown University (1764) ist das siebtälteste College in den USA und eine der renommierten Ivy-League-Universitäten. Der Campus ist denkmalgeschützt. Die umfangreiche Sammlung der John Hay Library enthält Exponate und Memorabilien zu US-Präsident Abraham Lincoln sowie alte Partituren und ca. 5000 Miniatursoldaten.

Sehenswert sind die University Hall, in der während der Revolution französische Truppen und Soldaten aus den Kolonien einquartiert waren, die Manning Hall mit der Universitätskapelle, die John Carter Brown Library mit Americana-Sammlung und das List Art Center mit klassischer und zeitgenössischer Kunst.

Schon gewusst?

In Providence gibt es mehr Donut-Shops pro Kopf als in jeder anderen Stadt der USA.

⑤

John Brown House

52 Power St Zeiten der Website entnehmen
Feiertage rihs.org

Das Herrenhaus im georgianischen Stil wurde 1786 für John Brown erbaut. Der erfolgreiche Händler und Schiffseigner spielte eine wichtige Rolle beim Brand des britischen Handelsschiffs *Gaspee* im vorrevolutionären Krieg 1772. Sein Haus war das prachtvollste der Gegend und machte Providence mit architektonischen Elementen wie dem vorspringenden Eingang mit dorischen Säulen und den palladianischen Fenstern darüber bekannt.

Brown bestellte sogar Tapeten aus Frankreich und Möbel der berühmten Kunsttischler Townsend und Goddard. Die zwölf restaurierten Zimmer sind mit eleganten Möbeln und Antiquitäten eingerichtet.

Expertentipp
WaterFire

Die aus über 80 Feuern bestehende Kunstinstallation auf den Flüssen taucht Providence an manchen Abenden (Mai–Okt) in ein magisches Licht (www.waterfire.org).

⑥

Waterplace Park and Riverwalk

Memorial Blvd
tägl. von Sonnenauf- bis -untergang

Sehr idyllisch ist der Spazierweg am Zusammenfluss von Moshassuck und Woonasquatucket. Besucher können auf den Pflastersteinwegen (16 200 m^2) flanieren, mit Kajaks, Kanus oder Gondeln unter Fußgängerbrücken hindurchfahren oder im Sommer kostenlose Konzerte sowie die »WaterFire Extravaganza« genießen.

⑦

The Arcade

65 Weybosset St
arcadeprovidence.com

Das Greek-Revival-Gebäude aus dem Jahr 1828, bekannt als »Temple of Trade«, gilt als erstes überdachtes Einkaufszentrum der USA. Der dreistöckige Bau gehört laut New Yorker Metropolitan Museum of Art zu Amerikas »drei schönsten Geschäftsgebäuden aus dem 19. Jahrhundert«. Die Säulen am Eingang Westminster Street ähneln den sechs ionischen, fast sieben Meter hohen Granitsäulen am Eingang Weybosset Street. Im Inneren der Arkaden zieht sich ein Deckenfenster über die gesamte Länge. In den Arkaden befinden sich mehrere Boutiquen und Restaurants.

Der Streifen auf der Straße in den Nationalfarben Italiens bestätigt den italienischen Geist der lebhaften Nachbarschaft im Federal Hill District.

⑧

Rhode Island State House

82 Smith St +1-401-222-3983 Mo–Fr 8:30–16:30 Feiertage

Das eindrucksvolle Gebäude, das das Stadtbild dominiert, wurde 1904 von dem New Yorker Architekturbüro McKim, Mead & White gebaut. Die wunderschöne weiße georgianische Marmorkuppel ist die größte freitragende Kuppel der Welt. Sie wird von der Bronzestatue *Independent Man*, lange Zeit Symbol der Freiheitsliebe Rhode Islands, überragt. In der Ausstellung befindet sich ein lebensgroßes Porträt des Präsidenten George Washington (1732–1799) von Gilbert Stuart (1755–1828), ein Porträt des in Providence ansässigen Bürgerkriegsgenerals Ambrose Burnside (1824–1881) von Emanuel Leutze (1816–1868) sowie das Original der State Charter von 1663. Führungen starten stündlich zwischen 9 und 14 Uhr.

⑨

Federal Hill

Besucher erkennen sogleich, wenn sie den imposanten und mit dem traditionellen

↓ *Fassade und reich verzierte Kuppel* (Detail) *des Rhode Island State House*

Highlight

↑ *Pavillon am Wasser, Roger Williams Park and Zoo*

Restaurant

Olneyville N.Y. System
Wiener Würstchen, serviert auf einem Brötchen mit Senf, Zwiebeln und Fleischsauce nach geheimem Rezept, sind in Rhode Island ein typisches Gericht.

18 Plainfield St
tägl. bis spätabends
olneyvillenewyorksystem.com

$

Pinienzapfen aus Bronze geschmückten Torbogen von Federal Hill passieren, dass sie sich in Little Italy befinden. Der Streifen auf der Straße in den Nationalfarben Italiens bestätigt den italienischen Geist der lebhaften Nachbarschaft im Federal Hill District. Die Gegend zwischen Federal Street, Broadway und Atwells Avenue ist voller italienischer Läden, Restaurants und Bäckereien. Auch eine hübsche *piazza* gibt es hier.

(10)

Roger Williams Park and Zoo

1000 Elmwood Ave
Kennedy Plaza Park: tägl. von Sonnenauf- bis -untergang; Zoo: Apr – Sep: tägl. 10 – 17; Okt – März: tägl. 10 – 16 **25. Dez**
rwpzoo.org

1871 stiftete Betsey Williams, Nachfahrin von Roger Williams, der Stadt ein 41 Hektar großes Grundstück für einen Park. Seither wurden 130 Hektar hinzugefügt. Auf dem einstigen Farmland wurden Gärten und Gewächshäuser, Teiche, ein See mit Paddelbooten, Jogging- und Radwege und Tennisplätze angelegt. Kinder lieben das Karussell, den Zug, das Planetarium und das Museum of Natural History.

Der Höhepunkt des Parks ist der Zoo, in dem über 900 Tiere aus 130 Arten leben. Der Zoo besteht seit 1872 und ist damit einer der ältesten der Vereinigten Staaten. Kürzlich wurde der Marco-Polo-Pfad mit Kamelen, Schneeleoparden und Bären um bedrohte kleine Pandas erweitert. In der afrikanischen Abteilung kann man von einer erhöhten Aussichtsplattform aus leichter die Elefanten und die Giraffen beobachten. Auch die Ausstellung zum Thema Regenwald ist überaus eindrucksvoll.

Umgebung: Die kunstvollen Schnitzereien des **Crescent Park Carousel** (1905 – 10) stammen von Charles I.D. Looff. Dieser Höhepunkt der Karussellkunst dreht sich nach den Klängen einer historischen mechanischen Orgel.

Crescent Park Carousel
315 Harborside Blvd
Wochenende nach Ostern – Columbus Day (Details der Website entnehmen)
crescentparkcarousel.org

Roger Williams (1603 -1683)

Der Verfechter der Religionsfreiheit war auch Fürsprecher der Indianer. Mit seiner Haltung, dass jeder ohne staatliche Einmischung seinem Glauben folgen solle, verstieß er gegen die Regeln der Massachusetts Bay Colony und wurde verbannt. Mit Providence gründete er eine eigene Kolonie und schuf so den Ausgangspunkt für den Staat Rhode Island. Das Land hatte er von den Narragansett-Indianern erbeten, damit »jedermann seinem Gewissen folgen könne«.

↑ *Die historische Bannister's Wharf säumen Restaurants und Shops*

2

Newport

B1 · 25 000 · Warwick · Gateway Center · Perrotti Park (nach Providence) · 23 America's Cup Ave (+1-401-845-9123) · Newport Tennis Week (Juli); Newport Jazz Festival (Aug) · discovernewport.org

Mit seiner rund 300-jährigen Tradition in Wirtschaft, Handel, Kultur und militärischen Errungenschaften ist Newport in Bezug auf Sehenswürdigkeiten eine wahre Fundgrube: Hier befinden sich die erste Marineakademie, die erste Synagoge, die älteste Bibliothek und eine der ältesten noch betriebenen Kneipen Amerikas. Unbedingt sehenswert sind auch die Herrenhäuser aus dem späten 19. Jahrhundert. Zu der Zeit bauten die Reichen und Berühmten, darunter auch die Vanderbilts und die Astors, hier ihre »Sommerhäuser«, um der Hitze New Yorks zu entfliehen. Diese Villen zählen zu den schönsten Privathäusern Amerikas.

1

Brick Market Museum and Shop

127 Thames St · +1-401-841-8770 · tägl. 10–17

Brick Market war im 18. Jahrhundert das gewerbliche Zentrum der Stadt und ist jetzt ein Museum. Es bietet einen Überblick zu Newports Geschichte und Architektur. Die Führung beinhaltet eine audiovisuelle Tour durchs Stadtzentrum in einem Bus aus dem 19. Jahrhundert.

2

Touro Synagogue

85 Touro St · +1-401-847-4794 · Zeiten tel. erfragen

Amerikas älteste Synagoge wurde im Jahr 1763 von sephardischen Juden aus Spanien und Portugal errichtet. Peter Harrison (1716–1775) hat mit dem Bauwerk wohl eines der gelungensten Architekturbeispiele des 18. Jahrhunderts entworfen.

3

Newport Mansions

424 Bellevue Ave · newportmansions.org

Neun der Herrenhäuser (1748–1902) sind zu besichtigen. Sie sind europäischen Palästen nachempfunden. The Breakers *(siehe S. 214f)* ist das prachtvollste.

↑ *Ausstellungsraum mit Gemälden in der Touro Synagogue*

Highlight

④

International Yacht Restoration School

449 Thames St · Zeiten der Website entnehmen · Feiertage · iyrs.edu

Die Schule (1993) bietet Einblick in die Restauration von Yachten. Sie können den Studenten bei der Arbeit zusehen und über den Campus schlendern. In der Bibliothek sind Schiffsmodelle und Trophäen ausgestellt.

⑤

Fort Adams State Park

Harrison Ave · +1-401-847-2400 · tägl. Sonnenauf- bis -untergang

Dies ist eine der größten Festungen Amerikas. Sie wurde 1857 für drei Millionen Dollar erbaut und bietet Platz für insgesamt 2400 Soldaten. Im umliegenden Park kann man Boot fahren und picknicken.

⑥

Naval War College Museum

686 Cushing Rd · +1-401-841-4052 · Mo–Fr 10–16:30

Hier wird die Historie des Seekriegs und die der Narragansett Bay mit Modellen und maritimer Kunst illustiert. Die Akademie (1885) ist weltweit die älteste ihrer Art.

Schöne Aussicht
Cliff Walk

Den schönsten Blick auf die Herrenhäuser von Newport hat man vom 5,5 Kilometer langen Spazierweg aus, der an den zerklüfteten Felsen verläuft. The Forty Steps führen zum Meer.

⑦

International Tennis Hall of Fame

194 Bellevue Ave · +1-401-849-3990 · tägl. 10–17 · Jan–März: Di; Thanksgiving, 25. Dez · tennisfame.com

Die Ruhmeshalle befindet sich im Newport Casino, das früher ein Club für die High Society der Stadt war. Die erste US National Lawn Tennis Championship, heute bekannt als US Open, fand 1881 hier statt. Heute ist im Gebäude alles von alten Tennisschlägern bis zum »Comeback-Kleid« von Monica Seles (geb. 1973) ausgestellt.

⑧

Redwood Library and Athenaeum

50 Bellevue Ave · Mo–Sa 9:30–17:30, So 13–15 · redwoodlibrary.org

Die Redwood Library wurde 1750 eingerichtet und ist die älteste ständig betriebene Bibliothek Amerikas. Das Gebäude wurde als eines der ersten in Form eines Tempels errichtet. Die Bibliothek enthält neben seltenen Büchern auch eine Sammlung kolonialer Porträts, Skulpturen und Möbel.

Ananas als Symbol

Auf Handelsreisen nach Afrika und in die Karibik aßen die Seeleute aus Newport Obst, um sich vor Skorbut zu schützen. Was sie nicht verzehrten, brachten sie mit nach Hause. Traditionell wurde eine Ananas an den Torpfosten gelehnt, wenn ein Seemann gesund zurückgekehrt war. Mit der Zeit wurde daraus ein Zeichen für Gastfreundschaft, das man in Türen oder Türrahmen schnitzte.

⑨

The Breakers

Ochre Point Ave +1-401-847-1000 Mitte Mai–Aug: tägl. 9–18; Sep, Okt: tägl. 9–17; Nov–Mitte Mai: Zeiten der Website entnehmen Thanksgiving, 25. Dez newportmansions.org

Die am kunstvollsten gestaltete Newport Mansion ist geradezu verschwenderisch ausgestattet. Das Herrenhaus demonstriert eindrucksvoll die Bedeutung der Unternehmerfamilie Vanderbilt.

Architektur und Prunk der goldenen Zeit im späten 19. Jahrhundert wird an The Breakers, dem Sommersitz des Eisenbahnmagnaten Cornelius Vanderbilt II. (1843–1899), besonders anschaulich. Das Kalksteinhaus (1895) mit 70 Zimmern übertraf an Extravaganz alle Villen Newports. Architekt Richard Morris Hunt entwarf das Gebäude nach dem Vorbild von Palästen in Turin und Genua aus dem 16. Jahrhundert. Die Räume sind prachtvoll mit Marmor, Alabaster, Buntglas, Gold und Kristall geschmückt.

Leben eines Magnaten

Cornelius Vanderbilt II. wurde 1885 Oberhaupt des Vanderbilt-Imperiums. Mit seinem Bruder William führte er elf Jahre lang die Familiengeschäfte, die sich v. a. um Eisenbahnen drehten, bis er durch einen Schlaganfall gelähmt wurde. Er erholte sich auf The Breakers, verstarb aber bereits 1899 mit 56 Jahren.

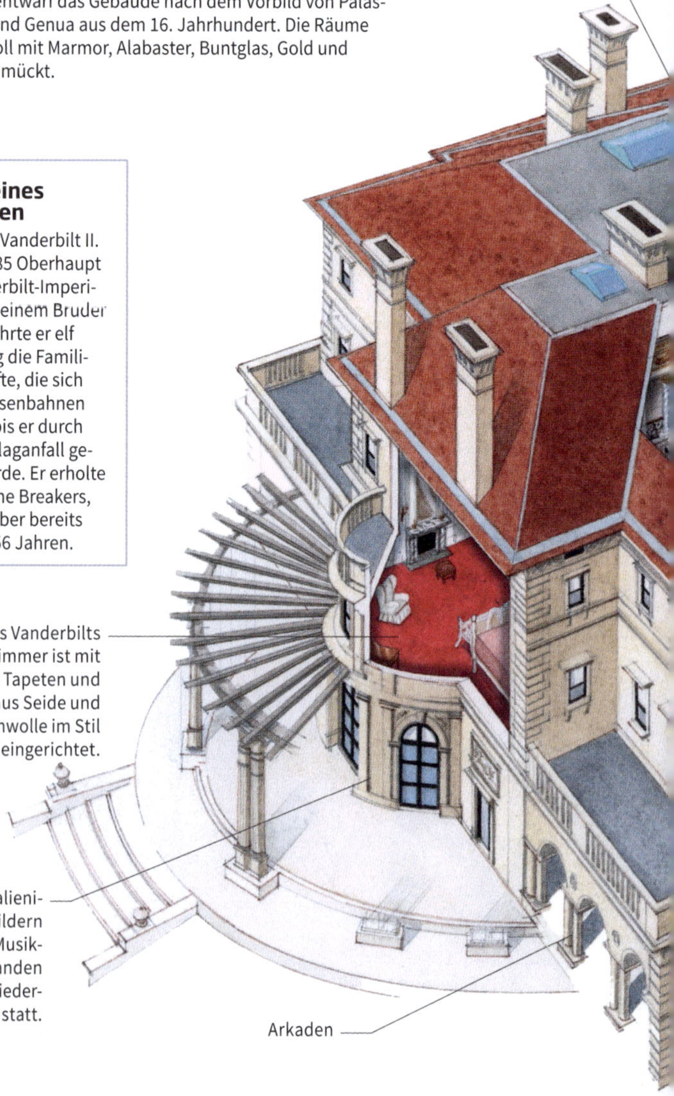

Highlight

← *Schon beim Betreten der zweistöckigen Great Hall ist jeder Besucher fasziniert*

↑ *Die im Stil der Renaissance gestaltete Fassade orientiert sich an italienischen Palästen*

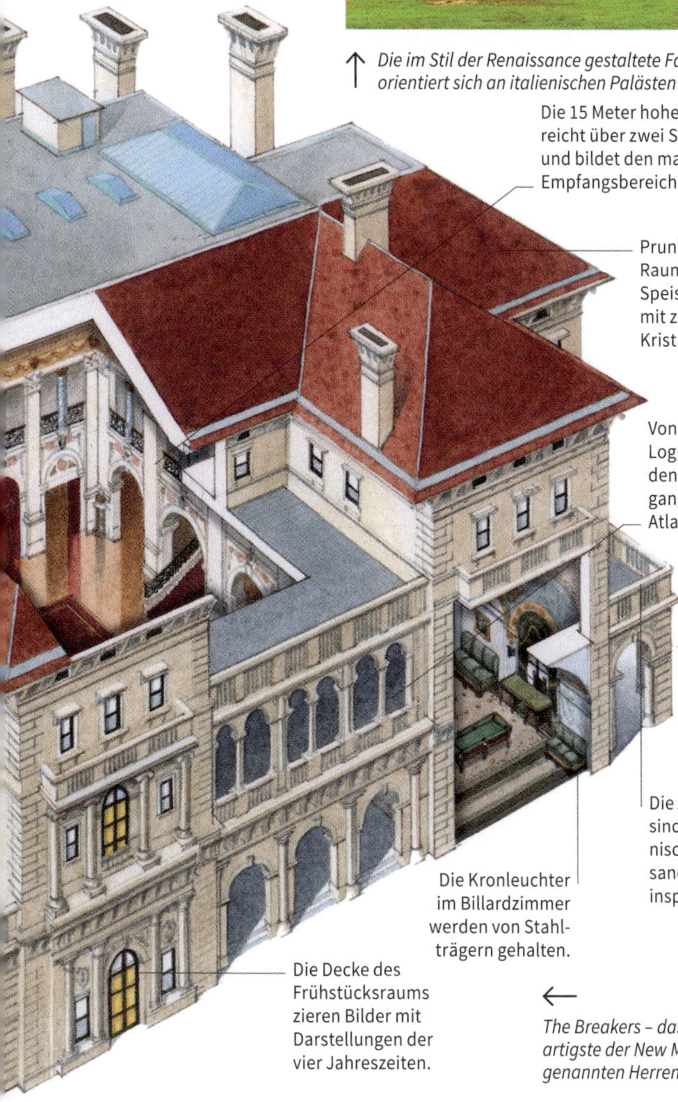

Die 15 Meter hohe Great Hall reicht über zwei Stockwerke und bildet den majestätischen Empfangsbereich der Villa.

Prunkvollster Raum ist das Speisezimmer mit zwei riesigen Kristallleuchtern.

Von der oberen Loggia kann man den Sonnenaufgang über dem Atlantik genießen.

Die Arkaden sind von italienischen Renaissance-Palästen inspiriert.

Die Kronleuchter im Billardzimmer werden von Stahlträgern gehalten.

Die Decke des Frühstücksraums zieren Bilder mit Darstellungen der vier Jahreszeiten.

← *The Breakers – das großartigste der New Mansions genannten Herrenhäuser*

SEHENSWÜRDIGKEITEN

3 Bristol

A2 · 23 000 · 16 Cutler St, Warren (+1-401-245-0750) · bristolri.us

Bristol hatte seine Blütezeit im späten 18. Jahrhundert. Als Zentrum für Fischerei, Walfang und Schiffbau avancierte es zum viertgrößten Hafen der Nation. An Hope, High und Thames Street zeugen Herrenhäuser, viktorianisch oder im Federal Style, vom damaligen Wohlstand. Eines ist **Linden Place** (1810), in dem Filmszenen von *Der große Gatsby* (1974) gedreht wurden. Das Haus baute General George DeWolf (1772–1844), der mit Zuckerplantagen auf Kuba und durch Sklavenhandel reich geworden war.

Zeichen des Wohlstands sind auch in **Blithewold Mansion** sichtbar. Das Anwesen wurde 1894 für den Kohlebaron Augustus Van Wickle (1856–1898) aus Pennsylvania errichtet.

Die Geschichte Bristols als Lieferant der größten Yachten Amerikas kann man im **Herreshoff Marine Museum and America's Cup Hall of Fame** verfolgen. Das Museum liegt an der Narragansett Bay auf dem Gelände der Herreshoff Manufacturing Company, die für acht America's-Cup-Rennen die Yachten baute. Fotos, Modelle und restaurierte Schiffe erinnern an die »goldene Zeit des Segelns«. Das Museum betreibt eine Segelschule.

Der 190 Hektar große **Colt State Park** bietet fünf Kilometer Küstenstraße entlang der Narragansett Bay, einen Radweg sowie Picknickplätze. Auf dem Gelände befindet sich auch das **Coggeshall Farm Museum**, eine Farm von 1790, mit Tieren, Scheune und Schmiede.

Linden Place
500 Hope St · Jan–Apr, Nov: Di–Fr 10–16; Mai–Okt, Dez: Di–Sa 10–16, So 12–16 · lindenplace.org

Blithewold Mansion and Gardens
101 Ferry Rd · Zeiten siehe Website · Feiertage · blithewold.org

Herreshoff Marine Museum and America's Cup Hall of Fame
1 Burnside St · Juni–Sep: tägl. 10–17; Okt–Dez: Mi–So 10–17 · herreshoff.org

↑ *Promenade an der Narragansett Bay in Bristol – ideal zum Radfahren und Inlineskaten*

↑ *Alte Gerätschaften im Slater Mill Living History Museum, Pawtucket*

Colt State Park
Rte 114 tägl.
riparks.com

Coggeshall Farm Museum
Poppasquash Rd ab Route 114 Ende Mai–Anfang Sep: Di–So 10–16 (weitere Zeiten der Website entnehmen)
coggeshallfarm.org

4 Pawtucket

C6 73 000 175 Main St (+1-401-724-2200)
pawtucketri.com

Die Industriestadt auf den von Blackstone, Moshassuck und Ten Mile River geteilten Hügeln gilt als die Geburtsstätte der Industriellen Revolution in Amerika. 1793 stellte der Ingenieur Samuel Slater (1768–1835) die erste

← *Pawtuckets Slater Mill Living History Museum am Ufer des Blackstone River*

wasserbetriebene Baumwollspinnmaschine des Landes hier auf.

Eine Attraktion ist das **Slater Mill Living History Museum**. Hier stehen die restaurierte Slater Mill und die Wilkinson Mill von 1810 mit Originalmaschinen aus dem 19. Jahrhundert und dem einzigen Sieben-Tonnen-Wasserrad der USA.

Im **Slater Memorial Park** am Ten Mile River gibt es Wanderwege, Tennisplätze und Boote. Das älteste Wohnhaus, das Daggett House von 1685, zeigt Möbel aus dem 17. Jahrhundert.

Das Baseballteam Pawtucket Red Sox ist im McCoy Stadium beheimatet. Für 2021 ist ein Umzug des Teams geplant.

Slater Mill Living History Museum
Roosevelt u. Slater Ave +1-401-725-8638 März, Apr, Nov: Sa, So 11–15; Mai–Okt: Di–So 10–16 (Juli, Aug: tägl. 10–16)

Slater Memorial Park
Newport Ave 1-401-728-0500 tägl. 8:30–Sonnenuntergang

5 Woonsocket

C6 44 000 175 Main St, Pawtucket (+1-401-724-2200) woonsocketri.org

Das Städtchen entwickelte sich im 19. und frühen 20. Jahrhundert mit dem Aufstieg der Textilindustrie in der Region zu einer florierenden Spinnmühlenstadt. Selbst nach dem Niedergang der Textilindustrie Ende des Zweiten Weltkriegs blieb die Stadt am Blackstone River Produktionszentrum.

Schwerpunkt des **Museum of Work and Culture** sind die Auswirkungen der Industriellen Revolution auf die Region. Das Leben der Fabrikbesitzer, Verwalter und Arbeiter wird anhand von Geräten, Modellen und Multimedia-Vorführungen erläutert.

Museum of Work and Culture
42 S Main St 1-401-769-9675 Di–Fr 9:30–16, Sa 10–16, So 13–16

6 Tiverton

D6 15 000 343 Highland Rd (+1-401-625-6710) tiverton.ri.gov

Tiverton liegt zwischen dem Sakonnet River und der Grenze zu Massachusetts und verfügt über einige der fruchtbarsten Ackerlandschaften Neuenglands. Steinmauern säumen die wenigen Straßen, auf den Feldern wachsen u. a. Kürbisse und Erdbeeren. In vielen der gut erhaltenen Gebäude aus dem 18. und 19. Jahrhundert sind Antiquitätengeschäfte und Kunstgalerien untergebracht.

→ *Ausstellungsraum im Museum of Work and Culture in Woonsocket*

Second Beach gilt als der beste Surfplatz im südlichen Neuengland. Der weitläufige Strand ist durchzogen von Sanddünen und hat einen Campingplatz.

7 Little Compton

D7 4000 23 America's Cup Ave, Newport (+1-401-845-9123)
little-compton.com

Die Bewohner von Little Compton schätzen die Abgeschiedenheit auf der an Massachusetts grenzenden Halbinsel. Abgeschirmt durch die umliegenden Felder und Wälder ist Little Compton eines der charmantesten Dörfer des Landes. Die weißen Türme der United Congregational Church überragen den Ort.

Das **Wilbor House** von 1680 war über acht Generationen im Besitz der Familie Wilbor. Es ist mit Antiquitäten eingerichtet.

Das größte Weingut Neuenglands, **Carolyn's Sakonnet Vineyard**, lockt mit kostenlosen Weinproben und Führungen. Hinter dem Weinberg liegt an der Route 77 Sakonnet Wharf. Hier kann man den nachmittags vom Fang heimkehrenden Fischern zusehen.

Wilbor House
548 W Main Rd
+1-401-635-4035
Zeiten tel. erfragen

Carolyn's Sakonnet Vineyard
162 W Main Rd tägl. 11–17
sakonnetwine.com

8 Portsmouth

D6 17 000 23 America's Cup Ave, Newport (+1-401-845-9123)
portsmouthri.com

Portsmouth spielt in der Geschichte Rhode Islands eine bedeutende Rolle. Die zweite Siedlung der Kolonie wurde 1638, nur zwei Jahre nach Providence, gegründet. Die Stadt war 1778 auch Schauplatz der Schlacht von Rhode Island, der einzigen größeren Landschlacht des Unabhängigkeitskrieges in diesem Staat. Raues Wetter und die Stärke der britischen Truppen zwangen die amerikanischen Soldaten damals zur Aufgabe. Nur der Kampfgeist ihrer Nachhut ermöglichte ihnen die Flucht vor nachrückenden Briten bis zum Butts Hill Fort. Noch heute sind einige Redouten an der Sprague Street zu sehen, wo Schilder die Schlacht erklären.

Der **Green Animals Topiary Garden** ist eine eher skurrile Attraktion. Auf dem viktorianischen Grundstück findet sich eine bunte Schar von Baumfiguren. Insgesamt wurden etwa 80 Tiere, u. a. Elefanten, Kamele, Giraffen, Bären und sogar ein Dinosaurier, aus Eiben, englischem Buchsbaum und kalifornischem Liguster geformt. Es gibt aber auch Blumengärten und einen schönen Rosenbaum. Eine Spielzeugsammlung aus viktorianischer Zeit erfreut Kinder.

Green Animals Topiary Garden
Cory's Lane
+1-401-847-1000
Mai–Okt: tägl. 10–17

9 Middletown

D7 16 000 23 America's Cup Ave, Newport (+1-401-845-9123)
middletownri.com

Zwischen Newport *(siehe S. 212–215)* und Portsmouth liegt auf Aquidneck Island das Städtchen Middletown,

→ *Blick auf die auch für ihre Strände bekannte Küstenstadt Middletown*

←

Baumskulpturen im Green Animals Topiary Garden, Portsmouth

das vor allem für seine Strände bekannt ist. **Third Beach** liegt am Sakonnet River und ist mit einer Bootsanlegestelle ausgestattet.

Third Beach geht über in den größten und schönsten Strand der Insel. Sachuest oder **Second Beach** gilt als der beste Surfplatz im südlichen Neuengland. Der weitläufige Strand ist durchzogen von Sanddünen und hat einen Campingplatz. Von Purgatory Chasm aus, einer schmalen Spalte in den Felsen auf der Ostseite von Easton Point, genießt man einen herrlichen Blick über beide Strände und den 15 Meter hohen Felsen Hanging Rock. Second Beach grenzt an das **Norman Bird Sanctuary**, ein 132 Hektar großes Naturschutzgebiet mit elf Kilometer langen Wanderwegen, die sich bestens zur Vogelbeobachtung eignen. Rund 250 Vogelarten leben hier, darunter Reiher, Silberreiher, Waldschnepfen, Enten und Schwäne. Es gibt auch ein Naturkundemuseum. Im Winter werden die Wanderwege gern von Skilangläufern genutzt.

Third Beach
Third Beach Rd
+1-401-849-2822
Memorial Day – Labor Day: Aufsicht tägl. 9 –17

Second Beach
Third Beach Rd
+1-401-849-2822 Memorial Day – Labor Day: Aufsicht tägl. 8 –18

Norman Bird Sanctuary
583 Third Beach Rd
+1-401-846-2577 tägl. 9 –17 25. Dez, Thanksgiving

10

South Kingstown

C7 27 000 230 Old Tower Hill Rd, Wakefield (+1-401-783-2801)
southkingstownri.com

South Kingstown dehnt sich auf 142 Quadratkilometern aus und schließt 15 Dörfer mit ein, darunter Kingstown, Green Hill, Wakefield und Snug Harbor. Hier befindet sich das **Peace Dale Museum of Art and Culture**. Es zeigt Waffen, Werkzeuge und Gebrauchsgegenstände von Kulturen aus aller Welt, auch aus dem prähistorischen Neuengland.

Nach dem Museumsbesuch lockt die reizvolle Landschaft: Besonders schön ist die Wanderung zum Aussichtspunkt des Hannah Robinson Rock. Der gepflasterte, neun Kilometer lange South County Bike Path beginnt am Bahnhof von Kingstown und führt Mountainbiker durch den Great Swamp, wo 1675 eine der blutigsten Schlachten in Neuengland ausgetragen wurde. Damals töteten Siedler und Soldaten rund 2000 Narragansett-Indianer. Das 13 Quadratkilometer große Sumpfgelände wurde zum Naturschutzgebiet erklärt: In der **Great Swamp Management Area** leben u. a. Kojoten, Wölfe, Nerze, Fasane und Truthähne.

Schon gewusst?

Rhode Island war der erste Staat Neuenglands, der seine Unabhängigkeit erklärte (4. Mai 1776).

Peace Dale Museum of Art and Culture
1058 Kingstown Rd
1-401-783-5711
Sep – Juni: Mi 10 –14

Great Swamp Management Area
Liberty Lane an der Great Neck Rd +1-401-789-0281 tägl. Sonnenauf- bis -untergang

11 Jamestown

C7 5000 23 America's Cup Ave, Newport (+1-401-845-9123)

Die nach dem englischen König James II (1633–1701) benannte Stadt liegt auf der Conanicut-Insel und ist mit Newport *(siehe S. 212–215)* und dem Festland durch Brücken verbunden. Im Unabhängigkeitskrieg brannten die Briten weite Teile der Stadt nieder, nur wenige Häuser blieben verschont.

Bekannt ist Jamestown vor allem für den **Beavertail Lighthouse and State Park** im Süden der Insel. Der erste Leuchtturm wurde hier 1749 gebaut und 1856 durch den jetzigen ersetzt. Wie bei den meisten Leuchttürmen in Neuengland ist der Blick auf die Küste auch von Beavertail aus wunderschön. Der Wind wie auch Strömung und Brandung können sehr stark sein, aber an schönen Tagen kann man wandern, klettern und sonnenbaden.

Der **Fort Wetherill State Park** (21 ha) auf dem Gelände einer früheren Festung bietet Picknickplätze und einen Anlegeplatz für Boote. Angeln, Tauchen und Bootfahren sind hier beliebt. Der Pirat Captain Kidd (1645–1701) soll hier Teile seiner Beute versteckt haben.

Beavertail Lighthouse and State Park
Beavertail Pt +1-401-423-9941 Park: tägl. Sonnenauf- bis -untergang (Zeiten für Leuchtturm tel. erfragen)

Fort Wetherill State Park
Fort Wetherill Rd +1-401-884-2010 tägl. Sonnenauf- bis -untergang

12 Wickford

C6 4160 Old Post Rd, Charlestown (+1-401-789-4422)

Das malerische Dorf Wickford, das zu North Kingstown gehört, liegt am nördlichsten Punkt von Washington County, auch bekannt als South County. Die Häuser aus dem 18. und 19. Jahrhundert ziehen vor allem Künstler und Kunsthandwerker an. Die Familie John Updikes, Autor der *Rabbit*-Romane, stammte von hier. Ihr 1745 errichtetes Haus an der Pleasant Street ist eines von etwa 60 Gebäuden, die noch aus der Zeit vor 1804 stammen.

Die Tagesausflügler aus Providence und Connecticut lieben den Hafen und die Einkaufsstraßen. An der Ecke Brown und Phillips Street bietet das Kayak Centre of Rhode Island Kajaktouren in der Narragansett Bay an.

Die Old Narragansett Church (Old St. Paul's; 1707) ist eine der ältesten Episkopalkirchen der USA. Sie birgt alte Kirchenbänke, eine Orgel von 1660 und eine Empore, die für die Sklaven bestimmt war. Der Künstler Gilbert Stuart (1755–1828) wurde hier in einem Becken getauft, das ein Geschenk der englischen Königin Anne (1665–1714) war.

Umgebung: Etwa 1,6 Kilometer nördlich steht **Smith's Castle**, eines der ältesten Plantagenhäuser der USA.

Schon gewusst?

John Updikes Roman *The Witches of Eastwick* spielt in einem Wickford nachempfundenen Dorf.

↑ *Geburtshaus von Gilbert Stuart am Mattatuxet River in Saunderstown*

Der Siedler Richard Smith baute hier 1678 ein Wohnhaus. Das Gebäude diente als Garnison für Soldaten, die 1675 die Great-Swamp-Schlacht gegen die Narragansett-Indianer geschlagen hatten. Das Haus erwarb 1692 die Familie Updike. Spätere Anbauten verwandelten das Gebäude in eines der schönsten Plantagenhäuser an der Küste Rhode Islands. Im Inneren finden sich Möbel (17./18. Jh.), chinesisches Porzellan und ein Stuhl von Roger Williams *(siehe S. 211)*.

Smith's Castle
55 Richard Smith Dr
+1-401-294-3521
Zeiten tel. erfragen

13 Saunderstown

C7 8045 Post Rd, North Kingstown (1-401-295-5566)

Der Ort zwischen Wickford und Narragansett hat zwei Hauptsehenswürdigkeiten: Das Geburtshaus des Malers **Gilbert Stuart** (1755–1828) wurde 1751 am Ufer des Mattatuxet River erbaut. Stuarts Porträts der US-Präsidenten brachten ihm Ruhm ein. Sein berühmtestes Porträt, das von George Washington, ziert die Ein-Dollar-Note.

Im ersten Stock baute Stuarts Vater eine große Küche und eine Mühle zur Herstellung von Schnupftabak.

Die **Silas Casey Farm** (18. Jh.) wird seit 1702 von derselben Familie betrieben. Das 146 Hektar große Anwesen umgibt eine fast 48 Kilometer lange Steinmauer.

Gilbert Stuart Birthplace
815 Gilbert Stuart Rd Mai–Mitte Okt: Zeiten der Website entnehmen
gilbertstuartmuseum.org

Silas Casey Farm
2325 Boston Neck Rd +1-401-295-1030 Juni–Mitte Okt: Di, Do 13–15, Sa 9–14

Restaurants

George's of Galilee
In mehreren Restaurants des kleinen Hafenorts gibt es Seafood-Gerichte aus dem Fang des Tages. Eines der besten ist das eine kurze Autofahrt von Jamestown entfernte George's of Galilee.

C7 250 Sand Hill Cove Rd, Galilee
georgesofgalilee.com

$$$

Matunuck Oyster Bar
Die Gegend um Matunuck ist bekannt für ihre Austern. Hier werden sie von Perry Raso mit Gemüse von dessen Farm serviert.

D6 69 Succotash Rd, Matunuck
rhodyoysters.com

$$$

← *Sonnenaufgang über der Brücke zwischen Jamestown und Newport*

14 Narragansett

C7 18 000 T. F. Green Airport 36 Ocean Rd narragansettri.gov

Die Kleinstadt erwarb sich zum Ende des 19. Jahrhunderts den Ruf eines mondänen Ferienorts. Das Casino (1884) wurde 1900 durch ein Feuer zerstört, wie auch viele der eleganten Hotels in der Nähe. Alles, was von dem reich verzierten Casino übrig blieb, sind **The Towers**, zwei über einen Bogen verbundene Steintürme.

Heute ist der Ort vor allem für seinen Strand, einen der besten Surfplätze der Ostküste, bekannt. Im **South County Museum** gibt es frühe Zeugnisse aus Rhode Island zu sehen: eine Schusterwerkstatt, ein Kramladen und eine Druckerei.

The Towers
35 Ocean Rd Zeiten der Website entnehmen thetowersri.com

South County Museum
Strathmore St an der Route 1 +1-401-783-5400 Mai, Juni, Sep: Fr, Sa 10–16; Juli, Aug: Di–Sa 10–16

15 Charlestown

C7 6000 4945 Old Post Rd charlestownri.org

Ein guter Ausgangsort für Wanderungen ist Charlestown, das sich an einem sechs Kilometer langen Strand erstreckt. Der acht Quadratkilometer große **Burlingame State Park** am Watchaug Pond bietet Möglichkeiten zum Campen, Wandern, Schwimmen, Angeln und Mountainbiken. Für Vogelbeobachtungen eignet sich das Kimball Wildlife Sanctuary der Audubon Society im Süden des Parks. Hier leben zahlreiche Arten von Wasser- und Zugvögeln. Bequeme Wanderwege durchziehen den Park.

Durch den 70 Hektar großen Ninigret Park mit Golfplatz führen mehrere Radwege. An klaren Freitagabenden können Besucher im **Frosty Drew Observatory** Sterne beobachten. Das Observatorium ist das ganze Jahr über geöffnet. Da es allerdings nicht beheizt ist, sollte man sich in den kühleren Jahreszeiten, vor allem in den Wintermonaten angemessen warm anziehen.

Hotel

Weekapung Inn
Zur Ausstattung jedes Zimmers in diesem Gasthof gehört auch ein Fernglas, sodass die Gäste die von kundigen Führern geleiteten Ausflüge in vollen Zügen genießen können.
C7 25 Spray Rock, Westerly weekapunginn.com
$$$

Burlingame State Park
Route 1A +1-401-322-8910 Apr–Anfang Sep: tägl. Sonnenauf- bis -untergang

Frosty Drew Observatory
61 Park Lane, Ninigret Park Fr bei klarem Himmel frostydrew.org

16 Watch Hill

C7 1 Chamber Way, Westerly (+1-401-596-7761)

Das Dorf gehört zu Westerly und gilt seit dem 19. Jahrhundert als gehobener Ferienort. Besucher können auf der Bay Street spazieren und einen Blick auf die verzierten Häuser werfen oder einfach nur die entspannte Atmosphäre genießen.

Ein Karussell, das Flying Horse Carousel (1867), am Strand von Watch Hill wird Kinder entzücken. Vom Aussichtspunkt am Watch Hill Lighthouse aus kann man Fishers Island sehen.

←
Castle Hill Lighthouse – Leuchtturm an der Küste von Narrangansett

↑ *Morgennebel über dem Sachuest Beach in Newport*

Fünf beliebte Strände in Rhode Island

Rhode Island ist so klein, dass man von jedem Punkt des Staates innerhalb von maximal einer halben Autostunde an der insgesamt rund 650 Kilometer langen Küste ist. Die Benutzung der meisten Strände ist, abgesehen von den Parkplatzgebühren, kostenlos.

Easton's Beach

D7 Memorial Blvd, Newport

Der beliebte Surfspot hat auch einen ruhigeren Bereich zum Schwimmen. Der drei Kilometer östlich gelegene Sachuest Beach ist bei Einheimischen sehr populär.

Narragansett Beach

C7 Boston Neck Rd, Narragansett

Strandgänger strömen an die Küste im zentralen Bereich von Narragansett zum Schwimmen, Sonnenbaden und Surfen.

Charlestown Breachway

C7 Charlestown Beach Rd, Charlestown

Der schöne Strand hat eine Anlegestelle für Boote. Von hier aus erreicht man die Küstengewässer des Ninigret Park und des Ninigret National Wildlife Refuge.

Misquamicut Beach

C7 Atlantic Ave, Westerly

Am größten Strand des Staates herrscht kaum Brandung. Ganz in der Nähe liegt ein Vergnügungspark für Kinder.

Napatree Point

C7 Watch Hill, Westerly

Die 2,5 km lange sandige Nehrung trennt Little Narragansett Bay von den turbulenteren Gewässern des Atlantiks. Hierher kommt man zum Schwimmen und Sonnenbaden.

↑ *Surfer in den Wellen vor dem Narragansett Beach*

↑ *Entspanntes Strandleben am Misquamicut Beach*

Tour auf Block Island

Länge 18 Meilen (29 km) **Start** Old Harbor **Rasten** Old Harbor, das einzige Dorf der Insel, bietet einfache Unterkünfte und mehrere ruhige Restaurants mit Meerblick.

Zur Orientierung
Siehe Karte S. 206f

Das 21 Kilometer vom Festland entfernte Block Island ist schon seit Langem ein sehr bevorzugtes Ausflugsziel der Neuengländer. Rund ein Viertel der Insel steht unter Naturschutz, weshalb Block Island vor allem bei Naturfreunden beliebt ist, die gern schwimmen, angeln, segeln, Kajak oder Kanu fahren, reiten oder Vögel beobachten. Insgesamt 48 Kilometer Wander- und Radwege durchziehen die Insel, auf denen unternehmungslustige Besucher die Naturschönheiten Block Islands erkunden können.

Eine Tafel am **Settlers Rock** ehrt die 16 Engländer, die 1661 hier ankamen.

Ideal zum Kajakfahren und Angeln ist der **Great Salt Pond**, der rundherum vom Meer geschützt ist.

Clayhead ist Ausgangspunkt für den Naturwanderweg, der bis zum Settlers Rock führt und bietet einen tollen Blick über den Atlantik.

Old Harbor ist das Zentrum des Insellebens. Angler können hier Boote mieten.

Rodman's Hollow ist Lebensraum vieler Tierarten.

Der Leuchtturm Southeast Light auf **Mohegan Bluffs** wurde 1875 gebaut.

Southeast Light – Leuchtturm auf dem Felsen Mohegan Bluffs ↑

Genius of Connecticut – *Statue im State Capitol, Hartford* (siehe S. 232)

Connecticut

Connecticut gehörte zu den 13 ursprünglichen Kolonien des Landes und war immer Trendsetter – angefangen mit der Einführung der Fundamental Orders of Connecticut von 1639, der ersten Verfassung der Neuen Welt. Hier wurden außerdem die erste öffentliche Bibliothek und der erste Vergnügungspark Amerikas errichtet. Schüler und Soldaten verdanken den produktiven Geistern des Staates das Lexikon und die Pistole, Köche und Genießer den Hamburger und den Korkenzieher, Kinder den Drei-Manegen-Zirkus, Lutscher und das Frisbee.

Die Flüsse Housatonic, Naugatuck, Connecticut und Thames bewässerten jahrtausendelang das Waldland und dienten den frühen Bewohnern als Transportwege. Die Wasserkraft ließ an den Flüssen Spinnereien aus dem Boden schießen, um die sich Städte und ganze Industriezentren entwickelten. Heute sind die Wasserwege vor allem der Tummelplatz abenteuerlustiger Kanufahrer. Ausflugsboote bieten ihren Passagieren einzigartige Ausblicke auf die malerischen Orte.

Sein Farbenreichtum macht auch hier den Herbst zur beliebtesten Jahreszeit. Dann schlendern Besucher durch die Städtchen, durchstreifen die Berkshires und wandern den Appalachen-Trail entlang. Unterhaltung bietet Connecticut das ganze Jahr: altmodische Jahrmärkte, kulturelle Veranstaltungen oder Regatten. Wer seine Ballonfahrt und den Antiquitäteneinkauf schon hinter sich hat, kann sich im Spätsommer durch eines der Austern-Festivals schlemmen.

Becket
Northampton
Stockbridge
Huntington
Holyoke
Great Barrington
Chicopee
Copake
West Taghkanic
New Marlborough
Massachusetts
Seiten 160–203
Mount Frissell 748 m
North Canaan
New England Air Museum
Salisbury
Norfolk
Old New-Gate Prison and Copper Mine
Enfield
Pine Plains
Farmington
Granby
Bradley International Airport
Winsted
Windsor Locks
Housatonic
Amenia
West Cornwall
Litchfield Hills
Simsbury
Windsor
Cornwall
Avon
East Hartford
Kent Falls State Park
Torrington
Millbrook
Litchfield
West Hartford
Hartford
Kent
Farmington
NEW YORK
Lake Waramaug
Mount Tom State Park
Wethersfield
Bristol
New Preston
Newington
Rock Hill
Thomaston
Plainville
Wingdale
New Britain
Washington
Watertown
Dinosaur State Park
Southington
Waterbury
Middletown
New Milford
Woodbury
Meriden
Cheshire
Southbury
Durham
Candlewood Shores
Naugatuck
Shepaug Dam
Wallingford
Carmel
Housatonic
Sandy Hook
Hamden
Danbury
New Haven
Shelton
Madison
Yorktown Heights
Ridgefield
East Haven
Branford
Guilford
West Haven
Thimble Islands
Trumbull
Milford
Mount Kisco
Stratford
Wilton
Bridgeport
Westport
New Canaan
Fairfield
Norwalk
Long Island Sound
Stamford
Cos Cob
Gold Coast
Greenwich
Rye
Port Jefferson
Sound Beach
Stony Brook
Riverhead
Long Island
Huntington
Commack
Medford
0 Kilometer 15
0 Meilen 15
N
NEW YORK
Brookhaven
Patchogue
Islip

Connecticut

Highlights

1. Hartford
2. Gillette Castle
3. New Haven
4. Litchfield Hills
5. Mystic Seaport

Sehenswürdigkeiten

6. Mystic
7. New Britain
8. Farmington
9. Simsbury
10. Dinosaur State Park
11. Windsor
12. New England Air Museum
13. Old New-Gate Prison and Copper Mine
14. Coventry
15. Roseland Cottage
16. New London
17. Norwich
18. Lebanon
19. Mashantucket Pequot Museum
20. Madison
21. Essex
22. Guilford
23. Thimble Islands
24. Old Lyme

Blick über die Founders Bridge auf Hartfords Skyline

1

Hartford

B6 125 000 Bradley International Airport Union Station 100 Pearl St (+1-860-525-8629) letsgoarts.org

Ursprünglich war die heutige Hauptstadt Connecticuts eine Siedlung der Saukiog-Indianer, dann eine niederländische Handelsniederlassung. Reverend Thomas Hooker (1586–1647) und eine Gruppe Engländer der Massachusetts Bay Colony gründeten 1636 Hartford. Sowohl wirtschaftlich als auch kulturell erlebte die Stadt Ende des 19. Jahrhunderts ihre Blütezeit: Der Versicherungsmarkt florierte, und heimische Schriftsteller wie Mark Twain und Harriet Beecher Stowe feierten Erfolge. Ambitionierte Projekte erweckten den Stadtkern zu neuem Leben.

①

Wadsworth Atheneum

600 Main St +1-860-232-2670 Mi–Fr 11–17 (ab 16 frei), Sa, So 10–17 Feiertage wadsworthatheneum.org

Das 1842 gegründete Museum ist das älteste durchgehend betriebene öffentliche Kunstmuseum des Landes. Die Sammlung fasst rund 45 000 Werke aus fünf Jahrhunderten. Schwerpunkte bilden Renaissance, Barock und Impressionismus. Das Museum besitzt auch eine beachtliche Sammlung amerikanischer Malerei, darunter Werke von Thomas Cole (1801–1848) und Frederic Church (1826–1900). In der Burr Mall steht die rote Stahlskulptur *Stegosaurus* (1973) von Alexander Calder (1898–1976), einem Einwohner von Connecticut.

②

Old State House

800 Main St +1-860-522-6766 Juli–Sep: Di–Sa 10–17; Okt–Juni: Mo–Fr 10–17 Feiertage ctosh.org

Das von Charles Bulfinch (1763–1844) entworfene State House (1796) ist das älteste Kapitol Amerikas. Für Bewohner von Hartford gilt es somit als Wiege der Demokratie. Mit der eleganten Haupthalle, der verzierten Kuppel und dem reichen Skulpturenschmuck zählt das auch symbolisch bedeutende Gebäude zu den landesweit schönsten Beispielen des Federal Style.

Eine Audiotour hebt die wichtigsten Sehenswürdigkeiten hervor, etwa den großen Senatssaal und den Gerichtssaal, in dem 1839 der Prozess um das Sklavenschiff *Amistad* stattfand. Vor dem Old State House findet ein Bauernmarkt statt.

Eine Audiotour hebt die wichtigsten Sehenswürdigkeiten hervor, etwa den großen Senatssaal und den Gerichtssaal, in dem 1839 der Prozess um das Sklavenschiff *Amistad* stattfand.

Highlight

③

Center Church and Ancient Burying Ground

60 Gold St +1-860-249-5631 tägl. 10–16

Fünf Buntglasfenster, entworfen von Louis Comfort Tiffany (1848–1933), zieren die 1807 erbaute Center Church (First Church of Christ in Hartford).

Auf dem Friedhof der Kirche stehen 415 Grabsteine aus dem Jahr 1648, auch der von Hartfords Gründervater Thomas Hooker. Auf der anderen Seite der Main Street befindet sich das Bürogebäude Travelers Tower, das mit 160 Metern den höchsten Aussichtspunkt Connecticuts bildet.

④

Bushnell Park

Trinity u. Elm St tägl. Sonnenauf- bis -untergang bushnellpark.org

Den 16 Hektar großen Park beschatten über 100 Baumarten. Der aus Hartford stammende Landschaftsarchitekt Frederick Law Olmsted (1822–1903) gestaltete die Grünanlage. Kinder lieben hier das Bushnell Carousel von 1914 mit seinen 48 handgeschnitzten Pferden, den verschnörkelten »Liebeskutschen« und der aufpolierten Wurlitzer-Orgel.

Der 35 Meter hohe Soldiers and Sailors Memorial Arch ehrt die Soldaten des amerikanischen Bürgerkrieges (1861–65).

↑ *Spanish American War Memorial in Bushnell Park*

⑤

The Bushnell

166 Capitol Ave +1-860-987-5900 bushnell.org

Der Veranstaltungsort für Bühnenshows bietet Extravagantes im Broadway-Stil und kleinere Produktionen. Zu den Highlights der Besichtigung gehören das historische Theater, eine moderne Bühne sowie ein 4,30 Meter großer Kronleuchter.

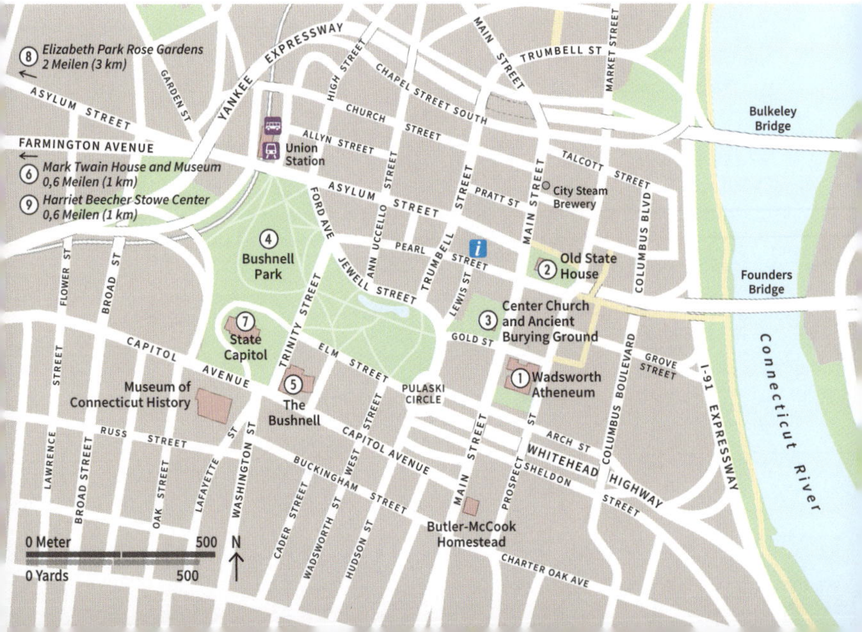

Restaurant

City Steam Brewery
In dem holzgetäfelten Kaufhausgebäude aus dem späten 19. Jahrhundert werden Craft-Biere sowie Fish and Chips und ähnliche typische Kneipengerichte serviert. Gäste können auch auf der Terrasse Platz nehmen. Im Untergeschoss gibt einen Late-Night-Comedy-Club.

942 Main St
citysteam.biz
$$$

⑥

Mark Twain House and Museum

351 Farmington Ave
+1-860-247-0998
tägl. 9:30–17:30
Jan, Feb: Di; Feiertage
marktwainhouse.org

Mark Twain (1835–1910) lebte hier von 1874 bis 1891 und schrieb in dieser Zeit sieben Bücher. Der Grundriss des Hauses mit den 19 Zimmern basiert zum Teil auf Entwürfen von Twains Ehefrau Olivia. Es ist ein Meisterwerk im malerisch-gotischen Stil. In den großen Balkonen, Spitzgiebeln und Türmchen spiegeln sich Anspruch und Verspieltheit der Besitzer. Das angegliederte Museum zeigt eine umfangreiche Sammlung über den Schriftsteller und seine Zeit, darunter einen Film des Dokumentaristen Ken Burns.

Eine Besichtigung des Museums ist nur mit Führung möglich, die letzte startet um 16:30 Uhr.

Schon gewusst?
Bei seiner Fertigstellung 1919 war der Travelers Tower das siebthöchste Gebäude der Welt.

⑦

State Capitol

210 Capitol Ave +1-860-240-0222 Mo–Fr 8–17

Der Prachtbau ist Sitz der beiden Parlamentskammern (Repräsentantenhaus und Senat) sowie des Gouverneurs des Bundesstaates Connecticut.

Das State Capitol mit der vergoldeten Kuppel stammt aus dem Jahr 1878, Richard Upjohn (1828–1903) entwarf es im viktorianischen Stil. Im Inneren des Baus aus Marmor und Granit faszinieren die Eichenholzarbeiten und der aufwendige Gründerstuhl.

↓ *State Capitol mit vergoldeter Kuppel; Blick in den Plenarsaal des House of Representatives* (Detail)

Highlight

Blühende Rosenbüsche in den Elizabeth Park Rose Gardens ↑

⑧ ♿

Elizabeth Park Rose Gardens

Prospect Ave ☎ +1-860-231-9443 täglich Sonnenauf- bis -untergang

In diesem 36 Hektar großen Park erblühen jedes Jahr etwa 15 000 Rosenbüsche aus über 900 Arten. Aber auch die Kräuter-, Stauden- und Steingärten sind herrlich anzuschauen.

⑨ ♿

Harriet Beecher Stowe Center

77 Forest St Mo–Sa 9:30–17, So 12–17 Feiertage; Jan–März: Di W harrietbeecherstowe.org

Harriet Beecher Stowe war schon berühmt, als sie 1871 ihr Haus auf der Nook Farm an der Westseite von Hartford baute. Das schön erhaltene Gebäude, in dem sie bis zu ihrem Tod 1896 lebte, wurde 2017 renoviert. Das Haus und die angrenzenden Gebäude bilden das Stowe Center. Die Exponate konzentrieren sich auf Stowes berühmten Roman *Onkel Toms Hütte* und dessen Rolle bei der Abschaffung der Sklaverei in den USA. Auch andere Romane der Autorin werden behandelt.

Bei einer spannenden interaktiven Hausbesichtigung erfahren Besucher viel über Stowes politisches Engagement sowie über ihr außerordentlich großes Talent als Dekorateurin. Darüber hinaus werden weitere soziale Themen des 19. Jahrhunderts wie etwa Sklaverei sowie die Rolle der Frau beleuchtet.

Harriet Beecher Stowe

Harriet Beecher Stowe (1811–1896) war eine leidenschaftliche Verfechterin der Abschaffung der Sklaverei. Die aus einer prominenten religiösen Familie stammende Frau fühlte sich zum Schreiben hingezogen und verfasste über 30 Bücher. 1852 schrieb sie ihren Roman *Onkel Toms Hütte*, um das Leid versklavter Afroamerikaner bekannt zu machen. Das Buch verkaufte sich weltweit und befeuerte Forderungen nach Reformen.

2

Gillette Castle

B7 67 River Rd (über Route 82), Hadlyme +1-860-526-2336 Burg: Ende Mai – Labor Day: Do – So 11 – 17; Park: tägl. Sonnenauf- bis -untergang

Protzig und bizarr wirkt Gillette Castle und steht damit in starkem Kontrast zur sonst so anmutigen Architektur Neuenglands. Doch Besucher sind von dem extravaganten Gebäude mit den 24 Räumen begeistert.

William Gillette (1853 – 1937) baute sich 1919 sein Traumhaus in der Form eines mittelalterlichen Schlosses samt Türmchen und Zinnen. Das Haus steckt voll seltsamer Details, z. B. ein 140 Quadratmeter großer höhlenartiger Wohnraum, selbst gebastelte Trickschlösser, Möbel auf Rollen oder Schienen und eine Reihe Spiegel, über die der Hausherr im Schlafzimmer sehen konnte, wer unten zur Tür hereinkam.

Die Feldsteinmauern werden durch ein Stahlgerüst gestützt. Die Steine stammen aus der Gegend und wurden mit einer von Gillette entworfenen Seilbahn auf den Hügel befördert. Nach William Gillettes Tod wurden Burg und Grundstück (47 ha) zu einem State Park. Auf der fünf Kilometer langen Bahnstrecke wurden einst Gäste über das Anwesen gefahren. Heute bewegt man sich auf den Fußwegen auf dem Gelände.

William Gillette

Der exzentrische Autor und Schauspieler verließ bereits mit 20 das College, um auf der Bühne zu stehen. Seine berühmteste Rolle war die des Sherlock Holmes, mit der er drei Millionen Dollar verdient haben soll. Ein Drittel davon steckte er in dieses Anwesen. In seinem Testament verfügte er, dass Gillette Castle niemals in die Hände »irgendeines Dummkopfs« gelangen sollte.

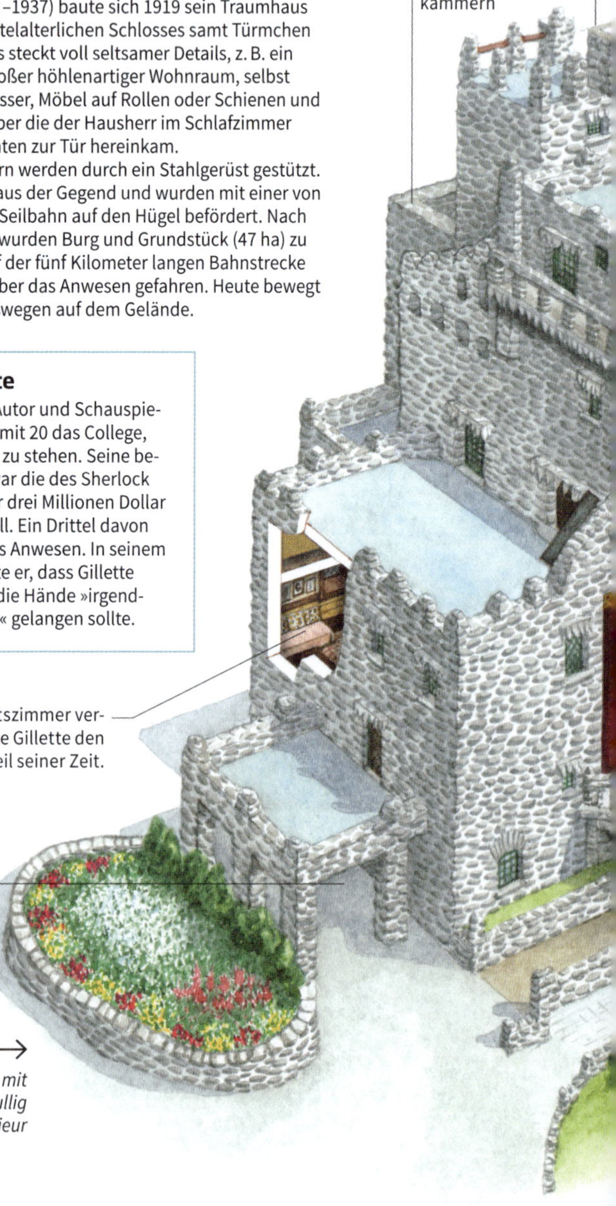

→ *Gillettes Burg mit geradezu schrullig wirkendem Interieur*

1 Treppenhaus in Gillette Castle; im Vordergrund ein Foto mit Bauherrn William Gillette.

2 Die gedeckte Brücke überquert einen auf dem Burggelände verlaufenden Fluss.

3 Eindrucksvolle Steinfassade von Gillette Castle

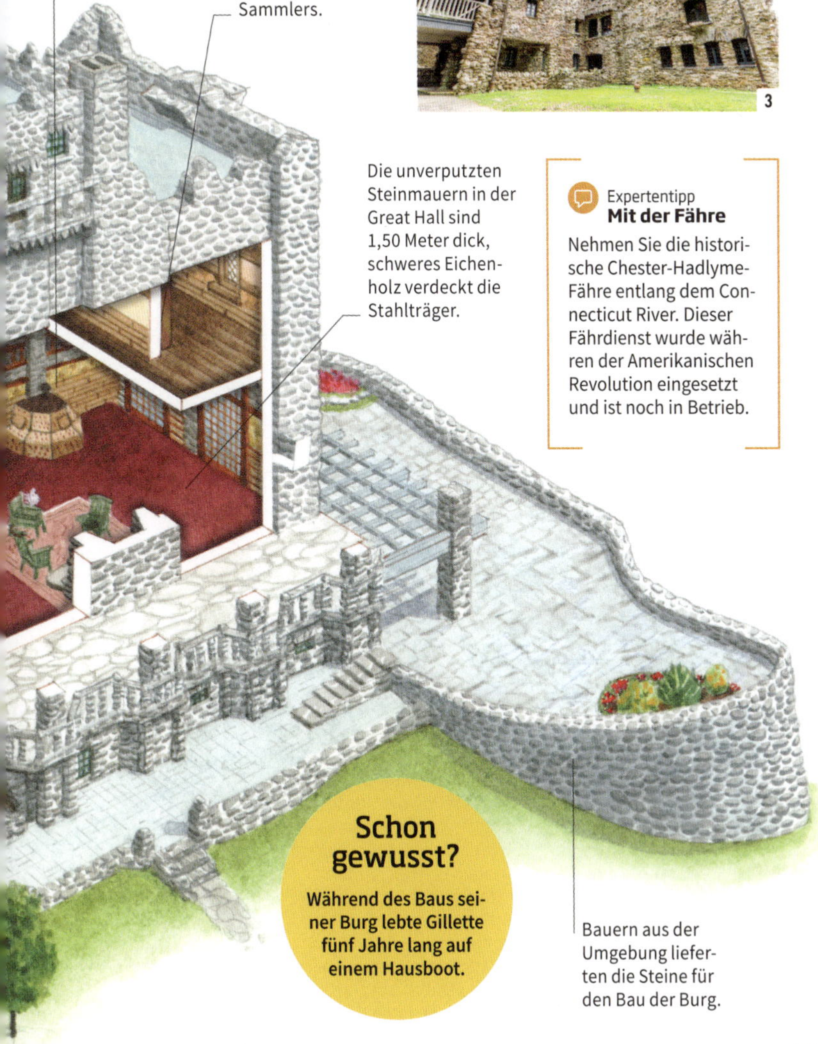

Expertentipp
Mit der Fähre

Nehmen Sie die historische Chester-Hadlyme-Fähre entlang dem Connecticut River. Dieser Fährdienst wurde währen der Amerikanischen Revolution eingesetzt und ist noch in Betrieb.

Schon gewusst?

Während des Baus seiner Burg lebte Gillette fünf Jahre lang auf einem Hausboot.

→ Bunte Reihenhäuser an der baumgesäumten Court Street in New Haven

3

New Haven

A7 130 000 127 Washington Avenue, 4th Floor West, North Haven (+1-203-234-7555) International Festival of Arts and Ideas (Juni) visitnewhaven.com

Das Land, auf dem sich heute die zweitgrößte Stadt Connecticuts erstreckt, kauften die Siedler 1638 den Quinnipiac-Indianern für ein paar Messer, Beile und Mäntel ab. Die Lage an der Küste und den Mündungen von West, Mill und Quinnipiac River in den Long Island Sound machte New Haven zu einem wichtigen Produktionszentrum. Im Lauf der Jahrhunderte wurden hier Uhren und Korsetts, Musikinstrumente, Kutschen und Kanonenkugeln hergestellt. 1716 zog die Yale University von Saybrook nach New Haven und machte aus der Stadt ein Zentrum für Bildung, Technik und Forschung.

①

New Haven Green

Der sechs Hektar große New Haven Green bildet den Kern von neun symmetrischen Flächen, die die Puritaner 1638 in New Haven anlegten. »The Green«, wie der Platz genannt wird, ist das Zentrum des städtischen Lebens. An der Kreuzung von Court Street und Church Street erhebt sich das Post Office im Stil des Greek Revival.

Dem Green gegenüber, an der Church Street, steht das viktorianische Rathaus mit seiner mehrfarbigen Fassade. Davor erinnert das vier Meter hohe, bronzene Amistad Memorial an Sengbe Pieh (auch als Joseph Cinqué bekannt), den Anführer des *Amistad*-Aufstandes.

Ende April findet auf dem Green der Powder House Day statt, die Reinszenierung einer Heldentat des späteren Verräters Benedict Arnold: Bei Beginn des Unabhängigkeitskrieges hatte der Miliz-Hauptmann ein Arsenal erobert und seine Männer nach Boston geführt, um die Kolonialarmee zu unterstützen.

②

New Haven Museum

114 Whitney Ave
Di – Fr 10 – 17, Sa 12 – 17
newhavenmuseum.org

Das im kolonialen Stil erbaute Haus zeichnet den Aufstieg der Stadt von 1638 bis zur Gegenwart nach. Hier werden u. a. Eli Whitneys Baumwollpflückmaschine, das Schild von Benedict Arnolds Laden sowie Zinngefäße und Porzellan aus der

Restaurant

Louis' Lunch

In der selbst ernannten »Geburtsstätte des Hamburgers« serviert man seit 1895 eine spezielle hausgemachte Hackfleischmischung auf weißem Toast.

261 Crown St
louislunch.com

$$$

Kolonialzeit gezeigt. Zudem gibt es Dauerausstellungen zur maritimen Historie der Stadt und über die *Amistad*.

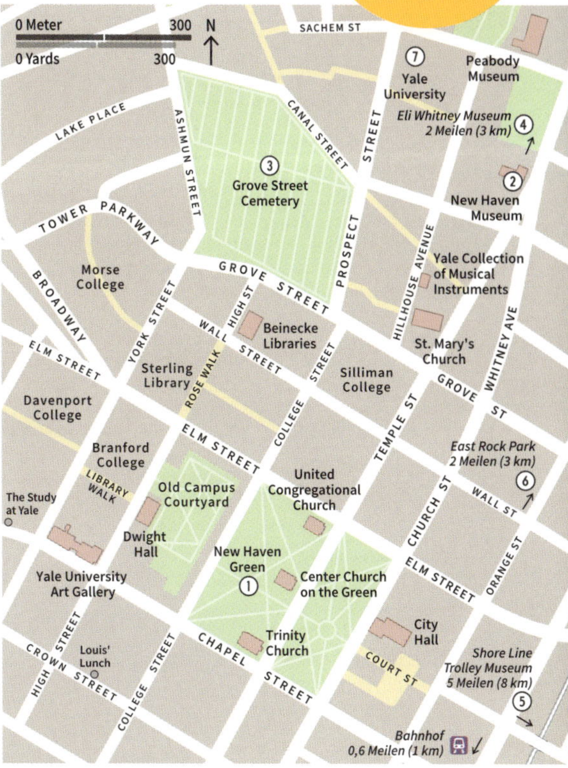

③ Grove Street Cemetery

227 Grove St · tägl. 8–16 · grovestreet cemetery.org

Der Friedhof von 1797 war der erste in Amerika, auf dem man Familiengrabstätten anlegte. Hinter dem Eingangstor wandert man wie durch ein Who's who New Havens: Eli Whitney, Noah Webster und Lyman Beecher sind nur einige der Persönlichkeiten, die hier ruhen.

④ Eli Whitney Museum

915 Whitney Ave, Hamden · Sep–Mai: Sa 10–15, So 12–17; Juni–Aug: Sa, So 11–16 · eliwhitney.org

Eli Whitney (1765–1825) zählt zu den ersten amerikanischen Erfindern und ist vor allem für die Entwicklung einer Baumwollpflückmaschine bekannt, die gleichzeitig die Baumwolle von den Samenkörnern trennt. Eine weitere seiner Erfindungen, eine Muskete mit auswechselbaren Teilen, revolutionierte die industrielle Produktion. Das Museum zeigt Innovationen von Eli Whitney, aber der Fokus liegt darauf, Kinder interaktiv an Kreativität heranzuführen.

⑤ Shore Line Trolley Museum

17 River St, East Haven · Zeiten der Website entnehmen · shorelinetrolley.org

Acht Kilometer östlich von New Haven findet sich in East Haven das Shore Line Trolley Museum. Zwischen den etwa 100 alten Wagen (mit Baujahren ab 1878) stehen auch der älteste Straßenbahn-Waggon und die erste elektrische Frachtlokomotive. Das Museum bietet eine fünf Kilometer lange Straßenbahnfahrt durch Marschen und Wälder.

⑥ East Rock Park

41 Cold Spring St · +1-203-946-6086 · tägl. 8 bis Sonnenuntergang

Der East Rock Park, eine der schönsten Grünanlagen in New Haven, wird von einem 16 Kilometer langen Wegenetz durchzogen. Von vielen Stellen blickt man auf den Long Island Sound.

←

Fahrt mit einer nostalgischen Bahn des Shore Line Trolley Museum

7

Yale University

Gegenüber New Haven Green 149 Elm Street (+1-203-432-2300)
Zeiten der Website entnehmen yale.edu

Die 1701 gegründete Yale University ist die drittälteste Hochschule der Vereinigten Staaten und gehört zu den renommiertesten Hochschulen der Welt. Die Gebäude der Eliteuniversität weisen eine sehr große architektonische Vielfalt auf. Der Campus nimmt einen Großteil der Innenstadt New Havens ein, der Hauptteil der Universität liegt dabei westlich des New Haven Green.

Hotel

The Study at Yale
Das Hotel auf dem Campus bietet mit seiner büchergefüllten Lobby akademische Atmosphäre. Die Zimmer verfügen über Lesestühle und Arbeitsbereiche.

1157 Chapel St
thestudyatyale.com
$$

Die Liste prominenter Absolventen der Yale University ist lang. Persönlichkeiten wie Noah Webster (1758–1843), der das erste amerikanische Wörterbuch erstellte, Samuel Morse (1791–1872), Erfinder des Morsens, und fünf US-Präsidenten, darunter Bill Clinton, studierten hier. Besucher können sich auf eigene Faust durch das Gelände bewegen oder sich einer kostenlosen Führung über den Campus anschließen, die am Besucherzentrum startet.

Schon gewusst?

An der Yale University sind mehr als 11 000 Studenten immatrikuliert.

Highlight

Hightech in der Bibliothek

Zum Schutz ihrer reichen Buchbestände von geradezu unschätzbarem Wert ist die Beinecke Rare Book and Manuscript Library mit einem besonderen Hightech-Mechanismus ausgestattet. Bei einem Feuer werden die Bücher in ein unterirdisches Gewölbe abgesenkt und der Luft der gesamte Sauerstoff entzogen.

Highlights

Beinecke Rare Book and Manuscript Libraries

▷ Gordon Bunshaft gestaltete die Wände der Bibliothek aus transluzentem Marmor. Das gemilderte Sonnenlicht kann die illuminierten Handschriften und rund 7000 Bücher nicht beschädigen. Wertvollstes Objekt ist das Exemplar einer Gutenberg-Bibel.

Peabody Museum of Natural History

▽ Gleich am Eingang dieses Museums steht ein imposantes Skelett. Der Empfang durch den 20 Meter hohen Brontosaurus erscheint angemessen, ist das Haus doch berühmt für seine einzigartige Dinosaurierabteilung.

Yale University Art Gallery

Die Sammlung von asiatischen, afrikanischen, europäischen, amerikanischen und präkolumbischen Kunstgegenständen umfasst rund 100 000 Objekte. Zu den kostbarsten zählt das Gemälde *The Battle of Bunker Hill* (1786) von John Trumbull. Aber auch moderne Kunst von Picasso, van Gogh, Manet, Monet oder Pollock gibt es hier zu sehen.

Yale Collection of Musical Instruments

▷ Mit etwa 800 Exponaten, darunter viele alte historische Streich- und Holzblasinstrumente, zählt die Sammlung zu den zehn besten ihrer Art. Kurzum: ein Muss für Musikliebhaber.

← *Dwight Hall, ehemalige Bibliothek auf dem Campus der Yale University*

Herbststimmung über einem nebelbedeckten See im Black Rock State Park, Watertown ↑

4

Litchfield Hills

A6 Route 202, On-the-Green (+1-860-567-4506)
litchfieldhills.com

Die Litchfield Hills erstrecken sich westlich vom Connecticut River bis zur Grenze des Bundesstaates New York. Die Region zählt zu den landschaftlich schönsten von Connecticut. Saftige Weiden mit darauf grasenden Tieren, pittoreske Gebirgsbäche, steilwandige Täler und ruhige Seen prägen den Charakter. In den kleinen Orten stehen weiß gestrichene Häuser und schindelgedeckte Kirchen aus dem 18. und 19. Jahrhundert an gepflegten Grünanlagen. Faszinierende Ausblicke vom Gipfel des Mount Tom locken Wanderer in die Gegend, der See im Mount Tom State Park ist bei Familien und Tauchern gleichermaßen beliebt.

In Connecticuts Nordwesten grenzen die Litchfield Hills an die Berkshire Hills und die Ausläufer der Taconic Mountains. Das 2500 Quadratkilometer große Gebiet nimmt ein Viertel des Bundesstaates ein. Die idyllische Landschaft aus Mulden und Tälern, Wäldern und Seen ist Lebensraum einer reichen Tierwelt und bietet Besuchern einzigartige Möglichkeiten zum Kanu- und Kajakfahren, Wildwasser-Rafting, Angeln und Wandern. Im Herbst gerät der Verkehr auf den Straßen mitunter ins Stocken, weil die Farbenpracht des Laubs manchen Fahrern schier den Atem raubt. Mit dem Zustrom reicher Leute veränderten die 26 Orte Litchfields ihr Flair: Edle Boutiquen und Bistros stehen zwischen traditionellen Handwerksläden und historischen Häusern.

↑ *Alte Uhren in einem Ausstellungsraum des Bristol Clock Museum*

Highlight

Spaß für die Familie bietet das Carousel Museum of New England. Die Sammlung alter Karussells zählt weltweit zu den schönsten.

①
New Preston

👥 2000

Von New Preston gelangt man in den 38 Hektar großen Lake Waramaug State Park. Der See ist im Herbst besonders schön, wenn sich das farbige Laub der Bäume am Ufer auf dem Wasser spiegelt. Hier laden rund 80 Campingplätze zum Übernachten. Hopkins Winery am See bietet Führungen durch die Kellerei und Weinproben an.

Entdeckertipp
Hopkins Winery
Das Ufergebiet am Lake Waramaug in New Preston bietet gute Bedingungen für Weinbau. Besuchen Sie Hopkins Winery, und probieren Sie edle Tropfen des Weinguts, die hier zu lokalem Käse, Pasteten und frischem Brot serviert werden.

②
Bristol

👥 62 000

Die Vergangenheit Bristols als eines der ersten Zentren der Uhrmacherei wird im American Clock and Watch Museum in der Maple Street dokumentiert. In einem Herrenhaus aus dem Jahr 1801 werden mehr als 5000 Uhren ausgestellt.

In Bristol ist auch Amerikas ältester Freizeitpark beheimatet. Der Lake Compounce Theme Park an der Lake Avenue unterhält seine Gäste bereits seit 1864. Spaß für die Familie bietet das Carousel Museum of New England an der Riverside Avenue. Die Sammlung alter Karussells zählt weltweit zu den schönsten.

Rund 15 Autominuten Richtung Osten erreicht man den Black Rock State Park im Mattatucket State Forest mit vielen Wanderwegen.

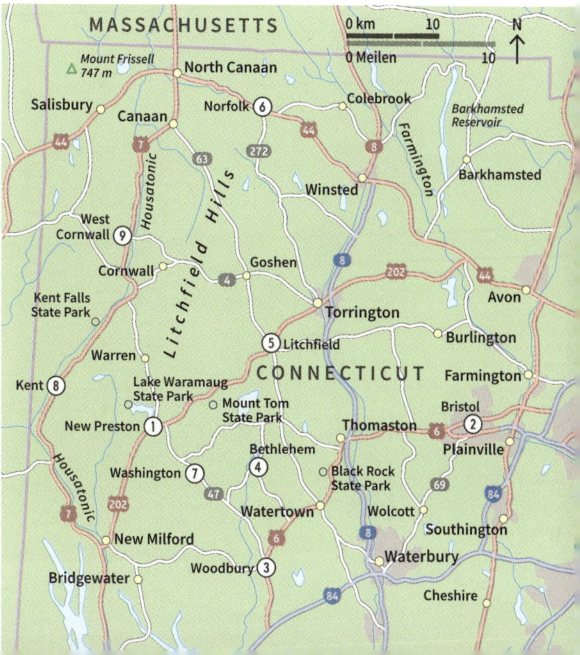

③
Woodbury

9500

Der Ort ist beliebt bei Antiquitätenliebhabern. Möbel aus dem 18. Jahrhundert sind auch im Glebe House an der Hollow Road zu sehen. Das Farmhaus des Pastors ist ein Gertrude-Jekyll-Garten, der einzige Garten der englischen Landschaftsarchitektin in den USA. Die Stadt besitzt auch fünf Kirchen aus verschiedenen Epochen.

④
Bethlehem

4000

Anziehungspunkt des Ortes ist das Bellamy-Ferriday House and Garden (18. Jh.). Hier in der Main Street lebte Reverend Joseph Bellamy (1719–1790), Gründer des ersten theologischen Seminars in Amerika. In dem Haus mit den 13 Zimmern (Mai–Okt geöffnet) sind Steingut, Möbel, Antiquitäten und orientalische Kunst der Familie Ferriday ausgestellt.

Schon gewusst?

Zu den Bewohnern der Region gehören Prominente wie Meryl Streep und Starkoch Jacques Pépin.

⑤
Litchfield

9000

In Litchfield gibt es einige historische Gebäude, etwa das Tapping Reeve House von 1784 in der South Street und die Law School, die erste Jura-Fakultät des Landes.

An der Route 202 führen Wanderwege im Mount Tom State Park bis zum Gipfel. Im See kann man angeln, Boot fahren und schwimmen.

⑥
Norfolk

2000

Der Ort im nordwestlichsten Winkel des Staates bietet zwei Attraktionen: ein Denkmal, das vom Architekten Stanford White (1853–1906) und dem Bildhauer Augustus Saint-Gaudens entworfen wurde, und das Music Shed, ein Konzertsaal auf dem Ellen Batell Stoeckel Estate, in dem das Norfolk Chamber Music Festival stattfindet.

Schöne Aussicht
Ballonfahrt

Die beste Sicht über die schöne Hügellandschaft hat man aus der Vogelperspektive von einem Heißluftballon. Spirit Ballooning (www.spiritballooning.com) ist einer von mehreren Anbietern. Die etwa einstündigen Fahrten starten in der Dämmerung.

⑦
Washington

4000

Der Ort liegt im Windschatten der südlichen Ausläufer von The Berkshires *(siehe S. 182f)*. Im **Institute for**

↑ *Häuser mit Backstein- und Schindelfassaden säumen die Straßen von Norfolk*

Highlight

↑ *In Kent laden viele Kunstgalerien zu einem Bummel ein*

American Indian Studies auf der Curtis Road können Geschichtsinteressierte ein Algonkin-Dorf, 10 000 Jahre alte Werkzeuge und eine Ausstellung über Connecticuts Woodland-Indianer sehen. In der Nähe gibt es archäologische Ausgrabungen.

Institute for American Indian Studies
38 Curtis Rd Mi–Sa 10–17, So 12–17 Feiertage iaismuseum.org

Shopping

White Flower Farm
Weit mehr als ein Gartencenter: In den Schaugärten der White Flower Farm finden Blumenliebhaber vielfältige Anregungen und Inspiration für die Gestaltung ihres Gartens.
167 Litchfield Rd, Morris Apr–Nov: tägl. 10–16 whiteflowerfarm.com

⑧

Kent

3000

Kunstliebhaber sollten den Ort vor allem wegen seiner zahlreichen Kunstgalerien besuchen, darunter auch die Heron American Craft Gallery sowie die Kent Art Association Gallery. Nördlich zieht der Kent Falls State Park Naturliebhaber an. Eine Wanderung durch den 119 Hektar großen Park führt zu einem der schönsten Wasserfälle Connecticuts. Der Anblick dieser Kent Falls (76 m) ist ein Erlebnis. Von den Picknickplätzen hat man einen grandiose Aussicht auf die Umgebung.

⑨

West Cornwall

4000

Der kleine Ort ist vor allem für seine eindrucksvolle überdachte Brücke (1841) bekannt, die über den Housatonic River führt.

↑ *Die gedeckte West Cornwall Bridge führt über den Housatonic River*

5

Mystic Seaport

C7 75 Greenmanville Ave (Route 27) +1-860-572-0711 Di–So 10–16 24., 25. Dez mysticseaport.com

Das beeindruckende Freilichtmuseum am Mystic River besteht aus Schifffahrtsmuseum und Museumshafen. Spazieren Sie auf den Decks großer historischer Schiffe oder sehen Handwerkern bei den Instandhaltungsarbeiten zu.

Was 1929 als eher bescheidene Sammlung nautischer Exponate in einer alten Mühle begann, hat sich zum weltweit größten Meeresmuseum entwickelt. Die Nachbildung eines Hafens aus dem 19. Jahrhundert umfasst über 40 Gebäude, darunter Kapelle, Wirtshaus, Fassmacherei und eine Bank. Hauptattraktion auf dem Gelände ist die Werft, die sich um Erhalt und Restauration der alten Schiffe kümmert, z. B. der *Charles W. Morgan*, des letzten verbliebenen amerikanischen Walfängers aus dem 19. Jahrhundert.

Ausstellungen zeigen Schiffsschnitzereien, Galionsfiguren und andere Exponate nautischer Kunst. Im Treworgy Planetarium erfährt man, wie Seeleute früher Sterne und Planeten zur Orientierung nutzten, um durch stürmische Meere zu navigieren.

↑ *Die 1892 gebaute* Joseph Conrad *liegt im Mystic Seaport vor Anker*

↑ *Darstellung des Hafengeländes mit seinen historischen Schiffen*

Schon gewusst?

Die ursprünglichen Gebäude des Mystic Seaport stammen aus ganz Neuengland.

> Expertentipp
> **An Bord!**
>
> Besucher des Mystic Seaport können auf manchen der im Hafen liegenden Schiffe an Bord gehen. Einige bieten tägliche Ausflüge, andere kann man stunden- oder tageweise chartern und selbst Kapitän spielen.

Der Schoner *LA Dunton* (1921) ist das letzte Beispiel für die einst verbreiteten Rundbug-Schiffe.

Die *Sabino* bietet Ausflugsfahrten auf dem Fluss.

Die Kopie des Brant Point Lighthouse (1901) von Nantucket Island beherbergt eine interaktive Ausstellung.

SEHENSWÜRDIGKEITEN

6 Mystic

C7 3000 27 Coogan Blvd (+1-860-546-1641)
thisismystic.com

Der ehemals für seinen Schiffbau bekannte Hafenort wandte sich dem Tourismus zu, als die Nachfrage nach Schiffen nachließ. Von den großen Tagen der Seefahrt erzählt heute Mystic Seaport, die Hauptattraktion der Stadt. Aber auch viele Läden und einige großartige Restaurants lohnen einen Besuch. Halten Sie Ihre Kamera bereit, wenn die Klappbrücke über den Mystic River öffnet, um Boote passieren zu lassen – ein faszinierender Anblick.

Das drei Kilometer nördlich gelegene **Mystic Aquarium** widmet sich nicht nur der Präsentation von Meerestieren, sondern auch deren Schutz. Robben und Seelöwen tummeln sich auf der Robbeninsel im Freien, im Inneren erlebt man rund 3500 Meerestiere, darunter eine Kolonie afrikanischer Schwarzfußpinguine.

Restaurant

Mystic Pizza

Die Pizzeria im Zentrum wurde 1988 als Kulisse für den gleichnamigen Film mit Julia Roberts berühmt. Doch trotz Hollywood ist Mystic Pizza nach wie vor ein familiengeführtes Lokal mit entspannter Atmosphäre und einer nach Geheimrezept hergestellten Sauce, für deren Genuss Gäste immer wiederkommen.

C7 56 W Main St
mysticpizza.com

$$$

Mystic Aquarium

55 Coogan Blvd
Jan – März: tägl. 10 –17; Apr – Aug: tägl. 9 –18; Sep – Dez: tägl. 9 –17 1. Jan, Thanksgiving, 25. Dez
mysticaquarium.org

↑ *Zauber der farbenprächtigen Unterwasserwelt im Mystic Aquarium*

↑ *Am beliebten Farmington River haben Wassersportler vor allem im Sommer ihren Spaß*

7 New Britain

B6 72 000 1 Constitution Plaza, 2. Stock, Hartford (+1-860-787-9640) newbritainct.gov

Die Stadt New Britain liegt etwa auf halber Strecke zwischen Boston und New York. Das renommierte **New Britain Museum of American Art** präsentiert Kunstsammlungen mit Exponaten von der Kolonialzeit bis in die Gegenwart. Zum Inventar gehören Werke von nahezu allen bekannten amerikanischen Malern, darunter Georgia O'Keeffe (1887–1986), Andrew Wyeth (1917–2009), Alexander Calder (1898–1976) und Isamu Noguchi (1904–1988).

Die Sammlung von Werken amerikanischer Impressionisten ist ebenfalls höchst eindrucksvoll. Ein Saal ist »Arts of Life in America« von Thomas Hart Benton gewidmet.

New Britain Museum of American Art
56 Lexington St
Di, Mi, Fr, So 11–17, Do 11–20, Sa 10–17
nbmaa.org

8 Farmington

B6 21 000 33 E Main St, Avon (+1-860-676-8878) farmington-ct.org

Farmington am Ufer des Farmington River ist Ausgangspunkt für viele Ausflügler wie Kanufahrer, Angler und Vogelliebhaber. Auch am Himmel über dem Tal ist immer etwas los: Paraglider und Heißluftballonfahrer genießen die Sicht von oben. Einige Gesellschaften bieten Champagnerflüge über das Tal an, andere führen Besucher bei Kerzenschein durch historische Häuser der Stadt.

Die Einrichtung des **Hill-Stead Museum** ist seit 1946, dem Todesjahr der ursprünglichen Besitzerin Theodate Pope Riddle (1867–1946), unverändert geblieben. Pope war eine der ersten amerikanischen Architektinnen und entwarf die 1901 vollendete Stadtvilla im Kolonialstil. Ihr letzter Wille bestimmte, dass im Haus nichts verändert oder bewegt werden dürfe. Das Ergebnis ist ein faszinierendes Heim, scheinbar eingefroren in der edwardianischen Epoche. Zu sehen ist die Sammlung der Familie Pope aus Gemälden französischer und amerikanischer Impressionisten mit Werken von Edgar Degas, Édouard Manet, Mary Cassatt und James Whistler. Das Museum zeigt auch amerikanische und europäische Möbel.

Ein gut erhaltenes Beispiel für Neuenglands Architektur im frühen 18. Jahrhundert ist das **Stanley-Whitman House**. Das mit Kolonialmöbeln bestückte Haus wird oft als Veranstaltungsort für kunsthandwerkliche Demonstrationen und Ausstellungen genutzt. Liebhaber alter Friedhöfe sollten den Ancient Burying Ground besuchen: Die ältesten Grabsteine gehen bis auf das Jahr 1661 zurück. Auf dem Riverside Cemetery markiert ein Stein die Grabstätte des afrikanischen Sklaven Foone. Tragischerweise ertrank der Mann im städtischen Kanal, kurz nachdem ihn der berühmte *Amistad*-Prozess zu einem freien Mann gemacht hatte.

Umgebung: 32 Kilometer südlich von Farmington liegt Waterbury mit dem 73 Meter hohen Glockenturm aus Siena. Eine Ausstellung im **Mattatuck Museum** befasst sich mit der industriellen Geschichte von Waterbury.

Hill-Stead Museum
35 Mountain Rd
Di–So 10–16 Feiertage hillstead.org

Stanley-Whitman House
37 High St
+1-860-677-9222
Mai–Okt: Mi–So 10–16; Nov–Apr: tel. erfragen

In der frühen Jurazeit vor rund 200 Millionen Jahren hinterließen Dinosaurier in dieser Gegend ihre Spuren.

Mattatuck Museum
144 W Main St, Waterbury Di – Sa 10 – 17, So 12 – 17 Feiertage
mattmuseum.org

Restaurants

Etwa ein Fünftel der Einwohner New Britains ist polnischer Abstammung. Diese Lokale bieten authentische polnische Gerichte.

Staropolska
B6 252 Broad St
staropolska.net
$$$

Belvedere
B6 82 Broad St
belvederenewbritain.net
$$$

Polmart
B6 123 Broad St
polmartusa.com
$$$

9 Simsbury

B6 22 000 Hartford (1-860-787-9640)
simsbury-ct.gov

Ursprünglich war Simsbury eine koloniale Landgemeinde, bevor es zu Beginn des 17. Jahrhunderts wegen der Kupfervorkommen einen Boom erlebte. Mit Eröffnung des ersten Stahlwerks 1728 begann sich hier das Rad der amerikanischen Industrie zu drehen. Drei Jahrhunderte Regionalgeschichte sind im **Phelps Tavern Museum** auf engstem Raum versammelt. Das Museum ist im ehemaligen Heim des Kapitäns Elisha Phelps untergebracht. Räume und Galerien wurden dazu genutzt, einen Gasthof aus der Zeit von 1786 bis 1849 authentisch nachzubilden. Damals waren solche Wirtshäuser Mittelpunkt des gesellschaftlichen Lebens. Zu dem Komplex gehören ein Museumsshop und Gärten vom Ende des 18. bis zur Mitte des 19. Jahrhunderts.

Phelps Tavern Museum
800 Hopmeadow St
+1-860-658-2500
Do – Sa Feiertage

10 Dinosaur State Park

B6 400 West St, Rocky Hill +1-860-529-8423
Park: tägl. 9 – 16:30; Ausstellung: Di – So 9 – 16:30
Feiertage
dinosaurstatepark.org

In der frühen Jurazeit vor rund 200 Millionen Jahren hinterließen Dinosaurier in dieser Gegend ihre Spuren. Der Park wurde 1968 offiziell eröffnet, zwei Jahre nachdem bei Bauarbeiten eine Fülle von Spuren zufällig entdeckt worden waren.

Heute sind etwa 500 urzeitliche Abdrücke im Dinosaur State Park konserviert. Hier gibt es auch einen eindrucksvollen, zweieinhalb Meter großen Dilophosaurus, von dem die Spuren vermutlich stammen. Schaukästen erläutern die Geschichte des Tals während Trias und Jurazeit.

Highlights der Sammlung sind die Nachbildung des Coelophysis und der Abguss eines Skeletts, das in New Mexico gefunden wurde. Für Kinder und Hobby-Paläontologen ist es reizvoll, Gipsabdrücke der Spuren anzufertigen (Mai – Okt: vorher anrufen). Der Park bietet auch einen vier Kilometer langen Wanderweg durch eine Vielzahl von Biotopen.

← *Ausstellungsraum mit prähistorischen Spuren im Dinosaur State Park*

11

Windsor

B6 28 000 Hartford (+1-860-787-9640) townofwindsorct.com

Windsor wurde in den 1630er Jahren von Siedlern aus Plymouth *(siehe S. 170–173)* gegründet und gilt als älteste englische Siedlung des Staates – eine Auszeichnung, die auch das benachbarte Wethersfield *(siehe S. 254f)* für sich beansprucht.

Das **Strong-Howard House** (1758) ist nach den Eheleuten benannt, die es bauten. Im Haus gibt es eine Möbelsammlung. Das **Dr. Hezekiah Chaffee House**, ein Kolonialhaus (17. Jh.), ist mit Möbeln der Zeit eingerichtet. Etwas weiter die Straße hinunter steht das Haus des ersten Senators des Staates, Oliver Ellsworth (1745–1807). Die **Oliver Ellsworth Homestead** zeigt originale Stücke der Inneneinrichtung, u. a. die Tapete.

Strong-Howard House
96 Palisado Ave
+1-860-688-3813 Mi–Sa 11–16 Feiertage

Dr. Hezekiah Chaffee House
108 Palisado Ave
+1-860-688-3813 Mi–Sa 11–16 Feiertage

Oliver Ellsworth Homestead
778 Palisado Ave
+1-860-593-2127
nach Voranmeldung

Besucher in einem nostalgischen Wagen im Trolley Museum bei Windsor

12

New England Air Museum

B6 Bradley International Airport, Windsor Locks +1-860-623-3305 tägl. 10–17 Sep–Mai: Mo; 1. Jan, Thanksgiving, 25. Dez neam.org

Flugzeugfans sind beeindruckt vom größten Luftfahrtmuseum im Nordosten der USA. Die Sammlung von rund 80 Flugzeugen umspannt die Geschichte der Luftfahrt von den Fluggeräten aus der Zeit vor den Gebrüdern Wright bis zu den modernen Jets und Rettungshubschraubern. Das Museum ist in zwei Hallen nahe dem Bradley International Airport untergebracht. Höhepunkte sind ein Bunce-Curtiss Pusher, eine Blériot von 1909 und eine Sikorsky VS-44, letztes viermotoriges Wasserflugzeug.

Ein Flugsimulator verschafft Besuchern die Gelegenheit, einen Flug mit einer Grumman Tracer zu erleben.

←

Ein Exemplar des Wasserflugzeugs Sikorsky VS-44 im New England Air Museum

13 Old New-Gate Prison and Copper Mine

B6 · 115 Newgate Rd, East Granby · +1-860-653-3563 · Mitte Juli–Okt: Mo 10–13, Fr 13–17, Sa, So 10–17

Als die vorher bedeutende Kupfermine gegen Ende des 18. Jahrhunderts nicht mehr einträglich war und verkauft wurde, fanden ihre neuen Besitzer eine neuartige, wenn auch schaurige Verwendung für die dunkle Erdgrube: Im Jahr 1773 wandelte die Regierung die erste national betriebene Kupfermine in Connecticuts erstes koloniales Gefängnis um. Im Lauf seines berüchtigten Daseins saßen hier sowohl Pferdediebe als auch britische Kriegsgefangene ein.

New-Gate verkörperte eine besonders brutale Form der Strafe, da man die Gefangenen in feuchten, dunklen Tunneln ohne jegliches Tageslicht hielt. 1827 wurde das schreckliche Gefängnis aufgelöst, das heute besichtigt werden kann.

14 Coventry

B6 · 12 000 · Hartford (+1-860-787-9640) · coventryct.org

In Coventry wurde Nathan Hale (1755–1776), ein Held der Amerikanischen Revolution, geboren. Im Alter von 21 Jahren wurde der Lehrer von den Briten wegen Spionage gehängt. Der Namensgeber der **Nathan Hale Homestead** hat nie in dem Haus gewohnt. Das heutige Gebäude wurde 1776, im Jahr seiner Hinrichtung, von seinem Bruder und Vater auf dem Grundstück errichtet, wo Nathan zur Welt kam.

Im Haus sind einige von Hales Habseligkeiten ausgestellt, u. a. seine Bibel, ein Armeekoffer und eine Vogelflinte aus seiner Kindheit. Das Strong-Porter House in der Nähe wurde 1730 von Hales Großonkel gebaut.

Auf dem Gelände ringsum findet von Juni bis Oktober sonntags der Coventry Regional Farmers' Market statt.

Nathan Hale Homestead
2299 South St · +1-860-742-6917 · Juni–Aug: Mi–Sa 12–16, So 11–16; Sep, Okt: Fr, Sa 12–16, So 11–16

Shopping

Antiques Marketplace

Die alte Mühlenstadt Putnam hat sich zu einem wichtigen Zentrum für den Antiquitätenhandel entwickelt. Besuchen Sie diesen Markt, und begutachten Sie die Waren von mehr als 175 Händlern.

C6 · 109 Main St, Putnam · +1-860-928-0442 · Mo, Di

15 Roseland Cottage

C6 · 556 Route 169, Woodstock · +1-860-928-4074 · Juni–Mitte Okt: Mi–So 11–16

Das im neugotischen Stil erbaute, rosa gestrichene Haus ist nicht zu übersehen. Es wurde 1846 als Sommerresidenz für Henry Bowen, Seidengroßhändler und entschiedener Gegner der Sklaverei, und seine Frau Lucy errichtet. Das Innere des Hauses mit hohen Giebeln ist mit Buntglasfenstern, gotischen Bogen und vielen Originalmöbeln ausgestattet.

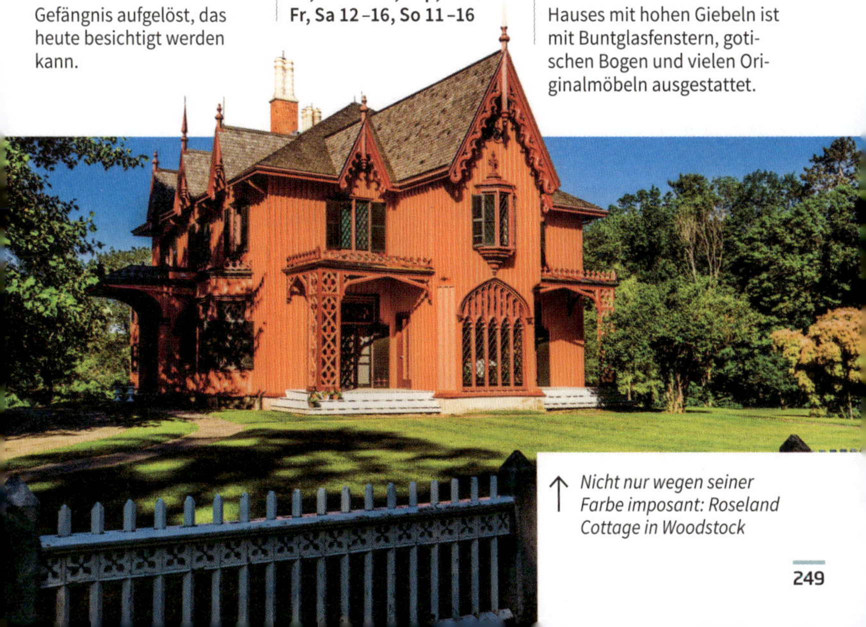

↑ *Nicht nur wegen seiner Farbe imposant: Roseland Cottage in Woodstock*

16

New London

B7 26 000
Mystic (+1-860-536-8822 oder +1-800-863-6569)

Britische Truppen, angeführt von dem Verräter Benedict Arnold, machten New London während des Revolutionskrieges dem Erdboden gleich. Die Stadt erholte sich und erlebte im 19. Jahrhundert eine Blütezeit durch die florierende Walfängerei.

Das **Custom House Maritime Museum** im Zentrum illustriert die Geschichte von New Londons Uferpromenade und anderen Aspekten der maritimen Geschichte der Stadt. Das 1833 eröffnete Zollhaus ist das älteste des Landes. Besichtigungen des Geländes müssen im Voraus gebucht werden.

Im Connecticut College ist das Lyman Allyn Art Museum untergebracht, das wegen seiner Sammlung amerikanischer Gemälde aus dem 19. Jahrhundert bekannt ist. In dem drei Quadratkilometer großen Arboretum sind verschiedenste Ökosysteme vereint, heimische Bäume und Büsche, Pfade und Teiche. Am Stadtrand steht das **Monte Cristo Cottage**, in dem der Bühnenautor und Nobelpreisträger Eugene O'Neill (1888–1953) seine Kindheit verbrachte. Das Landhaus diente als Szenerie für sein mit dem Pulitzer-Preis ausgezeichnetes Stück *Eines langen Tages Reise in die Nacht* (1957). Heute ist es eine Bibliothek, die auch persönliche Gegenstände O'Neills zeigt.

Umgebung: Auf der anderen Flussseite liegt Groton. Im Submarine Force Museum ist das erste Atom-U-Boot, die USS *Nautilus*, zu sehen. 1781 töteten britische Truppen im Fort Griswold Battlefield State Park gefangene amerikanische Soldaten.

Custom House Maritime Museum
150 Bank St
Zeiten der Website entnehmen
nlmaritimesociety.org

Entdeckertipp
New London Street Art
Wandgemälde und lebendige Straßenkunst lokaler Künstler prägen die Straßen von New London. Überzeugen Sie sich bei einem individuellen Bummel davon (www.hygienic.org).

Monte Cristo Cottage
325 Pequot Ave
+1-860-443-5378
Juni–Aug: Di–So 12–16

17

Norwich

C7 35 000 Mystic (+1-860-536-8822 oder +1-800-863-6569)

Norwich hat die zweifelhafte Ehre, Geburtsort Benedict Arnolds (1741–1801) zu sein, der durch seinen Verrat an den Kolonialtruppen während des Unabhängigkeitskrieges in die Geschichte einging. Auf dem kolonialen Friedhof liegen aber auch die Gräber ehrenhafter Soldaten, die für die Revolution starben. Ein zweistöckiges Kolonialgebäude mit zwei angrenzenden »Saltboxes« ist nach einem Finanzier benannt, der die Revolution unterstützte: Das **Christopher Leffingwell House** diente während des Krieges für geheime Treffen. Die Einrichtung (17./18. Jh.) ist unverändert geblieben.

Auch das **Slater Memorial Museum** lohnt einen Besuch.

↑ *Säulengeschmückte Stadtvillen aus dem 19. Jahrhundert in New London*

↑ *Skulpturensammlung im Slater Memorial Museum, Norwich*

Die Exponate repräsentieren eine breite Palette von Weltkulturen, u. a. aus Nord- und Südamerika, Asien, Europa und Afrika.

Christopher Leffingwell House
348 Washington St +1-860-889-9440
Apr–Okt: Sa 11–16
Feiertage

Slater Memorial Museum
108 Crescent St
Di–Fr 9–16, Sa, So 13–16 1. Jan, 25. Dez
slatermuseum.org

18 Lebanon

B6 Hartford 7000
New London
Mystic (+1-860-536-8822 oder +1-800-863-6569)

In dieser Gemeinde im Osten Connecticuts stößt man überall auf Spuren des Unabhängigkeitskrieges: Auf dem 65 Hektar großen Dorfplatz trainierten französische Husaren, bevor sie sich nach Yorktown aufmachten, um dort an der Seite ihrer amerikanischen Verbündeten die entscheidende Schlacht zu schlagen. Die Congregational Church entwarf der hier geborene Künstler John Trumbull (1756–1843). Seine Gemälde sind im Wadsworth Atheneum *(siehe S. 230)* und in der Yale University Art Gallery in New Haven zu sehen.

Das **Governor Jonathan Trumbull House** von 1740 gehörte Johns Vater, dem einzigen Gouverneur in den 13 Kolonien, der vor, während und nach dem Unabhängigkeitskrieg im Amt war.

Umgebung: 20 Kilometer östlich befindet sich in Canterbury das **Prudence Crandall Museum**. Prudence Crandall (1803–1890) zog 1832 den Zorn der Bevölkerung auf sich, als sie eine junge Schwarze in ihre private Mädchenschule aufnahm. Unbeeindruckt von Drohungen, betrieb Prudence ihre Schule weiter und gewann sogar Schüler aus anderen Staaten, darunter auch viele Schwarze. Der öffentliche Aufschrei war so groß, dass die Regierung eilig ein Gesetz erließ, das Privatschulen die Aufnahme schwarzer Schüler aus anderen Staaten verbot. Crandall wurde wiederholt vor Gericht und ins Gefängnis gebracht. Erst nach dem wütenden Angriff des Mobs auf die Schule 1834 schloss die heroische Quäkerin die Einrichtung für immer.

Governor Jonathan Trumbull House
169 W Town St
+1-860-429-7194 Mitte Mai–Mitte Okt: Sa, So 13–17

Prudence Crandall Museum
Canterbury Green
+1-860-546-7800
Mai–Okt: Mi–So 10–16

19 Mashantucket Pequot Museum

C7 110 Pequot Trail
Ende März–Anfang Dez: Mi–Sa 9–17 (Nov: Di–Sa)
pequotmuseum.org

Als europäische Kolonisten in Neuengland landeten, kontrollierten die wohlhabenden Pequot einen Großteil des Gebiets des heutigen Bundesstaats Connecticut. Das 1998 eröffnete Museum erinnert an jene Zeit. Dioramen und Exponate skizzieren eine Kultur im Einklang mit der Natur. In einer Videobotschaft berichten Stammesmitglieder, wie kulturelle Traditionen das moderne Leben beeinflussen und bereichern. Das angegliederte Restaurant serviert Gerichte der amerikanischen Ureinwohner.

Schon gewusst?

Lebanon war die erste Stadt in Connecticut, die einen biblischen Namen erhielt.

↑ *Sonnenuntergang an der Küste des Hammonasset Beach State Park, Madison*

20 Madison

B7 16 000 One Constitution Plaza, Hartford (+1-860-787-9640)

Madison besitzt viele Antiquitätenläden und Boutiquen sowie ein Geschäft für britische Spezialitäten. Einige historische Häuser stehen Besuchern offen, darunter das **Deacon John Grave House** (1685), das schon als Gasthaus, Waffenschmiede, Gericht und Krankenhaus diente – aber immer im Besitz der Familie Grave war. Eines der ältesten Ausstellungsstücke ist das Haushaltsbuch der Familie, das die Jahre 1678 bis 1895 dokumentiert.

Der **Hammonasset Beach State Park** ist der größte Küstenpark Connecticuts. Die in den Long Island Sound ragende Halbinsel besitzt einen drei Kilometer langen Strand, der Sonnenanbeter, Schwimmer, Segler und Taucher anzieht. Es gibt hier zudem Wanderwege, Picknick- und Campingplätze.

Deacon John Grave House
581 Boston Post Rd
+1-203-245-4798
Mitte Juni – Anfang Sep: Zeiten tel. erfragen

Viele Gäste haben Paneele im Esszimmer bemalt. Eine Galerie zeigt Wechselausstellungen. Das Gebäude mit Aluminiumvordach und kurvigen Wänden ist an sich schon Kunst.

Hammonasset Beach State Park
I-95, Ausfahrt 62
+1-203-245-2785 (Campingplatz: +1-877-668-2267)
tägl. 8 – Sonnenuntergang

21 Essex

B7 3000 One Constitution Plaza, Hartford (+1-860-787-9640)

In Umfragen nach den beliebtesten amerikanischen Kleinstädten steht Essex ganz oben auf der Liste. Es liegt am Ufer des Connecticut River und ist von geschützten Buchten umgeben. Essex besitzt einen Yachthafen und baumgesäumte, ruhige Straßen.

Auf einem Dock direkt am Wasser steht das **Connecticut River Museum**, ein restauriertes Kaufhaus aus dem Jahr 1878. Die Ausstellung maritimer Kunst und Exponate erzählt die Geschichte der einst bekannten Werftenstadt, in der mit der *Oliver Cromwell* das erste Kriegsschiff des Unabhängigkeitskriegs (1775 – 83) gebaut worden ist. Ebenfalls sehenswert ist der Nachbau des ersten U-Boots der Welt, der *Turtle* (1775), eines winzigen Einsitzers.

Beim **Essex Steam Train and Riverboat Ride** können Besucher Ausflüge auf einer authentischen Dampflok machen, in deren Rahmen auch eine 90-minütige Schifffahrt auf dem Fluss angeboten wird.

Connecticut River Museum
67 Main St
+1-860-767-8269
Di – So 10 – 17 (Ende Mai – Mitte Okt: tägl.) 1. Jan, Labor Day, Thanksgiving, 24., 25. Dez

Essex Steam Train and Riverboat Ride
Abfahrt 3, Route 9 +1-860-767-0301
Mai – Okt: Zeiten tel. erfragen
essexsteam train.com

22 Guilford

B7 20 000 One Constitution Plaza, Hartford (+1-860-787-9640) visitguilfordct.com

Reverend Henry Whitfield (1597–1657) führte im Jahr 1639 Puritaner aus dem englischen Surrey zu einer Landparzelle beim West River, wo sie Guilford gründeten. Als die Siedler ein Jahr später einen Angriff der Mennuncatuk-Indianer befürchteten, errichteten sie eine dreistöckige Befestigung aus Granit. Die Festung im Tudor-Gotik-Stil ist die älteste ihrer Art in Neuengland. Heute beherbergt sie das **Henry Whitfield State Museum** mit zehn Meter langer Empfangshalle und Möbeln aus dem 17. Jahrhundert.

Viele Häuser in Guilford stammen aus dem 18. Jahrhundert. Das **Hyland House** und das **Thomas Griswold House** aus dem Jahr 1774 kann man besichtigen.

Die **Dudley Farm** aus dem 19. Jahrhundert macht als Museum für Landwirtschaftstechnik Geschichte lebendig. Mitte Juli treffen sich hier die Handwerker zur Guilford Craft Expo.

Henry Whitfield State Museum
248 Old Whitfield St +1-203-453-2457 Mai–Okt: Mi–So 10–16:30; Nov–Jan: nach Anmeldung

Hyland House
84 Boston St +1-203-453-9477 Juni–Sep: Fr, Sa 11–16, So 12–16 Feiertage

Thomas Griswold House
171 Boston St +1-203-453-2263 Zeiten tel. erfragen

Dudley Farm
2351 Durham Rd +1-203-457-0770 Mai–Okt: Di–Sa 10–14, So 13–16

23 Thimble Islands

B7 von Stony Creek Dock (+1-203-488-8905) +1-203-777-8550

Von Stony Creek können Reisende mit Ausflugsbooten zu den Thimble Islands fahren. Viele der 365 Inseln sind nicht mehr als Felsen. Auf einigen Inseln gibt es Dörfer. Eine der Legenden, die sich um die Inselgruppe ranken, dreht sich um den kleinwüchsigen Zirkusartisten General Tom Thumb (1838–1883), der auf Cut-In-Two Island um eine Frau geworben haben soll. Eine andere besagt, der Freibeuter Captain Kidd (1645–1701) habe seine Schätze auf Money Island vor der britischen Flotte versteckt. Heute macht man hier Bootsausflüge, beobachtet Robben oder genießt das herbstliche Farbenspiel.

24 Old Lyme

B7 7000 27 Coogan Blvd, Mystic +1-860-536-8822 oldlyme-ct.gov

Im einstigen Werftenzentrum Old Lyme stehen viele Häuser aus dem 18. und 19. Jahrhundert. Ursprünglich wohnten hier Händler und Kapitäne, später wurden sie von Künstlern bezogen, die hier im Jahr 1900 eine Kolonie gründeten.

Das **Florence Griswold Museum** ist eng mit der Kunst verbunden. Die Villa wurde von Captain Robert Griswold und seiner Tochter Florence bewohnt. Als Kunstförderin begann Florence in den 1890er Jahren, Zimmer an New Yorker Künstler zu vermieten, die den Sommer am Meer verbringen wollten. Bei ihr wohnten Henry Ward Ranger (1858–1916), Childe Hassam (1859–1935) und Clark Voorhees (1871–1933), die Ersten in der Old Lyme Art Colony.

Heute ist das Museum mit über 900 Arbeiten von Künstlern, die einmal im Haus oder in der Nähe gewohnt haben, eine Station des Connecticut Impressionist Art Trail. Viele Gäste haben Paneele im Esszimmer bemalt. Eine Galerie zeigt Wechselausstellungen. Das Gebäude mit Aluminiumvordach und kurvigen Wänden ist an sich schon Kunst.

Florence Griswold Museum
96 Lyme St, Old Lyme +1-860-434-542 Di–Sa 10–17, So 13–17

Zwischen den Thimble Islands bewegt man sich mit kleinen Booten ↑

Spaziergang durch Wethersfield

Länge 0,6 Meilen (1 km) **Bahnhof** Hartford
Dauer 15 Min.

Heute ist Wethersfield, eine Siedlung von 1634, ein wohlhabender Vorort von Hartford. Schon 1640 hielten die Bürger hier illegale Wahlen ab, der erste Widerstand gegen die britische Herrschaft in Amerika. Während des Unabhängigkeitskrieges traf sich George Washington dort mit den französischen Alliierten, um die Strategie für die entscheidende Schlacht in Yorktown zu besprechen. Auf einem Gebiet von zwölf Häuserblocks bildet Old Wethersfield mit seinen gut erhaltenen Gebäuden des 18. bis 20. Jahrhunderts ein Musterbeispiel amerikanischer Architektur. Herzstück ist das Webb-Deane-Stevens Museum: drei Wohnhäuser, die unterschiedliche Leben im 18. Jahrhundert abbilden.

Besucher im Garten des Webb-Deane-Stevens Museum

> **Auf einem Gebiet von zwölf Häuserblocks bildet Old Wethersfield ein Musterbeispiel amerikanischer Architektur.**

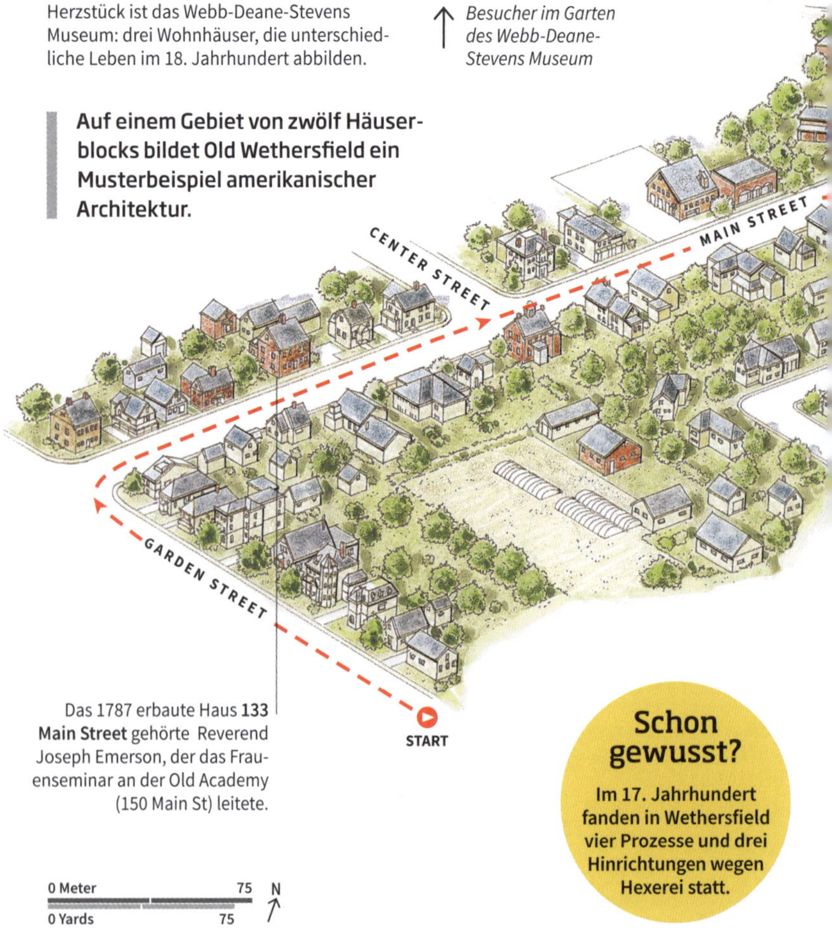

Das 1787 erbaute Haus **133 Main Street** gehörte Reverend Joseph Emerson, der das Frauenseminar an der Old Academy (150 Main St) leitete.

Schon gewusst?

Im 17. Jahrhundert fanden in Wethersfield vier Prozesse und drei Hinrichtungen wegen Hexerei statt.

Die **First Church of Christ** (1761) ist eines von drei erhaltenen kolonialen »Meeting Houses« in Connecticut. George Washington und John Adams waren Mitglieder dieser Gemeinde.

Das Joseph Webb House (1752) ist Teil des **Webb-Deane-Stevens Museum**. Besonders extravagant ist die Tapete eines der oberen Schlafzimmer.

Der Legende nach sind im **Ancient Burying Ground** neun Opfer des Pequot-Massakers (1637) begraben.

Das **Buttolph Williams House** (um 1720) weist die strenge Architektur jener Zeit auf.

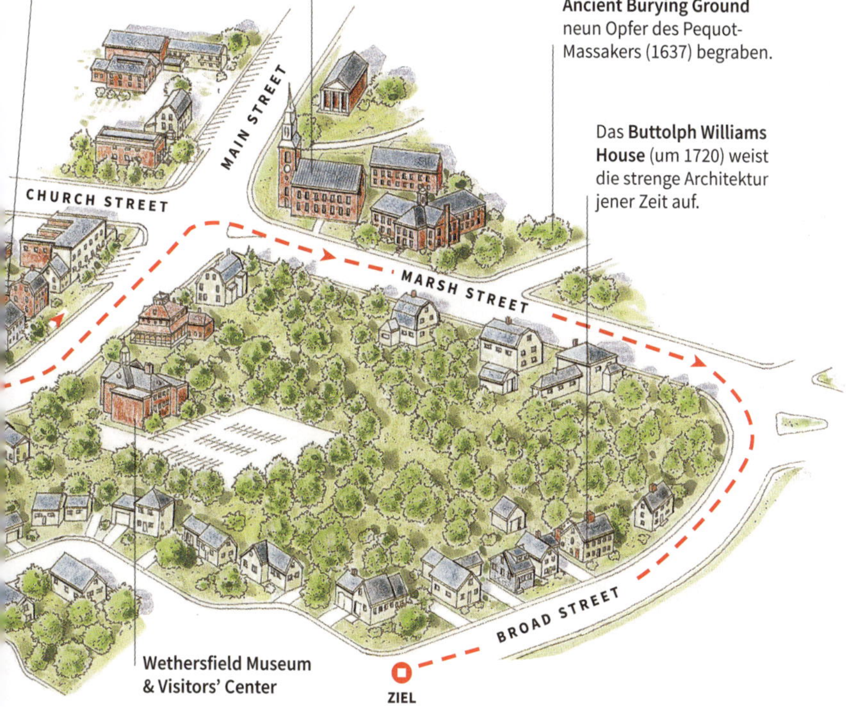

Wethersfield Museum & Visitors' Center

↑ *Winterstimmung in einer Straße von Wethersfield*

Tour durch das Coastal Fairfield County

Länge 44 Meilen (71 km) inkl. Abstecher nach New Canaan
Start Greenwich **Rasten** In Greenwich und Norwalk gibt es einige Restaurants direkt am Wasser.

Urlauber, die auf der Interstate 95 durch den Bundesstaat Connecticut fahren, werden an der »Goldküste« reich belohnt. Diese wundervolle Gegend verdankt ihren Spitznamen den zahlreichen luxuriösen Anwesen, Häfen und Villen zwischen Greenwich und Southport. Der südlichste Zipfel von Connecticut hat für jeden Geschmack etwas zu bieten: An der Küste gibt es eine ganze Reihe von Stränden, die zum Baden einladen. Naturschutzgebiete und botanische Gärten, Planetarien und der einzige Zoo Connecticuts finden bei Naturliebhabern jeden Alters Anklang. Wem der Sinn eher nach Kunst steht, kann die zahlreichen kleinen Galerien oder auch die etablierten großen Museen der Region besuchen.

↑ *Schönes Anwesen an der Küste von Greenwich*

Die Fahrt nach **New Canaan** führt durch eine prächtige Landschaft aus Wäldern, Hügeln und Flüssen.

In **Greenwich** steht die Impressionisten-Künstlerkolonie Bush-Holley Historic Site.

Stamford bietet eine lebendige Innenstadt und die First Presbyterian Church in der Form eines Fisches.

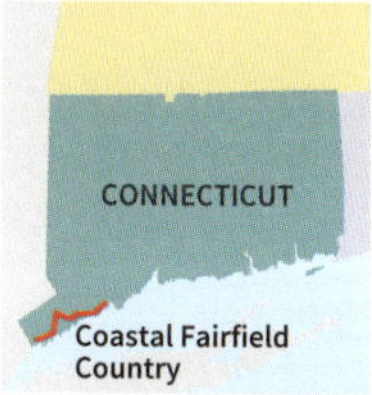

Zur Orientierung
Siehe Karte S. 228f

↑ *Tukan – eine der Attraktionen des Beardsley Zoo in Bridgeport*

Zirkusgründer P. T. Barnum war einst Bürgermeister von **Bridgeport**, das für den Beardsley Zoo bekannt ist.

In dem netten Städtchen **Westport** am Saugatuck River liegt der Sherwood Island State Park.

Sehenswert in **Norwalk** sind das Hafenviertel von South Norwalk mit historischen Gebäuden, Restaurants, Läden und Cafés sowie das Maritime Aquarium.

→ *Staunen über die Unterwasserwelt im Maritime Aquarium von Norwalk*

SOUTH
VERMONT
100A
SCENIC
ROUTE 100
BYWAY
14'-3"

Panoramastraße in Vermont

Vermont

Vermont, einer der am ländlichsten geprägten Bundesstaaten der USA, erhielt seinen Namen 1609 von Samuel de Champlain. Das Wort bedeutet auf Französisch »grüner Berg« und erschien ihm wohl äußerst passend, als er über das fruchtbare Land blickte. Auch heute, mehr als 400 Jahre später, ist Vermont mit seinen dichten Wäldern, die sanfte Hügel und Täler überziehen, noch ein Winkel unverfälschter Natur.

Die Bewohner von Vermont sind sehr patriotisch und in politischen und sozialen Angelegenheiten oft führend in der amerikanischen Gesellschaft. »Stars and Stripes« sieht man, die amerikanische Flagge, »Old Glory« genannt, schmückt viele Haustüren und Vorgärten.

Es überrascht kaum, dass dieser grüne Flecken Amerikas Besucher aus aller Welt anlockt. Jede Jahreszeit bringt neue Gelegenheiten, die Natur zu genießen. Sobald das Land von einer weißen Schneedecke überzogen ist, verwandeln sich die malerischen Orte Vermonts in lebhafte Skizentren. Naturfreunde wissen längst, dass sich hier die besten Voraussetzungen zum Wandern, Campen, Bootfahren und Angeln bieten.

Vermont zog aber auch immer schon Maler, Schriftsteller, Musiker und Dichter an, die das kulturelle Leben bereicherten. Die Theater, Museen und Sammlungen sind hervorragend. Am reizvollsten ist Vermont im Herbst, dann kommen viele Besucher, um das Farbenspiel der Blätter zu bewundern. Die Palette reicht dabei von Senfgelb bis Feuerrot.

KANADA
Richford
Enosburg Falls
Jay
Derby
Jay Peak 1176 m
Newport
Champlain
Swanton
Coventry
North Hero
Saint Albans
Barton
Grand Isle
Plattsburgh
Craftsbury Common
Jeffersonville
Johnson
6 Bread and Puppet Museum
Redford
Milton
Lake Champlain 9
Mount Mansfield 1244 m
Port Kent
Burlington 1
Burlington International Airport
3 Stowe
Cabot
Richmond
Forest
7 Ben & Jerry's Ice Cream Factory
Shelburne Museum 2
Peacham
Camel's Hump 1244 m
Waterbury
Barnet
Charlotte
8 Montpelier
Keene
10 Mad River Valley
Basin Harbour
Barre
Elizabethtown
Sugarbush
Vergennes
Bristol
National
Brookfield
Middlebury 13
14
VERMONT
North Hudson
Crown Point
Mount Moosalamoo 799 m
Hancock
Fairlee
Chilson
Royalton
Bethel
NEW YORK
Hague
Brandon
Mountain
Norwich
Hanover
Chestertown
Lake George
15 Killington
Hartford
Rutland
19 Woodstock
Killington Peak 1290 m
Fair Haven
Whitehall
Plymouth
Poultney
Warrensburg
Wallingford
Windsor
Green
Healdville
Ludlow
Claremont
Granville
Perkinsville
Weston
Springfield
Glens Falls
Londonderry
Chester
Charlestown
Mount Equinox 1173 m
11 Manchester
17 Grafton
Stratton
Schuylerville
Stratton Mountain 1200 m
Bellows Falls
Arlington
Saratoga Springs
Cambridge
Putney
Mount Snow 1097 m
Keene
Dover
Robert Frost Stone House Museum 12
16
20
18 Brattleboro
Bennington
Wilmington
Schenectady
0 Kilometer 30
0 Meilen 30
N
Massachusetts
Seiten 160–203
Orange

Vermont

Highlights

1. Burlington
2. Shelburne Museum

Sehenswürdigkeiten

3. Stowe
4. St. Johnsbury
5. Lake Willoughby
6. Bread and Puppet Museum
7. Ben & Jerry's Ice Cream Factory
8. Montpelier
9. Lake Champlain
10. Mad River Valley
11. Manchester
12. Robert Frost Stone House Museum
13. Middlebury
14. Green Mountain National Forest
15. Killington
16. Bennington
17. Grafton
18. Brattleboro
19. Woodstock
20. Wilmington

❶

Burlington

A2 · 42 000 · Burlington International Airport · King St Dock · Suite 100, 60 Main St (+1-802-863-3489) · Discover Jazz Festival (Juni) · vermont.org

Die Universitätsstadt Burlington gehört zu den beliebtesten Reisezielen Vermonts. Burlington bietet schöne Stadtvillen, historische Sehenswürdigkeiten, Läden und Restaurants sowie eine hübsche Hafengegend. Der Revolutionsheld Ethan Allen (1738–1789) fand auf dem Greenmount Cemetery seine letzte Ruhe. Die University of Vermont wurde 1791 gegründet und ist eine der ältesten Universitäten der USA.

①

Battery Street

Das Stadtzentrum ist gut zu Fuß zu erkunden. Nahe am Wasser liegt die Battery Street, der älteste Teil der Stadt. Hier legen sowohl die Fähren nach New York State als auch Ausflugsdampfer ab. Über 200 Gebäude im Herzen der Innenstadt wurden in den letzten Jahren renoviert. Besucher können viele interessante architektonische Sehenswürdigkeiten entdecken, darunter auch die First Unitarian Church.

Am Nordende der Battery Street befindet sich der Battery Park. Hier fand einst die Schlacht der amerikanischen Soldaten gegen die British Royal Navy statt. In Burlington gab es während des Krieges von 1812 jede Menge Gefechte. Taucher haben deshalb viele Militärrelikte auf dem Grund des Sees gefunden. Bei Tauchgängen, die das Waterfront Diving Center in der Battery Street organisiert, können fünf Schiffswracks erkundet werden, drei davon liegen dicht an Burlington.

Heute ist Battery Park ein friedlicher Ort. An dieser Stelle ist der Lake Champlain am breitesten. Besucher haben eine tolle Aussicht auf den Hafen und die Stadt.

Expertentipp
Jazzfestival

Höhepunkt des Kulturlebens ist alljährlich das Jazzfest im Juni. Schauplätze der Konzerte sind die City Hall Stage, der Waterfront Park und das Flynn Center for the Performing Arts.

Schon gewusst?

Etwa die Hälfte der Bevölkerung Burlingtons sind Studenten bzw. arbeiten an Hochschulen.

②

Spirit of Ethan Allen

Burlington Boat House, College Street · +1-802-862-8300 · Mai–Okt: tägl. 10–18:30 · soea.com

Während früher Dampfer mit hohen Schornsteinen auf dem Lake Champlain verkehrten, können Besucher heute den Ausflugsdampfer *Spirit of Ethan Allen* bestei-

Highlight

←
Weihnachtlich illuminierter Church Street Marketplace in Burlington

gen. Bei den 90-minütigen Fahrten erhält man Informationen, es gibt auch Brunch, Mittag- oder Abendessen.

③

Fleming Museum of Art

University of Vermont, 61 Colchester Ave · +1-802-656-2090 · Juni–Aug: Di–Fr 12–16, Sa, So 13–17; Sep–Mai: Di–Fr 10–16 (Mi bis 19), Sa, So 12–16 · Mitte Dez–Mitte Jan, Feiertage · uvm.edu/fleming

Das Museum steht auf dem Campus der University of Vermont auf einem Hang oberhalb der Stadt. Das elegante Gebäude im Kolonialstil (1931) präsentiert eine Sammlung aus über 25 000 Exponaten, die vom antiken Mesopotamien bis zur Moderne reichen, darunter europäische und amerikanische Gemälde und Skulpturen, japanische Drucke, chinesische Textilien, indianisches Kunsthandwerk, Schmuck, Glaswaren sowie Skulpturen aus West- und Zentralafrika.

④

Shelburne Farms

1611 Harbor Rd · +1-802-985-8442 · tägl. 10–17 · shelburnefarms.org

Elf Kilometer südlich von Burlington trifft man auf das Shelburne Museum *(siehe S. 266f)* und die Shelburne Farms (6 km^2). Auf dem parkähnlichen Anwesen liegen Weiden, Waldland und die Farmgebäude. Die Molkerei kann besichtigt werden.

Restaurants

Hen of the Wood
Genießen Sie gutes Essen in heimeligem Ambiente.
55 Cherry St
henofthewood.com
$$$

Farmhouse Tap & Grill
Gastro-Pub mit regionalen Gerichten und 30 Sorten Craft-Bier.
160 Bank St
farmhousetg.com
$$$

→
Monumentale Holzfiguren auf dem weiten Gelände der Shelburne Farms

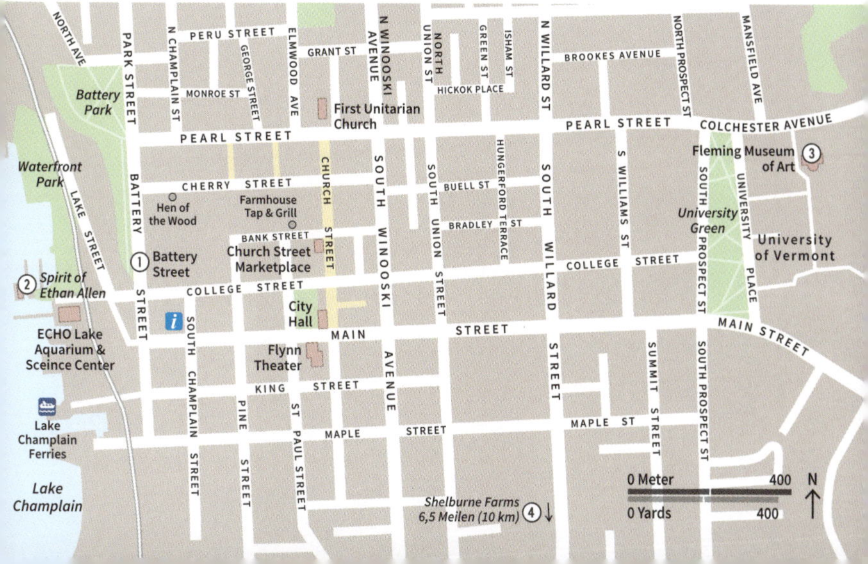

Spaziergang durch das Zentrum von Burlington

Länge 0,6 Meilen (1 km) **Dauer** 15 Min.

Das Gebiet, das als Church Street Marketplace bekannt ist, besteht aus vier Häuserblocks und liegt im Herzen des historischen Viertels von Burlington. Es wurde in eine Fußgängerzone mit Boutiquen, Straßencafés, Kunsthandwerksläden und einem Ben & Jerry's *(siehe S. 270)* umgewandelt. Zu Stoßzeiten drängen sich auf dem Marketplace Kunden und Besucher. Am lebhaftesten geht es im Sommer zu, wenn Straßenmusiker und andere Künstler für Unterhaltung sorgen. Das Viertel hat auch historische Sehenswürdigkeiten.

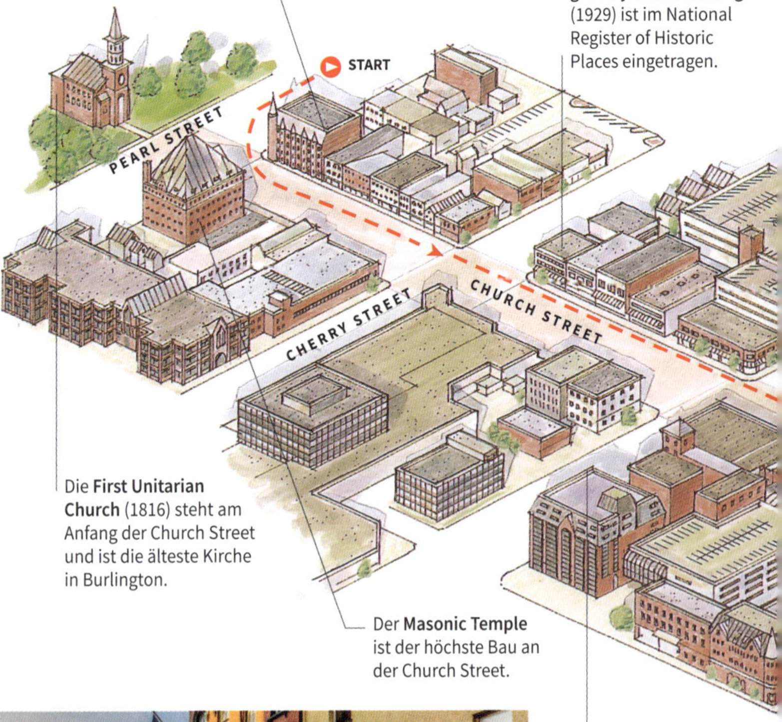

Das **Richardson Building** (1895) war früher ein Warenhaus.

Das **Burlington Montgomery Ward Building** (1929) ist im National Register of Historic Places eingetragen.

Die **First Unitarian Church** (1816) steht am Anfang der Church Street und ist die älteste Kirche in Burlington.

Der **Masonic Temple** ist der höchste Bau an der Church Street.

In den **Central-Union Blocks** gibt es viele Restaurants und Pubs.

←

Church Street – Fußgängerzone mit vielen Straßenrestaurants

↑ *Die baumgesäumte Church Street führt zur First Unitarian Church*

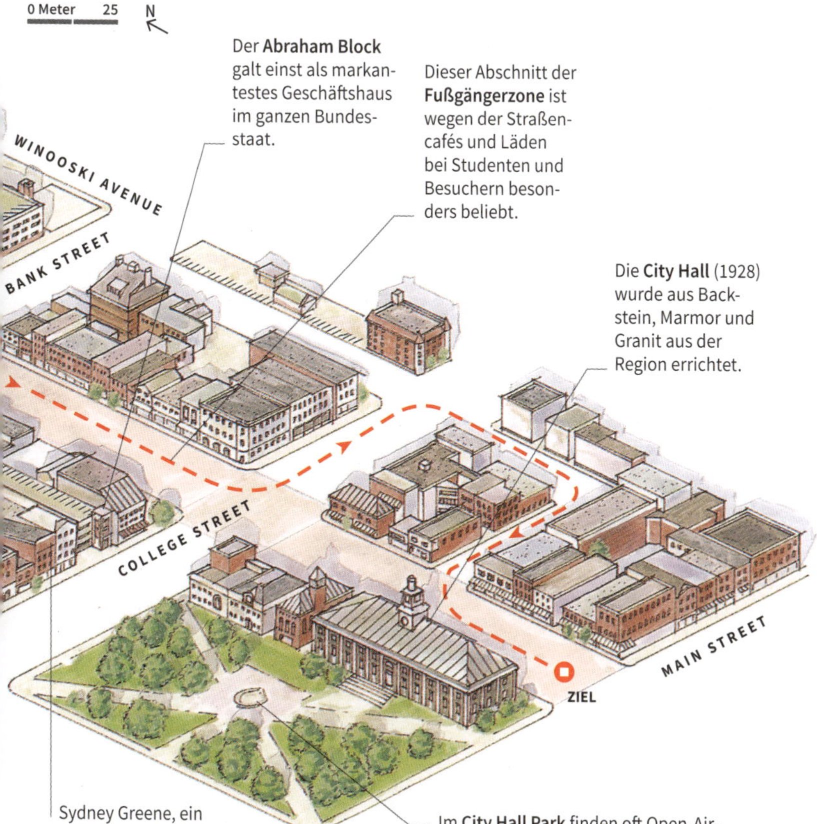

Der **Abraham Block** galt einst als markantestes Geschäftshaus im ganzen Bundesstaat.

Dieser Abschnitt der **Fußgängerzone** ist wegen der Straßencafés und Läden bei Studenten und Besuchern besonders beliebt.

Die **City Hall** (1928) wurde aus Backstein, Marmor und Granit aus der Region errichtet.

Sydney Greene, ein Architekt aus Burlington, baute die **Merchants Bank** (1895).

Im **City Hall Park** finden oft Open-Air-Konzerte statt. Hier stehen ein Brunnen aus Beton und zwei Denkmäler aus Granit, die an Opfer des Bürgerkriegs und des Zweiten Weltkriegs erinnern sollen.

2

Shelburne Museum

Schon gewusst?
Das Shelburne Museum präsentiert insgesamt rund 100 000 Ausstellungsstücke.

A2 Route 7, 7 Meilen (11 km) südl. von Burlington
+1-802-985-3346 Mitte Mai–Okt: Mo–Sa 10–17, So 12–17 Nov–Mitte Mai shelburnemuseum.org

Das Shelburne Museum bietet einen einzigartigen Blick auf Geschichte, Kunst und Design der Vereinigten Staaten. Die Sammlungen bergen vielfältige Kostbarkeiten.

Das Shelburne Museum ist mehr als eine bunte Ansammlung von Exponaten, hier werden vielmehr drei Jahrhunderte amerikanischer Erfindungsgabe, Kreativität und Vielfältigkeit gefeiert. Neben Volkskunst, alten Werkzeugen, Entenfallen und Zirkusmemorabilien werden auch feine Schnitzereien und Gemälde, etwa Werke von Winslow Homer und Grandma Moses, präsentiert. Das 1947 von der Sammlerin Electra Webb gegründete Museum verfügt über 39 Ausstellungsgebäude und gilt als eines der besten in den USA.

Expertentipp
Mitmachen!
Von Kursen in Design bis zu Workshops für Familien reicht das Spektrum der angebotenen Aktivitäten. Informieren Sie sich auf der Website nach dem aktuellen Programm.

↑ *Übersichtsplan des ausgedehnten Shelburne Museum*

← Die Round Barn Gallery (1901) birgt Ausstellungen und das Besucherzentrum

→ Ticonderoga – *historischer Dampfer auf dem Lake Champlain*

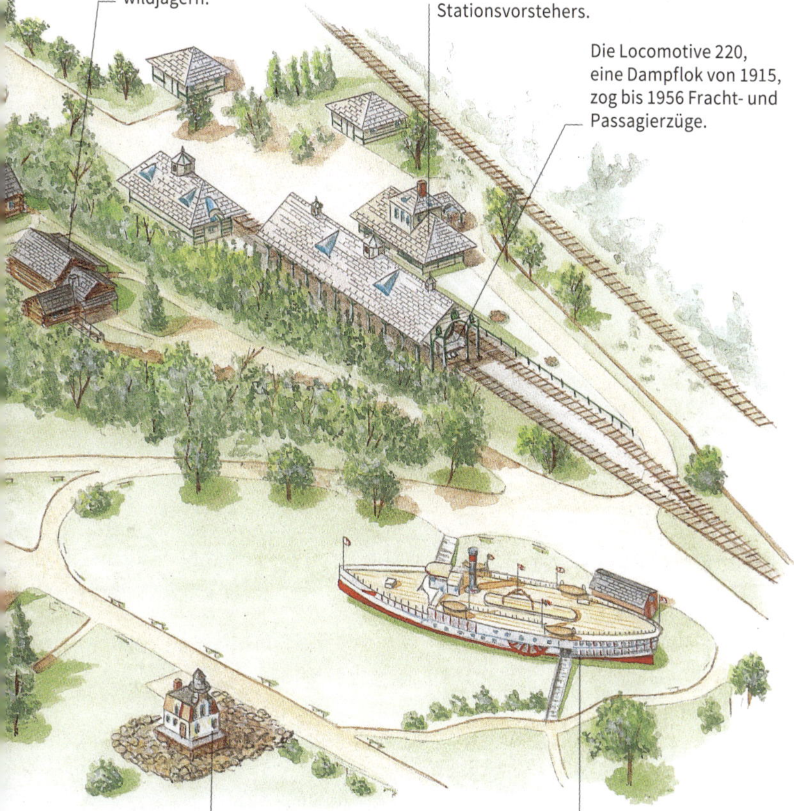

Die Beach Lodge erinnert an eine Jagdhütte und zeigt Trophäen von Großwildjägern.

Die Eisenbahnstation birgt heute Erinnerungsstücke – u. a. Telegrafensysteme, alte Eisenbahnkarten und das restaurierte Büro eines Stationsvorstehers.

Die Locomotive 220, eine Dampflok von 1915, zog bis 1956 Fracht- und Passagierzüge.

m 1871 Lake Champlain Lighthouse wird die Arbeit der Leuchtturmwärter erklärt.

Als Electra Webb 1951 die *Ticonderoga*, ein »National Historic Landmark«, kaufte, war sie noch in Betrieb.

SEHENSWÜRDIGKEITEN

3
Stowe

B2 4000 Burlington 51 Main St (+1-802-253-7321) gostowe.com

Es überrascht kaum, dass die Familie von Trapp, deren gewagte Flucht aus Österreich während des Zweiten Weltkrieges den Stoff für den Film *The Sound of Music* von 1965 lieferte, sich Stowe als neuen Wohnort aussuchte. Der nette Ort ist von Bergen umgeben und erinnerte sie an ihre alpine Heimat. Ihr Haus, die Trapp Family Lodge, gehört zu einem elf Quadratkilometer großen Anwesen. Das riesige Holzchalet ist eines der beliebtesten Hotels der Gegend.

Seit den 1930er Jahren ist das Dorf am Mount Mansfield (1339 m) ein Zentrum für Skisport und andere Freizeitaktivitäten. Im Winter locken die besten Loipen der Region Langläufer an. Die Mountain Road beginnt im Dorf und ist gesäumt von Chalets, Motels, Restaurants und Kneipen. Sie führt auf den Mount Mansfield. Viele Ferienresorts und Hotels haben eine gute Speisekarte und bieten Massagen und andere Wellness-Behandlungen an. Das Ski and Snowboard Museum illustriert die Entwicklung dieser Sportarten.

Auch im Sommer kann man sich hier draußen vergnügen: Der Stowe Recreational Path (8,5 km) bietet Gelegenheit zum Wandern, Klettern, Laufen, Radfahren und Inlineskaten. Er führt von Stowe zum West Branch River und zuletzt durch den Wald.

Expertentipp
Schlittenfahrt

Für eine rasante Abfahrt muss man nicht unbedingt Skier anschnallen. Umiak Outdoor Outfitters (www.umiak.com) in Stowe vermietet Hightech-Rodel, mit denen es ebenfalls mit Tempo ins Tal geht.

Der Stowe Recreational Path (8,5 km) bietet Gelegenheit zum Wandern, Klettern, Laufen, Radfahren und Inlineskaten.

4
St. Johnsbury

C2 8000 Burlington 2000 Memorial Dr (+1-802-748-3678) stjvt.com

Die inoffizielle Hauptstadt von Vermonts Nordosten liegt am Fuß eines Gebirges, durch das Moose, Sleeper und Passumpsic River fließen. Die Stadt ist nach Saint Jean de Crèvecoeur, einem Freund des Revolutionshelden Ethan Allen, benannt. Der Franzose schlug vor, die Silbe »bury« an den Namen anzuhängen, da es schon zu viele Städte mit dem Namen St. John gäbe.

830 erfand der Mechaniker Thaddeus Fairbanks (1796–1886) hier die Plattform-Waage, die viel präziser war

Stowes Kirche in beeindruckender Lage – am Fluss und mitten im Wald ↑

Ausstellungsraum im Fairbanks Museum and Planetarium, St. Johnsbury

als die mit Gewichten betriebenen Waagen. Sie wurde als »Fairbanks-Waage« berühmt und machte die Stadt bekannt. Bald entstanden Produktionszweige wie die Herstellung von Ahornsirup.

Die Fairbanks sammelten Antiquitäten, die man heute im **Fairbanks Museum and Planetarium** bewundern kann, einem der schönsten naturgeschichtlichen Museen der Gegend. Das romanisch-viktorianische Backsteinhaus besitzt mehr als 175 000 Exponate.

An der Main Street findet man auch die **St. Johnsbury Athenaeum Art Gallery**, eine Perle viktorianischer Architektur mit schimmerndem Holz, vertäfelten Wänden und einer runden Treppe. Hier hängen Landschaftsbilder der Hudson-River-Schule. Diese Kunstrichtung, als erste auf amerikanischem Boden entstanden, war im 18. Jahrhundert sehr beliebt. Albert Bierstadt (1830–1902), dessen gewaltiges Gemälde *Domes of Yosemite* (1867) hier zu finden ist, war einer ihrer führenden Maler.

Fairbanks Museum and Planetarium
1302 Main St
Museum: tägl. 9–17; Planetarium: Zeiten der Website entnehmen
fairbanksmuseum.org

St. Johnsbury Athenaeum Art Gallery
1171 Main St
Mo, Mi, Fr 10–17:30, Di, Do 12–19, Sa 10–15
stjathenaeum.org

5 Lake Willoughby

B2 Route 5A bei Barton +1-802-239-4147

Besucher, die von Barton aus nach Osten fahren, können einen atemberaubenden Blick auf den See genießen. Der schmale, stellenweise 90 Meter tiefe Gletschersee wird von zwei hoch aufragenden Felsen flankiert: dem Mount Pisgah (840 m) und dem Mount Hor (810 m). Die aus dem Wasser ragenden Berge geben dem See die Wirkung eines zerklüfteten norwegischen Fjords oder einer Schweizer Landschaft, weshalb er auch das Luzern Amerikas genannt wird.

Mit Wanderwegen, die um beide Felsen führen, ist das Gebiet eine Anlaufstelle für Wanderer und Schwimmer, die ein abgeschiedenes Plätzchen suchen. Picknick- und Campingplätze befinden sich auf beiden Seiten des acht Kilometer langen Sees.

6 Bread and Puppet Museum

B2 Ausfahrt 25, Route 122 nahe Glover +1-802-525-3031 Juni–Okt: Zeiten der Website entnehmen
breadandpuppet.org

Das mehr als 100 Jahre alte Museum ist in einer Scheune untergebracht, die einst für Weidevieh genutzt wurde. Vieh gibt es hier nicht mehr, jeder Winkel ist mit Gemälden, Masken und anderem Theaternippes ausgefüllt. Beachtenswert sind die Puppen in allen Formen und Größen, die in fremdländische Kostüme gekleidet sind.

Die Requisiten gehören der 1962 gegründeten und international bekannten Bread and Puppet Theater Company. Die Mitglieder der Truppe leben auf der Farm. Ihre Stücke sind für das meisterhafte Spiel mit riesigen Puppen bekannt.

Ausgefallen kostümierte Puppen im Bread and Puppet Museum

→ *Lake Champlain: neuntgrößtes Binnengewässer in den USA*

7

Ben & Jerry's Ice Cream Factory

B2 Route 100, Waterbury +1-802-882-1240 Juli – Mitte Aug: tägl. 9 – 21; Mitte Aug – Okt: tägl. 9 – 19; Nov – Juni: tägl. 10 – 18 benjerry.com/waterbury

Zwar stammen Ben Cohen und Jerry Greenfield aus Long Island im Staat New York, doch sie haben viel für Vermonts Molkerei-Industrie getan. 1977 belegten die beiden Freunde für nur fünf Dollar einen Fernkurs zur Herstellung von Speiseeis, wandten das Gelernte sogleich gewinnbringend an und gründeten ein sehr erfolgreiches Unternehmen.

Ben und Jerry verwenden für ihre Eiscreme nur frische Sahne und Milch von den örtlichen Bauern. Das Logo der Firma, eine schwarz-weiße Milchkuh, prangt auf allen Artikeln im Geschenkeladen.

Halbstündige Führungen durch die Fabrik beginnen alle 15 bis 30 Minuten. Dabei erfahren Besucher alles, was man über die Eiscremeherstellung wissen muss, und können am Ende der Tour die Produkte – manchmal auch neue Sorten – kosten.

8

Montpelier

B2 9000 Burlington 39 Main St (+1-877-887-4968) montpelier-vt.org

Montpelier ist die kleinste Bundesstaatshauptstadt in den USA – ein vorteilhafter Status, denn die Stadt ist leicht zu Fuß zu erkunden. Für seine bescheidene Größe bietet Montpelier ein durchaus imposantes Gebäude: Das **Vermont State House** ersetzte 1859 einen älteren Bau, der durch ein Feuer zerstört wurde. Das stolze Parlamentsgebäude im Greek-Revival-Stil besitzt eine vergoldete Kuppel und kannelierte Säulen aus Granit.

Im Nachbau eines Hotels aus dem 19. Jahrhundert ist das **Vermont History Museum** untergebracht. Es hat mittlerweile auch eine Niederlassung in Barre eröffnet.

Vermont State House
115 State St Mo – Fr 7:45 – 16:15 (Mitte Juli – Okt auch Sa 11 – 15) Feiertage statehouse.vermont.gov

Vermont History Museum
109 State St Di – Sa 10 – 16 vermonthistory.org

9

Lake Champlain

A2 Burlington 60 Main St, Burlington (+1-802-863-3489 oder +1-877-686-5253)

Der Lake Champlain ist nach dem Franzosen Samuel de Champlain (1567 – 1635) benannt, der einen Großteil der

↑ *Lange Gästeschlange vor Ben & Jerry's Ice Cream Factory*

Schon gewusst?

Im Lake Champlain lebt angeblich das Ungeheuer »Champ«, eine sechs Meter lange Seeschlange.

Region erkundete. Der See ist etwa 190 Kilometer lang und 19 Kilometer breit. Das Westufer liegt im Bundesstaat New York, der östliche Teil in Vermont. Zwischen Burlington und Port Kent (New York) verkehren saisonabhängig Fähren.

Wegen seiner Größe wird der Lake Champlain auch als »sechster Großer See« bezeichnet. Seine Küste ist 800 Kilometer lang, und er birgt rund 70 Inseln. Am nördlichen Ende liegen die Alburg Peninsula und eine Gruppe schmaler Inseln (North Hero, Isle La Motte, Grand Isle).

Am Ste. Anne's Shrine auf Isle La Motte erhebt sich eine Statue Samuel de Champlains, auf Grand Isle steht Amerikas älteste Blockhütte aus dem Jahr 1783. Die Dörfer North und South Hero wurden zu Ehren der Brüder Ethan und Ira Allen benannt: Ihre Miliz, die Green Mountain Boys, kämpfte einst für den Erhalt Vermonts als eigenständiger Bundesstaat.

Einige der Naturwunder des Lake Champlain sind unter Wasser versteckt, in einem Schutzgebiet, in dem Taucher Wracks erkunden können. In Basin Harbor dokumentiert das **Lake Champlain Maritime Museum** die Seefahrtsgeschichte der Region, u. a. mit Schiffsmodellen, alten Taucheranzügen und Fotografien von Dampfschiffen. Den maßstabsgetreuen Nachbau eines Kanonenboots von 1776 kann man begehen.

Lake Champlain Maritime Museum
4472 Basin Harbor Rd, Vergennes Ende Mai–Okt: tägl. 10–17
lcmm.org

10

Mad River Valley

B2 Kernregion VT, an der Route 100 Route 100, Waitsfield (+1-802-496-3409)
madrivervalley.com

Im Herzen von Vermont liegt das Mad River Valley, das vor allem für seine Sportmöglichkeiten bekannt ist. Dazu zählen Wandern, Radfahren, Jagen und ganz besonders das Skifahren im Winter.

Das beliebte Skigebiet am Mad River Glen zieht Skifahrer an, die es traditionell mögen und auf schnelle Seilbahnen (immerhin gibt es hier vier Sessellifte) und künstlichen Schnee verzichten. Mit nur zwölf Pisten richtet sich Mad River Glen an sehr erfahrene Skifahrer.

In Sugarbush stehen über als 100 Abfahrten zur Auswahl. Der schicke Skiort ist das genaue Gegenteil von Mad River Glen. Hier tummeln sich sowohl Anfänger als auch Fortgeschrittene und echte Könner. Sugarbush verfügt über die meisten Lifte und Schneekanonen. Während es in den 1960er Jahren beim Jetset sehr beliebt war, reist heute eher ein gesetzteres Publikum an.

Restaurant

La Brioche Bakery & Café

Die Schüler dieses Lehrcafés des New England Culinary Institute bereiten Backwaren zu. Probieren Sie die herrlichen Schokoladenkekse.

B2 89 Main St, Montpelier So
neci.edu

$$$

11

Manchester

A4 · 4000 · Rutland · 18 Depot St, Manchester Center (+1-802-362-6313) · manchestervt.com

Manchester besteht eigentlich aus drei Gemeinden: Manchester Depot, Manchester Center und Manchester Village. Gemeinsam bilden sie ein malerisches Reiseziel inmitten von Bergen, wie es für das südliche Vermont typisch ist. Zwei große Skigebiete finden sich in der Nähe: Stratton mit rund 90 Abfahrten und einem Skidorf mit Läden und Restaurants, und Bromley, ein bei Familien beliebter Skiort.

Manchester war schon im 19. Jahrhundert ein bevorzugtes Ferienziel. Damals reisten wohlhabende Städter in die Berge, um der Sommerhitze zu entfliehen. Die marmornen Bürgersteige im Schatten der alten Bäume, das restaurierte Equinox Resort und einige stattliche Häuser erinnern an jene Zeit.

Eines der größten und elegantesten Häuser Manchesters ist das **Hildene**, ein Anwesen im georgianischen Stil, das Robert Lincoln (1843–1926), Sohn von US-Präsident Abraham Lincoln (1809–1865), bauen ließ. Bemerkenswert sind die äolische Orgel mit 1000 Pfeifen und Erinnerungsstücke der Familie Lincoln.

Das in einem georgianischen Haus untergebrachte **Southern Vermont Arts Center** präsentiert Konzerte, Tanzdarbietungen und Ausstellungen. Auf dem rund 50 Hektar großen Anwesen wurde zudem der größte Skulpturengarten des Bundesstaates angelegt.

Das **American Museum of Fly Fishing** zeigt eine riesige Sammlung von Exponaten rund ums Fliegenfischen. Ausgestellt sind neben Hunderten von Angelruten auch diverse Fliegen, die von Berühmtheiten wie Bing Crosby oder Ernest Hemingway benutzt wurden.

In Manchester gründete Charles Orvis 1856 seinen Angelrutenladen. Noch heute werden hier Ruten produziert und verkauft. Der Orvis Flagship Store führt Zubehör zum Angeln und zum Fliegenfischen. Im Sommer finden Kurse statt.

Hotel

Equinox Resort
Das luxuriöse Golfresort und Spa heißt Gäste seit über 200 Jahren willkommen. Attraktionen in der Nähe sind Fliegenfischen und eine Falknerei.

A4 · 3567 Main St, Manchester · equinoxresort.com

$$$

> Der Campus des Middlebury College lädt mit stilvoller Architektur, einer Kunstgalerie und zahlreichen Grünflächen zu einem Spaziergang ein.

Hildene
Route 7A · tägl. 9:30–16:30 · Ostern, Thanksgiving, 24.–26.Dez · hildene.org

Southern Vermont Arts Center
930 SVAC Dr · Di–Sa 10–17, So 12–17 · svac.org

American Museum of Fly Fishing
4070 Main St · Juni–Okt: Di–So 10–16; Nov–Mai: Di–Sa 10–16 · amff.org

↑ *Skifahrer am Fuß eines Skihangs im Stratton Mountain Resort, Manchester*

12

Robert Frost Stone House Museum

A4 · 121 Historic Route 7A, Shaftsbury · +1-802-447-6200 · Mai–Okt: Mi–So 11–17

In dem von Steinmauern und Apfelbäumen umgebenen Haus (1769) schrieb Robert Frost sein vielleicht bekanntestes Gedicht, *Stopping by*

Das malerisch gelegene Robert Frost Stone House Museum

Woods on a Snowy Evening. In dem kolonialzeitlichen Haus lebte der Autor mit seiner Familie 1920–29. In dieser Zeit verfasste Frost, den die Landschaft Neuenglands inspirierte, weitere Gedichte, in denen er die wundervolle Natur beschreibt. Für sein Werk wurde er mit vier Pulitzer-Preisen ausgezeichnet.

Das im Besitz des Bennington College befindliche Haus wurde zu einem Museum umgestaltet, das an den berühmten Literaten erinnert *(siehe S. 293)*.

⑬
Middlebury

A3 9000 36 Meilen (58 km) N in Burlington
93 Court St (+1-802-388-7951)
townofmiddlebury.org

Middlebury entstand 1761 und ist genau das, was man sich unter einer neuenglischen Kleinstadt vorstellt. Es hat spitz aufragende Kirchtürme, ein renommiertes College und etliche Häuser aus der Kolonialzeit. Sehenswert sind die Congregational Church, die Geschäfshäuser Battell und Beckwith und das Middlebury Inn, ein Wirtshaus von 1827 im georgianischen Stil aus Backstein.

Das Städtchen liegt am Otter Creek. Seinen Namen hat es aus einer Zeit, als Pferdekutschen hier haltmachten, wo sich wichtige Nord-Süd- und Ost-West-Routen kreuzten. Meistens wurden die Kutschen von »Morgan-Pferden« gezogen, einer der ersten in Amerika gezüchteten Pferderassen. Die Tiere können auf der **University of Vermont Morgan Horse Farm** besucht werden, die sich der Erhaltung und der Vervollkommnung dieser vielseitigen Pferde verschrieben hat.

Für Geschichtsfans ist das **Henry Sheldon Museum of Vermont History** interessant, das mit Ausstellungen von Kleidung, Möbeln und Porträts das frühe 19. Jahrhundert dokumentiert.

Im **Vermont Folklife Center** zeigen Multimedia-Ausstellungen bäuerliche Kultur. Der Shop bietet ein Sortiment an Quilts, Körben und anderen Objekten. Der Campus des Middlebury College lädt mit stilvoller Architektur, einer Kunstgalerie und zahlreichen Grünflächen zu einem Spaziergang ein.

Keramikfigur in der Kunstgalerie des Middlebury College

University of Vermont Morgan Horse Farm
Route 23 NW von Middlebury in Weybridge
+1-802-388-2011
Mai–Okt: tägl. 9–16

Henry Sheldon Museum of Vermont History
1 Park St +1-802-388-2117 Do–Sa 10–17, So 13–17 Nov–Apr: So; 1. Jan, 4. Juli, Thanksgiving, 24., 25. Dez

Vermont Folklife Center
88 Main St +1-802-388-4964 Mo–Fr 10–17

14 Green Mountain National Forest

C5 ganzjährig
Forest Supervisor, Green Mountain National Forest, 231 N Main St, Rutland (+1-802-747-6700)
fs.usda.gov

Das gebirgige Waldgebiet erstreckt sich auf 143 000 Hektar fast über die ganze Länge Vermonts. Hier gibt es einige der besten Skigebiete an der Ostküste, z. B. Sugarbush *(siehe S. 271)* oder Mount Snow *(siehe S. 279)*.

Der National Forest ist in einen nördlichen und einen südlichen Abschnitt unterteilt und umfasst sechs Naturreservate. Einige Waldgebiete sind völlig unberührt. Abenteuerlustige Wanderer und Camper werden sich darüber freuen, doch die meisten Urlauber ziehen es vor, die erschlosseneren Gebiete im Wald zu erkunden. Hier gibt es Wanderwege mit einer Gesamtlänge von 800 Kilometern, darunter auch der anspruchsvolle Long Trail und der Appalachen-Trail *(siehe S. 10)*.

Viele Seen und Flüsse laden zum Bootfahren und Angeln ein. Daneben gibt es Fahrradwege und Reitpfade. Hinweisschilder markieren Aussichtspunkte.

Die Stadt Stratton im südlichen Teil der Green Mountains bietet Gelegenheiten für Outdoor-Aktivitäten. Stratton ist Schauplatz vieler Veranstaltungen. Das nahe Bromley Mountain Ski Center zieht seit den 1930er Jahren vor allem Familien an.

15 Killington

B3 1000 Rutland
Route 4, West Killington (+1-802-422-3333)
killington.com

Sportbegeisterte sind in Killington zu jeder Jahreszeit gut aufgehoben. Es gibt hier viele Ferienwohnungen, Skihütten und Bed-and-Breakfast-Unterkünfte, Golfplätze, Wander- und Fahrradwege und sogar ein »Adventure Center«. Killington verfügt außerdem über das größte Skigebiet an der Ostküste: 200 Ski- und Snowboard-Abfahrten liegen zwischen sieben Berggipfeln, wie z. B. Pico Mountain. Mit 1292 Metern ist Mount Killington der zweithöchste Berg Vermonts. Zwei der besten Langlaufgebiete der östlichen USA liegen ebenfalls hier: Mountain Top Inn und Mountain Meadows Cross Country Ski & Snowshoe Center.

Die Skisaison dauert hier in der Regel acht Monate – länger als irgendwo sonst in Vermont. Eine Seilbahn bringt Besucher auch im Sommer und im Herbst nach oben, wo der Blick atemberaubend ist. An klaren Tagen sieht man sogar bis Kanada.

Schon gewusst?

Der jährliche Schneefall auf dem Killington Peak liegt im Durchschnitt bei 6,4 Metern.

16 Bennington

A4 17 000
Bennington Area Visitor's Center, Route 7 (+1-802-447-3311) bennington.com

Bennington, die drittgrößte Stadt Vermonts, liegt im Südwesten des Green Mountain National Forest, ist ein Industriezentrum und Heimat des Bennington College.

Drei Brücken begrüßen Besucher schon vor der Stadt. Die Holzbrücken aus dem 19. Jahrhundert wurden zum Schutz gegen den harten Winter mit Dächern versehen. Scherzhaft werden sie »kissing bridges« (»Kuss-

← *Snowboarder im Skigebiet Sugarbush in den Green Mountains*

brücken«) genannt, weil Pärchen hier ungestört und ungesehen Händchen halten konnten.

Bennington wurde 1749 gegründet. Einige Jahrzehnte später führte Ethan Allen hier die Green Mountain Boys an, eine Bürgermiliz, die Vermont gegen territoriale Begehrlichkeiten vonseiten New Yorks schützen sollte. Allen wurde später ein berühmter Patriot des Unabhängigkeitskriegs, als er mit seinen Männern zahlreiche entscheidende Siege gegen die Briten erringen konnte.

Diese Zeit wird beim Spaziergang durch den Old Bennington Historic District wieder lebendig: Hier stehen Greek-Revival-Häuser rund um einen Dorfplatz wie aus dem Bilderbuch. Eine auffällige Sehenswürdigkeit ist ihre First Congregational Church (1806). Nebenan liegt der Old Burying Ground, auf dem fünf Gouverneure von Vermont und der berühmte Dichter Robert Frost *(siehe S. 272f)* begraben sind.

Hoch über dem historischen Stadtviertel erhebt sich das 93 Meter hohe **Bennington Battle Monument**, ein gewaltiger Steinobelisk und bei seiner Errichtung 1891 das weltweit höchste Kriegsdenkmal. Es erinnert an die Schlacht in den benachbarten Willoomsac Heights. Ein Aufzug bringt Besucher zu einer Aussichtsplattform, die einen Blick auf Vermont bietet.

Die Zeiten des Unabhängigkeitskrieges sind auch Thema im **Bennington Museum**. Dessen Grandma Moses Gallery birgt Gemälde der Volkskünstlerin Anna Mary »Grandma« Moses (1860–1961). Die Bauersfrau ohne künstlerische Ausbildung begann mit Mitte siebzig, sich der Landschaftsmalerei zu widmen.

Bennington Battle Monument
15 Monument Circle +1-802-447-0550 Mitte Apr–Okt: tägl 9–17

Bennington Museum
75 Main St Do–Di 10–17 (Juni–Okt: tägl.) Jan, Thanksgiving, 25. Dez benningtonmuseum.org

Entdeckertipp
Bennington Farmers' Market

Besucher können hier das ganze Jahr über an jedem ersten und dritten Samstag im Monat lokale Gerichte probieren. Im Winter findet der Markt in der Halle statt.

← *Fassade der 1806 erbauten First Congregational Church in Bennington*

Morgennebel über Beaver Meadow, Green Mountain National Forest (siehe S. 274)

Schöne Aussicht
Quechee Gorge

Fahren Sie zehn Kilometer östlich von Woodstock in diese atemberaubende Schlucht. Die besten Aussichten bietet die Route 4, die die Schlucht über eine Stahlbrücke überquert.

17
Grafton

B4 600 Rutland
graftonvermont.org

Grafton war zu Beginn des 19. Jahrhunderts ein blühendes Industriezentrum, erlebte dann jedoch einen kontinuierlichen Abstieg, bis es in den 1960er Jahren nur noch eine Geisterstadt war. 1963 gründete der Investmentbanker Dean Mathey eine Stiftung, die für die Restaurierung der historischen Gebäude sorgte und die Wirtschaft ankurbelte. Heute ist Grafton eine Schatzkammer mit schönen Häusern des 19. Jahrhunderts.

Die seit 1801 betriebene Old Tavern ist eines der ältesten Gasthäuser des Landes. Im **Grafton Forge Blacksmith Shop** werden Eisenwaren produziert. Besucher können der Schmiedearbeit zuschauen.

Umgebung: 29 Kilometer nördlich liegt Plymouth Notch, wo Calvin Coolidge (1872–1933), 30. Präsident der USA, geboren wurde. Die dortige **Calvin Coolidge State Historic Site** umfasst neben der alten Post einen Krämerladen aus den 1850er Jahren, eine Käserei, ein Schulhaus sowie das Wohnhaus der Familie Coolidge.

Grafton Forge Blacksmith Shop
School St +1-802-843-1029 Zeiten tel. erfragen

Calvin Coolidge State Historic Site
Route 100A +1-802-672-3773 Ende Mai–Mitte Okt: tägl. 9:30–17

18
Brattleboro

B4 13 000 20 Meilen (32 km) nordöstl. in Keene 180 Main St (+1-802-254-4565)
brattleborochamber.org

Am Ufer des Connecticut River, an der Grenze zu New Hampshire, liegt Brattleboro, die erste größere Stadt des Bundesstaates, die Besucher auf ihrem Weg nach Norden sehen. Fort Dummer, die erste europäische Siedlung in Vermont, wurde hier 1724 gegründet. Brattleboro benutzt deshalb auch den Slogan »Wo Vermont beginnt«.

Das Wirtschaftszentrum ist ein beliebter Ferienort. Wie in vielen Städten Vermonts gibt es hier ein historisches Viertel mit Kolonialgebäuden. In den 1840er Jahren, beim Bau der Vermont Valley Railroad, entdeckte man bei Brattleboro natürliche Quellen, und die Stadt entwickelte sich zu einem Ort für Gesundheit und Wellness. Der alte Bahnhof beherbergt heute das **Brattleboro Museum and Art Center**, in dem Wechselausstellungen von lokalen wie auch international bekannten Künstlern stattfinden. Zum Programm des Brattleboro Music Center in der Walnut Street gehören Kammermusikkonzerte. Das **Estey Organ Museum** ist in dem Gebäude untergebracht, in dem einst die berühmten Blechblasinstrumente, Flöten und Orgeln hergestellt wurden, die international begehrt waren.

Brattleboro Museum and Art Center
10 Vernon St
Mi–Mo 11–17
brattleboromuseum.org

→ *Häuser mit Backsteinfassaden im historischen Zentrum von Brattleboro*

↑ *Für Familien ein beliebtes Ziel: Billings Farm & Museum in Woodstock*

Estey Organ Museum
108 Birge St
Mitte Mai – Anfang Okt: Sa, So 14–16
esteyorganmuseum.org

19
Woodstock

B3 3000 Rutland
59 Central St (+1-802-457-3555)
woodstockvt.com

Sogar in Vermont, wo malerische historische Dörfer zum Landschaftsbild gehören, sticht Woodstock hervor. Die 1761 gegründete Kleinstadt ist ein Juwel mit restaurierten Backsteinbauten und georgianischen Schindelhäusern. Die Restaurierungen sind der Großzügigkeit von Mäzenen wie der Rockefeller-Familie und dem Eisenbahn-Tycoon Frederick Billings (1823–1890) zu verdanken. Als ein früher Befürworter der Aufforstung finanzierte Billings die Anpflanzung von über 10 000 Bäumen.

Auf **Billings Farm & Museum** wird heute noch Landwirtschaft betrieben. Im restaurierten Farmhaus von 1890 finden saisonale Veranstaltungen statt. Dazu gehören im Frühjahr Wettbewerbe im Pflügen, im Herbst wird Apfelmost hergestellt. Das Museum zeichnet die Landwirtschaftsgeschichte Vermonts anhand alter Fotografien und Erntegeräte nach.

Eine halbe Autostunde nordöstlich von Woodstock befindet sich **King Arthur Flour Bakery + Café**. Das Angebot an süßen Köstlichkeiten ist sehr gut.

Billings Farm & Museum
River Rd Apr – Okt: tägl. 10–17 (Winter: Zeiten der Website entnehmen) billingsfarm.org

King Arthur Flour Bakery + Café
135 US Route 5, Norwich tägl. 7:30–18
kingarthurflour.com

20
Wilmington

B4 2000 West Dover 21 W Main St (+1-802-464-8092)

Wilmington ist das größte Dorf im Mount Snow Valley und bietet seinen Gästen zahlreiche Restaurants und Freizeitsportläden. Wie in vielen anderen Kleinstädten Vermonts ist auch hier die Main Street von restaurierten Häusern aus dem 18. und 19. Jahrhundert gesäumt.

Von Reuben Snow, dem früher das Land hier gehörte, hat der 1100 Meter hohe **Mount Snow** seinen Namen – wenn auch viele Besucher glauben, er beziehe sich auf die Mengen von Schnee, die die Lebensgrundlage für den Wintersportort bilden.

In den späten 1990er Jahren wurden über 35 Millionen Dollar in den Ausbau des Skigebietes investiert, das jetzt auf einer Gesamtfläche von 247 Hektar 102 Pisten und Langlaufstrecken bietet. Als eines der ersten Skigebiete in den USA bot Mount Snow auch etwas für Snowboard-Fans. Außerdem entstand hier die erste Schule für Mountainbiker in Amerika.

In der warmen Jahreszeit locken zahlreiche Radwege und Wanderpfade, ein Inline-skate- und Skateboard-Park sowie eine Kletterwand die Sportbegeisterten an. Der Mount Snow Golf Club bietet mit seiner schönen 18-Loch-Anlage Golfspielern ein schönes Terrain.

Mount Snow
Route 100 tägl.
mountsnow.com

Bergsteiger am Gipfel des Mount Washington (siehe S. 298f)

New Hampshire

Die Menschen New Hampshires sind bekannt für ihren starken Unabhängigkeitsdrang – ein Erbe ihrer Vorfahren, die im frühen 17. Jahrhundert aus Europa kamen und in dieser bergigen und dicht bewaldeten Region Siedlungen gründeten. Schon ein halbes Jahr vor dem 4. Juli 1776, dem Tag der amerikanischen Unabhängigkeitserklärung, hatte New Hampshire als erste Kolonie die Trennung vom britischen Mutterland verkündet.

Die einzigartige Landschaft, die diesen eigenwilligen Geist der ersten Siedler mit beeinflusste, hat sich über die Jahrhunderte nur wenig verändert. Mehr als 90 Prozent der Staatsfläche sind unerschlossen und zu drei Vierteln mit dichten Wäldern bedeckt. Der nördliche Teil New Hampshires ist eine wilde Region, deren Waldland nur vom mächtigen Connecticut River und den Gipfeln der White Mountains unterbrochen wird.

Im Herzen New Hampshires ziehen Hunderte von Seen das ganze Jahr über zahlreiche Urlauber an, die hier Boot fahren, angeln, langlaufen oder Schneemobil fahren. Im Südwesten prägen malerische Dörfer in hügeliger Umgebung das Landschaftsbild.

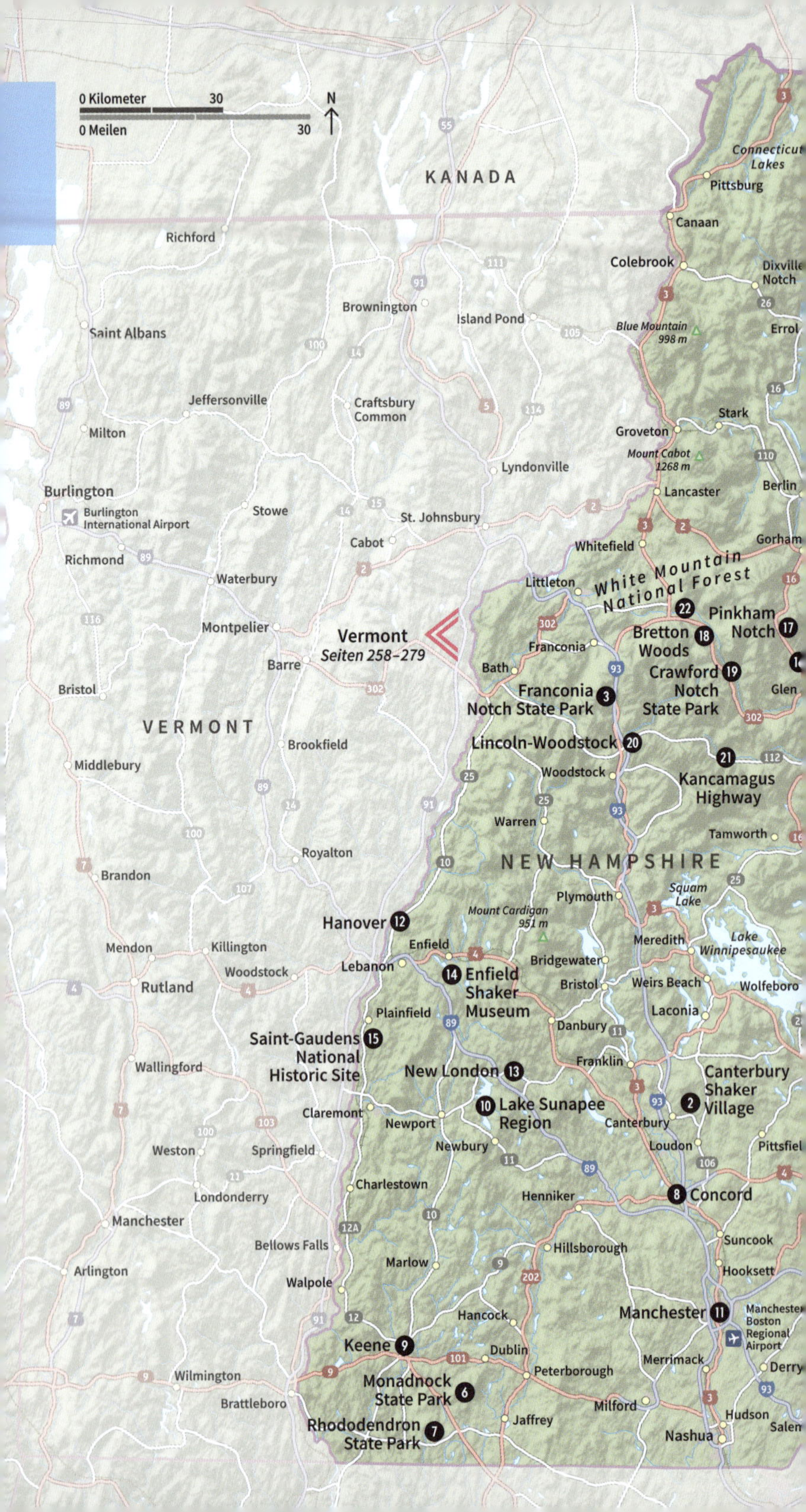

0 Kilometer 30
0 Meilen 30
N
KANADA
Connecticut Lakes
Pittsburg
Canaan
Richford
Colebrook
Dixville Notch
Brownington
Island Pond
Errol
Blue Mountain 998 m
Saint Albans
Craftsbury Common
Jeffersonville
Stark
Milton
Groveton
Mount Cabot 1268 m
Lyndonville
Lancaster
Berlin
Burlington
Burlington International Airport
Stowe
St. Johnsbury
Cabot
Gorham
Richmond
Whitefield
Waterbury
Littleton
White Mountain National Forest
Pinkham Notch 17
22
Montpelier
Vermont
Seiten 258–279
Bretton Woods 18
Franconia
Barre
Crawford Notch State Park 19
Bath
Bristol
Franconia Notch State Park 3
Glen
VERMONT
Lincoln-Woodstock 20
Brookfield
21
Kancamagus Highway
Middlebury
Woodstock
Warren
Tamworth
Royalton
NEW HAMPSHIRE
Brandon
Squam Lake
Plymouth
Mount Cardigan 951 m
Hanover 12
Lake Winnipesaukee
Meredith
Enfield
Mendon
Killington
Bridgewater
Lebanon
14 Enfield Shaker Museum
Rutland
Woodstock
Bristol
Weirs Beach
Wolfeboro
Laconia
Plainfield
Danbury
Saint-Gaudens National Historic Site 15
Wallingford
Franklin
New London 13
Canterbury Shaker Village 2
10 Lake Sunapee Region
Claremont
Newport
Canterbury
Weston
Springfield
Newbury
Loudon
Pittsfiel
Charlestown
Londonderry
Henniker
8 Concord
Manchester
Bellows Falls
Suncook
Hillsborough
Marlow
Arlington
Walpole
Hooksett
Manchester 11
Manchester Boston Regional Airport
Hancock
Keene 9
Dublin
Merrimack
Derry
Peterborough
Wilmington
Monadnock State Park 6
Brattleboro
Milford
Jaffrey
Hudson
Rhododendron State Park 7
Nashua
Salem

New Hampshire

Highlights

1. Portsmouth
2. Canterbury Shaker Village
3. Franconia Notch State Park

Sehenswürdigkeiten

4. Hampton
5. Exeter
6. Monadnock State Park
7. Rhododendron State Park
8. Concord
9. Keene
10. Lake Sunapee Region
11. Manchester
12. Hanover
13. New London
14. Enfield Shaker Museum
15. Saint-Gaudens National Historic Site
16. Jackson
17. Pinkham Notch
18. Bretton Woods
19. Crawford Notch State Park
20. Lincoln-Woodstock
21. Kancamagus Highway
22. White Mountain National Forest
23. North Conway

❶

Portsmouth

D4 · 26 000 · 36 Airline Ave · 10 Ladd St · 500 Market St (+1-603-436-1118) · Market Square Day (Juni); Prescott Park Arts Festival (Aug) · goportsmouthnh.com

Als Siedler hier im Jahr 1623 eine Kolonie gründeten, erhielt sie wegen der vielen am Ufer des Piscataqua River wachsenden Erdbeeren den Namen »Strawbery Banke«. 1653 wurde die Stadt aufgrund ihrer herausragenden Bedeutung als Seehandelshafen in Portsmouth umbenannt. Ursprünglich war Portsmouth ein Fischereihafen, blühte jedoch im 18. Jahrhundert als Station auf der Handelsroute zwischen Großbritannien und der Karibik weiter auf. In der Zeit vor dem Unabhängigkeitskrieg wurde sie zu einer wahren Brutstätte revolutionären Eifers.

Shopping

Sea Bags

Mit seinem Sortiment an Taschen (u. a. Reise- und Umhängetaschen) sowie Wohnaccessoires aus alten Segeln beweist der Shop, dass Recycling sowohl stilvoll als auch umweltfreundlich sein kann.

129 Market St
Mo, Di
seabags.com

①

Governor John Langdon House

143 Pleasant St
+1-603-436-3205 · Juni–Mitte Okt: Fr–So 11–17

John Langdon (1741–1819) war ein Farmersohn aus Portsmouth. Nachdem er als Schiffskapitän, Kaufmann und Werftbesitzer zu Reichtum gekommen war, wurde er Gouverneur von New Hampshire und US-Senator. Das beeindruckende georgianische Herrenhaus baute er 1784. Es ist für seine reichen Rokoko-Verzierungen berühmt. Im Garten gibt es eine Weinlaube und einen großen Rosengarten.

②

Moffatt-Ladd House

154 Market St · +1-603-436-8221 · Mitte Juni–Mitte Okt: Mo–Sa 11–17, So 13–17

Diese elegante Stadtvilla von 1763 war das erste dreistöckige Wohnhaus der Stadt und wurde für den Seehändler und Kapitän John Moffatt errichtet. Seine kastenähnliche Architektur nahm den Federal Style vorweg. Das Haus liegt am Portsmouth Harbor Trail und zeigt Familienporträts und Möbel.

③

Wentworth-Gardner House

50 Mechanic St
+1-603-436-4406
Juni–Okt: Do–Mo 11–16

Auch dieses Haus (1760) liegt am Portsmouth Harbor Trail, den der wohlhabende Unter-

↑ *Die Uferpromenade von Portsmouth säumen prächtige Häuser*

nehmer und Landbesitzer Mark Hunking Wentworth (1709–1785) anlegen ließ. Das Anwesen gilt landesweit als eines der bedeutendsten Beispiele georgianischer Architektur.

An der schönen Fassade finden sich Reihen mehrteiliger Fenster, außerdem symmetrische Schornsteine und ein säulengetragener Eingang. Innen gibt es elf Kamine, handbemalte Tapeten und äußerst aufwendige Schnitzereien.

④

USS *Albacore*

Albacore Park
Mitte Mai – Mitte Okt: tägl. 9:30 –17; Mitte Okt – Mitte Jan, Mitte Feb – Mitte Mai: Do – Mo 9:30 –16
Mitte Jan – Mitte Feb
ussalbacore.org

Das U-Boot war das schnellste Unterwasserfahrzeug, als es 1953 auf der Marinewerft in Portsmouth vom Stapel lief. Besucher können in die enge Kabine klettern und so einen Eindruck vom Leben der 55 Männer an Bord gewinnen. Eine Ausstellung im Besucherzentrum beleuchtet die Geschichte des Bootes.

⑤

Water Country

Route 1 südl. von Portsmouth **Juni – Labor Day: Zeiten der Website entnehmen** **watercountry.com**

Aufregende Wasserrutschen, ein riesiges Wellenbad, ein Piratenschiff und eine künstliche Lagune erwarten Besucher im größten Wasserfreizeitpark Neuenglands.

↑ *Die USS* Albacore *bietet Einblick in das Leben an Bord eines U-Bootes*

Expertentipp
Hafenrundfahrten

Nehmen Sie ein Fernglas und eine Kamera mit, wenn Sie an Bord eines Ausflugsschiffs durch den Hafen fahren. Am stimmungsvollsten sind die Touren bei Sonnenuntergang. Einige Schiffe fahren auch zu den vorgelagerten Isles of Shoals, einem Archipel aus neun Inselchen.

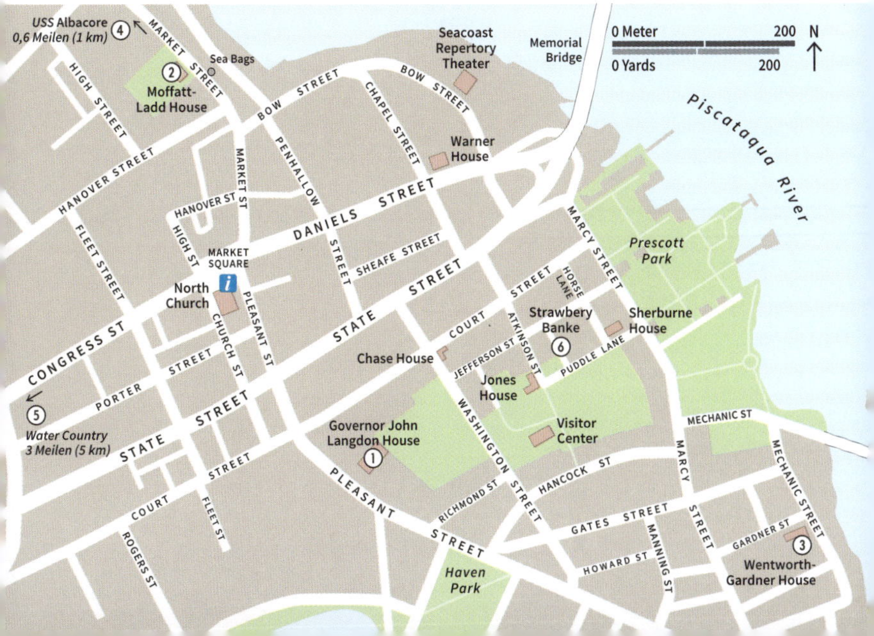

6

Strawberry Banke

14 Hancock St · +1-603-433-1100 · Mai – Okt: tägl. 10 – 17; Nov, Dez: nur Führungen · Jan – Apr · strawberybanke.org

In diesem Freilichtmuseum können Besucher tief in die koloniale Vergangenheit von Portsmouth eintauchen. Führer in historischen Gewändern erwecken mit Führungen, Vorführungen und Workshops mehr als 300 Jahre Geschichte zum Leben.

Das spannende Museum nahe am Wasser umfasst auf einem vier Hektar großen Areal 38 historische Gebäude, in denen man Einblick in das Leben in diesem Gebiet von 1695 bis 1955 bekommt. Die zu besichtigenden Häuser sind mit zeitgenössischen Möbeln eingerichtet und zeigen dekorative Kunst, Porzellan und andere Exponate. Viele der Häuser umgeben idyllische Gärten – vom Kräutergarten der ersten Siedler bis zu viktorianischen Blumenbeeten. Zu den Highlights zählen die Pitt Tavern und das Jones House, das dank seines Discovery Center heute ein beliebter Ort für Familien ist.

Die zu besichtigenden Häuser sind mit zeitgenössischen Möbeln eingerichtet und zeigen dekorative Kunst, Porzellan und andere Exponate.

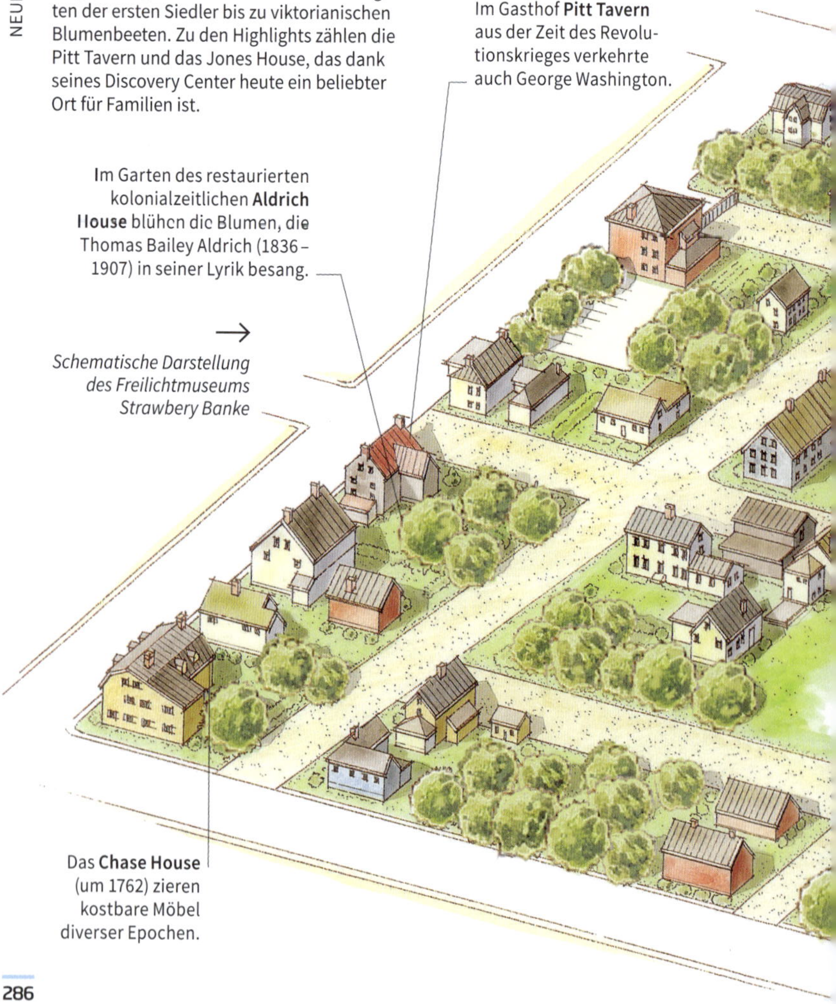

Im Gasthof **Pitt Tavern** aus der Zeit des Revolutionskrieges verkehrte auch George Washington.

Im Garten des restaurierten kolonialzeitlichen **Aldrich House** blühen die Blumen, die Thomas Bailey Aldrich (1836 – 1907) in seiner Lyrik besang.

→ *Schematische Darstellung des Freilichtmuseums Strawberry Banke*

Das **Chase House** (um 1762) zieren kostbare Möbel diverser Epochen.

1 Von den vielen aus der Kolonialzeit stammenden Gebäuden sind einige für Besucher geöffnet.

2 Besonders spannend sind Präsentationen alter Handwerkszweige wie etwa die Arbeit eines Töpfers.

3 Im viktorianischen Gewächshaus gedeihen viele Arten exotischer Pflanzen, von denen einige im 19. Jahrhundert auf dem Gelände wuchsen.

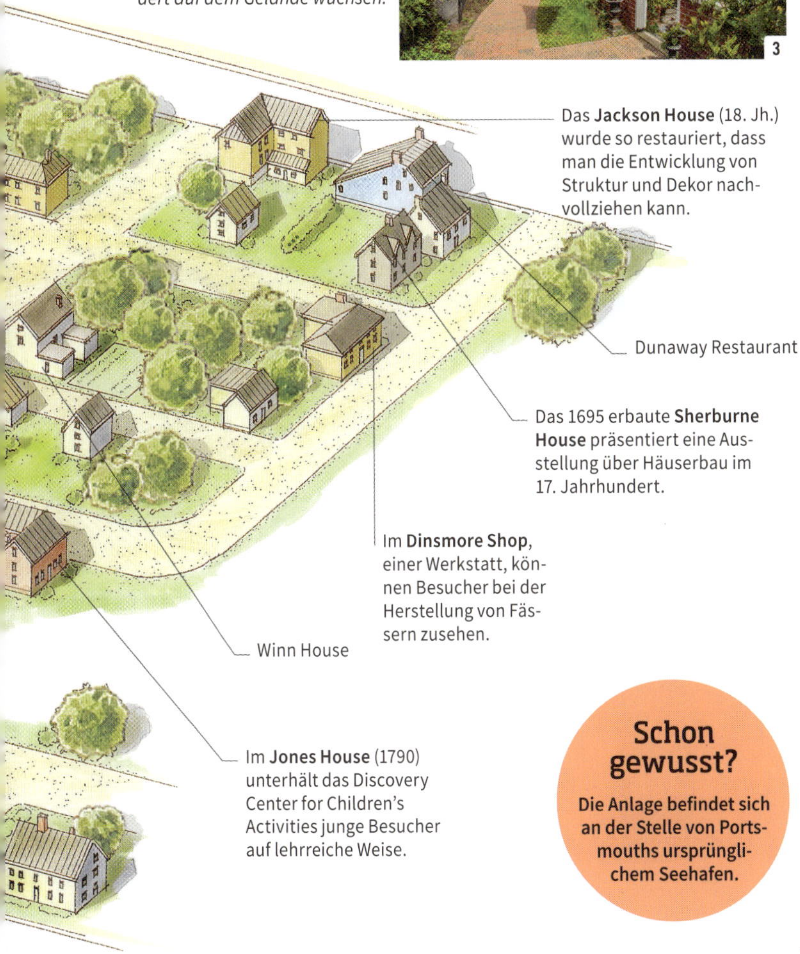

Schon gewusst?

Die Anlage befindet sich an der Stelle von Portsmouths ursprünglichem Seehafen.

2

Canterbury Shaker Village

C4 288 Shaker Rd, Canterbury +1-603-783-9511
Mai – Aug: Di – So 10 –16; Sep, Okt: tägl. 10 –17; Nov: Sa, So 10 –16 shakers.org

Das von idyllischen Landschaften umgebene Dorf wurde 1793 gegründet und ist eine der am besten erhaltenen Siedlungen dieser Glaubensgemeinschaft.

Das Shaker-Dorf war 200 Jahre lang bewohnt und damit eine der dauerhaftesten Gemeinden dieser amerikanischen Religionsgemeinschaft. Ihr Glaube an vollständige Abschottung von der Welt und Enthaltsamkeit führte letztlich zu ihrem Ende – das letzte Mitglied dieser Kolonie starb 1992. Die Stätte umfasst heute 25 original erhaltene und vier rekonstruierte Gebäude, Wälder, Felder, Gärten und Naturpfade auf einem rund 280 Hektar großen Gelände.

↑ *Fassade des Dwelling House im Zentrum des Dorfs*

↑ *In einer ehemaligen Nähstube ausgestellte Spinnräder*

Schon gewusst?

Den flachen Besen – Zeichen spiritueller Reinheit – erfand 1798 der Shaker-Bruder Theodore Bates.

Highlight

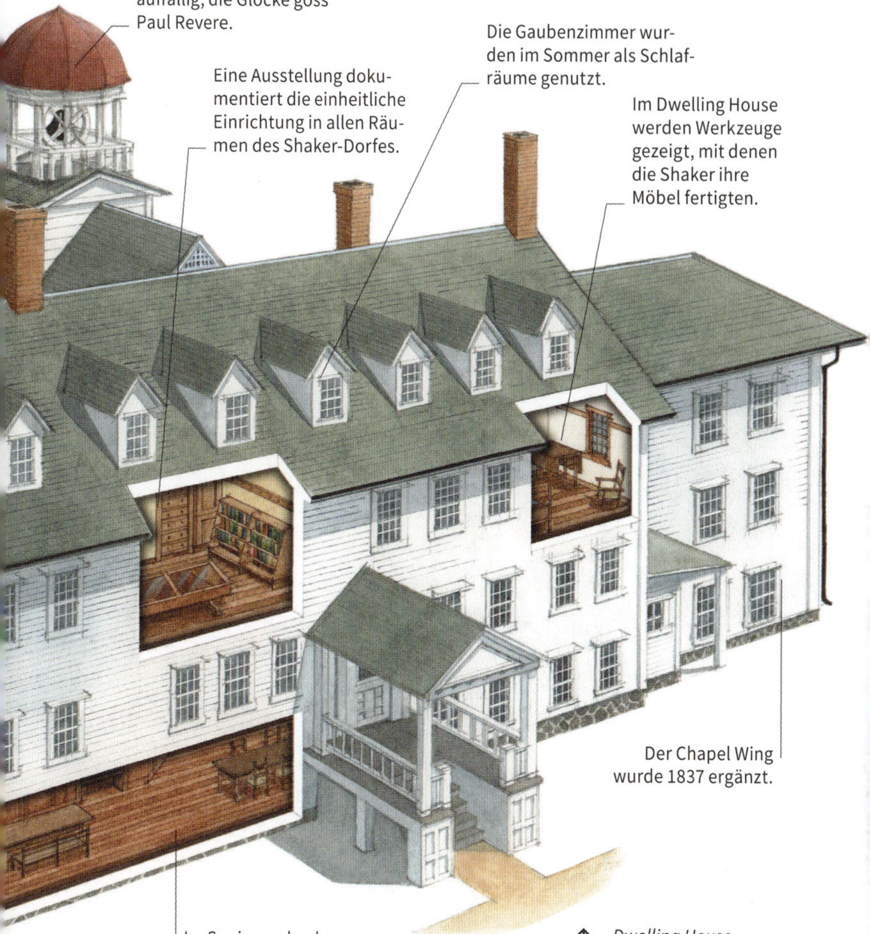

↑ *Dwelling House – funktional gestaltetes Gemeinschaftshaus*

Wer waren die Shaker?

Eine Gruppe Shaker, eine Religionsgemeinschaft, die sich von den Quäkern abgespalten hatte, war Mitte des 18. Jahrhunderts von England nach Amerika ausgewandert, wo sie ihren Glauben frei ausleben konnte. Unter der geistigen Führung von Mother Ann Lee (1736–1784) gründeten sie 1793 mit Canterbury Shaker Village eine der insgesamt 18 Shaker-Gemeinden in Amerika. Die Bezeichnung »Shaker« leitet sich von einem rituellen Schütteltanz ab.

3

Franconia Notch State Park

C2 I-93, Franconia Notch Parkway tägl. Sonnenauf- bis -untergang Visitor Center: 260 Tramway Drive (+1-603-823-8800) nhparks.state.nh.us

Mitten im White Mountain National Forest ist das weitläufige Tal des Franconia Notch State Park mit zahlreichen hohen Gipfeln, idyllischen Seen, gepflegten Waldwegen und abgelegenen Campingplätzen ein Paradies für Outdoor-Enthusiasten.

Der atemberaubende Bergpass zwischen den Gebirgszügen Kinsman und Franconia bietet einige der schönsten Naturwunder des Bundesstaates. Holzstege und Treppen geleiten Wanderer durch die Flume Gorge, eine enge Schlucht aus Granitgestein, die der Flume Brook in den Felsen geschnitten hat. Eine Seilbahn bringt Besucher zum Gipfel des Cannon Mountain. Der Boise Rock an einer Bergquelle bietet Picknickplätze mit Aussicht auf die Cannon Cliffs und den Echo Lake.

Der Appalachian Trail verläuft durch Franconia Notch, bevor er weiter nach Norden führt. Der 15 Kilometer lange Franconia Ridge Trail führt über den zweithöchsten Berg der White Mountains. Auch wegen seiner zahlreichen Aussichtspunkte zählt er zu den populärsten Wanderwegen in Neuengland.

Schon gewusst?

Die Wände zu beiden Seiten der Flume Gorge genannten Schlucht sind rund 30 Meter hoch.

Herbstlaub färbt die Ufer des Echo Lake im Franconia Notch State Park ↑

Highlight

←

Wanderer auf dem schneebedeckten Gipfel des Mount Lafayette auf dem Franconia Ridge Trail

→

An manchen Stellen – wie hier am Ufer des Flume Brook – kommt man auf Holzstegen vorwärts.

»Old Man of the Mountain«

Die mysteriöse Formation aus überhängenden Granitfelsen, die einst von einer Klippe über dem Profile Lake herausragte, ähnelte dem Profil eines alten Mannes.

Im Mai 2003 wurde die Formation, die sich zu einem Touristenmagneten entwickelt hatte, bei einem Felssturz zerstört. Im Juni 2011 wurden auf der nahe gelegenen Old Man Profiler Plaza sieben Metallskulpturen mit dem Konterfei des zerbrochenen Originals auf Granitblöcke montiert. Das Bild des »Old Man of the Mountain«, auch bekannt als »The Great Stone Face« oder »The Profile«, schmückt mehrere eigens geprägte Münzen.

4

Hampton

D4 15 000 Portsmouth 1 Lafayette Rd (+1-603-926-8718) hamptonchamber.com

Hampton ist eine der ältesten Städte in New Hampshire und liegt geografisch günstig im Zentrum der vielen State Parks und öffentlichen Strände am Highway 1A, entlang der Küste. Vom Sandstrand Seabrook Beach bis zur Küste des nördlicheren **Odiorne Point State Park** in Rye gibt es hier viele Erholungsmöglichkeiten. Der Park verfügt über Rad- und Wanderwege, Teiche und einen Holzplankensteg durch eine Salzwassermarsch. Das Science Center bietet informative Naturführungen an.

Sechs Kilometer südlich von North Hampton, einem Mekka des Outlet-Shoppings, kommt man nach **Hampton Beach**. Diese Miniaturausgabe von Atlantic City (allerdings ohne Glücksspiel) hat eine Veranstaltungshalle, in der Showgrößen auftreten. Außerdem gibt es hier eine altmodische Strandpromenade, die von Videospielläden, Eiscafés und Souvenirständen gesäumt ist. Hampton Beach ist das ganze Jahr über ein beliebtes Ziel. In den heißen Sommerwochen, wenn Urlauber die Strände genießen, ist es jedoch am vollsten. Surfer können sich an einem eigenen Strandabschnitt austoben. Auch Schwimmer und Jetski-Fans tummeln sich im Meer, darüber schweben Paraglider. Im Hafen legen Ausflugsboote zum Hochseeangeln und zur Walbeobachtung ab. Hampton Beach ist nichts für Menschen, die Einsamkeit suchen, aber Familien, die Wasserrutschen, Zaubershows, Feuerwerke und Konzerte schätzen, haben hier ihren Spaß.

Odiorne Point State Park
Route 1A, Rye Beach Park: +1-603-436-7406; Science Center: +1-603-436-8043 Park: tägl. 8 bis Sonnenuntergang; Science Center: tägl. 10–17 (Nov–März: Sa–Mo) 1. Jan, Thanksgiving, 25. Dez

Hampton Beach
hamptonbeach.org

5

Exeter

D4 14 000 Portsmouth 120 Water St (+1-603-772-2411) exeterarea.org

Exeter ist eine ruhige Kleinstadt südwestlich von Portsmouth, aber in den 150 Jahren vor dem Unabhängigkeitskrieg (1775–83) ging es hier recht turbulent zu. Reverend John Wheelwright (1592–1679), ein kritischer Geistlicher, der wegen seiner extremen Ansichten aus der Massachusetts-Bay-Kolonie gejagt worden war, gründete die Stadt 1638. Sie entstand

Entdeckertipp
Stonehenge

Die Ursprünge des amerikanischen Stonehenge (www.stonehengeusa.com) bei Salem südlich von Exeter sind ungeklärt. Doch der Steinkreis zeigt Parallelen zur gleichnamigen berühmten britischen Stätte.

↑ *Gigantisches Farbenspiel: Sonnenuntergang über dem Hampton Beach*

↑ *Wanderer in der Gipfelregion des Mount Monadnock*

rund um die Wasserfälle, die den Süßwasserfluss Exeter River und den Salzwasserfluss Squamscott River miteinander verbinden.

In der unruhigen Zeit vor der Revolution lehnten sich Stadtbewohner gegen die britische Regierung auf. Sie jagten Beamte aus der Stadt, die für die britische Kriegsmarine Bäume fällen sollten, verbrannten als Offiziere verkleidete Puppen und erklärten schließlich ihre Unabhängigkeit vom Mutterland.

Die Phillips Exeter Academy dominiert das Zentrum. Sie zählt zu Amerikas angesehensten »Prep Schools«, den Vorbereitungsschulen für Eliteuniversitäten. Der Campus entstand 1781 und birgt über 100 efeuumrankte Backsteingebäude.

Sehenswert sind auch das Gilman Garrison House (17. Jh.) und das **American Independence Museum**, das jedes Jahr Mitte Juli ein Originalexemplar der Unabhängigkeitserklärung und zwei Entwürfe der US-Verfassung zeigt.

American Independence Museum
1 Governors Lane +1-603-772-2622 Mai – Nov: Di – Sa 10 –16

6 Monadnock State Park

B4 Route 124, westl. von Jaffrey +1-603-532-8862 tägl. Sonnenauf- bis -untergang nhstateparks.org

Der 965 Meter hohe Mount Monadnock gilt als einer der meistbestiegenen Gipfel der Welt – tatsächlich trifft man praktisch das ganze Jahr über viele Bergsteiger an. Berühmt ist er auch, weil sein Name im Englischen als geologischer Fachausdruck für einen einzeln stehenden Hügel oder Berg aus der Eiszeit steht, der sich über einer Ebene erhebt.

Dass der Berg so beliebt ist, liegt auch an den vielen Campinggelegenheiten, den malerischen Picknickplätzen und den vielen Wanderwegen. Sie durchziehen den Park über einer Länge von insgesamt 64 Kilometern. Viele dieser schönen Wege führen zum Gipfel. Der Aufstieg zur metamorphen Schiefergestein-Spitze dauert rund drei Stunden. An klaren Tagen werden unerschrockene Wanderer mit einer tollen Aussicht auf alle sechs Bundesstaaten Neuenglands belohnt. Am Wegrand erinnern Gedenktafeln an berühmte Schriftsteller wie z. B. Ralph Waldo Emerson (1803 –1882) und Henry David Thoreau (1817 –1862), die beide den Gipfel erklommen. Das Besucherzentrum gibt einen Überblick über die Wanderwege und Informationen zu Flora und Fauna.

7 Rhododendron State Park

B5 Route 119, westl. von Fitzwilliam +1-603-532-8862 tägl. Sonnenauf- bis -untergang nhstateparks.org

Neuenglands größter wilder Rhododendronhain erblüht von Juni bis Mitte Juli in Rosa und Weiß. Ein Spaziergang zwischen den bis zu sechs Meter hohen Pflanzen ist ein Fest für die Sinne. Im Frühjahr ist der Park hingegen von Waldlilien übersät, im Mai blühen die Apfelbäume, und im Sommer zeigen sich Berglorbeer und Wildblumen wie Feuerkolben und Frauenschuh. Im Park gibt es einige hübsche Picknickplätze und Wanderwege.

Robert Frost in New Hampshire

Robert Frost (1874 –1963), in San Francisco geboren, kam als Elfjähriger nach Massachusetts. Nachdem er dort als Lehrer, Reporter und Müllergeselle gearbeitet hatte, zog es ihn 1912 nach England. Drei Jahre später kehrte er in die USA zurück und ließ sich in der Franconia-Notch-Region nieder *(siehe S. 290f)*. Die Natur inspirierte ihn zu einigen seiner besten Werke, u. a. *Stopping by Woods on a Snowy Evening* (1923). Robert Frost erhielt viermal den Pulitzer-Preis *(siehe S. 272f)*.

8

Concord

C4 · 40 000 · · · 49 S Main St (+1-603-224-2508)

Die Hauptstadt von New Hampshire ist eine ruhige Stadt. Aufgrund ihrer politischen Bedeutung haben hier einige historische Persönlichkeiten ihre Spuren hinterlassen. Mary Baker Eddy, Gründerin der Christian Science Church, verbrachte einen Großteil ihres Lebens hier. Die Pierce Manse war Wohnhaus vom 14. US-Präsidenten Franklin Pierce.

Das State House (1819) wurde mit Granit aus New Hampshire und Marmor aus Vermont gebaut und ist eines der ältesten Parlamentsgebäude Amerikas. Innen hängen Gemälde prominenter Bürger und politischer Führer des Bundesstaates.

Im Eagle Hotel an der Main Street stiegen Gäste wie die US-Präsidenten Andrew Jackson und Benjamin Harrison, der Flieger Charles Lindbergh und die frühere First Lady, Eleanor Roosevelt, ab.

Die Lehrerin Christa McAuliffe (1948–1986) aus Concord ist aus tragischen Gründen berühmt. Am 28. Januar 1986 war sie als erste Zivilistin an Bord der *Challenger*, als die Raumfähre kurz nach dem Start explodierte. Christa McAuliffe und sechs Astronauten starben.

In Concord wird ihrer im **McAuliffe-Shepard Discovery Center** gedacht, das auch dem Astronauten Alan Shepard (1923–1998) aus New Hampshire gewidmet ist, der als erster Amerikaner ins All geschossen wurde. Das futuristische Center ist von einer riesigen Glaspyramide gekrönt und bietet Ausstellungen und Multimediashows.

McAuliffe-Shepard Discovery Center
2 Institute Dr
Fr–So 10:30–16 (Ende Juni–Aug: tägl.)
starhop.com

↑ *State House (1819) in Concord: Fassade mit markanter Kuppel*

Pub

Stark Brewing Co
Das Pub mit angegliederter Brauerei ist in einer riesigen alten Mühle am Merrimack River untergebracht und bietet 18 Biersorten und herzhafte Gerichte. In derselben Anlage produziert die Stark Distillery einen Wodka auf Roggenbasis.

A4 · 500 Commercial St, Manchester
starkbrewingcompany.com

9

Keene

B4 · 23 000 · · 48 Central Sq (+1-603-352-1303)

Keene ist die größte Stadt in der Monadnock-Region im Süden von New Hampshire. Im nahen Ort Temple wurde 1780 die erste Glasbläserei Amerikas gegründet, kurz darauf entwickelte sich Keene zu einem Kunsthandwerkszentrum: Im 19. Jahrhundert war es berühmt für Glas- und Porzellanprodukte und für die Baumwollspinnerei. Das **Horatio Colony Museum** ist mit Möbeln eingerichtet und bietet Einblick in das Leben der Oberschicht Mitte des 19. Jahrhunderts. Das kulturelle Leben der Stadt spielt sich rund um das Keene State College ab, in dem mehrere Theater und Galerien untergebracht sind.

Horatio Colony Museum
199 Main St · +1-603-352-0460 · Mai–Mitte Okt: Mi–So 11–16

→ *Gemäldeausstellung im Currier Museum of Arts, Manchester*

10 Lake Sunapee Region

C4 328 Main St, New London (+1-603-526-6575 bzw. +1-877-526-6575)

Die Region wird vom Mount Sunapee (835 m) und dem 16 Kilometer langen See am Fuß des Berges bestimmt. Viele Einheimische haben hier Ferien- oder Wochenendhäuschen, und immer mehr Pensionäre ziehen hierher.

Lake Sunapee (der Name stammt angeblich von dem Wort »Wildganswasser« der Penacook-Indianer) ist seit Langem ein beliebtes Reiseziel: In der Mitte des 18. Jahrhunderts brachten Züge und Dampfschiffe die Besucher zu den Hotels am Seeufer. Die Dampfschiffe sind mittlerweile zwar verschwunden, doch noch immer kann man Kanus mieten, am Ufer picknicken oder eine geführte Tour auf einem der vielen Ausflugsboote unternehmen. Der Berg des Mount Sunapee State Park zieht im Sommer Wanderer und Bergsteiger an, im Winter die Skifahrer. Das im Park gelegene Mount Sunapee Resort ist das größte Skigebiet zwischen Boston und den White Mountains.

Kutschen aus Concord

1827 bauten der Stellmacher Lewis Downing und der Kutschenbauer J. Stephens Abbot in Concord die erste »Concord Coach«, die die unwegsamen Pfade im Wilden Westen bezwingen sollte. Die Postkutschen waren revolutionär, weil sie die Verbindung zum fernen, sich rasch entwickelnden Hinterland schufen. Das berühmte Transportunternehmen Wells Fargo benutzte diese Kutschen.

11 Manchester

A4 110 000 1 Airport Rd 54 Hanover St (+1-603-666-6600)

1805 wurde am Ostufer des Merrimack River die kleine, wasserbetriebene Amoskeag Mill gebaut. Bis zum Anfang des 20. Jahrhunderts war daraus die weltweit größte Textilmühle geworden. Hier arbeiteten seinerzeit rund 17 000 Menschen.

In der alten Spinnerei ist das **Currier Museum of Art** untergebracht, New Hampshires bestes Kunstmuseum. Im Obergeschoss sind Werke amerikanischer Künstler aus dem 18. und 19. Jahrhundert ausgestellt, darunter auch die Impressionisten und Mitglieder der Hudson River School.

Größtes Ausstellungsstück ist das Zimmerman House, das 1950 der US-Architekt Frank Lloyd Wright (1867–1959) gestaltete. Die eleganten Linien der Fassade sind typisch für Wrights zweckdienlichen »Usonian-Stil«. Shuttle-Busse bringen Besucher vom Museum zum Haus. Auf Führungen (nach Anmeldung, Apr–Jan) werden von Wright entworfene Textilien und Möbel gezeigt.

Currier Museum of Art
150 Ash St Mi–Mo 11–17 (Sa ab 10) currier.org

12

Hanover

B3 9000 Lebanon 53 S Main St (+1-603-643-3115) hanoverchamber.org

Hanover ist ein für Neuengland typisches College-Städtchen und ein beliebter Stopp für Wanderer auf dem Appalachen-Trail, der durch das Stadtzentrum führt. Zudem ist es Sitz des **Dartmouth College**, der nördlichsten der »Ivy League«-Universitäten in den USA. Das College hieß ursprünglich Moor's Indian Charity School und wurde 1769 für die Ausbildung und Christianisierung der Abenaki-Indianer gegründet. Etwa 4500 Studenten lernen heute in dieser Einrichtung, zu der auch die Thayer School of Civil Engineering (1867), eine der ältesten medizinischen Fakultäten Amerikas, und die Amos Tuck School of Business Administration (1900) gehören. Zu den Absolventen zählt der ehemalige US-Vizepräsident Nelson Rockefeller (1908–1979).

Die **Baker-Berry Library** zieren Mosaiken des mexikanischen Künstlers José Clemente Orozco (1883–1949) zur Geschichte Nord- und Südamerikas. Das **Hood Museum of Art** zeigt indianische und afrikanische Kunst, frühe Gemälde aus Amerika und Europa sowie moderne Werke (u. a. von Picasso).

Dartmouth College
dartmouth.edu

Baker-Berry Library
Dartmouth College
+1-603-646-2567
Zeiten tel. erfragen

Hood Museum of Art
Dartmouth College Zeiten der Website entnehmen hood museum.dartmouth.edu

13

New London

C4 4000 Lebanon 328 Main St (+1-603-526-6575) nl-nh.com

New Londons Lage auf einem Bergkamm beschert der Stadt eine großartige Aussicht auf die umliegenden Wälder. Die idyllische Lage bildet den idealen Rahmen für die zahlreichen Gebäude aus der Kolonialzeit und dem frühen 19. Jahrhundert. Dazu gehört auch das **Colby-Sawyer College**, eine geisteswissenschaftliche Hochschule von 1837, die zahlreiche kulturelle Veranstaltungen bietet, z. B. Theaterstücke, Lesungen, Filme, Konzerte und Kunstausstellungen.

Etwas weiter die Straße hinauf wird im **New London Barn Playhouse** ebenfalls Kultur geboten. Das Theater ist in einer Scheune aus den 1820er Jahren untergebracht und führt in den Sommermonaten beliebte Theaterstücke und Musicals auf.

Hotel

Great Stone Dwelling
Die Zimmer der Unterkunft (1841) waren früher nach Geschlechtern getrennt, da hier Mitglieder der Shaker-Gemeinde übernachteten. Hierher kommen Gäste, die die Ruhe suchen.

B3 Route 4A, Enfield
shakermuseum.org
$

←
Eindrucksvoller Glockenturm der Baker-Berry Library, Dartmouth

Funktional eingerichteter Raum im Enfield Shaker Museum

Colby-Sawyer College
Main St
Mo – Fr 9 –17
colby-sawyer.edu

New London Barn Playhouse
84 Main St Mitte Juni – Sep: Zeiten der Website entnehmen
nlbarn.org

14 Enfield Shaker Museum

B3 Route 4A, Enfield +1-603-632-4346 Mai – Dez: Mo – Sa 10 –17, So 12 – 17 shakermuseum.org

Bis zu den 1920er Jahren hatten die Mitte des 18. Jahrhunderts von England nach Nordamerika ausgewanderten Shaker *(siehe S. 289)* in Enfield mehr als 200 Gebäude errichtet, von denen heute noch 13 stehen. Die rund zwölf Quadratkilometer große Fläche Acker- und Weideland wurden von allen Mitgliedern gemeinsam bestellt.

Die Shaker lebten enthaltsam und waren überzeugte Pazifisten, die »ihre Hände der Arbeit und ihre Herzen Gott« schenkten. In Enfield lebten einst über 300 Shaker, wie auch in anderen Gemeinden schrumpfte ihre Zahl allerdings nach und nach.

1923 zogen die letzten zehn Verbliebenen in das Canterbury Shaker Village *(siehe S. 288f)* nördlich von Concord. Der letzte der Shaker starb dort 1992 im Alter von 96 Jahren.

Das Museum dokumentiert Leben und Arbeitsalltag der Shaker. Auf dem Gelände begegnet man ihrem Ideenreichtum und einer ihrer Erfindungen, den Schwefelhölzern. Die Gebäude sind mit einfachen, aber praktischen Holzmöbeln eingerichtet, für die die Shaker bekannt sind. Sie galten als begnadete Handwerker – im 160 Jahre alten Great Stone Dwelling, dem größte Bau, den diese arbeitsamen Menschen je errichteten, kann man übernachten.

15 Saint-Gaudens National Historic Site

B3 Route 12A nördl. der Cornish-Windsor Bridge +1-603-675-2175 Gebäude: Ende Mai – Okt: tägl. 9 –16:30; Gelände: tägl. Sonnenauf- bis -untergang nps.gov/saga

Die historische Stätte ehrt Leben und Werk von Augustus Saint-Gaudens (1848 – 1907), einem der wichtigsten amerikanischen Bildhauer seiner Zeit. Als er 1885 nach Cornish kam, entwickelte sich die Stadt zu einer Künstlerkolonie: Sein Talent zog Schriftsteller, Musiker und andere Künstler an. Seine Familie war von Irland in die USA ausgewandert, als er noch ein Baby war. Saint-Gaudens bereiste die ganze Welt, war in New York Lehrling bei einem Edelsteinschleifer, studierte später an der École des Beaux-Arts in Paris und erhielt mehrere Aufträge in Rom. Als er nach New York zurückkehrte, hatte er bereits den Ruf eines genialen Bildhauers. Seine Werke, meistens heroischen Themas, finden sich heute in ganz Amerika. Auch in Neuengland stehen etliche seiner Meisterstücke, z. B. das Shaw Memorial (1897) in Boston.

Saint-Gaudens wurde des Großstadtlebens schließlich überdrüssig, kaufte sich ein altes Gasthaus am Connecticut River und baute es zu einem Wohnhaus und Atelier um. Hier entstanden viele seiner besten Werke, darunter die berühmte Statue von Abraham Lincoln (1809 – 1865) im Lincoln Park in Chicago. Heute ist das Gebäude von 1805 mit Möbeln des Künstlers angefüllt und zeigt eine Sammlung kleiner, detaillierter Entwürfe, allesamt Vorarbeiten seiner großen Bronzeskulpturen. Davon stehen einige auf dem 61 Hektar großen Areal, das einen Landschaftsgarten und reizvolle Pfade unter hohen Kiefern und Schierlingstannen besitzt.

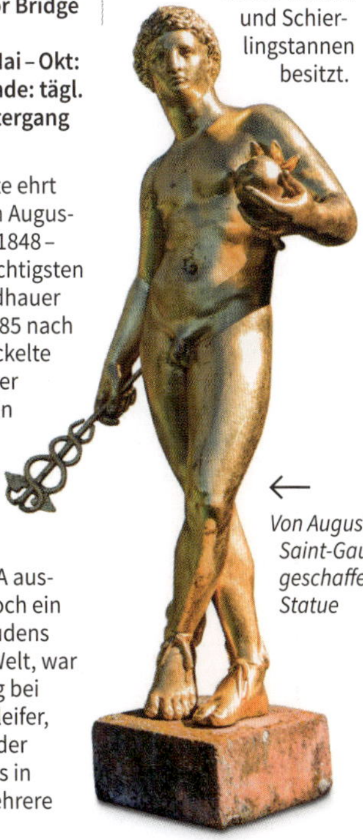

Von Augustus Saint-Gaudens geschaffene Statue

16
Jackson

C2 1000 18 Main St (+1-603-383-9356)

Das Bergdorf liegt an einer Seitenstraße der Route 16B, am Ortseingang steht eine auffällige rot-weiß gestrichene überdachte Brücke. Das malerische, etwa 200 Jahre alte Jackson bietet gemeinsam mit den Orten Intervale, Bartlett und Glen den Hauptteil an Unterkunftsmöglichkeiten in der Region des Mount Washington.

Jackson war einst ein Ausflugsziel für Großstädter von der Ostküste, doch mit der Weltwirtschaftskrise in den 1930er Jahren ging es auch mit Jackson bergab. Erst in den 1980er Jahren entdeckte man diesen ruhigen Winkel New Hampshires wieder für den Fremdenverkehr und restaurierte einige der schönsten Hotels.

Heute ist Jackson vor allem bei Wintersportlern beliebt. Es gibt in der Region drei große Skigebiete: Black Mountain, Wildcat Ski Area und das Attitash Mountain Resort. Gemeinsam bieten sie mehr als 110 Pisten und über 320 Kilometer Langlaufstrecken. Mit 113 Hektar und zehn Liften ist Attitash das größte Skigebiet in New Hampshire.

Auch im Sommer kann man hier Sport treiben. Die vielen Berggipfel und Täler laden zum Wandern und Mountainbiken ein. Der 18-Loch-Golfplatz hat eine herrliche Landschaftskulisse. Spektakulär sind die Wildcat-River-Wasserfälle.

Schon gewusst?

Auf dem Gipfel des Mount Washington gibt es an durchschnittlich 110 Tagen im Jahr Orkanböen.

↑ *Schönes Fotomotiv: ein Wasserfall in der Schlucht Pinkham Notch*

17
Pinkham Notch

C2 Route 16 nördl. von North Conway (+1-603-466-2721) tägl. 6:30–22

Die felsige Schlucht, benannt nach Joseph Pinkham, der die Gegend 1790 angeblich auf einem von Schweinen (!) gezogenen Schlitten erkundet haben soll, verläuft zwischen Gorham und Jackson. Die Presidential Range umschließt die Westseite der Pinkham Notch, im Osten liegt der 1346 Meter hohe Wildcat Mountain.

Naturliebhaber schätzen das große Freizeitangebot. Dank der Hochlage ist eine lange Skisaison von November bis April garantiert. Im Sommer können Besucher mit einer Gondel zum Gipfel schweben. Picknickplätze bieten herrliche Aussichten auf den Mount Washington und die Presidential Range.

Durch die Pinkham Notch führen Wanderwege, u. a. ein Abschnitt des Appalachen-Trail *(siehe S. 10)*. Beim Wandern passiert man einige der schönsten Wasserfälle, Flüsse und Aussichtspunkte New Hampshires – und mit etwas Glück trifft man auf Biber, Waschbären, Hirsche oder sogar einen Elch.

18
Bretton Woods

C2 500 +1-603-278-3320 brettonwoods.com

Die Siedlung am Fuß der Presidential Range blickt auf ein besonderes Ereignis zurück: Hier fand 1944 die United Nations Monetary and Financial Conference statt. Sie schuf die Basis für die Weltbank und kam damit dem Bedürfnis nach Währungsstabilität nach, das durch den Zweiten Weltkrieg ausgelöst worden war. Zudem wurden ein neuer Goldstandard festgelegt und eine internationale Leitwährung auserkoren – der US-Dollar.

Rahmen der Konferenz war das **Omni Mount Washington Resort**. Man kann sich die Reaktion der Teilnehmer vorstellen, als sie dieses elegante Hotel im Stil der spanischen Renaissance zum ersten Mal erblickten. Das 1902 eröffnete Hotel bildet mit dem knallroten Dach über der strahlend weißen Fassade einen starken Kontrast zum Mount Washington, der sich hinter dem Komplex auf 1917 Metern erhebt. In dem Hotel sind berühmte Gäste abgestiegen, u. a. Sir Winston Churchill (1874–1965), der Erfinder Thomas Edison (1847–1931), der Baseballstar Babe Ruth (1895–1948) und drei US-Präsidenten.

Das als National Historic Landmark geschützte Haus mit den 200 Zimmern wurde von etwa 250 Handwerkern aus Italien errichtet. Heute ist das Hotel von einer 70 Quadratkilometer großen Parklandschaft umgeben, die einen 18-Loch-Golfplatz einschließt. Im nahen Skigebiet von Bretton Woods kann man Ski fahren und langlaufen.

Umgebung: Das Mount Washington Valley, in dem auch Bretton Woods liegt, wird vom 1917 Meter hohen Gipfel des Mount Washington, dem höchsten im Nordosten der USA, überragt. Gemeinsam mit ihm bilden weitere imposante Berge in seiner Nachbarschaft – Adams, Jefferson, Madison, Monroe und Eisenhower – die Presidential Range. Mount Washington gilt als Schlechtwetterberg: Plötzliche Schneestürme sind hier selbst im Sommer nicht selten. Der stärkste, je auf der Erde gemessene Wind fegte im April 1934 mit 370 Kilometern pro Stunde über den Gipfel.

An klaren Tagen ist die Aussicht vom Gipfel fantastisch. Besucher wandern einen der vielen Wege zum Gipfel hinauf oder fahren auf der Mount Washington Auto Road nach oben. Gemächlicher geht es mit der berühmten **Mount Washington Cog Railroad**. Die Zahnradbahn verkehrt seit 1869. Oben kann man das Sherman Adams Summit Building mit dem Summit Museum oder das Mount Washington Observatory besuchen.

Omni Mount Washington Resort
Route 302, Bretton Woods omnihotels.com

Mount Washington Cog Railroad
Route 302, Marshfield Base Station
Apr – Nov: Zeiten der Website entnehmen
thecog.com

Terrasse des Omni Mount Washington Resort; Mount Washington Cog Railroad (Detail) ↓

19 Crawford Notch State Park

C2 Route 302 zwischen Twin Mountains und Bartlett +1-603-374-2272 ganzjährig (Camping: Mitte Apr – Anfang Dez) nhstateparks.org

Der schmale Bergpass zwängt sich zwischen die nackten Felswände von Webster und Willey Mountain. Seit 1826 hat er einen schlechten Ruf, da heftige Regenfälle eines Nachts Tonnen von Schlamm und Steinen in das Tal spülten, direkt auf das Gasthaus von Samuel Willey und seiner Familie zu. Die Willeys wurden durch den Lärm der Lawine geweckt und flohen nach draußen – wo alle sieben von herabstürzenden Steinbrocken getötet wurden. Traurige Ironie des Schicksals: Die Lawine hatte das Haus nicht einmal gestreift. Viele Autoren aus Neuengland, darunter auch Berühmtheiten wie Nathaniel Hawthorne, haben die Tragödie literarisch verarbeitet. Das Haus ist heute ein Besucherzentrum.

Der Gebirgskamm galt eine Zeit lang als bedroht, weil zu viele Wälder abgeholzt wurden, doch seit der Errichtung des State Park 1911 steht das Gebiet unter Schutz. Heute nehmen es Wildwasser-Rafter mit dem reißenden Saco River auf, Angler genießen die ruhigeren Gewässer und hoffen auf Forelle oder Lachs für ein Abendessen. Wer lieber auf dem Trockenen bleibt, macht eine kurze Wanderung zu den Arethusa Falls und bestaunt das Wasser aus sicherer Entfernung. Der Wasserfall ist mit 61 Metern der höchste in ganz New Hampshire. An anderen Stellen im Park genießt man schöne Blicke auf die Wasserfälle der Silver Cascades und der Flume Cascades – und muss dafür noch nicht einmal das Auto verlassen.

→ *Buntes Farbenspiel: Sonnenuntergang über dem Kancamagus Highway*

Schöne Aussicht

Grandioser Bergblick

Das Mountain View Grand Resort ist in leuchtendem Gelb gestrichen. Von der Veranda des Hauses genießt man eine fantastische Aussicht auf die Presidential Range.

← *Willey House – historisches Gebäude im Crawford Notch State Park*

20 Lincoln-Woodstock

C3 1500 66 Meilen (106 km) südwestl. in Lebanon 126 Main St (+1-603-745-6621) lincolnwoodstock.com

Der nahe den White Mountains gelegene Ort North Woodstock wird im Sommer von Wanderern, im Winter von Skifahrern besucht. Eine beliebte Anlaufstelle ist **Woodstock Inn Station and Brewery** in einem alten Bahnhofsgebäude. Für Bergtouren kann man sich bei Fadden's, einem seit 1896 betriebenen Laden, mit Proviant eindecken.

Umgebung: Fünf Kilometer nordwestlich von North Woodstock liegt Lincoln. Das winzige Städtchen am westlichen Ende des Kancamagus Highway sowie am südlichen Eingang des Franconia Notch State Park *(siehe S. 290f)* dient Wanderern als idealer Ausgangspunkt. Am nahen **Loon Mountain** liegt eines

Am Loon Mountain liegt eines der besten Skigebiete des Bundesstaates. Im Sommer eignet sich das Terrain für Wanderungen, Höhlentouren, Ausritte und Mountainbiken.

der besten Skigebiete des Bundesstaates. Im Sommer eignet sich das Terrain für Wanderungen, Höhlentouren, Ausritte und Mountainbiken. Per Seilbahn erreicht man den Gipfel.

Woodstock Inn Station and Brewery
135 Main St woodstockinnbrewery.com

Loon Mountain
östl. des I-93, bei Lincoln loonmtn.com

21

Kancamagus Highway

C3 Route 112 zwischen Lincoln und Conway Saco District Ranger Station, 33 Kancamagus Hwy (+1-603-447-5448)

Viele halten den Highway, der sich durch den White Mountain National Forest *(siehe S. 302f)* zwischen Lincoln und Conway schlängelt, für die schönste Indian-Summer-Route ganz Neuenglands. Die Route 112 ist etwa 55 Kilometer lang, bietet einzigartige Aussichten vom Pemi Overlook und steigt im Kancamagus Pass bis auf 914 Meter an. Die Straße führt hinab in das Saco Valley, wo der viel befahrene Highway dem (passend benannten) Swift River bis nach Conway folgt. Der Highway bietet Anglern guten Zugang zum Fluss, in dem Bach- und Regenbogenforellen leben.

Den gesamten Highway entlang gibt es Camping- und Picknickplätze. An vielen Stellen kann man direkt am kühlen Gebirgsfluss Rast machen und zu Mittag essen. Die vom US Forest Service unterhaltenen Campingplätze verfügen über Toiletten, einer ist auch mit Duschen ausgestattet. Zeltplätze werden nach Verfügbarkeit vergeben. Gut ausgeschilderte Wanderwege durch einige der schönsten Landschaften von New Hampshire verleiten auch Autofahrer dazu, sich die Beine zu vertreten.

Einer der beliebtesten Pfade führt zu den gern fotografierten Sabbaday Falls. Ganz in der Nähe von Conway weisen Schilder auf zahlreiche reizvolle Stellen hin, an denen man einen schönen Blick auf Wasserfälle, Stromschnellen und Flüsse genießt.

In der Region sieht man Spechte, Chickadee-Meisen und Zugvögel, die hier im Sommer nisten. Es gibt aber auch Hirsche und Elche. Manchmal trifft man sogar einen Schwarzbären an.

Restaurant

Half Baked and Fully Brewed

Das Restaurant mit angegliederter Bäckerei bietet gesundes Mittagessen sowie Proviant für ein Picknick am Kancamagus Highway.

C3 187 Main St, Lincoln
+1-603-745-8811

$$$

22

White Mountain National Forest

C2 71 White Mountain Dr, Campton (+1-603-536-6100) fs.fed.us

New Hampshires dicht bewaldeter Norden ist ein wahres Paradies für Naturfreunde. Die Region verfügt über einen National Forest, mehrere State Parks und über 1900 Kilometer an Wanderwegen.

Darüber hinaus gibt es hier zahllose Seen und Teiche, Bäche und Flüsse sowie 23 Campingplätze. Der White Mountain National Forest, der zu einem kleinen Teil auch auf den benachbarten Bundesstaat Maine hinüberreicht, hat eine Fläche von etwa 3175 Quadratkilometern.

Im National Forest, der schönsten Naturlandschaft des Staates, gibt es ein vielfältiges Tierleben, dazu zählen auch viele Elche. Diese Verwandten der Hirsche sind zwar überaus scheu, aber manchmal kann man sie in der Morgen- oder Abenddämmerung von der Straße aus sehen.

Natürlich bietet die Region viele Freizeitmöglichkeiten – von der Vogelbeobachtung über das Skifahren bis zum Klettern und Kajakfahren. Auch vom Auto aus lässt sich die höchst imposante Landschaft genießen. Mehr als 20 Gipfel über 1200 Meter Höhe erheben sich hier. Eine schöne Aussicht nach der anderen eröffnet sich: Täler inmitten von Kiefernwäldern, Wasserfälle über Felsen oder Bachläufe mit Forellen, die sich plätschernd durch die Berge winden.

Im Jahr 1998 wurde ein 160 Kilometer langes Teilstück des White Mountains Trail zum National Scenic and Cultural Byway erklärt, einer Panoramastraße, die ganz besondere landschaftliche, kulturelle oder historische Sehenswürdigkeiten passiert. Die Strecke führt durch das Mount Washington Valley, Crawford Notch *(siehe S. 300)*, North Conway und Franconia Notch *(siehe S. 290f)*.

Im Herbst verwandelt der Indian Summer die raue Landschaft in eine bunte Farbenpracht. Dann leuchten feuerroter Ahorn, gol-

Im Herbst verwandelt der Indian Summer die raue Landschaft in eine bunte Farbenpracht. Dann leuchten feuerroter Ahorn, goldene Birken und kastanienbraune Roteichen.

←

Bei einer Winterwanderung in der Nähe von Lion Head, White Mountains

dene Birken und kastanienbraune Roteichen. Da in dieser beliebten Saison Scharen von Besuchern hierherkommen, sind die Straßen oft verstopft. Eine Unterkunft ist dann ohne Reservierung kaum zu finden.

Bergwandern in New Hampshire

Für Outdoor-Sportler zählen Wanderungen zu den Highlights ihres Aufenthalts in New Hampshire. Das Angebot an Touren ist groß – vor allem in den White Mountains, die sich über rund ein Viertel des Bundesstaates erstrecken. Im Franconia Notch State Park lockt die mittelschwere, 2,5 km lange Route Artist Bluff mit atemberaubender Aussicht auf den Echo Lake. Oder Sie fahren in den Crawford Notch State Park, wo Sie bei einer ähnlich langen Wanderung die Arethusa-Wasserfälle erreichen. Der 43 Meter hohe Wasserfall gehört zu den spektakulärsten in New Hampshire. Eine anspruchsvollere Route dorthin verläuft über den Bemis Brook Trail. Der vom Appalachian Mountain Club publizierte *White Mountain Guide* stellt Touren aller Schwierigkeitsgrade vor.

23

North Conway

C3 2500 2617 Main St (+1-603-356-5701 oder +1-800-337-3563)

North Conway gilt als Tor zu den White Mountains und ist zugleich ein Einkaufsparadies. An der Hauptstraße des Bergdorfs reihen sich mehr als 200 Outlet Stores und Fachgeschäfte aneinander. Hier sind die Preise vergleichsweise niedrig, was sogar für Designerstücke von Calvin Klein, Ralph Lauren oder Hilfiger gilt. Da es im Bundesstaat New Hampshire darüber hinaus keine Mehrwertsteuer gibt, macht man hier geradezu ein doppeltes Schnäppchen.

Die Einwohner weisen gern darauf hin, dass man in und um North Conway mehr als nur einkaufen kann: Der Saco River lädt zu Kanufahrten ein, auf der **Conway Scenic Railroad** fahren altmodische Züge Besucher durch die Berge. Der in der Nähe gelegene Freizeitpark **Story Land** wurde 1954 eröffnet – ein Jahr vor Disneyland in Kalifornien. Das beliebte Areal lockt mit vielen Attraktionen wie einem alten Karussell, einem Piratenschiff und einer Cinderella-Kutsche.

Conway Scenic Railroad
Route 16 in North Conway Zeiten der Website entnehmen conwayscenic.com

Story Land
Route 16 in Glen Ende Mai – Juni, Labor Day – Columbus Day: Sa, So 9:30 –17; Juli, Aug: tägl. 9 –18 storylandnh.com

↑ *Historische, bunt bemalte Eisenbahn im Bahnhof von North Conway*

Tour um den Lake Winnipesaukee

Länge 70 Meilen (113 km) **Start** Alton **Rasten** Wolfboro, Center Sandwich und Weirs Beach.

Zur Orientierung
Siehe Karte S. 282f

Dieser atemberaubende See weist eine Uferlänge von insgesamt 386 Kilometern auf – die längste aller Seen in New Hampshire. Er ist umgeben von Bergen und mit 274 Inseln übersät. An seinem Ufer liegen kleine geschützte Buchten und Häfen sowie einige Ferienorte, in denen Gäste Freizeitaktivitäten wie Kanufahren nachgehen oder auch nur durch die Antiquitäten- und Kunsthandwerksläden bummeln.

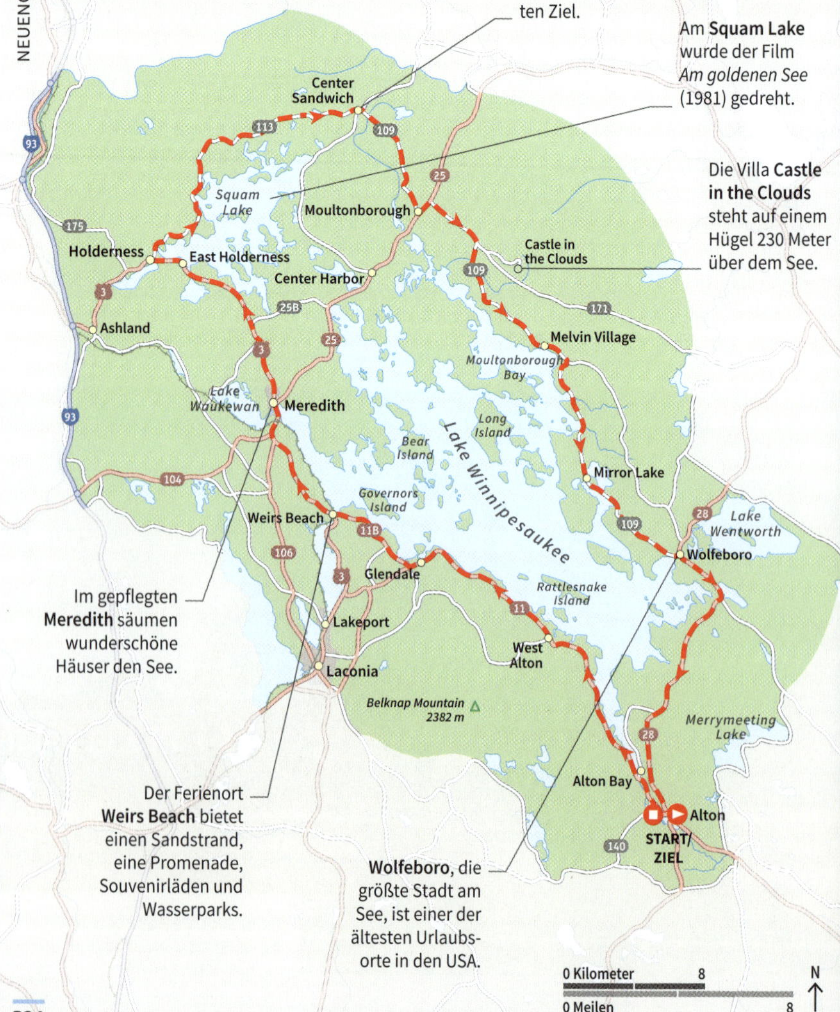

Umliegende Wälder machen **Center Sandwich** vor allem im Herbst zu einem beliebten Ziel.

Am **Squam Lake** wurde der Film *Am goldenen See* (1981) gedreht.

Die Villa **Castle in the Clouds** steht auf einem Hügel 230 Meter über dem See.

Im gepflegten **Meredith** säumen wunderschöne Häuser den See.

Der Ferienort **Weirs Beach** bietet einen Sandstrand, eine Promenade, Souvenirläden und Wasserparks.

Wolfeboro, die größte Stadt am See, ist einer der ältesten Urlaubsorte in den USA.

↑ *Farbenprächtige Häuser und Baumkronen spiegeln sich im Lake Winnipesaukee*

Elch im Baxter State Park (siehe S. 330)

Maine

Auch wenn die Wikinger die felsige Küste angeblich schon im frühen 11. Jahrhundert erkundeten, begann die eigentliche Besiedelung etwa 600 Jahre später mit der Popham-Beach-Kolonie 1607. Obwohl diese Kolonie nur kurze Zeit bestand, war sie die Grundlage für weitere Siedlungen in Monhegan (1622), Saco (1623) und Georgeana (1624). Letztere wurde 1652 unter dem Namen York zur ersten offiziellen Stadt des englischen Amerika.

Maine wurde mehrfach in territoriale Machtkämpfe verwickelt. Dies begann 1652 mit der abrupten Übernahme durch Massachusetts, eine Zwangsehe, die 1820 mit Maines zugesprochenem Status als Bundesstaat endete. Zwischen 1675 und 1748 kam es zu vier blutigen Kriegen zwischen Briten und Franzosen in Québec. Beim Ausbruch des Unabhängigkeitskrieges (1775–83) wurde die Stadt Portland von den Briten beschossen und niedergebrannt, um andere, revolutionäre Gefühle hegende Kolonien abzuschrecken.

Wer heute durch Maine reist, kann den Grund für das Aufheben um die Region verstehen: Die wunderschöne Natur ist durchsetzt von gut erhaltenen historischen Sehenswürdigkeiten. Die Bedeutung der Seefahrt belegen die zahlreichen Leuchttürme, Meeresmuseen und Kapitänshäuser entlang der Küste. Obwohl der Fremdenverkehr heute Maines wichtigste Einnahmequelle ist, zeigen noch immer weite Teile des Staates diese ursprüngliche Schönheit, die vor langer Zeit auch die ersten Siedler anzog.

Maine

Highlights

1. Portland
2. Penobscot Bay
3. Acadia National Park
4. Campobello Island

Sehenswürdigkeiten

5. Kittery
6. Calais
7. Ogunquit
8. Bangor
9. The Kennebunks
10. Freeport
11. Brunswick
12. Old Orchard Beach
13. Northeast Harbor
14. Boothbay Harbor
15. Bar Harbor
16. Augusta
17. Machias
18. Bethel
19. Sugarloaf
20. Baxter State Park
21. Moosehead Lake
22. Rangeley Lakes Region
23. Aroostook Country

Madawaska
Beau Lake
Long Lake
Saint Leonard
Van Buren
Grand Falls
Allagash
Square Lake
Eagle Lake
Aroostook County
Allagash Wilderness
Fort Fairfield
Perth-Andover
Fish River Lake
Presque Isle
KANADA
Aroostook State Park
Ashland
Foreston
Machias
Mars Hill
Doaktown
Napadogan
Masardis
Juniper
Mountains
Aroostook
Nashwaak Bridge
Chamberlain Lake
Houlton
Ripples
Baxter State Park
Island Falls
Fredericton
Chesuncook Lake
Mount Katahdin 1605 m
Oromocto
MAINE
Macwahoc
Millinocket
Lambert Lake
Moosehead Lake
Mattawamkeag
Topsfield
Greenville
Lincoln
Lee
Brownville
Saint John
St Stephen
Shirley
West Grand Lake
Milo
Howland
St George
Abbot
Burlington
Calais
Dover-Foxcroft
Passadumkeag
Guilford
Nicatous Lake
Perry
Wesley
Campobello Island
Dexter
Greenbush
Eastport
Corinth
Lead Mountain 665 m
Old Town
Palmyra
Bangor International Airport
Amherst
Northfield
Grand Manan Island
Machias
Bangor
Pittsfield
Cutler
Jonesboro
Troy
Hampden
Graham Lake
Cherryfield
Harrington
Bucksport
Ellsworth
Milbridge
Winslow
Surry
Bar Harbor
Palermo
Belfast
Mount Desert Island
Acadia National Park
Northeast Harbor
Sedgewick
Washington
Lincolnville
Southwest Harbor
Penobscot Bay
Stonington
Dresden
Waldoboro
Isle au Haut
Edgecomb
Port Clyde
Gulf of Maine
New Harbor
Matinicus Island
Boothbay Harbor
Monhegan Island
Maine
0 Kilometer 50
0 Meilen 50
N

↑ *Hafenbecken von Portland, der größten Stadt im Bundesstaat Maine*

❶

Portland

E3 66 000 7000 NE Airport Way 950 Congress St u. 100 Thompson's Pt Rd Commercial u. Franklin St 14 Ocean Gateway Pier (+1-207-772-5800) Old Port Festival (Juni) visitportland.com

Der hier geborene Dichter Henry Wadsworth Longfellow (1807–1882) beschrieb Portland einst als »wunderschöne Stadt, die sich am Meer niedergelassen hat«. Portland, einst ein blühender Hafen und Hauptstadt des jungen Staates, brannte viermal nieder. Heute stehen in der größten Stadt Maines viele viktorianische Häuser aus robustem Stein.

①

Victoria Mansion

109 Danforth St Zeiten der Website entnehmen victoriamansion.org

Die kostspielige Sandsteinvilla wurde 1860 als Sommerhaus des Hoteliers Ruggles Sylvester Morse (1816–1893) fertiggestellt. Die Einrichtung enthält extravagante Details wie Wand- und Deckengemälde, Vertäfelungen und eine frei schwebende Treppe.

Expertentipp
Markttreiben
Auf dem Portland Farmers' Market verkaufen rund 40 Händler an Ständen eine Fülle von Waren, die im Süden von Maine angebaut werden (www.portland farmersmarket.org).

②

Portland Museum of Art

7 Congress Sq Sa–Mi 10–18, Do, Fr 10–20 Nov–Ende Mai: Mo, Di portlandmuseum.org

Portlands Kunstmuseum erstreckt sich über drei Gebäude. Es umfasst neben Federal und Beaux-Arts auch postmodernes Design. In einer Galerie sind Gemälde von Winslow Homer, einem Künstler der Region, ausgestellt. Zu sehen sind auch Arbeiten von Andrew Wyeth, Fitz Henry Lane und Alex Katz.

③

Children's Museum & Theatre of Maine

142 Free St +1-207-828-1234 Di–So 10–17 kitetails.org

In dem historischen Backsteingebäude befinden sich interaktive Ausstellungen, etwa ein Gezeitenbecken, die Kopie eines Space Shuttle und ein Bienenkorb.

④

Wadsworth-Longfellow House

489 Congress St Zeiten der Website entnehmen mainehistory.org

Der Dichter Henry Wadsworth Longfellow wuchs in diesem Haus von 1785 auf. Es birgt familiäre Erinnerungsstücke, Porträts und Möbel.

Highlight

5

Tate House Museum

1270 Westbrook St
Juni – Okt: Mi – Sa 10 – 16, So 13 – 16 Okt – Mai, 4. Juli, Labor Day
tatehouse.org

1755 baute George Tate, Beamter der British Royal Navy, ein Giebelhaus mit Holzvertäfelungen und Kaminen. Heute ist das mit Antiquitäten bestückte Haus ein »National Historic Landmark«. Führungen werden nach Vereinbarung arrangiert.

6

Maine Narrow Gauge Railroad Co. & Museum

58 Fore St +1-207-828-0814 Apr: Sa, So 9:30 – 16. Zugfahrten zur vollen Std.

Das Museum ist jener Bahn gewidmet, die 1870 – 1940 fast in ganz Maine verkehrte, und zeigt alte Lokomotiven. Höhepunkt ist eine Fahrt auf der fünf Kilometer langen Strecke am Wasser entlang.

7

Portland Observatory

138 Congress St +1-207-774-5561 Ende Mai – Mitte Okt: tägl. 10 – 16:30

Der achteckige Leuchtturm (1807) ist am Atlantik der letzte seiner Art. Die tolle Aussicht lohnt den Aufstieg über 86 Stufen.

8

Portland Head Light

1000 Shore Rd
+1-207-799-2661
Zeiten tel. erfragen

Dieser Turm wurde 1791 auf Anweisung von US-Präsident George Washington (1732 – 1799) gebaut. Schon häufig war er Motiv für Gedichte, Briefmarken und Fotos. Die Wohnräume des Turmwärters sind ein Museum über die Geschichte der Leuchttürme. Der Park rundherum mit Stränden liegt 6,5 Kilometer vor der Stadt.

→ *Sonnenaufgang am Cape Elizabeth mit dem Portland Head Light*

Spaziergang durch Old Port in Portland

Länge 0,6 Meilen (1 km) **Dauer** 15 Min.

Das Hafenviertel von Portland wurde gründlich restauriert und ist jetzt dank seiner Läden, Kunstgalerien, Restaurants und Bars der lebendigste Stadtteil. Die engen Straßen sind von beispielhaften viktorianischen Geschäftsgebäuden gesäumt, von denen einige früher als Lagerhallen genutzt wurden. An den Docks laufen die Boote für Hafenrundfahrten und zum Hochseeangeln aus. Hier werden sowohl Ausflüge auf einem Postschiff angeboten als auch Fahrten zu den Calendar Islands, wo man sich beim Radfahren oder mit dem Kajak betätigen kann.

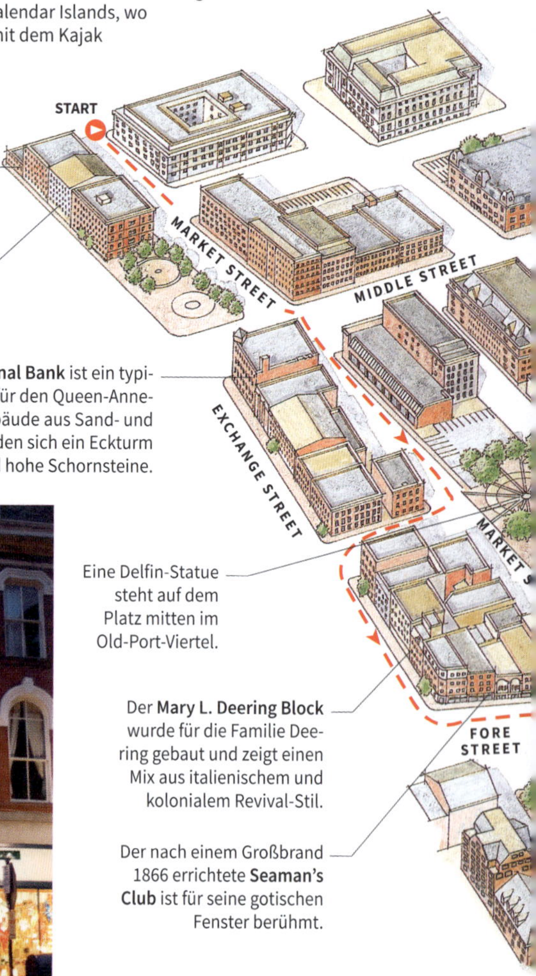

Den auffälligen **Charles Q. Clapp Block** entwarf der autodidaktische Architekt Charles Quincy Clapp 1866.

The **Centennial Block** hat eine Fassade aus Granit.

Die **First National Bank** ist ein typisches Beispiel für den Queen-Anne-Stil. An dem Gebäude aus Sand- und Backstein befinden sich ein Eckturm und hohe Schornsteine.

Eine Delfin-Statue steht auf dem Platz mitten im Old-Port-Viertel.

Der **Mary L. Deering Block** wurde für die Familie Deering gebaut und zeigt einen Mix aus italienischem und kolonialem Revival-Stil.

Der nach einem Großbrand 1866 errichtete **Seaman's Club** ist für seine gotischen Fenster berühmt.

← *Hell erleuchteter Laden an einer Straßenecke im Stadtviertel Old Port*

Highlight

Blick über das United States Custom House (rechts) auf den Hafen

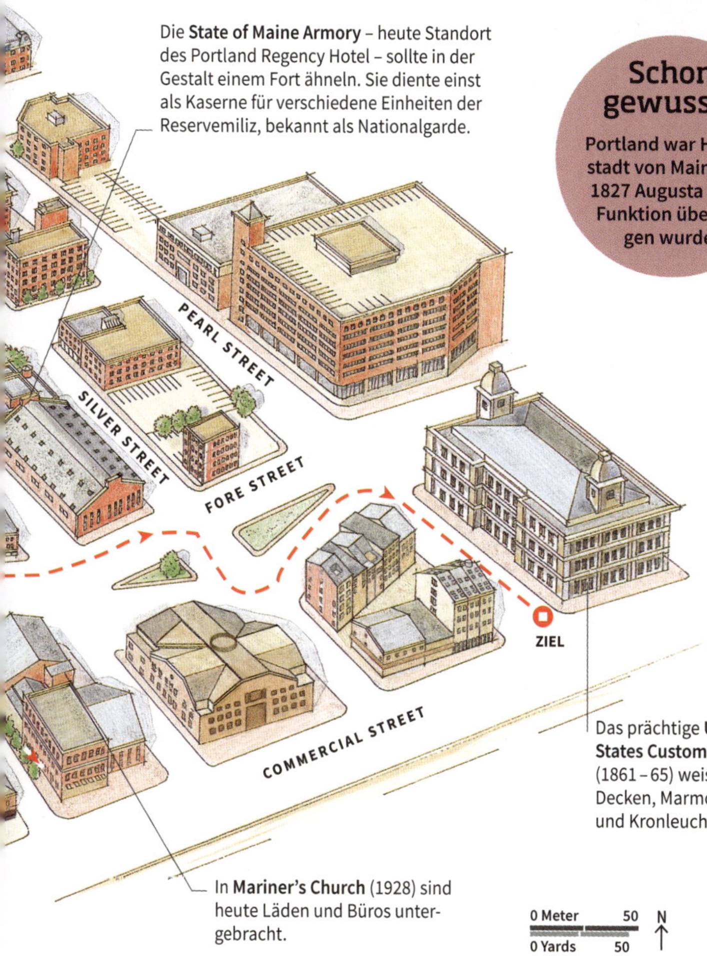

Die **State of Maine Armory** – heute Standort des Portland Regency Hotel – sollte in der Gestalt einem Fort ähneln. Sie diente einst als Kaserne für verschiedene Einheiten der Reservemiliz, bekannt als Nationalgarde.

Schon gewusst?

Portland war Hauptstadt von Maine, bis 1827 Augusta diese Funktion übertragen wurde.

Das prächtige **United States Custom House** (1861–65) weist vergoldete Decken, Marmortreppen und Kronleuchter auf.

In **Mariner's Church** (1928) sind heute Läden und Büros untergebracht.

↑ *Sinnliches Erlebnis: Sonnenuntergang über der Penobscot Bay*

2

Penobscot Bay

F2

Die Penobscot Bay ist Maine wie aus dem Bilderbuch – mit scheinbar direkt ins Meer fallenden, hohen Bergen, wellenumspülten Felsen, geschützten Häfen mit schaukelnden Booten. Segelboote, Fähren und zahlreiche Ausflugsdampfer transportieren Gäste zu den vorgelagerten Inseln. Sie starten in Rockland, Camden oder Lincolnville, den beliebten Häfen auf der Westseite der Bucht. Die früheren Schiffsbauzentren von Searsport und Bucksport liegen dahinter. Die weiter entfernte Ostküste birgt ruhige, unverfälschte Dörfer.

Der gelunge Mix aus Fischfang, Kunst und Musik macht die Penobscot Bay das ganze Jahr über zu einem faszinierenden Reiseziel. Die dreieckigen Segel der Ausflugsboote flattern bei Fahrten durch die Bucht im Wind, Kunsthandwerksgalerien demonstrieren die Vielfalt an Produkten aus Holz und Stein.

Am Westufer liegen die touristisch interessanten Orte Rockland, Camden und Belfast, dazwischen malerische Hafendörfer wie Rockport, Lincolnville und Northport. Weiter nördlich befinden sich Searsport und Bucksport, deren Straße von Kapitänshäuern aus dem 19. Jahrhundert gesäumt werden.

Das felsigere Ostufer hat weniger Hafenstädte, mit Castine jedoch ein Zentrum für Segler. In Stonington erinnern viele Orte daran, dass hier einst die florierende Hummerindustrie des Bundesstaates Maine begründet wurde.

↑ *Gemälde von Marguerite Thompson Zorach im Farnsworth Art Museum, Rockland*

①

Rockland

ℹ 1 Park Dr
W camdenrockland.com

Die alte Fischerei- und Handelsstadt Rockland hat sich zu einem gefragten Ferienziel entwickelt. Das Lobster Festival (erstes Wochenende im Aug) ist Hauptattraktion der Stadt. Das **Farnsworth Art Museum** stellt Künstler aus, die sich von der Landschaft Maines inspirieren ließen, das **Center for Maine Contemporary Art** präsentiert zeitgenössische Künstler, das **Maine Lighthouse Museum** zeigt optische Linsen und andere Artefakte.

Farnsworth Art Museum
16 Museum St
Mi–So 10–16
W farnsworthmuseum.org

Center for Maine Contemporary Art
21 Winter St
Mi–Sa 10–17, So 12–17
W cmcanow.org

Maine Lighthouse Museum
1 Park Dr Ende März–Dez W maine lighthousemuseum.org

②

Monhegan Island

W monheganwelcome.com

Die Insel 16 Kilometer vor der Küste ist beliebt bei Vogelfreunden und Wanderern. Man erreicht sie per Schiff von Port Clyde, Boothbay Harbor und New Harbor.

Schon gewusst?
Die Bucht ist nach der früher in diesem Gebiet lebenden indigenen Volksgruppe Penobscot benannt.

③

Camden

ℹ Commercial St, 2 Public Landing
W visitcamden.com

Der Ort lässt sich gut zu Fuß erkunden. Im Whitehall, einem Hotel an der High Street, ist ein Zimmer der Autorin und Pulitzer-Preisträgerin Edna St. Vincent Millay gewidmet, die in Camden zur Schule ging.

Eine kurze Straße im Camden Hill State Park an der Route 1 führt zum Gipfel des Mount Battie (242 m). Der Blick von hier oben auf die Penobscot Bay inspirierte Millay zu ihrem ersten Gedichtband.

④

Belfast

ℹ 14 Main St
W belfastmaine.org

Belfast ist dank einiger bedeutender Veranstaltungsorte für darstellende Künste – darunter auch ein restauriertes Art-déco-Theater – ein wichtiges Kulturzentrum. Darüber hinaus ist es auch für gute Restaurants und eine Brauerei bekannt.

Biobauern aus den nahe gelegenen Dörfern des Waldo County bieten auf den Bauernmärkten freitags und samstags ihre Waren an.

Penobscot Bay und Inseln

Die Penobscot Bay ist vor allem für ihre Inseln bekannt. Während einige nicht mehr als Steinhaufen sind, bilden andere üppige Paradiese mit vielen Hektar Land und beliebte Gebiete für Vogelfreunde, Wanderer und Kajakfahrer. Wenige Inseln sind bewohnt, die meisten sind vollständig unberührt und nur von Robben und Meeresvögeln wie Papageitauchern und Seeraben bevölkert.

Fischerboot im Penobscot Marine Museum, Searsport ↑

Expertentipp
Nachtpaddeln

Ein unvergessliches Erlebnis ist Paddeln im Hafen von Castine unter dunklem, sterneübersätem Nachthimmel. Kein Lärm übertönt das Geräusch des Paddelschlags. Castine Kayak Adventures bietet diese tolle Aktivität an (www.castinekayak.com).

⑤

Searsport

14 Main St, Belfast
searsport.me.gov

Searsport war früher ein bedeutender Schiffsbauhafen. Das in einem Komplex restaurierter Kapitänshäuser untergebrachte **Penobscot Marine Museum** erinnert an die ruhmreichen Tage der zweiten Hälfte des 19. Jahrhunderts, als etwa jeder zehnte amerikanische Hochseekapitän aus Searsport stammte. Die umfangreiche Sammlung maritimer Kunstion wird von einem bemerkenswerten Sortiment historischer Fotografien ergänzt, die den Bau von Schiffen und deren Fahrten auf den Weltmeeren dokumentieren. Auch die überragende Bedeutung des Fischfangs für die Stadt wird eindrucksvoll beleuchtet.

Searsport gilt als eine Hochburg des Antiquitätenhandels, entsprechende Geschäfte sowie Vintage-Läden findet man an nahezu jeder Ecke. An Wochenenden im Sommer und Herbst finden Flohmärkte statt.

Der Moose Point State Park vor den Toren von Belfast bietet Besuchern u. a. ein Netz an Wanderwegen, Gezeitenpools und Picknickmöglichkeiten.

Penobscot Marine Museum
2 Church St Mai–Okt: tägl. penobscotmarinemuseum.org

⑥

Penobscot Narrows

Diese tiefe Schlucht des Penobscot River – flussabwärts von Bucksport zwischen Prospect und Verona Island – bietet einen schier atemberaubenden Panoramablick über den nördlichen Teil der Penobscot Bay. Über die Schlucht verläuft die mehr als 600 Meter lange Penobscot Narrows Bridge, ein wichtiger Verkehrsweg zwischen West- und Ostseite der Bucht.

→ *Leuchtturm am pittoresken Hafen von Isle au Haut*

Highlight

→ *An einem sonnigen Tag auf der vorgelagerten Monhegan Island*

Der kleine Fort Knox State Park erstreckt sich um eine fünfeckige Festung aus der Zeit des Bürgerkriegs. Besucher können alte Kasernen sowie Lagerhäuser und unterirdische Gänge erkunden, in denen Waren geschmuggelt wurden. Der Park ist auch das Tor zum Penobscot Narrows Bridge Observatory, das einen Rundumblick aus 128 Metern Höhe bietet.

⑦

Castine

Emerson Hall, 67 Court St
castine.me.us

Castine wurde im 17. Jahrhundert gegründet und war aufgrund der strategischen Lage über der Bucht stets begehrt. Hier wehten schon die Flaggen Frankreichs, Großbritanniens, der Niederlande und der USA. Spuren der Vergangenheit findet man in Fort George an der Wadsworth Cove Road. Das 1779 von den Briten gebaute Fort erinnert an die größte Niederlage der US-Marine im Unabhängigkeitskrieg: eine Schlacht, bei der mehr als 40 Schiffe gekapert oder versenkt wurden. Gegenüber ist die Maine Maritime Academy.

⑧

Deer Isle

114 Little Deer Isle Rd (+1-207-348-6124)

Deer Isle besteht eigentlich aus vielen kleinen, über Stege verbundenen Inseln. Man erreicht sie vom Festland aus über eine Brücke. Höhepunkte sind hier die Städte Deer Isle und Stonington sowie die Haystack Mountain School of Crafts.

⑨

Isle au Haut

114 Little Deer Isle Rd (+1-207-348-6124)

Hummerfischerei beherrscht diese bergige Insel, die das östliche Ende der Penobscot Bay markiert. Ein Postschiff fährt die 13 Kilometer von Stonington nach Isle au Haut. Fast die Hälfte der Insel, etwa elf Quadratkilometer, gehören zum Acadia National Park *(siehe S. 318f)*. 32 Kilometer Wanderwege führen durch den Park und bieten fantastische Ausblicke.

Hotels

Wählen Sie eine authentische Option: In vielen ehemaligen Kapitänshäusern wurden mittlerweile gemütliche Pensionen eingerichtet.

The Captain A.V. Nickels Inn
127 E Main St, Searsport **captainnickelsinn.com**
$$$

Captain Swift Inn
72 Elm St, Camden
captainswiftinn.com
$$$

The Homeport Inn
121 E Main St, Searsport **homeporthistoricinn.com**
$$$

Schon gewusst?

Nirgendwo in den USA erlebt man den Sonnenaufgang eher als vom Cadillac Mountain (465 m).

3

Acadia National Park

G2 Bangor–Bar Harbor tägl. Sonnenauf- bis -untergang Hulls Cove Visitor Center, über Route 3 in Hulls Cove (+1-207-288-3388) nps.gov/acad

Der 19 000 Hektar große Acadia National Park liegt zum größten Teil auf Mount Desert Island. Das ökologisch intakte Areal prägen Wälder und von der Brandung geformte Felsen.

Die Hauptattraktion des Parks ist die 43 Kilometer lange Loop Road, die sich an der östlichen Küste der Insel durch die rosafarbenen Granitfelsen windet, bevor sie ins bewaldete Landesinnere führt, vorbei an Jordan Pond, Bubble Pond und Eagle Lake. Höchster Berg im Nationalpark ist der 465 Meter hohe Cadillac Mountain.

Die Tierwelt präsentiert sich artenreich, typische Vertreter sind Waldmurmeltiere, Weißwedelhirsche, Rotfüchse und der seltene Schwarzbär. Besucher, die Flora und Fauna ein bisschen genauer betrachten möchten, können den Park auch zu Fuß, mit dem Fahrrad oder hoch zu Ross erkunden. Das Netz an Wegen umfasst rund 72 Kilometer. Sand Beach ist einer von nur zwei bewachten Stränden im Park. Das Wasser ist selten wärmer als 13 °C und schreckt Schwimmer eher ab.

Restaurant

Jordan Pond House
Bei einem Snack auf der Wiese des Restaurants kann man sich von Besichtigungstouren bestens erholen.

2928 Park Loop Rd
Ende Mai – Ende Okt
jordanpondhouse.com

$$$

Highlight

↑ *Sonnenaufgang beim Blick vom Cadillac Mountain*

← *Thunder Hole: Wenn die Flut bei starkem Wind steigt, wird Luft in die Felsspalte gedrückt, die dann oben unter lautem Donnern wieder entweicht*

→ *Rotfüchse zählen zu den zahlreichen Tierarten im Acadia National Park*

4

Campobello Island

G7 Route 774 +1-506-752-2922 Cottage: Ende Mai – Mitte Okt: tägl. 9–17 nps.gov/acad

Die Insel im Nordosten der USA ist ein Ort der Ruhe und der natürlichen Anmut. Sie prägte Franklin Delano Roosevelt und dessen Verbundenheit zum Nachbarstaat Kanada.

Schöne Aussicht
Liberty Point

Aussichtsplattformen auf den Klippen bieten Blicke in die Ferne. Schauen Sie Richtung West Quoddy Head Lighthouse, oder bewundern Sie die Liberty Cove und die Steilküste der Insel Grand Manan.

1964 wurden über 1100 Hektar Land auf Campobello Island in eine Gedenkstätte für Franklin Delano Roosevelt (1882–1945) umgewandelt: Der US-Präsident verbrachte den Sommer häufig in Welshpool, dem größten Ort der Insel, bis er 1921 an Polio erkrankte. Roosevelt führte das Land durch die Zeiten der Weltwirtschaftskrise und des Zweiten Weltkrieges. Hauptattraktion ist das auf kanadischem Gebiet gelegene Haus Roosevelts mit 34 Zimmern, in denen Erinnerungsstücke ausgestellt sind. Besucher, die die Grenze überqueren wollen, müssen einen Reisepass dabeihaben.

→ *Besucher auf dem Aussichtssteg am Liberty Point*

1 *Franklin D. Roosevelts Sommerresidenz im Roosevelt Campobello International Park*

2 *Auf Campobello Island gibt es viele prächtige Gebäude, darunter auch eine Kirche.*

3 *Beim Kajakfahren in der Bay of Fundy erlebt man die Vielfalt der Küstenlandschaften am besten.*

↑ *Abendstimmung an der Küste beim East Quoddy Head Lighthouse*

5
Kittery

D4 10 000 Portland
I-95 und US Route 1 (+1-207-439-1319)
mainetourism.com

Die First Congregational Church (1730) der 1647 gegründeten Stadt gilt als älteste Kirche des Staates. Die Straßen sind von schönen alten Herrenhäusern gesäumt wie dem John Bray House, einem der ältesten Wohnhäuser Maines. Auf dem Gelände von **Fort McClary**, heute eine »State Historic Site«, stehen noch Befestigungsmauern (18. Jh.) und ein sechseckiges Blockhaus.

Das **Kittery Historical and Naval Museum** präsentiert Schiffsmodelle und weitere interessante Exponate zur Meeresgeschichte. Trotz historischer Attraktionen ist Kittery eher für eine moderne Verlockung bekannt: An der Route 1 bieten über 100 Outlet Stores verbilligte Markenartikel an.

Fort McClary State Historic Site
Route 103 östl. von Kittery +1-207-384-5160 Ende Mai – Anfang Okt: tägl. 10 bis Sonnenuntergang

Kittery Historical and Naval Museum
Rogers Rd +1-207-439-3080 Juni – Mitte Okt: Mi – So 10 –16; Winter: Zeiten tel. erfragen

6
Calais

G7 4000 Bangor
39 Union St (+1-207-454-2211)

Am Westufer des St. Croix River liegt Calais, Maines meistgenutzter Grenzübergang nach Kanada. Beide Länder teilen sich die Verwaltung von St. Croix Island, auf der die Entdecker Samuel de Champlain und Sieur de Mons 1604 die erste weiße Siedlung Nordamerikas nördlich von Florida gründeten. Die Insel ist nur per Schiff zu erreichen.

Calais wurde 1870 durch ein Feuer völlig zerstört. Eines der wenigen erhaltenen Gebäude ist Hamilton's Folly Mansion (South Street Nr. 78).

Der St. Croix River ist eine Herausforderung für Kanuten und ein Ort, um Lachse zu fangen. Fünf Kilometer südwestlich von Calais liegt die »Baring Unit« des **Moosehorn National Wildlife Refuge**, ein 70 Quadratkilometer großes unberührtes Areal, das Wanderer, Vogelfreunde und Naturliebhaber anzieht. Künstliche Adlernester wurden entlang der Route 1 nördlich der Stadt errichtet. Auf einigen Farmen können Besucher Blaubeeren pflücken.

Schon gewusst?
Maine ist etwa so groß wie die fünf anderen Staaten Neuenglands zusammen.

Moosehorn National Wildlife Refuge
103 Headquarters Rd, Baring Park: Sonnenauf- bis -untergang
fws.gov

7
Ogunquit

D4 900 Portland
36 Main St (+1-207-646-2939) ogunquit.org

Man ahnt sofort, weshalb die Abenaki-Indianer diesen Flecken Ogunquit (»Schöner Platz am Meer«) genannt haben: Kein anderer Strand in Maine ist so schön. Von Mitte Mai bis zum Columbus Day fahren Busse zu dem fünf Kilometer langen, feinsandigen Strand an steilen Felsen. Oben verläuft der zwei Kilometer lange Marginal Way, ein Fußweg mit toller Aussicht auf das Meer. Perkins Cove besteht aus

← *Exponiert gelegene Festung: Fort McClary State Historic Site in Kittery*

Restaurantterrasse am Hafen von Perkins Cove in Ogunquit

ehemaligen Fischerhütten, die nun Läden, Restaurants und Galerien beherbergen.

Der malerische Fleck zog um 1890 eine Künstlerkolonie an und wurde zu einem Kunstzentrum. Das **Ogunquit Museum of American Art** wurde 1952 von Henry Strater errichtet, der auch für mehr als 30 Jahre sein Direktor war.

Ogunquit Museum of American Art
543 Shore Rd
Mai – Okt: tägl. 10 – 17
Labor Day
ogunquitmuseum.org

8

Bangor

F1 33 000
2 Hammond St (+1-207-947-0307)

Bangor war um 1850 der weltweit führende Hafen für Bauholz. Bis heute ist es das Wirtschaftszentrum des nördlichen Maine. Der Hafen des Penobscot River war früher voller Schiffe, die Pinienholz der nahen Sägewerke transportierten. Heute dient die zweitgrößte Stadt Maines Besuchern u. a. als Ausgangspunkt für Wanderungen zum Acadia National Park *(siehe S. 318f)* und durch die Wälder im Norden.

Stattliche Gebäude sind im West Market Square Historic District und rund um den Broadway zu finden. Hier lebt auch der Autor Stephen King (geb. 1947). Sein Haus ist passend mit schmiedeeisernen Fledermäusen und Spinnweben geschmückt. Das im Greek-Revival-Stil erbaute Thomas Hill House aus dem Jahr 1836 ist Hauptsitz der Bangor Historical Society, das historische Wanderungen anbietet.

Eine der schönsten Grünflächen ist der **Mount Hope Cemetery** (1834). Der gartenähnliche Friedhof ist mit Teichen, Brücken und Wegen reizvoll gestaltet und zieht Spaziergänger und Inlineskater gleichermaßen an.

Bewegung ist im **Cole Land Transportation Museum** das zentrale Thema. Die Sammlung enthält über 200 Fahrzeuge aus dem 19. Jahrhundert, darunter Löschfahrzeuge, Pferdeschlitten und historische Kinderwagen.

Mount Hope Cemetery
State St
Mo – Fr 7:30 bis Sonnenuntergang
mthopebgr.com

Stephen King

Maine ist Kulisse für einige Werke des amerikanischen Autors Stephen King (*1947). Darin werden viele Orte von übernatürlichen Schrecken heimgesucht. Seine Literatur bietet aber auch profunde Einblicke in das Leben in Maine – von der Blütezeit des Holzhandels – wie in *Es* (*It*; 1986) – bis zur Zeit des Vietnamkriegs wie in *Atlantis* (*Hearts in Atlantis*; 1999).

Cole Land Transportation Museum
405 Perry Rd
Mai – Anfang Nov: tägl. 9 – 17
colemuseum.org

Statue des Holzfällers Paul Bunyan in Bangor

9

The Kennebunks

D4 30 Meilen (48 km) nordöstl. in Portland
16 Water St, Kennebunk (+1-207-967-0857)
visitthekennebunks.com

Kennebunks nennen sich die beiden Dörfer Kennebunk und Kennebunkport. Hier befand sich einst ein Schiffsbauzentrum mit Hafen, heute ist es ein Ferienort für wohlhabende Gäste.

Die Fülle schöner Häuser im Greek Revival und Federal Style zeugt noch vom Reichtum, den der Schiffsbau Kennebunkport zwischen 1810 und 1870 brachte. Geschichtliches ganz anderer Art kann man im **Seashore Trolley Museum** erleben: Hier sind rund 200 Trambahnen ausgestellt. Das Museum organisiert auch Ausflugsfahrten.

Kennebunks Strände sind berühmt, vor allem Kennebunk Beach. Zu den schönsten historischen Häusern gehört das Wedding Cake House (1826). Angeblich war George Bourne vor seiner Hochzeit zur Marine berufen worden. Man musste die Trauung eilig vollziehen. Für eine Torte blieb keine Zeit, dehalb versprach der Schiffsbauer seiner Braut, ihr nach seiner Rückkehr ein Haus in der Form einer Torte zu bauen. Heute zeigen die gotischen Türmchen, Gitterwerk und das reich verzierte Äußere, dass Bourne sein Versprechen hielt. In vier restaurierten Gebäuden (19. Jh.) ist The Brick Store Museum beheimatet, das eine Ausstellung dekorativer Kunst zeigt. Hier werden auch architekturbezogene Touren durch die historische Altstadt angeboten (Mai – Okt).

↑ *Gepflegte Straße in Kennebunkport mit dem Glockenturm der South Congregational Church*

Seashore Trolley Museum
195 Log Cabin Rd, Kennebunkport Zeiten der Website entnehmen
trolleymuseum.org

Restaurant

The Clam Shack
Diese kleine Fischhütte serviert köstliche Hummerbrötchen. Genießen Sie eines im Freien und dazu den Blick auf den Kennebunk River.

D4 2 Western Ave, Kennebunk Anfang Mai – Mitte Okt
theclamshack.net

$$$

10

Freeport

E3 7000 17 Meilen (27 km) südwestl. in Portland
23 Depot St (+1-207-865-1212) visitfreeport.com

Obwohl es Freeport seit 1789 gibt, meinen Schnäppchenjäger wohl, es sei erst seit 1917 der Rede wert, als hier das erste Bekleidungsgeschäft von L. L. Bean öffnete. Heute ist der Gigant des Einzelhandels eine der größten Attraktionen in Maine.

Am Hafen in South Freeport starten Robben-Touren und Segeltörns. Am Ufer um die Casco Bay liegt der 94 Hektar große Wolfe's Neck Woods State Park.

Freeports ungewöhnlichster Ort ist die **Desert of Maine.** Im 17. Jahrhundert befand sich hier eine Farm, die das Land derart überbeanspruchte, dass der Oberboden völlig verschwand und einer 16 Hektar großen

→ *Häuser säumen einen ins Meer ragenden Steg am Old Orchard Beach*

Sandwüste Platz machte. Besucher können sie zu Fuß oder in einem Wagen erkunden und sich von einem Führer die Geschichte des Ortes erzählen lassen. Das Farmmuseum befindet sich in einer Scheune von 1783.

Desert of Maine
95 Desert Rd
Mitte Mai–Okt: Führungen tägl. 9:30–16:30
desertof maine.com

11

Brunswick

E3 21 000 33 Meilen (53 km) südwestl. in Portland 8 Venture Ave (+1-207-725-8797)

Brunswick ist vor allem für das Bowdoin College bekannt und für seinen Zugang zur Halbinsel Harpswell, die mit drei kleineren Inseln aus der Casco Bay herausragt.

Das 1794 gegründete College hat einige berühmte Absolventen vorzuweisen, darunter die Entdecker Robert Peary und Donald MacMillan. Das **Peary-MacMillan Arctic Museum** ehrt die Männer, die 1909 als Erste den Nordpol erreichten.

In drei Museen zeigt die **Pejepscot Historical Society** Historisches aus Brunswick und organisiert Touren durch das Skolfield-Whittier House, die italienische Stadtvilla mit 17 Zimmern und das Joshua L. Chamberlain House, ein Bürgerkriegsmuseum.

Peary-MacMillan Arctic Museum
Hubbard Hall, Bowdoin College +1-207-725-3416 Di–Sa 10–17, So 14–17 Feiertage

Pejepscot Historical Society
159 Park Row +1-207-729-6606 Juni–Okt: Zeiten tel. erfragen

Maines Leuchttürme

Jahrhundertelang wurden Seefahrer von den malerischen Leuchttürmen Maines zuverlässig geleitet. An der Küste hier gibt es 65 dieser Bauwerke, einige sind vom Festland aus zu erreichen, andere stehen einsam auf vorgelagerten Inseln. Den ältesten, 1791 errichteten Turm, Portland Head Light, gab der erste US-Präsident, George Washington, in Auftrag.

12

Old Orchard Beach

E3 9000 13 Meilen (21 km) nordöstl. in Portland 11 First St (+1-207-934-200) old orchardbeachmaine.com

Eines der ältesten Seebäder Maines lockt insbesondere mit elf Kilometern Sandstrand und sanfter Brandung. Kinder lieben den Pier mit seinen vielen Läden und Imbissständen, weshalb hier zahlreiche Familien herkommen. Eine besonders faszinierende Attraktion ist der Vergnügungspark Palace Playland mit einer rasanten Achterbahn und vielen weiteren Fahrgeschäften.

Wanderer auf dem Weg zum Pemaquid Point Light, Boothbay Harbor

13

Northeast Harbor

G2 Trenton 18 Harbor Dr mountdesertchamber.org

In Northeast Harbor spielt sich das gesellschaftliche Leben Mount Desert Islands ab. Hier gibt es exklusive Läden und Restaurants, hübsche Sommerhäuser und einen schönen Hafen.

Hoch über dem Hafen erreicht man **Asticou Terraces and Thuya Lodge and Garden** mit einer hervorragenden Sammlung von Gemälden und Büchern sowie Blumenbeeten und Teich.

Umgebung: Somes Sound, ein natürlicher Fjord in Form eines Fingers, ragt acht Kilometer nach Mount Desert Island hinein und trennt Northeast Harbor vom ruhigen Southwest Harbor. Das Städtchen beherbergt auch das **Wendell Gilley Museum of Bird Carving**. Der Künstler war Pionier in der Kunst des Vogelschnitzens, im Museum sind etwa 100 der mehr als 10 000 Vögel zu sehen, die er geschnitzt hat.

Hinter Southwest Harbor liegen einige Dörfer, darunter das wenig touristische Bass Harbor mit dem Bass Harbor Head Light von 1858.

Idyllische Landschaft im Thuya Garden, Northeast Harbor

Asticou Terraces and Thuya Lodge and Garden
Route 3 ab Kreuzung Route 198 nach Süden +1-207-276-3727 Lodge: Juni – Sep; Garten: Mai – Okt

Wendell Gilley Museum of Bird Carving
4 Herrick Rd +1-207-244-7555 Zeiten der Website entnehmen wendellgilleymuseum.org

Schöne Aussicht
Harbor Views

Den besten Blick auf Northeast Harbor hat man von den Asticou Terraces, die man über einen gewundenen Granitweg erreicht. An vielen Stellen des Aufstiegs bieten sich fantastische Blicke.

14

Boothbay Harbor

E3 2500 192 Townsend Ave (+1-207-633-2353) boothbayharbor.com

Boothbay Harbor gilt als Bootszentrum der mittleren Küste, wo es von Sommerurlaubern nur so wimmelt. Dutzende von Ausflugsbooten legen hier ab. Besucher können einstündige Segeltörns an Bord eines der Windjammer machen oder an der Tagestour zur Künstlerkolonie auf Monhegan Island *(siehe S. 315)* teilnehmen. Die schönste Zeit am Hafen ist Ende Juni, wenn sich die großen Segelschiffe während des Windjammer Days Festival unter voller Takelage präsentieren.

Die Stadt selbst besitzt jede Menge Läden und Galerien. Im **Maine State Aquarium** gibt es ein großes Becken voller Meerestiere.

Umgebung: Schön ist die 48 Kilometer lange Fahrt entlang der Küste nach Pemaquid Point, wo Riffe und Felsen aus dem Wasser ragen. Der **Pemaquid Point Light** von 1827 erhebt sich auf einer Klippe und bietet einen tollen Blick auf die Küste. Im alten Wärterhaus befindet sich das Fisherman's Museum. In der Pemaquid Art Gallery sind Arbeiten einheimischer Künstler ausgestellt. Britische Kolonisten kämpften hier ab dem 17. Jahrhundert immer wieder gegen französische Angreifer. Das Museum verfügt über ein Diorama der Siedlungen aus dem Jahr 1620. Werkzeuge und Haushaltsgegenstände illustrieren detailreich das Leben der frühen Siedler.

Maine State Aquarium
194 McKown Point Rd +1-207-633-9559 Ende Mai – Sep: tägl. 10 –17 Sep: Mo, Di

Pemaquid Point Light
Route 130 +1-207-677-2492 Mitte Mai – Mitte Okt: tägl. 10:30 – 17 (Museum und Galerie: Zeiten tel. erfragen)

Hummerfang

Hummerfangboote in den Häfen und Fallen auf den Piers sind ein häufiger Anblick in Amerikas Hochburg des Hummerfangs: In Maine werden jährlich 60 000 Tonnen der Krustentiere gefangen. Wer nach Maine kommt, muss auch einen »Lobster Pound« besuchen. Hier kann man zusehen, wie die fangfrischen Tiere gekocht werden, und sie hinterher an einem Picknicktisch am Meer verzehren.

15

Bar Harbor

G2 5000 Trenton Island Explorer 1201 Bar Harbor Rd, Trenton (+1-800-345-4617) barharbormaine.com

Die Lage an der Frenchman Bay machte Bar Harbor auf Mount Desert Island zum Ferienzentrum. Die Künstler Thomas Cole (1801–1848) und Frederic Church (1862 – 1900) entdeckten 1840 die Gegend. Im 19. Jahrhundert machten die reichsten Familien Amerikas in der Stadt Urlaub. 1947 zerstörte ein Feuer eine Fläche von etwa 70 Quadratkilometern, ein Drittel der Sommerhäuser Bar Harbors fiel den Flammen zum Opfer. Somit endete die High-Society-Ära im Dorf. Eine Ausstellung im **Bar Harbor Historical Society Museum** präsentiert Fotografien jener Zeit und die Folgen des Feuers.

Heute besuchen jährlich rund fünf Millionen Menschen Bar Harbor. Der Acadia National Park *(siehe S. 318f)* und die mittlere Küste von Maine sind leicht erreichbar.

Das **Criterion Theater** im Art-déco-Stil lohnt einen Besuch. Geboten werden Filme, Konzerte und Theaterstücke.

Das **Abbe Museum** ist den Indianern Maines gewidmet. Ausgestellt sind Handwerk, Kunst und archäologische Funde. Workshops werden von indianischen Künstlern angeboten. Wild Gardens of Acadia zeigt 300 Pflanzen.

Umgebung: Im **Mount Desert Oceanarium & Lobster Hatchery**, etwa 14 Kilometer nordwestlich der Stadt, kann man Robben beobachten, Salzwassermarschen entdecken oder die Lobster Hatchery besuchen, in der Brut und Aufzucht erklärt werden.

Kisma Preserve in Trenton, auf der anderen Seite der Brücke von Mount Desert Island, lohnt sich für die ganze Familie. Weiden, Flüsse und Wälder bieten Schutz für zahlreiche Tierarten, darunter Wölfe, Bären und eine reiche Vogelwelt.

↑ *Ausstellung zur Kultur der Wabanaki im Abbe Museum, Bar Harbor*

Bar Harbor Historical Society Museum
33 Ledgelawn Ave +1-207-288-0000 Mitte Juni – Okt: Mo – Fr 13 –16

Criterion Theater
35 Cottage St +1-207-288-0829

Abbe Museum
26 Mount Desert St +1-207-288-3519 Mai – Okt: tägl. 10 –17; Nov – Apr: Do – Sa 10 –16 Jan

Mount Desert Oceanarium & Lobster Hatchery
Rte 3 +1-207-288-5005 Ende Mai – Sep: Mo – Sa 9 –17

Kisma Preserve
Route 3 in Trenton +1-207-667-3244 nach Anmeldung

16

Augusta

E2 · 20 000 · 75 Airport Rd · · 269 Western Ave (+1-207-623-4559)

Die Hauptstadt des Bundesstaates Maine ist ein ruhiger Ort. Das **Maine State House** (1832), das Herzstück des Regierungskomplexes am Kennebec River, wurde mit Steinen aus dem benachbarten Hallowell gebaut. Nach dem Umbau des Gebäudes blieb nur noch der Mittelteil vom ursprünglichen Bau des Bostoner Architekten Charles Bulfinch (1763–1844) erhalten. Innen sind Porträts von Politikern und Kriegsflaggen zu sehen. Das **Blaine House** gegenüber ist seit 1919 das Wohnhaus des Gouverneurs. Das Gebäude im Kolonialstil mit 28 Zimmern wurde 1832 für einen Kapitän errichtet. Das **Maine State Museum** illustriert »12 000 Jahre Geschichte von Maine«. Das restaurierte **Old Fort Western** (1754) ist die älteste noch erhaltene Holzfestung Neuenglands.

Umgebung: Südwestlich von Augusta kann man die letzte Shaker-Gemeinde der USA besuchen. Das **Sabbathday Lake Shaker Museum** zeigt die schönen Möbel und eine ganze Reihe von praktischen Erfindungen, die längst ein Markenzeichen der Shaker sind.

Maine State House
State und Capitol St
+1-207-287-1400
Mo–Fr 8–17

Blaine House
192 State St
+1-207-287-2301
nach tel. Anmeldung

Maine State Museum
2301 State St
Di–Fr 9–17, Sa 10–16
Feiertage
mainestatemuseum.org

Old Fort Western
16 Cony St
Juni–Okt (Details der Website entnehmen)
oldfortwestern.org

Sabbathday Lake Shaker Village
707 Shaker Rd, New Gloucester · Ende Mai–Mitte Okt: Mo–Sa 10–16:30 · maineshakers.com

In Machias sind viele Häuser aus der großen Zeit des Ortes als bedeutendes Zentrum des Holzhandels im 19. Jahrhundert gut erhalten.

17

Machias

G7 · 3000 · Bangor
2 Kilton Lane (+1-207-255-4402)

Machias liegt an der Mündung des gleichnamigen Flusses. Viele Häuser aus der großen Zeit des Ortes als bedeutendes Zentrum des Holzhandels im 19. Jahrhundert sind gut erhalten.

Machias selbst bezeichnet sich als »Maines Hauptstadt der wilden Blaubeeren« und ist stolz auf das älteste Gebäude der Region, die **Burnham Tavern** von 1770, heute ein Museum mit Stilmöbeln, Gemälden und historischen Fotografien. Hier wurde 1775 die erste Seeschlacht des Unabhängigkeitskrieges geplant. Nach diesem Treffen segelten Einheimische in der Schaluppe *Unity* nach Machias Bay und kaperten das britische Kriegsschiff HMS *Margaretta*. Modelle beider Schiffe stehen in der Nähe von Machiasport im Gates House, einem restau-

rierten Federal-Style-Haus von 1807. Der **Roque Bluffs State Park** südwestlich der Stadt bietet u. a. einen See zum Schwimmen und einen Strand. Vogelfreunde können von Cutler aus mit dem Boot nach Machias Seal Island fahren, wo Papageitaucher, arktische Seeschwalben und Alke leben.

Burnham Tavern
Main St +1-207-255-6930 Juli, Aug: Zeiten tel. erfragen

Roque Bluffs State Park
145 Schoppee Point Rd, Roque Bluffs +1-207-255-3475 Mitte Mai – Okt: tägl. 9 bis Sonnenuntergang

18

Bethel

D2 2500 Portland
8 Station Place (+1-207-824-2282)
bethelmaine.com

Bethel zählt zu den wichtigsten Skigebieten Neuenglands. Die Nähe zu den White Mountains macht es das ganze Jahr über attraktiv. Mit dem Bau der Eisenbahnstrecke 1851 wurde das Agrarzentreum Bethel schnell zu einem beliebten Urlaubsort. In der Reihe der klassischen Herrenhäuser am Stadtpark steht das Moses Mason House aus dem Jahr 1813, das mit Stilmöbeln und Wandgemälden von Rufus Porter ausgestattet ist.

Landschaftlich schöne Ausflüge kann man in alle Richtungen unternehmen. Im Süden stößt man auf kleine, unverfälschte Orte wie Waterford, im Norden offenbart sich eine wunderschöne Berglandschaft. Das Sunday River Ski Resort in Newry, zehn Kilometer nördlich der Stadt, besitzt über 100 Skipisten, verteilt auf acht Berge. Der Pass Evans Notch führt durch die White Mountains und bietet viele unvergessliche Ausblicke, z. B. auf The Roost, eine Brücke hoch über dem Wild River, die bei Fotografen sehr beliebt ist. An Wanderwegen, Straßen und Picknickplätzen im Grafton Notch State Park bieten sich weitere Panoramen.

↑ *Snowboarder bei einer rasanten Abfahrt auf einer Piste am Sugarloaf*

↑ *Blick über das schön gelegene Augusta am Kennebec River*

19

Sugarloaf

D1

Der Sugarloaf ist Maines höchster Skiberg und zweithöchster Berg des Bundesstaates. Seit vielen Jahren strömen Skifahrer in Scharen in das **Sugarloaf Ski Center**, wo sie über 160 Pisten mit Höhenunterschieden von fast 900 Metern erwarten. Auch Langlauf, Schneeschuh- und Schlittschuhlaufen sind möglich.

Im Sommer stehen der 18-Loch-Golfplatz, Bootsfahrten oder das Wandern im umliegenden Carrabassett Valley auf dem Programm. Die Gegend ist auch für ihr Netz aus über 80 Kilometern Wanderwegen bekannt, das sowohl Spazierwege als auch steile Pfade bietet.

Sugarloaf Ski Center
Carrabassett Valley tägl. 8.30 – 15.50
sugarloaf.com

20 Baxter State Park

F6 64 Balsam Dr, Millinocket (+1-207-723-9905) baxterstatepark.org

Der Park ist benannt nach Gouverneur Percival Proctor Baxter (1876–1969). Er half, das Land zu erhalten, indem er über 800 Quadratkilometer kaufte. Später schenkte Baxter das Land dem Staat – unter der Auflage, es nie zu bebauen. Zum Park gehören 46 Berggipfel, 18 davon sind über 900 Meter hoch. Mount Katahdin ist der höchste Berg in Maine. Die 320 Kilometer Wanderwege sind hervorragend und bieten sowohl Klettertouren als auch Spaziergänge für Familien. Jedes Jahr, vor allem im Sommer und Herbst, sind hier zahlreiche Wanderer unterwegs. Einige Hartgesottene kann man beobachten, wie sie die letzten Meter des Appalachen-Trail *(siehe S. 10)* bewältigen, der von Springer Mountain, Georgia, zum Gipfel des Katahdin führt.

21 Moosehead Lake

F6 480 Moosehead Lake Rd, Greenville (+1-207-695-2702) destination mooseheadlake.com

Mit einer Länge von 64 Kilometern zählt der Moosehead Lake zu den größten Seen im Nordosten der USA. Seit 1880 ist das Gebiet beliebtes Ziel für Jäger, Angler und Kanufahrer. Heute zieht es auch Mountainbiker, Ski- und Schneemobilfahrer an.

Greenville, die größte Stadt der Region, ist der beste Ausgangspunkt für Ausflüge in die nördlichen Wälder, die Great North Woods. Angler können sich von einem Wasserflugzeug zu abgelegenen Angelplätzen bringen lassen. Greenville ist auch eine ideale Basis für Elchbeobachtungen. Dafür begibt man sich an Bord eines Flugzeugs oder macht sich auf die Pirsch durch das teilweise morastige Gelände. An manchen Stellen kann man sich den Tieren auch vom Wasser her nähern. Boote stehen dafür zur Verfügung.

Das **Moosehead Marine Museum** erzählt Greenvilles Geschichte der Dampfschifffahrt. Sie begann 1836, als die Stadt ein Holzfällerzentrum war. Im Besitz des Museums befindet sich die *Katahdin*, ein restauriertes Dampfschiff von 1914. Sie lädt zu Rundfahrten auf dem See ein oder zu Ausflügen zum Mount Kineo, dessen aufragender blanker Fels ein Wahrzeichen des Sees ist.

Schon gewusst?

Elche können bis zu fünf Meter tauchen, um nach Nahrung zu suchen.

Moosehead Marine Museum

12 Lily Bay Rd, Greenville Ende Juni – Mitte Okt: Mo–Sa 10–16 katahdincruises.com

22 Rangeley Lakes Region

D1 6 Park Rd (+1-207-864-5571) rangeleymaine.com

Vor herrlicher Bergkulisse umfasst diese ländliche Gegend einige Seen, die schon lange Anziehungspunkt für

↑ *Skifahrer am Saddleback Mountain in der Rangeley Lakes Region*

Naturfreunde sind. Im Sommer versuchen hier Angler Forellen und Lachse zu fangen. Kanufahrer sichten am Ufer manchmal einen Elch. Auch Mountainbiker haben die Gegend für ihren Sport entdeckt, und Wanderer genießen die Aussicht vom Gipfel des Bald Mountain oder bezwingen den Appalachen-Trail *(siehe S. 10)*, der am Saddleback Mountain entlangführt.

An anderer Stelle lädt der **Rangeley Lake State Park** zum Angeln, Schwimmen, Vogelbeobachten, Bootfahren und Zelten ein. In Richtung Südosten erstreckt sich der **Mount Blue State Park** mit dem Lake Webb. Der See ist bei Anglern aufgrund der schwarzen Barsche, Forellen und Lachse sehr beliebt. Der Park wird vom 971 Meter hohen Mount Blue beherrscht.

Rangeley Lake State Park
South Shore Dr, Rangeley +1-207-864-3858 Mai–Okt: tägl. 9 bis Sonnenuntergang

Mount Blue State Park
West Rd, Weld +1-207-585-2347 tägl. 9 bis Sonnenuntergang

← *Landschaft im Baxter State Park, in dem viele Elche* (Detail) *leben*

23

Aroostook County

G6 11 W Presque Isle Rd, Caribou (+1-888-216-2463) visitaroostook.com

Maines nördlichstes und größtes County hat mehr Fläche als Connecticut und Rhode Island zusammen. Die Gegend ist für ihre Landwirtschaft bekannt, von hier stammen u. a. Kartoffeln, Getreide und Brokkoli. Im Sommer erblühen die endlos scheinenden Kartoffelfelder in Rosa und Weiß. Auch Wälder nehmen große Flächen ein, viel Holz wird in Papierwerken verarbeitet.

Im Sommer erkunden Wanderer das Gelände im **Aroostook State Park**, Angler durchkämmen das Wasser nach Lachs und Forellen, Kanuten und Kajakfahrer paddeln im Allagash River. Im Winter sieht man zahlreiche Schneemobile.

Aroostook County beginnt im Süden von Houlton. Im dortigen Market Square Historic District gibt es noch 28 Gebäude aus dem 19. Jahrhundert. In St. John Valley kann man den französischen Dialekt hören, der ein Vermächtnis der Acadians ist, die sich hier 1785 ansiedelten. **Acadian Village** besteht aus 16 originalen und rekonstruierten Gebäuden aus dieser Zeit. In New Sweden erinnert eine Gruppe von historischen Gebäuden an eine schwedische Kolonie, die sich im späten 19. Jahrhundert angesiedelt hatte.

Aroostook State Park
87 State Park Rd, südl. von Presque Isle +1-207-768-8341 Mitte Mai–Mitte Okt: tägl. Sonnenauf- bis -untergang; im Winter zugänglich für Skisportler

Acadian Village
Route 1, Van Buren +1-207-868-5042 Mitte Juni–Mitte Sep: tägl. 12–17

Rafting in Maine

Maine ist für seine drei Wildwasserflüsse Kennebec, Dead und Penobscot bekannt. Kennebec und Dead treffen in The Forks aufeinander, südwestlich von Moosehead Lake, wo Rafting-Unternehmen Ausrüstung und Touren anbieten. Um Millinocket können Paddelboote für den westlichen Teil des Penobscot gemietet werden. Er ist wegen des steilen Falls durch eine vertikale Felsspalte unterhalb vom Ripogenus Dam bei Raftern beliebt.

REISE-INFOS

Casco Bay Bridge in Portland

NEUENGLAND REISEPLANUNG

Mit etwas Planung sind die Vorbereitungen für die Reise schnell zu erledigen. Die folgenden Seiten bieten Ihnen Tipps und Hinweise für Anreise und Aufenthalt in Neuengland.

Auf einen Blick

Währung
US-Dollar (USD)

Ausgaben pro Tag

Sparsam	Preisbewusst	Luxus
100 $	175 €	275+ €

Mineralwasser	Kaffee	Bier	Menü (2 Pers.)
1,50 $	2,50 $	6 $	100 $

Klima
Juni, Juli und August sind die sonnigsten Monate. Der Indian Summer ist an klaren Herbsttagen atemberaubend.

Im Sommer klettern die Temperaturen auf über 30 °C, im Winter fallen sie unter 0 °C.

Niederschläge fallen zu allen Jahreszeiten, von Dezember bis Februar kann es heftig schneien.

Strom
In den USA beträgt die Stromspannung 110 Volt, 60 Hz. Für europäische Elektrogeräte benötigen Sie einen Adapter.

Einreise
Seit 2005 besteht das Visa Waiver Program (VWP) für visumfreies Reisen in die Vereinigten Staaten. Es gilt für Deutsche, Österreicher und Schweizer für einen Aufenthalt von bis zu 90 Tagen. Erforderlich dafür ist ein elektronischer Reisepass (ePass mit Chip). Auch Kinder jeden Alters benötigen ein eigenes Ausweisdokument.

Seit 2004 werden von allen Reisenden bei der Einreise digitale Fingerabdrücke genommen und digitale Fotos gemacht. Seit Oktober 2005 müssen alle Besucher der USA vor Reiseantritt ein APIS-Formular ausfüllen. Diese Daten werden vor Abflug an die US-Behörden übermittelt (das Formular erhalten Sie bei Ihrer Fluglinie bzw. unter www.drv.de).

VWP: Für die Einreise per Flugzeug ohne Visum müssen Sie eine gültige elektronische Einreisegenehmigung **(ESTA)** haben, die spätestens 72 Stunden vor Reiseantritt online einzuholen ist: Der Antrag kann nur auf der ESTA-Website gestellt werden. Die fällige Gebühr von 14 US-Dollar ist per Kreditkarte zu bezahlen. Die ESTA-Genehmigung ist zwei Jahre lang gültig und ermöglicht in diesem Zeitraum mehrmalige Einreisen in die USA.

Die Einreisebestimmungen für die USA wurden 2017 erneut verschärft, Reisende müssen sich sowohl bei der Einreise als auch bei der Ausreise einer Sicherheitsbefragung unterziehen, was zu einer erhöhten Wartezeit führen kann. Empfohlen wird derzeit, mindestens drei Stunden vor Abflug am Airport zu sein.

ESTA
W esta.cbp.dhs.gov/esta
US Department of State
W travel.state.gov

Sicherheit
Die USA sind ein terrorgefährdetes Land. Im April 2013 ereignete sich in Boston ein Anschlag mit mehreren Toten.

Aktuelle Hinweise zur Einreise in die USA sowie Sicherheitshinweise finden Sie online.

W auswaertiges-amt.de
W us-botschaft.de

Zoll
Während des Flugs erhalten Sie ein blaues Formular für die Zollerklärung – hier benötigen Sie zwingend eine erste Übernachtungsadresse in den USA.

Geringe Mengen Tabak (200 Zigaretten pro Person ab 18 Jahren) und Alkohol (ein Liter pro Person ab 21 Jahren) dürfen Sie mitbringen, Einfuhrverbot herrscht für Fleischprodukte und Pflanzen.

U.S. Customs and Border Protection
W cbp.gov/travel/international-visitors/know-before-you-visit

Versicherungen
Die Notfall- oder zahnärztliche Behandlung kann in den USA sehr teuer werden. Daher ist der Abschluss einer Auslandskrankenversicherung, die auch den Rücktransport im Notfall einschließt, sehr zu empfehlen. Doch auch mit einer derartigen Versicherung müssen Sie in der Regel Behandlungen selbst bezahlen und können sich den Betrag später von Ihrer Versicherung erstatten lassen. Medizinische Basisversorgung *siehe S. 340f.*

Neben Versicherungen für (zahn-)ärztliche Behandlungen sind auch Gepäck-, Diebstahl- und Unfallversicherungen zu erwägen. Viele Anbieter bieten Kombinationen.

Hotels
Neuengland verfügt über ein riesiges Angebot an Unterkünften aller Preiskategorien – vom prachtvollen Nobelhotel über das funktionale Motel bis zum familienbetriebenen Bed and Breakfast. Im Sommer kann es durchaus schwierig werden, eine Unterkunft zu finden, deshalb sollten Sie so früh wie möglich reservieren. Dies gilt auch für die Herbstmonate, wenn die Farbenpracht des Indian Summer Besucher in Scharen anzieht.

Eine Übersicht über Hotels und andere Unterkünfte bietet **Visit New England**.

Visit New England
W visitnewengland.com

Bezahlen
Kreditkarten von **MasterCard, Visa, American Express** oder **Diners Club** werden in den USA fast überall akzeptiert, zudem fungieren sie oft als Sicherheitsleistung (z. B. bei Hotels und Autovermietungen). Auch mit Debitkarten wie der **girocard** (mit Maestro-Logo) können Sie bisweilen bezahlen bzw. Geld abheben. Geldautomaten sind in fast allen Banken und an nahezu jeder Ecke zu finden.

Bei Verlust Ihrer Kredit- oder Debitkarte lassen Sie diese sofort sperren.

Allgemeine Notrufnummer
011-49-116-116

Reisende mit besonderen Bedürfnissen
Die meisten Hotels und Restaurants sind auf Menschen mit eingeschränkter Mobilität eingestellt, in den schmalen Fluren historischer Gebäude (z. B. in einigen B&Bs) kann es für Rollstühle jedoch eng werden. Viele Nationalparks unterhalten rollstuhlgerechte Wege. **Mobility International USA** und die **Society for Accessible Travel & Hospitality** bieten Informationen für behinderte Reisende.

Mobility International USA
W miusa.org
Society for Accessible Travel & Hospitality
W sath.org

Öffnungszeiten
Montag Die meisten Museen bleiben an diesem Wochentag geschlossen.
Sonntag Kleinere Läden sind geschlossen.
Feiertage Viele Attraktionen schließen eher oder bleiben den ganzen Tag geschlossen.

Feiertage

1. Jan	New Year (Neujahr)
Jan (3. Mo)	Martin Luther King, Jr. Day
Feb (3. Mo)	President's Day
März/Apr	Easter (Ostern)
Apr (3. Mo)	Patriots' Day (nur in Maine und Massachusetts)
Mai (3. Mo)	Memorial Day
4. Juli	Independence Day (Nationalfeiertag)
Sep (1. Mo)	Labor Day (Tag der Arbeit)
Okt (2. Mo)	Columbus Day
11. Nov	Veterans Day
Nov (4. Do)	Thanksgiving (Erntedank)
25. Dez	Christmas (Weihnachten)

IN NEUENGLAND UNTERWEGS

Ob für eine Rundreise, eine Städtereise oder Ferien in der Natur – hier erhalten Sie Informationen zur Anreise und zu den Transportmöglichkeiten innerhalb Neuenglands.

Auf einen Blick

Ticketpreise

Boston
2,75 $
Einzelticket (U-Bahn)

Portland
1,50 $
Einzelticket (Bus)

Providence
2 $
Einzelticket (Bus)

Tempolimits

Interstate Highways
65 mph (105 km/h)

State Highways
55 mph (90 km/h)

Innerhalb von Ortschaften
30 mph (48 km/h)

Verkehrsberuhigte Zonen
25 mph (40 km/h)

Anreise mit dem Flugzeug

Größter Flughafen der Region ist der Logan International Airport (BOS) in Boston. Manche internationalen und nationalen Airlines fliegen auch Manchester-Boston Regional Airport (MHT) in New Hampshire (für Vermont und Maine), den T. F. Green Airport (PVD) in Providence, Rhode Island, und den Bradley International Airport (BDL) in Windsor Locks, Connecticut (für Hartford), an.

Anreise mit dem Zug

Amtrak, das größte Eisenbahnunternehmen der USA, bietet zwei Zugverbindungen von New York nach Neuengland. Die Route des Northeast Regional führt am Long Island Sound, Connecticut, vorbei nach Providence und weiter zur South Station in Boston. Der Vermonter fährt nach New Haven, Connecticut, und von dort nach Norden.

Die Strecke des Downeaster verläuft von Bostons North Station mit einigen Stopps in New Hampshire nach Brunswick, Maine.

Amtrak
W amtrak.com

Anreise mit dem Bus

Viele regionale Busgesellschaften decken bestimmte Gebiete in Neuengland ab. **Concord Coach Lines** betreibt Strecken in Maine und New Hampshire. **Peter Pan** befährt Connecticut, Rhode Island, New Hampshire und den Westen von Massachusetts. Andere Teile dieses Staates, z. B. Cape Cod und South Shore, werden von **Plymouth & Brockton** angesteuert. **Bolt Bus** fährt von Boston nach New Haven und New York. Busse von **Greyhound Lines** haben Haltestellen in ganz Neuengland.

Bolt Bus
W boltbus.com
Concord Coach Lines
W concordcoachlines.com
Greyhound Lines
W greyhound.com
Peter Pan
W peterpanbus.com
Plymouth & Brockton
W p-b.com

Von den Flughäfen in die Stadt

Flughafen	Entfernung zum Zentrum	Preis (Taxi)	Verkehrsmittel	Fahrzeit	Preis
Logan International (Boston)	4 Meilen (7 km)	30 $	MBTA Silver Line	15 Min.	2,75 $
Bradley International	14 Meilen (23 km)	40 $	Bradley Flyer	30 Min.	1,75 $
Manchester-Boston Regional	5 Meilen (8 km)	30 $	MTA Bus	20 Min.	2 $
T. F. Green (Providence)	10 Meilen (16 km)	40 $	MBTA Commuter Rail	17 Min.	3,25 $
			RIPTA Bus	20 Min.	2 $

Fahrzeiten

Diese Karte bietet eine Übersicht zur Dauer von Autofahrten zwischen den wichtigsten Städten Neuenglands. Die angegebenen Zeiten gelten für die Benutzung der jeweils schnellsten Routen. Planen Sie für Fahrten bei widrigen Bedingungen und bei hohem Verkehrsaufkommen im Berufsverkehr und in der Hochsaison zusätzliche Zeit ein.

Bar Harbor – Portland	3 Std.
Boston – Burlington	3:30 Std.
Boston – Hartford	1:45 Std.
Boston – Portland	1:45 Std.
Boston – Portsmouth	1 Std.
Boston – Providence	1 Std.
Boston – Provincetown	2:15 Std.
Hartford – New Haven	0:45 Std.
Portsmouth – Conway	1:30 Std.
Portsmouth – Hanover	2 Std.
Providence – Newport	1:30 Std.

Öffentliche Verkehrsmittel

Einige Bundesstaaten in Neuengland betreiben einen eigenen Verkehrsverbund: **RIPTA** (Rhode Island Public Transit Authority) organisiert ein dichtes Netz an Busverbindungen, mit dem man in jeden Winkel des Staates kommt. Im Sommer werden Verbindungen von Stadtzentren (u. a. von Providence) zu Stränden angeboten. **MBTA** (Massachusetts Bay Transportation Authority) betreibt im Großraum Boston das aus U-Bahnen (Subways), S-Bahnen (Commuter Rails) und Bussen bestehende »T-System«.

MBTA
W mbta.com
RIPTA
W ripta.com

Busse

In den meisten Städten sind lokale Buslinien im Einsatz, deren Taktfrequenz in der Regel hoch ist. Es gilt ein einziger Tarif für alle Busfahrten innerhalb der Stadtgrenzen, in größeren Städten sind Mehrfahrten- und Tageskarten erhältlich. Einzeltickets können auch beim Fahrer gekauft werden.

Das MBTA-Bussystem erweitert das öffentliche Nahverkehrsnetz im Großraum Boston auf rund 1600 Kilometer. Die Busse sind aber oft überfüllt. Zwei zum Sightseeing geeignete Linien sind Haymarket – Charlestown (vom Haymarket am Quincy Market zum Bunker Hill) und Harvard – Dudley (vom Harvard Square via Massachusetts Avenue durch die Back Bay und das South End zum Dudley Square in Roxbury). In ländlichen Gebieten sind die Busnetze weniger dicht.

U-Bahnen (Subways)

Die U-Bahnen des »T-Systems« der MBTA in Boston fahren in der Regel montags bis samstags zwischen 5 und 0.45 Uhr, sonntags zwischen 6 und 0.45 Uhr. Wochentags verkehren die Züge alle drei bis 15 Minuten, an Wochenenden weniger häufig. Die rote Linie führt vom Süden der Stadt bis Cambridge, die grüne Linie vom Museum of Science in Richtung Westen zu den Vororten. Die blaue Linie beginnt am Government Center und führt über den Logan Airport bis nach Revere. Die orange Linie verbindet die nördlichen Vororte mit dem Südwesten. Ergänzt wird das System durch die silberne Buslinie, die von Roxbury über South Station bis zum Logan Airport verläuft.

Streckennetzkarten gibt es in der MBTA-Station Downtown Crossing oder auf der Website des Unternehmens *(siehe oben)*. Um zur U-Bahn zu gelangen, müssen Sie an den Drehkreuzen ein »Charlie«-Papierticket oder eine »Charlie«-Plastikkarte einführen. Mit diesen bei Bewohnern beliebten Karten fährt man etwas günstiger. Einzelfahrten kosten 2,75 $ (U-Bahn) bzw. 2,25 $ (Bus), eine Tageskarte 12 $, eine Wochenkarte 21,25 $.

Taxis

Taxis warten an Taxiständen, die es in Stadtzentren (u. a. vor Bahnhöfen und größeren Hotels) sowie an Flughäfen gibt.

Meiden Sie die nichtlizenzierten Taxis – deren Fahrer verlangen in der Regel einen viel höheren Preis. Auch der Fahrdienst UBER ist in Neuengland aktiv.

ASAP Taxi (Portland, ME)
W asaptaxi.net
Boston Cab (Boston, MA)
W bostoncab.us
Cambridge Cabs (Cambridge, MA)
W cambridgecabs.info
Green Cab Vermont (Burlington, VT)
W greencabvt.com
MetroCab (Boston, MA)
W boston-cab.com
Providence Taxi (Providence RI)
W providence-taxi.business.site
Yellow Cab Company (Hartford, CT)
W theyellowcab.com

Auto fahren

Abseits der Städte erschließt sich der Charme Neuenglands am besten mit dem Auto. Viele Straßen führen durch schöne Landschaften – entlang der Küste und im Landesinneren gibt es viele Panoramarouten. Vor allem zur Zeit des Indian Summer lohnt es sich, mit dem Auto und damit unabhängig zu reisen.

Anreise mit dem Auto

Der Interstate Highway 95 (I-95) ist für die meisten von Süden anreisenden Autofahrer das Tor nach Neuengland. Diese Route verläuft entlang der gesamten Ostküste der USA durch insgesamt 15 Bundesstaaten. In Neuengland führt sie durch Connecticut, Rhode Island und Massachusetts, an der Metropole Boston vorbei und weiter nach Norden durch New Hampshire und Maine.

Vom nördlichen Nachbarstaat Kanada erreicht man Neuengland auf zwei Interstate Highways: Der I-91 verläuft von Derby Line in Vermont relativ geradlinig entlang der Grenze der Staaten Vermont und New Hampshire sowie durch Massachusetts und Connecticut bis New Haven an der Atlantikküste. Der I-89 beginnt in äußersten Nordwesten von Vermont und verläuft von Burlington etwa diagonal nach Concord in New Hampshire, wo er in den nach Boston führenden I-93 mündet.

Die wichtigsten Zufahrtsstraßen von Westen, aus dem Bundesstaat New York, sind I-84 und I-90.

Auto fahren in Neuengland

In Boston sollte man auf das Auto verzichten – der Verkehr ist dicht, ein (teurer) Parkplatz mitunter nur schwer zu finden. Für Ausflüge bzw. Rundreisen hingegen eignet sich das Auto hervorragend. Die Straßen sind meist gut befahrbar. Im Winter können die Straßenverhältnisse Autofahrer vor große Herausforderungen stellen, Schnee- und Eisbelag erfordern dann besondere Fahrkünste.

In der von Mitte Juni bis Oktober dauernden Hauptreisezeit steigt das Verkehrsaufkommen auf den meistbefahrenen Highways deutlich an.

Autovermietung

Um in den USA einen Wagen zu mieten, müssen Sie mindestens 21 Jahre (bei manchen Verleihern auch 25 Jahre) alt sein, einen gültigen Führerschein besitzen (ein internationaler Führerschein ist nützlich), Ihren Pass und eine Kreditkarte vorlegen. Die bekannten Autovermietungen betreiben in allen größeren Städten und an den Flughäfen Neuenglands Filialen.

Verkehrsregeln

Für alle Insassen (auch auf der Rückbank) besteht Anschnallpflicht. Die Benutzung von Mobiltelefonen am Steuer ohne Freisprechanlage sowie Geschwindigkeitsübertretungen *(siehe S. 336)* und Überschreitungen der erlaubten Alkoholgrenze von 0,8 Promille (für Fahrer unter 21 Jahre: 0,0 Promille) werden mit recht hohen Geldbußen belegt. Trinken Sie am besten gar keinen Alkohol, wenn Sie Auto fahren wollen.

Bei Unfällen oder Pannen sollten Sie zunächst Ihre Autovermietung verständigen. Mitglieder der **American Automobile Association (AAA)**, eines Partnerclubs des ADAC, können ihre Autos bis zur nächsten Service-Station abschleppen lassen. Kleinere Probleme wird die AAA gegen Gebühr an Ort und Stelle beheben.

American Automobile Association (AAA)
W aaa.com

Fahrräder

Neuengland bietet viele Möglichkeiten für Radfahrer. In Nationalparks und State Parks gibt es dichte Radwegnetze, auf denen man das jeweilige Gelände ideal erkunden kann. In den Bergen kommen Mountainbiker auf ihre Kosten. Das Online-Portal **Bike New England** bietet vielfältige Informationen zum Radfahren in Neuengland.

In allen größeren Städten gibt es Verleihstellen für Fahrräder (auch E-Bikes). Dort erhalten Sie bei Bedarf auch Equipment wie Helme und Kindersitze.

Bike New England
W bikenewengland.com
Blue Bikes (Boston)
W bluebikes.com
JUMP Bikes (Providence)
W jump.com/cities/providence
Zagster (Portland)
W zagster.com

Radtouren

Einige Agenturen organisieren Radtouren bzw. bieten Informationen und Kartenmaterial für individuelle Touren. **VBT** deckt ganz Neuengland ab, **Backroads** und **DuVine** sind auf Vermont, **Summerfeet Cycling** auf Maine spezialisiert. Die **Rails-to-Trails Conservancy** informiert über zahlreiche Radwege, die entlang von stillgelegten Eisenbahnstrecken angelegt wurden.

Backroads
W backroads.com
DuVine
W duvine.com
Rails-to-Trails Conservancy
W railstotrails.org
Summerfeet Cycling
W summerfeet.net
VBT
W vbt.com

Wandern

Wanderwege durchziehen weite Teile von Neuengland. Zu den beliebtesten gehören der die Region von Südwesten nach Nordosten durchquerende **Appalachian Trail** und der sich über die gesamte Länge von Vermont erstreckende **Long Trail**. Wenn Sie abseits der Touristenpfade unterwegs sind, sollten Sie gute Wanderschuhe, wasserabweisende Bekleidung, Kartenmaterial und genügend Proviant bei sich haben.

Appalachian Trail
W appalachiantrail.org
Long Trail
W fpr.vermont.gov/long-trail-state-forest

Boote und Fähren

Die Hochgeschwindigkeitsfähre **The CAT** verbindet Portland in Maine und Yarmouth in der kanadischen Provinz Nova Scotia von Frühling bis Herbst in etwas mehr als fünf Stunden. Die **Steamship Authority** und **Hy-Line Cruises** fahren von Hyannis und Woods Hole in Massachusetts zu den Inseln Nantucket und Martha's Vineyard.

The CAT
W ferries.ca/thecat
Hy-Line Cruises
W hylinecruises.com
Steamship Authority
W steamshipauthority.com

PRAKTISCHE HINWEISE

Neuengland ist eine spannende und dazu noch unkomplizierte Reiseregion. Mit diesen Hinweisen und Tipps für Ihren Aufenthalt kommen Sie vor Ort bestens zurecht.

Auf einen Blick

Notfälle

Generelle Notrufnummer

911

Zeit

In Neuengland gilt die Eastern Standard Time (EST), sie ist der Mitteleuropäischen Zeit (MEZ) sechs Stunden voraus. Sommerzeit: 2. So im März bis 1. So im November.

Leitungswasser

Falls nicht anders angegeben, ist Leitungswasser bedenkenlos trinkbar.

Trinkgelder

Bedienung	15–20 %
Gepäckträger	1 $ pro Gepäckstück
Zimmermädchen	1 $ am Tag
Hotelrezeption	5–10 $ beim Auschecken
Taxifahrer	nach Belieben

Information

Eine hilfreiche Quelle ist das Internet-Portal **Visit New England**, auf dessen Website man sich schon vor der Reise über das Reiseziel informieren kann. Das Angebot reicht von Hotels und Restaurants über Sightseeing und Outdoor-Aktivitäten bis zu Events.

Infos zu einzelnen Bundesstaaten bieten die jeweiligen Fremdenverkehrsämter *(siehe Kasten S. 341)*. Vor Ort helfen Touristenbüros weiter. Sie informieren u. a. über Ausflugsmöglichkeiten und Verkehrsmittel.

Visit New England
W visitnewengland.com

Persönliche Sicherheit

Neuengland ist im Allgemeinen ein sicheres Reiseziel. In Metropolen wie Boston sind die für Großstädte üblichen Vorsichtsmaßnahmen zu ergreifen. Generell sollte man vor allem bei Dunkelheit abgelegenere Stadtviertel meiden. Wird Ihnen trotzdem etwas gestohlen, melden Sie dies unverzüglich auf dem nächsten Polizeirevier.

Beim Verlust von Pass oder Personalausweis oder wenn Sie anderweitig in größere Schwierigkeiten geraten, wenden Sie sich an ein Konsulat Ihres Heimatlandes.

Deutsches Generalkonsulat
3 Copley Place, Suite 500, Boston, MA 02116 +1-617-369-4900
W boston.diplo.de

Österreichisches Honorarkonsulat
15 School St, Boston, MA 02108
+1-617-227-3131
W austria-bos.org

Schweizer Konsulat
420 Broadway, Cambridge, MA 02138
+1-617-876-3076
W swissnexboston.org

Gesundheit

In Neuengland gibt es einige Krankenhäuser. Beim Besuch eines Arztes oder Zahnarztes müssen Sie die Kosten für medizinische Behandlungen in der Regel vorstrecken. Bewahren Sie alle Zahlungsbelege auf, um sie zu Hause mit Ihrer Versicherung abzurechnen.

Bei kleineren Beschwerden helfen Apotheken, von denen einige rund um die Uhr geöffnet sind. Fragen Sie in Ihrem Hotel nach der nächstgelegenen. Der Abschluss einer Auslandskrankenversicherung ist empfehlenswert *(siehe S. 335)*.

Alkohol und Rauchen

In den USA ist es erst ab 21 Jahren erlaubt, Alkohol zu trinken. Jüngere Leute sollten am besten Ihren Pass dabeihaben. Es ist verboten, geöffnete Flaschen mit Alkohol im Auto zu haben. Die Strafen für Autofahren unter Alkohol sind hoch *(siehe S. 339)*.

Rauchen ist in allen öffentlichen Gebäuden, Bars und Restaurants verboten. Für den Kauf von Tabakwaren muss man über 18 Jahre alt sein (eventuell Pass mitnehmen).

Ausweispflicht

Sie müssen sich in den USA jederzeit ausweisen können, jedoch nicht ständig Ihren Pass bei sich tragen. Falls die Polizei Ihre Identität überprüfen will, genügt meist eine Fotokopie Ihres Ausweises.

Mobiltelefone und WLAN

Mit einem europäischen Handy (in den USA *cell phone* oder *mobile phone*) kann man nur telefonieren, wenn es sich um ein Smartphone handelt. Alte GSM-Handys funktionieren nur als Triband- oder Quadband-Mobiltelefone.

Für günstige Telefonate brauchen Sie eine US-SIM-Karte. Eine sehr komfortable Lösung bietet **Cellion**. Hier bekommen Sie eine kostenlose SIM-Karte mit eigener US-amerikanischer Telefonnummer. Die Kosten werden von Ihrem Konto abgebucht.

Fast alle Hotels sowie viele Restaurants, Cafés und Bars bieten ihren Gästen WLAN. In Städten gibt es viele WLAN-Hotspots.

Cellion
W cellion.de

Post

Postämter haben werktags von 9 bis 17 Uhr geöffnet, einige auch am Samstag. Das Porto für einen Standardbrief bzw. eine Postkarte nach Europa beträgt 1,15 Dollar. Briefmarken erhält man in Postämtern und an Zeitungskiosken.

Steuern

Alle Bundesstaaten Neuenglands mit Ausnahme von New Hampshire erheben eine eigene Sales Tax. Diese Steuer ist der europäischen Mehrwertsteuer vergleichbar und wird den meisten Waren sowie den Rechnungsbeträgen in Hotels und Restaurants aufgeschlagen. Die Höhe der Sales Tax beträgt je nach Staat zwischen 5 und 8 Prozent.

Ermäßigungen

Viele Museen und andere Sehenswürdigkeiten sowie einige Hotels bieten Studenten gegen Vorlage der **International Student Identity Card (ISIC)** und Senioren attraktive Vergünstigungen.

ISIC
W isic.org

Websites

Fremdenverkehrsämter

bostonusa.com
Greater Boston Convention & Visitors Bureau

ctvisit.com
Connecticut Office of Tourism

massvacation.com
Massachusetts Office of Travel & Tourism

vermontvacation.com
Vermont Department of Tourism & Marketing

visitmaine.com
Maine Office of Tourism

visitnh.gov
New Hampshire Division of Travel & Tourism Development

visitrhodeisland.com
Rhode Island Tourism Division

Weitere Websites

bostongreentourism.org
Tipps für umweltbewusstes Reisen im Großraum Boston

necn.com
New England Cable News (aktuelle Meldungen zu Verkehr, Events etc.)

nws.com
National Weather Service (Wetterbericht)

REGISTER

Seitenzahlen in **fetter Schrift** beziehen sich auf Haupteinträge.

D

E

F

G

H

I

J

K

N

DANKSAGUNG

Dorling Kindersley möchte sich bei allen bedanken, die dieses Buch möglich gemacht haben.

BILDNACHWEIS

l = links; r = rechts; o = oben; u = unten; m = Mitte; d = Detail.

123RF.com: Jon Bilous 164 – 165o; James Kirkikis 81ol; Sara Winter 311mr.

Alamy Stock Photo: 506 collection 70or; AF archive 105mro; age fotostock / Steve Dunwell 92ul, 123ol, / Georges Lis 112ul; Cheri Alguire 316 – 317u; All Canada Photos / Robert Chiasson 134o; Alpha and Omega Collection 53ur; Mihai Andritoiu 318 – 319o; ES Tech Archive 57or; Andy Arthur 156 – 157u; Artokoloro Quint Lox Limited 54ur; Brian Atkinson 320ur; Avalon / Photoshot License 102 – 103o; Marcus Baker 81m; Rob Barr 319ur; Norman Barrett 202ul; Vicki Beaver 190o; Jon Bilous 84 – 85o, 136 – 137u, 141or, 143ur, 156o, 300 – 301o; Russ Bishop 101ur; Pat & Chuck Blackley 26ul, 298or, 316o, 320mr; Paul Brown 137mru; David Brownell 158 – 159; Ron S. Buskirk 313o; Cal Sport Media / Eric Canha 196 – 197o; Chris Cameron 272ul; Marianne A. Campolongo 176 – 177u; Susan Candelario 120 – 121u; Carpe Diem - UK 38 – 39u; Cavan Images 26mr, / Josh Campbell 274 – 275o; Clarence Holmes Photography 195or; Classic Image 53mlo; Peter Conner 140 – 141u, 263mr; gary corbett 323um; CPC Collection 52o; Tom Croke 139u, 302 – 303u; Ian G Dagnall 22ol, 117o, 170o, 212o, 244mro; Daniel Dempster Photography 293ur; DanitaDelimont.com 201ur, / Walter Bibikow 248o, / Cindy Miller Hopkins 33mru, / Jerry And Marcy Monkman 302o, / Susan Pease 47u; Susan E. Degginger 317or; Christian Delbert 35ur; Francisco Dominguez 245ur; Erin Paul Donovan 300ul; Randy Duchaine 45ur, 133mro, 189ol, 201o, 217ml, 231or, 239or, 239m, 239ur, 240ur, 247u, 250 – 251o, 269ol, 269ur; Michael Dwyer 68 – 69o, 105u; EcoPhotography.com 293ol; Education & Exploration 1 124 – 125u; Education & Exploration 4 124mlu; Norman Eggert 287ur; Chad Ehlers 93ol; Encore 180mr; Envision Stock Photography, Inc. 20mr; Everett Collection Inc 56ol; Franck Fotos 11ur; Kevin Galvin 26mru; georgesanker.com 19ur, 306 – 307; GL Archive 233mr; Granger Historical Picture Archive 55o, 56mlo, 295mro; H. Mark Weidman Photography 288ul; Hemis / Walter Bibikow 323o; Christian Hinkle 278u; Historical image collection by Bildagentur-online 53mu; Cindy Hopkins 216ur; IanDagnall Computing 54or; Ivy Close Images 54ol; Jannis Werner (Harvard Images) 155or; Brian Jannsen 268 – 269u; EcoPhotography.com / Jerry and Marcy Monkman 32 – 33o, 43mr, 314o; JLImages 117mlo; Jon Arnold Images Ltd 321; Stuart Kelly 35ml; Scott Kemper 325mro; Albert Knapp 36mlo; Erik Lattwein 89or; Marianne Lee 211ur; Paul Light 71ur; Lighthouses by Allan Wood 8ml; Felix Lipov 326ul; Melvyn Longhurst 82ul, 116um; LOOK Die Bildagentur der Fotografen GmbH / Elan Fleisher 86o; Luscious Frames 40 – 41o; David Lyons 36or; Major Pix 39ml; Picade LLC / James Marshall 49ml; Martin Thomas Photography 66mru; mauritius images GmbH 216 – 217o, / Walter Bibikow 47ml, 187ur, 297ol, 297ur; Buddy Mays 320mlu; MCT / Columbus Dispatch / Barbara J. Perenic 71ml; Megapress 81ml; Mira 33ml, 197ul, 218 – 219u, 273o, 322ul; Dawna Moore 222ul; Cavan Images / Aurora Photos / Karsten Moran 312ul; Jenna Nace 267ol; National Geographic Image Collection 70mlo, / Brian Drouin 255u, / Richard Seeley 330mlu; Nature Picture Library / Onne van der Wal 35ol; Steve Nichols 149mu; Niday Picture Library 53or, 98mlu; Nikreates 87ur, 154or; Jason Ondreicka 257ol; George Ostertag 331ur; Stockimo / Dianna Owen 223ur; George Oze 290 – 291u; Painting 133mlo; Gabe Palmer 49or; Sean Pavone 112ml, 200u, 328 – 329u; The Picture Art Collection 273ur; Art Phaneuf 188u; Pictorial Press Ltd 54mu; Pierre Rochon photography 291ol; Enrico Della Pietra 324 – 325u; PJF Military Collection 75or; Robert Proctor 84ur; Edwin Remsberg 44ol; Peter Righteous 289ur; robertharding 184u, / Alan Copson 30 – 31o; Earl Robicheaux 194 – 195u; pierre rochon 324or; Stillman Rogers 287ol, 287or, 299mr; Henryk Sadura 83or; Jorge Salcedo 80 – 81u, 131mro, 135ul; Philip Scalia 262o; Doug Schneider 267mro; James Schwabel 326o; Kevin Shields 331ol; Lee Snider 44 – 45u, 218or; Cavan Social 223mr; Visions of America, LLC / Joseph Sohm 101ol; Antony Souter 41ml; Kumar Sriskandan 33or, 42 – 43o, 99or, 100ul, 182ur, 291mro, 299u; Stephen Saks Photography 173ol; Charles Stirling 200mlu; StockShot 32ul, / Gary Pearl 329or; SuperStock 81ur; Stan Tess 10mlu, 22ml, 56 – 57o, 98 – 99u, 100ml, 110, 110ur, 111o, 112mu, 114u, 115ul, 123u, 165mr, 191um, 198ol, 233o, 235om, 237ul, 239, 239ol, 242u, 243o, 246ol, 248ul, 249u, 250ul, 252o, 253ur, 254or, 264ul, 275u, */ Harbor Fog (2009)* von Ross Miller 68ul; The Granger Collection 52ur; TNS / Miami Herald / Charles Trainor Jr. 70u; Mauro Toccaceli 20ul, 81mro,173mro; Rodney Todt 285or; Tricia Toms 148 – 149; Steve Tulley 215mro; Vespasian 54mlo; Visions of America, LLC 90u; Mark Waugh 122ol; Jim West 279o; Yakoniva 198 – 199u; ZUMAPRESS.com / Sun-Sentinel 71o.

AWL Images: Adam Jones 17ol, 160 – 161.

Billings Farm and Museum: 28mru.

Boston Book Fair: Mike Ritter 40ul.

Photo Courtesy Museum of Fine Arts, Boston: 132–133u, 133ol, Tony Rinaldo 36ur, 66mr.

Bridgeman Images: 57ul; Private Collection / American School 53ol, Prismatic Pictures / American School, (20th century) 55ul; Yale University Art Gallery, New Haven, CT, USA / American School, (19th century) 52mu.

The Mary Baker Eddy Library, Boston, MA: 136o.

Depositphotos Inc: alex9500 235or; christianhinkle 236o, ugljevarevic 130ul, zrfphoto 294or.

Dreamstime.com: 1miro 50ul; Anderm 118–119; Mihai Andritoiu 332–333; Jerry Coli 211or; Demerzel21 210u; Aaron Frutman 64mu, 126–127; Wangkun Jia 23or, 55ur, 115or, 168ur; James Kirkikis 125or, 256ml; Chee-onn Leong 50ml; Lequint 215ol; Marazem 43ur; Sean Pavone 26o, 74ml; Peanutroaster 24mr; Susan Peterson 172ul; Enrico Della Pietra 25ml; Jorge Salcedo 66ul; Marcio Silva 63, 94–95; Joe Sohm 39ur; Sphraner 39or; Tneorg 131om; Whbouton 192–193; Oscar C. Williams 51mr; Sara Winter 34u; Mark Zhu 142ml.

Farnsworth Art Museum: *Land and Development of New England (1935)* von Marguerite Thompson Zorach, Öl auf Leinwand, 1991.17 314ur.

Getty Images: 2thirdsphoto 56um; Jose Azel 19ol, 30ul, 280–281; Bettmann 56ur, 189ur; bhofack2 13mr; Boston Globe 51ol, 91o, 91mro, 138o, 294–295u, / John Tlumacki 41ur, Joanne Rathe / Lincoln (2012) DeWitt Godfrey 37mru, / David L. Ryan 38ol; Corbis Documentary / David H. Wells 217ur; DenisTangneyJr 11o, 240–241o; franckreporter 51ur; Daniel Grill 42ur; Corey Hendrickson 28ul; ivanastar 65, 144–145; Icon Sportswire / Leslie Plaza Johnson 57ur; jonathansloane 270ul; KenWiedemann 20mru; Corbis / Brooks Kraft LLC 49mru; Paul Marotta 72–73o; mtcurado 99mo; Michael Piazza 8mlu; Portland Press Herald 50mro, 327ul; Joseph Prezioso 50ur; Nicholas Rhodes 73u; shakzu 12mlu; George Steinmetz 276–277; travelview 12–13u; Universal Images Group / Education Images 296u; Jeremy Woodhouse 330u.

Hancock Shaker Village: 23m.

Harvard Art Museums: Katya Kallsen 152ul.

Harvard Museum of Natural History: Jeffrey Blackwell 153o.

Idletyme Brewing Company: 45or.

International Festival of Arts & Ideas: Judy Sirota Rosenthal 50mr.

iStockphoto.com: aimintang 210mlu, 220–221u; AlbertPego 62, 76–77, 270–271o; AlexPro9500 235mro; Allard1 221ol; APCortizasJr 120or; Roman Babakin 149ur; Arpad Benedek 66o; benedek 18or, 20o, 226–227; buzbuzzer 99ol; CHBD 10–11u; cmart7327 48–49o; connerscott1 4; DenisTangneyJr 6–7, 13ur, 22–23m, 31mr, 46–47o, 88–89u, 104ol, 154u, 174o, 178u, 182o, 203or, 243ur, 305, 310o; E+ / DenisTangneyJr 2–3; diane39 225; Elijah-Lovkoff 82ml; f11photo 238–239u; Ferrantraite 64ol, 106–107; Liran Sokolovski Finzi 180o; Franckreporter 69mr; gnagel 232ml; janniswerner 150ur, 150–151o; jimfeng 82um; jorgeantonio 102um; josanmu 179o; KenWiedemann 171mr, 176or, 178ol; kickstand 51ml; Kirkikis 135or; Lady-Photo 18ul, 258–259; markchentx 46ul; Sean Pavone 11mr, 208o, 265o, 284–285o; portsmouthnhcharley 292u; rickberk 24o; Andrew Roque 223o; sbossert 51or; SeanPavonePhoto 230o; shananies 121mro; Morgan Somers 28o; Studio-Annika 51ul; Ron Thomas 12o; Torresigner 10mo; traveler1116 232–233u; travelview 16, 58–59; Ultima_Gaina 25or; wbritten 34or; Zoran_Photo 8mlo.

Maine Mead Works: 45ml.

Mass MoCA - Massachusetts Museum of Contemporary Art: Emma Franco / Zoran Orlić Campus Building 7 / *Wall Drawing 614 and Wall Drawing 630* Sol LeWitt © ARS, NY und DACS, London 2019 22–23o, / *Wall Drawing 340* von Sol LeWitt © ARS, NY and DACS, London 2019 37o.

Nantucket Historical Association: 48ul.

New England Aquarium: 110ml.

New England Conservatory: Andrew Hurlbut 69ul.

Norman Rockwell Museum, Stockbridge, Massachusetts: Walt Engels 185o.

Old Sturbridge Village: Kan Photography 186or.

Peabody Museum of Archaeology & Ethnology Harvard University: President and Fellows of Harvard College / Mark Craig 153ul.

Picfair.com: Andrew Dow 168–169o; Education Exploration 1 212ur; John Greim 28mr, 31u, 319mlu, 320ul.

Portland Museum of Art: 24–25o.

Regattabar: Lenny White 72ur.

Robert Harding Picture Library: Richard Cummins 288ml; Chris Milliman 13ol.

Salem Maritime National Historic Site: 166u.

The House of Seven Gables: 166om, 166–167o.

Shutterstock: Romiana Lee 8–9.

Stowe Winter Carnival: Jeff Blier 50mlo.

The Druid: 73ml.

The Maritime Aquarium at Norwalk: Megan Maloy 257ur.

The Providence Athenæum: Cat Laine 208ur; Nat Rea 17mu, 204–205.

Umschlag

Vorderseite und Buchrücken: **Alamy Stock Photo:** Mircea Costina.
Rückseite: **Alamy Stock Photo:** Cavan Images m.
Dreamstime.com: Mihai Andritoiu or.
iStockphoto.com: Sean Pavone ml.

Alle anderen Bilder © Dorling Kindersley
Weitere Informationen: **www.dkimages.com**

MIX
Paper from responsible sources
FSC™ C018179
www.fsc.org

Dieser Reiseführer wird regelmäßig aktualisiert. Angaben wie Telefonnummern, Öffnungszeiten, Adressen, Preise und Fahrpläne können sich jedoch ändern. Der Verlag kann für fehlerhafte oder veraltete Angaben nicht haftbar gemacht werden. Für Hinweise, Verbesserungsvorschläge und Korrekturen ist der Verlag dankbar. Bitte richten Sie Ihr Schreiben an:

Dorling Kindersley Verlag GmbH
Redaktion Reiseführer
Arnulfstraße 124 • 80636 München
travel@dk-germany.de

DK | Penguin Random House
www.dorlingkindersley.de

Hauptautoren Patricia Harris, David Lyon, Eleanor Berman, Tom Bross, Patricia Brooks, Helga Loveseed, Pierre Home-Douglas
Senior Editor Alison McGill
Senior Designer Owen Bennett
Project Editor Danielle Watt
Project Art Editors William Robinson
Designers Hansa Babra, Vinita Venugopal, Bharti Karakoti, Ankita Sharma,
Factcheck Patricia Harris, David Lyon
Editors Ruth Reisenberger, Zoe Rutland, Lucy Sarah-Kelly, Rachel Thompson
Korrektur Clare Peel
Register Zoe Ross
Senior Picture Researcher Ellen Root
Bildredaktion Ashwin Adimari, Marta Bescos, Sumita Khatwani, Laskmi Rao, Harriet Whitaker
Illustrationen Stephen Conlin, Gary Cross, Richard Draper, Chris Orr & Associates, Robbie Polley, John Woodcock
Senior Cartographic Editor Casper Morris
Kartografie Dimension DPR, Simonetta Giori, Zafar ul Islam Khan, Animesh Pathak
Design Umschlag Bess Daly
Bildredaktion Umschlag Susie Watters
Senior DTP Designer Jason Little
DTP Mrinmoy Mazumadar, George Nimmo
Producer Rebecca Parton
Managing Editor Rachel Fox
Art Director Maxine Pedliham
Publishing Director Georgina Dee

Zuerst erschienen 2001 in Großbritannien bei Dorling Kindersley Ltd., London

Aktualisierte Neuauflage 2020 / 2021

Programmleitung Dr. Jörg Theilacker, DK Verlag
Projektleitung Stefanie Franz, DK Verlag
Übersetzung Susanne Traub-Schweiger, Garmisch-Partenkirchen; Gerhard Bruschke, München
Redaktion Gerhard Bruschke, München
Schlussredaktion Philip Anton, Köln
Umschlaggestaltung Ute Berretz, München
Satz und Produktion DK Verlag, München
Druck RR Donnelley Asia Printing Solutions Ltd., China

ISBN 978-3-7342-0246-9

12 13 14 15   22 21 20 19

DK Vis-à-Vis

Vis-à-Vis-Reiseführer

Nordamerika
Kanada
USA
Alaska
Chicago
Florida
Hawaii
Kalifornien
Las Vegas
Neuengland
New Orleans
New York
San Francisco
USA Nordwesten & Vancouver
USA Südwesten & Nationalparks
Washington, DC

Mittelamerika und Karibik
Costa Rica
Karibik
Kuba
Mexiko

Südamerika
Argentinien
Brasilien
Chile
Peru

Afrika
Ägypten
Marokko
Südafrika

Südeuropa
Italien
Apulien
Bologna & Emilia-Romagna
Florenz & Toskana
Gardasee
Ligurien
Mailand
Neapel
Rom
Sardinien
Sizilien
Südtirol
Umbrien
Venedig & Veneto

Spanien
Barcelona & Katalonien
Gran Canaria
Madrid
Mallorca
Nordspanien
Sevilla & Andalusien
Teneriffa

Portugal
Lissabon

Westeuropa
Irland
Dublin

Großbritannien
London
Schottland
Südengland

Niederlande
Amsterdam

Belgien & Luxemburg
Brüssel

Frankreich
Bretagne
Korsika
Loire-Tal
Paris
Provence & Côte d'Azur
Straßburg & Elsass
Südwestfrankreich

Nordeuropa
Dänemark
Kopenhagen

Schweden
Stockholm

Norwegen

Mitteleuropa
Deutschland
Berlin
Bodensee
Dresden
Hamburg
München & Südbayern

Österreich
Wien
Schweiz
Slowenien
Kroatien
Tschechien & Slowakei
Prag
Polen
Danzig & Ostpommern
Krakau
Baltikum
Budapest (Ungarn)

Osteuropa
Moskau
Sankt Petersburg

Südosteuropa
Griechenland Athen & Festland
Griechische Inseln
Kreta

Östliches Mittelmeer
Türkei
Istanbul
Zypern
Jerusalem (Israel)

Südasien
Indien
Delhi, Agra & Jaipur
Indiens Süden
Sri Lanka

Südostasien
Bali & Lombok
Kambodscha & Laos
Malaysia & Singapur
Myanmar
Thailand
Thailand – Strände & Inseln
Vietnam & Angkor

Ostasien
China
Beijing & Shanghai
Japan
Tokyo

Australasien
Australien
Neuseeland

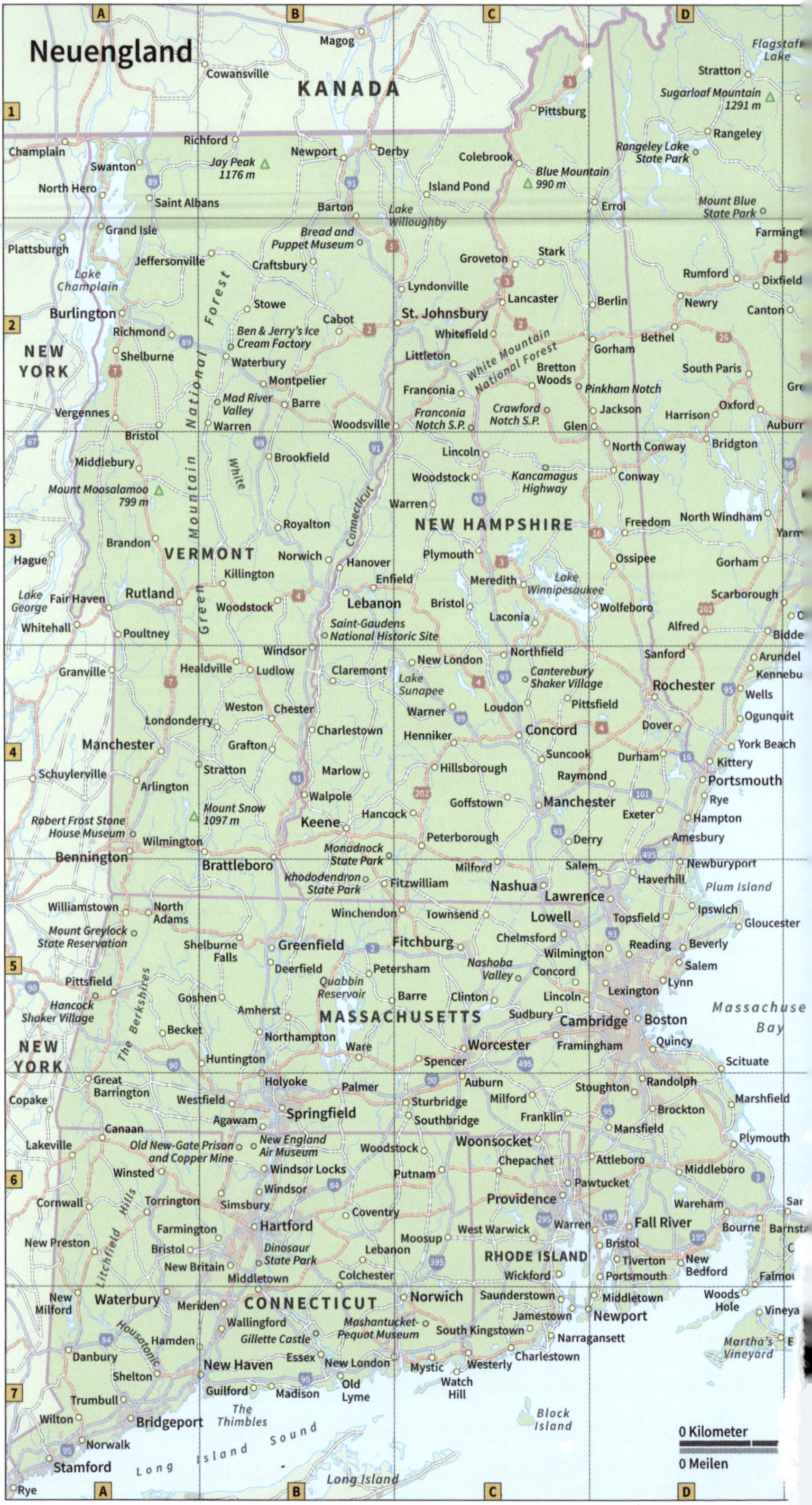

Neuengland
KANADA
NEW YORK
VERMONT
NEW HAMPSHIRE
MASSACHUSETTS
CONNECTICUT
RHODE ISLAND
Magog
Cowansville
Pittsburg
Stratton
Flagstaff Lake
Sugarloaf Mountain 1291 m
Richford
Champlain
Swanton
Jay Peak 1176 m
Newport
Derby
Colebrook
Blue Mountain 990 m
Rangeley Lake State Park
Rangeley
North Hero
Saint Albans
Island Pond
Barton
Lake Willoughby
Errol
Mount Blue State Park
Grand Isle
Plattsburgh
Bread and Puppet Museum
Farmington
Jeffersonville
Craftsbury
Groveton
Stark
Rumford
Dixfield
Lake Champlain
Lyndonville
Lancaster
Berlin
Newry
Canton
Burlington
Stowe
Cabot
St. Johnsbury
Forest
Richmond
Ben & Jerry's Ice Cream Factory
Whitefield
Bethel
Shelburne
Waterbury
Littleton
White Mountain National Forest
Gorham
South Paris
Montpelier
Bretton Woods
Pinkham Notch
Mad River Valley
Barre
Franconia
Vergennes
Warren
Franconia Notch S.P.
Crawford Notch S.P.
Jackson
Harrison
Oxford
Woodsville
Glen
Auburn
Bristol
Lincoln
North Conway
Bridgton
Middlebury
Brookfield
Woodstock
Kancamagus Highway
Conway
Mount Moosalamoo 799 m
White
Mountain
National
Connecticut
Warren
Royalton
Freedom
North Windham
Brandon
Norwich
Hanover
Plymouth
Ossipee
Hague
Killington
Enfield
Meredith
Lake Winnipesaukee
Gorham
Lake George
Fair Haven
Rutland
Woodstock
Lebanon
Bristol
Laconia
Wolfeboro
Scarborough
Green
Whitehall
Poultney
Saint-Gaudens National Historic Site
Alfred
Windsor
Northfield
Sanford
Granville
Healdville
Ludlow
Claremont
New London
Canterbury Shaker Village
Arundel
Kennebunk
Lake Sunapee
Rochester
Wells
Weston
Chester
Warner
Loudon
Pittsfield
Londonderry
Charlestown
Henniker
Concord
Dover
Ogunquit
Manchester
Grafton
Suncook
Durham
York Beach
Kittery
Schuylerville
Stratton
Marlow
Hillsborough
Raymond
Portsmouth
Arlington
Walpole
Goffstown
Manchester
Rye
Mount Snow 1097 m
Hancock
Exeter
Hampton
Robert Frost Stone House Museum
Keene
Derry
Amesbury
Wilmington
Peterborough
Bennington
Brattleboro
Monadnock State Park
Milford
Salem
Newburyport
Rhododendron State Park
Fitzwilliam
Nashua
Haverhill
Plum Island
Williamstown
North Adams
Winchendon
Townsend
Lawrence
Lowell
Topsfield
Ipswich
Gloucester
Mount Greylock State Reservation
Shelburne Falls
Greenfield
Fitchburg
Chelmsford
Reading
Beverly
Wilmington
Salem
Deerfield
Petersham
Nashoba Valley
Concord
Pittsfield
Quabbin Reservoir
Lynn
Hancock Shaker Village
Goshen
Barre
Clinton
Lincoln
Lexington
Amherst
Sudbury
Massachusetts Bay
The Berkshires
Becket
Northampton
Cambridge
Boston
Ware
Worcester
Framingham
Quincy
Huntington
Spencer
Scituate
Great Barrington
Holyoke
Palmer
Auburn
Stoughton
Randolph
Copake
Westfield
Sturbridge
Milford
Marshfield
Agawam
Springfield
Southbridge
Franklin
Brockton
Canaan
Mansfield
Lakeville
Old New-Gate Prison and Copper Mine
New England Air Museum
Woodstock
Woonsocket
Plymouth
Chepachet
Attleboro
Winsted
Windsor Locks
Putnam
Middleboro
Windsor
Pawtucket
Cornwall
Torrington
Simsbury
Coventry
Providence
Wareham
Litchfield Hills
Farmington
Hartford
West Warwick
Warren
Fall River
Bourne
New Preston
Bristol
Dinosaur State Park
Lebanon
Moosup
Bristol
Tiverton
New Bedford
New Britain
Colchester
Wickford
Portsmouth
Middletown
New Milford
Waterbury
Meriden
Norwich
Saunderstown
Middletown
Woods Hole
Wallingford
Mashantucket-Pequot Museum
Jamestown
Newport
Housatonic
Hamden
Gillette Castle
South Kingstown
Narragansett
Martha's Vineyard
Danbury
Essex
New London
Charlestown
New Haven
Mystic
Westerly
Shelton
Guilford
Madison
Old Lyme
Watch Hill
Trumbull
The Thimbles
Block Island
Wilton
Bridgeport
Norwalk
Long Island Sound
Stamford
Long Island
Rye
0 Kilometer
0 Meilen